Modern Finance

21世纪高等院校经济管理类规划教材

天津市普通高等学校本科教学质量与教学改革研究计划一般项目
“大学生金融教育问题研究”（F-0203）成果之一

现代金融学

□ 刘伟 主编
□ 刘金章 主审

人民邮电出版社
北京

图书在版编目（CIP）数据

现代金融学 / 刘伟主编. -- 北京 : 人民邮电出版社, 2015.1(2023.8重印)
21世纪高等院校经济管理类规划教材
ISBN 978-7-115-36897-3

Ⅰ. ①现… Ⅱ. ①刘… Ⅲ. ①金融学－高等学校－教材 Ⅳ. ①F830

中国版本图书馆CIP数据核字(2014)第262276号

内容提要

2007年全球金融危机的爆发使我国的金融机构和投资者不同程度地遭受损失，同时也凸显出我国国民金融知识的不足。因而，在经济和金融业高速发展的今天，加强对大学生进行金融教育是十分有必要的。本教材以夯实基础、开阔眼界、贴近生活、锻炼能力为目的，精选教学内容，系统地介绍了金融学的基础理论和实用知识。全书分为5篇共17章，每章中均包含学习目标、本章小结和多种题型的课后练习。

本书提供教学大纲、多媒体课件、习题答案、习题库和模拟试卷等教学资料，索取方式参见“配套资料索取说明”。

本书可作为经济管理类各专业本科阶段教材，也可作为高职高专院校相关专业的教材，还可供金融从业人员业务培训及业余学习使用。

◆ 主　　编　刘　伟
主　　审　刘金章
责任编辑　万国清
责任印制　沈　蓉　彭志环

◆ 人民邮电出版社出版发行　　北京市丰台区成寿寺路11号
邮编　100164　　电子邮件　315@ptpress.com.cn
网址　http://www.ptpress.com.cn
固安县铭成印刷有限公司印刷

◆ 开本：787×1092　1/16
印张：22.5　　2015年1月第1版
字数：546千字　　2023年8月河北第11次印刷

定价：49.00元

读者服务热线：(010)81055256　印装质量热线：(010)81055316
反盗版热线：(010)81055315
广告经营许可证：京东市监广登字20170147号

前 言

“金融是现代经济的核心”①，可以说在市场经济条件下，几乎所有的行业都与它有着紧密的联系。俗话说，生活无处不经济，生活处处有金融。如今的金融已融入社会经济生活的方方面面和我们每个人的衣食住行中。但更为不可忽视的是，在现代经济中金融起着重要的资源配置、优胜劣汰的作用。而今似乎只有它才能为社会经济转型提供巨大的、长期的、持续的“核动力”。

金融学，是专门研究国内及国际间金融运行、调控与发展机制及其内在运动规律的一门学科。具体地讲，金融学是研究货币、货币融通、流通及金融产品定价、金融资源配置的一门学科。其主要包括四个方面：一是以货币银行为核心的间接融资活动；二是以资本市场为核心的直接融资活动和资产定价活动；三是货币的供求，国际资本流动问题；四是货币政策、金融监管、金融制度安排等宏观调控问题。

值得注意的是，金融学作为一门课程和其作为一门学科应是不同的。我们认为，金融学作为一门课程应主要在于揭示货币运行（无论是直接融资还是间接融资，国内金融还是国际金融）的基本原理、货币运行的基本规律，通过对这些原理、规律的把握，认识到货币的职能、货币的时间价值、金融市场上的各种信用工具及其定价原理、货币供求原理及金融体系的作用、货币政策和金融制度、不同国家货币与货币政策间的关系以及金融虚拟化带来的影响等。

本书主要是为经济管理类专业学生学习专业知识的基础理论课使用，也可作为非经济管理类学生开设金融学必修课或选修课以及自学使用。在此值得说明的是笔者是想为读者在学习后能在记忆中留下一个现代金融学的整体框架，以为后续的学习和研究奠定基础。这个“金融学的整体框架”不是以作者的偏好随意取舍的，而是考虑到能够较为全面地反映出我国现代金融学的全貌，以使读者通过阅读在掌握金融学基本原理的基础上，能继续研究和拓宽相关的专业知识及业务能力。

为方便教师授课和读者学习，本书提供教学大纲、多媒体课件、习题答案、习题库和模拟试卷等资料，索取方式参见“配套资料索取说明”。

教材是体现教学内容和教学要求的知识的载体，是教师进行教学活动的基本工具，是提高教学质量的重要保证，正因如此，这部教材的编者均是具有丰富教学经验的“金融学”课程授课教师。

本书由刘伟设计了全书的体系结构，刘金章教授主审。各章的编写人员如下：刘金章编写前言，刘伟编写导论、第 3 章、第 5 章、第 7 章、第 8 章、第 14 章、第 15 章、第 16 章，王晓珊编写第 1 章、第 2 章、第 4 章、第 6 章、第 17 章，李海超编写第 9 章、第 11 章、第 12 章、第 13 章，王慧敏编写第 10 章。

本书为天津市普通高等学校本科教学质量与教学改革研究计划项目“大学生金融教育问

① 1991 年邓小平在视察上海时指出：“金融很重要，是现代经济的核心。金融搞好了，一着棋活，全盘皆活”。

题研究”（F-0203）的成果之一。在编写过程中，我们参阅了一些有关的著作及报刊文章，在此一并致以衷心的谢意！

对本书的编写，我们力图达到：理论精辟、实务具体、结构新颖、业务全面、内容稳定、举例典型，并给授课教师留有发挥及内容取舍的余地。但由于当前正处在金融体制与业务改革发展之际，加之时间较紧与水平所限，肯定会有不足之处，我们热诚地欢迎读者批评指正。

编 者

2014 年 4 月于天津

目　录

导论　金融概述

【学习目标】

1. 掌握金融的含义和构成要素
2. 了解金融产生的过程
3. 理解金融学学科体系的构成及其发展
4. 掌握金融在现代经济中的重要作用

中西方对“金融”一词的含义界定存在差异，进而决定了我国金融学科体系理论的主要内容与西方有所不同。然而，不管是在中国还是在西方，金融均是现代经济的核心，在一国的经济发展中发挥至关重要的作用，可使用金融相关率和货币化率等指标衡量一国的金融发展水平。

第一节　金融及其构成要素

一、金融概述

1. 金融的含义

金融（finance），一般地说，是指货币资金的融通，即与货币、信用与银行直接相关的经济活动的总称。融通的主要对象是货币和货币资金；融通的方式是有借有还的信用方式；而组织这种融通的机构则为银行及其他金融机构。具体地讲，货币的发行与回笼，货币资金的借贷，国内外资金的汇兑与结算，金银、外汇的买卖，有价证券的发行与转让，贴现市场，同业拆借市场的活动、保险、信托、租赁等，都是金融活动。

其实，在现代经济中，金融不只是指货币资金的融通，它有着更广的含义。它是一个纵横交叉、多维性、多层次的立体系统，是由多种要素组合而又相互制约，相互作用的大系统。

那么什么是大系统的金融？简单地说，就是指货币资金的筹集、分配、融通、运用及其管理。具体地讲，它包括：①货币的流通及其管理；②货币资金的筹集；③财政、银行的资金分配和企业内部的资金分配；④资金的直接融通和间接融通，纵向融通与横向融通，国内融通与国际融通；⑤资金的配置和调度，信贷资金结构的调整与管理，资金周转速度及资金运用效率的管理等。所以，从这个意义上说，凡是有关货币资金的筹集、分配、融通、运用及其管理的各种活动，都是金融活动，它存在于整个社会的经济活动之中。

作为大系统的金融学，它与一些学科是交叉的，如国家有关货币资金的筹集、分配、融通、运用及其管理活动，是国家金融（国际上称为公共金融或政府金融），与财政学有交叉；工商企业有关货币资金的筹集、分配、融通、运用及其管理，是企业金融，与企业财务学有交叉；

居民有关货币资金的筹集、融通与管理，与个人理财学有交叉；至于专业的金融机构（主要是银行及非银行金融机构）的资金活动及管理，则是专业金融。可见，金融的内涵是极其广泛，既包括专业金融活动，也涵盖国家的、企业的、个人的金融活动，这些方面相互联系、相互制约、相互交叉、相互渗透，共同融汇成整个社会的资金运动。而专业金融机构则是整个社会资金运动的枢纽，国民经济重要的调节器，商品生产和商品交换的催化剂，更是经济发展的推动器。

从以上研究问题的角度出发，我们可以把货币资金的融通称为狭义的金融，把货币资金的筹集、分配、融通、运用及其管理称为广义的金融。在这里，我们把广义的金融作为研究问题的出发点，来观察货币银行与其他各种金融活动的紧密联系及其相互影响。以狭义的金融作为问题研究的立足点，主要探索货币、信用、银行的活动及其规律性，从而突出金融是现代经济的核心这一主题思想。

2. 中、西方金融含义的对比分析

在《新帕尔格雷夫经济学大辞典》中，“金融”一词被定义为“资本市场的运营，资本资产的供给与定价”。该辞典指出“金融”的基本内容有五个方面，即有效率的市场、风险与收益、替代与套利、期权定价、公司金融。其“金融”概念的中心点是资本市场的运营、资本资产的供给与定价。这样给“金融”定义，走上一个极端，抛弃了货币和信用，舍弃了金融宏观管理与政策，这意味着金融是独立于货币和信用之外的范畴，其涵盖的不是政府行为活动，而是储蓄者与投资者的行为活动。这样给金融定义是由融资活动的发展变化推进的：①金融工具的多样化和融资方式的发展使融资活动与投资活动呈统一的趋势，资本市场是实现二者统一的系统；②直接融资在融资活动中的比重增大，间接融资的比重缩小，且间接融资与直接融资相互渗透，为资本市场的运营创造了条件；③发达国家金融经济相关度的提高，意味着人们持有的资产中金融资产的比重增大，品种的多样化，追求的多元化，既要追求回报又要回避风险，还要保持它的流动性，在这种状况下创造资本资产的供给，人们的融资活动自然选择在市场；④融资活动需讲求效率，而效率高低反映信息的掌握程度和收益与成本的比较，这样就需要通过预期、定价，所以资本资产的定价成了金融活动的主要内容。

在中国，应当说对金融的概念进行权威注释的是《中国金融百科全书》“金融”辞条，该辞条的注释是：“货币流通和信用活动以及与之相关的经济活动的总称”。这样的定义超出了“货币资金融通”之说，而且把货币流通和信用活动与金融连在一起。把金融看成是与货币流通相关的经济活动，即货币流通作用于生产、分配、消费和交换的全过程；同时，在信用制度下，人们对货币的需求实际上是对信用流通工具的需求，是建立在正常的信用关系的基础上的。这样的注释有其一定的合理性。但必须看到，有些货币资金融通不是建立在信用关系上的，而是建立在“政府行为”上的。同时，仅仅从货币流通和信用活动方面定义金融的概念，也有其局限性。局限性之一是缩小了融通主体，因为一些知名经济学家认为，货币资金只是存在于物质产品生产流通领域，这样需要融资的主体，便是工商企业；局限性之二是把金融的功能限于调剂货币资金的余缺，这和现实不相吻合；局限性之三是淡化了市场的作用，特别是淡化了利息的作用。

二、金融的构成要素

金融作为国民经济的重要组成部分，其本身是由多个要素构成的。

1. 金融的对象是货币

金融的对象是货币。离开了货币，就没有货币资金的融通。在金融范畴的形成中，最早出现的就是货币。货币的出现，使最原始的物物直接交换过渡到以货币为媒介的商品交换。所以说货币是与商品经济相联系的经济范畴，是在长期商品生产与交换过程中产生与发展的。只要是商品经济社会，必然存在货币。货币作为一般等价物，具有价值尺度、流通手段、支付手段、储藏手段和世界货币五大职能。其中价值尺度和流通手段是货币最基本的两个职能。

2. 金融的方式是信用

信用是以偿还和付息为条件的借贷行为。在债权人与债务人之间进行的债权债务的买卖，即为信用交易。没有这种信用关系，就没有现代商品经济的货币资金融通甚至货币流通。同时信用关系的存在是以时间的间隔为前提的，即一方提供一定的价值符号、价值物，另一方只能在一定时期内归还价值符号和价值物并加付一定的利息。所以若无授受信用在时间上的适当配合，信用活动就难以正常进行。另外，信用交易需要借助一定的信用工具（即金融工具）建立和转移信用关系。

3. 金融活动的主体是所有的经济活动主体

金融活动作为一种经济活动必然需要有一定的经济活动主体。金融活动的主体主要是从事各种经济活动的企业、单位、个人和政府部门等。在现代经济社会中，各经济活动主体无不被卷入各种金融活动之中，日益熟练和频繁地参与金融活动。

4. 金融的中介是银行和非银行金融机构

经济主体作为货币供需的双方，其联系既需要通过一定的工具作为媒介物，也需要通过专门机构来沟通，这种专门的机构就是银行和非银行金融机构。历史上最早的银行业是货币经营业，随着货币保管和汇兑业务的扩大，货币经营者已从简单的保管和汇兑业务发展为一种中介机构，既保管钱财又兼办贷款，从而产生了最早的银行业。而现代的金融活动主要是通过银行和非银行金融机构的各种业务活动实现的。金融机构既是货币信用业务的经营者，也是货币信用活动的组织者，在国民经济中充当资金融通的媒介，是资金分配和调节的中心。

5. 金融活动的场所是金融市场

货币供需双方的沟通客观上需要有一个形成纵横交错融通网络的场所。现代的金融市场，不仅可以有具体的交易场所，如在某一金融机构的大厅内进行，而且也可以在无形的交易场所，即通过现代通信设施建立起来的网络进行。“二战”以后，随着科学技术的迅猛发展和世界经济的飞速变化，金融市场变得越来越成熟，越来越发达，呈现出金融市场全球化、融资活动证券化、金融创新多样化、金融业务多元化的特点。

第二节　金融范畴的形成与发展

一、金融产生及其发展简要回顾

在商品货币关系发展初期，货币并存着实物形态、铸币形态，信用包括实物借贷、货币借贷两种形式。货币不是信用货币，不依赖于信用创造；实物借贷十分盛行，并长期占据主导地位。但信用的产生和发展推动着货币流通。货币借贷赋予被贮藏的货币以流动性，加快了货币流通速度；基于信用的汇兑业务便利了货币在更大的地域内流通，这些均提高了货币在商品流通、信用活动中的重要性。因此，这一时期的绝大部分时段中，货币范畴与信用范畴各自独立发展，而联结二者的金融以货币经营业为主要形式，尚处于萌芽阶段。

资本主义生产方式兴起、确立后，近代、现代银行业渐次诞生，银行券开始代替铸币执行流通手段、支付手段职能。在银行券逐步演化为不兑现信用货币的过程中，货币制度与信用制度的联系日益紧密，最终促成货币运动与信用活动的有机结合。基于银行信用的银行券是日常小额支付的手段；转账结算中的存款货币是大额支付的主要形式。任何信用活动必然伴随货币运动，信用扩张、紧缩意味着货币供给的增加、减少，信用活动影响货币流通速度、货币资金的时空转移和重新配置。货币范畴、信用范畴的相互渗透和有机结合，形成了新的金融范畴，即既涉及货币又涉及信用的所有经济关系与交易行为的集合，并以银行业及其业务为主要形式。

在货币与信用长期渗透并逐步形成金融范畴的过程中，投资、保险、信托、租赁等领域，由于或完全、或大部分与金融活动相结合，而被金融范畴所覆盖。以债券和股票交易为特征的资本市场投资，通过聚集闲散、零星的资金，投向耗资巨大的长期建设项目，使信用关系得到进一步完善。保险业也逐步发展为保险与个人储蓄、保险与投资相结合的一种信用形式，它集中的货币资金主要投放于金融市场，保单等保险合约也是金融市场的重要交易工具之一。金融信托与金融租赁是传统的信托、租赁与金融活动相结合的产物，它们同样是重要的投资、融资方式。金融范畴的扩展使得信用关系不再仅仅局限于银行借贷关系，而发展成为复杂多样的债权债务关系或所有权关系。

知识链接

"金融"一词产生于近代，由日本传入我国。我国古代没有"金融"这个词，但货币、信用及其有关活动则起源很早。在近代，中国银号、钱庄常有金融融通之说，其意义与金融相近，但正式用"金融"一词来表达事物的是在我国近代银行业。中华民国元年（1912）北平政府财政部文件中曾有"自去秋以来，金融机关一切停滞"之语，那时"金融"这个词的含义仍不明确，也没有在社会上广泛使用。1915年编写的《辞源》中收有这个词条，解释为"今谓金钱之融通曰金融，旧称银根。各种银行、票号、钱庄曰金融机关"。那时，"金融"还是个新鲜的词儿。1920年北洋政府发行"整顿金融公债"用以解决中国银行、交通银行停止兑换的风潮，以后"金融"一词就与银行业务活动结合在一起，形成一个与"财政"相区别的概念，被广泛运用。

二、金融学学科体系的构成

从金融概念的产生、演进及其构成要素的扩展中，使人们越来越清楚地观察到金融作为一门独立的经济学科之一，它的形成与完善的过程；同时也使人们越来越深切地感受到它自身特有规律运行的客观性与独特性。因此，金融学的概念可以概括为：金融学是专门研究金融领域各要素及其基本关系与运行规律的一门专业基础理论学科。

根据金融系统中个体与整体的差异，西方学界将金融学划分为微观金融和宏观金融。微观金融是指金融市场主体（个人、公司、政府和金融机构）的投融资决策、金融资产的交易与价格决定等。宏观金融则是以微观主体的投融资行为为基础，金融工具、金融机构、金融市场和金融制度等要素相互作用，并与经济中其他子系统交互影响的有机系统。

就西方而言，由于直接融资业务的发展，与之相关的资产定价与融资策略、融资结构的研究一直占据重要的位置。然而，中国由于在很长时间内没有资本市场，仅有间接融资，所以以宏观金融为主，将中央银行、商业银行、货币供求作为核心目标的货币银行学在很长时间内被看成是中国的金融学，随着中国资本市场的发展，以货币银行为主体的宏观金融也逐渐向微观金融转化。

在我国，金融学科，就其理论部分的内容来说，包括以下三个部分。

（1）对有关金融诸范畴的理论论证：即关于货币、信用、利息与利率、汇率，乃至金融本身这些范畴的剖析和论证。

（2）对金融的微观分析，这大体包括：①对金融市场的分析；②对金融中介机构的分析；③论证金融市场与金融中介机构相互渗透的必然趋势；④金融功能分析，即通过揭示稳定的金融功能来探讨金融在经济生活中的地位，等等。

（3）对金融的宏观分析，这大体包括：货币需求与货币供给，货币均衡与市场均衡，利率形成与汇率形成，通货膨胀与通货紧缩，金融危机，国际货币流动与国际金融震荡，名义经济与实际经济，虚拟经济与实体经济，货币政策及其与财政政策等宏观调控的政策的配合，国际金融的制度安排与国际宏观政策的协调，等等。

知识链接

"西方微观金融学和宏观金融学的演变与发展①

（一）西方微观金融学的演变与发展

在西方，微观金融学一直居于主导地位，从西方金融学的演变与发展来看，大致经历了三个发展阶段。

1. 旧金融学

根据罗伯特·豪根的观点，旧金融学研究的主题是以会计学和法学为基础，研究财务报表和金融要求权及其使用，主要反映在两本经典的教材中，一是本杰明和戴维·多德的《证券分析》（1951），主要阐述应如何调整会计报表使其能够对不同公司的收益和资产负债表进行直接比较；二是阿瑟·斯通·杜因的《公司的融资策略》（1953），主要阐述与兼并、收购及破产重组相关的法律问题。这两本著作确立了金融学作为一门学科发展的基本原则。可以看出，旧金融学以微观金融为核心，主要研究公司发展和资本市场的运用等问题。

2. 现代金融学

四个金融学基本理论，即哈里·马科维茨的组合最优化理论，佛朗哥·莫迪利亚尼和莫顿·米勒的无关性定理（通常叫 MM 定理），威廉·夏普、约翰·林特纳和简·莫辛的资本资产定价模型（CAPM）和尤金·法马的有效市场假说（EMH）理论，建立了基于理性经济行为的现代金融学。

3. 新金融学

由于越来越多的证据表明有效市场假说的观点是错误的，基于理性经济行为对投资者金融市场行为的解释被抛弃，而以统计学、经济计量学和心理学为基础的对非有效市场的研究奠定了当代金融学的基石，多因素模型、特殊预期回报模型、行为金融这些对股票估值具有较强解释力和预测力的研究成为新金融学的核心。

① 本部分内容主要参考中国人民大学出版社 2012 年出版王常柏、骆志芳主编《金融学概论》一书。

（二）西方宏观金融学的演变与发展

宏观金融学的发展大体经历了以下几个阶段。

1. 古典货币需求理论

以费雪、马歇尔和庇古等为代表的古典经济学派采用“二分法”将经济分为两个独立的部分：实体经济领域和货币领域，认为货币不过是覆盖于实物经济之上的一层面纱，对经济并不产生影响。按照货币中性论的说法，个别商品的价格决定于该商品的供求关系，即经济的实物方面，而一般的物价水平和货币购买力则决定于货币的数量和流通速度，即经济的货币方面，二者没有内在的联系。古典经济学派对经济的“二分法”的观点认为货币是中性的，货币只是影响价格水平等名义变量，而不会影响社会实际就业量和产量。

2. 凯恩斯的货币需求理论——流动性偏好理论

凯恩斯曾经是现金余额数量论的重要代表，在他早期著作《货币论》中，对货币需求的分析并没有完全脱离古典理论。1936年，他编著了《就业、利息和货币通论》（以下简称《通论》）一书，发起了“凯恩斯革命”。在货币需求方面，他放弃了古典经济学派将货币流通速度视为常量的观点，强调利率的重要性，反对将实物经济和货币经济分开的“二分法”，提出了流动性偏好的货币需求理论。流动性偏好理论的特点是以人们意愿持有货币的动机作为划分货币需求的依据，对流动性陷阱进行了描述。这一理论在西方货币需求理论中占有重要地位，既发展了古典货币需求理论，又开创了新的研究方法。

3. 现代货币数量论

1956年，弗里德曼在《货币数量论——一个重新表述》一文中发展了货币需求理论。弗里德曼采取了与凯恩斯不同的方法探讨人们持有货币的原因，他不再具体研究人们持有货币的动机，而将货币作为构成财富资产的一种，通过影响人们选择资产的种类来保存财富的因素研究货币需求，实际上是资产需求理论在货币需求理论上的应用。在弗里德曼看来，货币是债券、股票和商品的替代品，货币需求是个人拥有的财富及其他资产相对于货币预期回报率的函数，并认为货币需求主要取决于总财富，但总财富实际上是无法衡量的，只能用永久性收入而非不稳定的现期收入来代替。所以弗里德曼认为永久性收入是决定货币需求的主要因素，货币需求对利率不敏感，永久性收入的稳定导致了货币需求的稳定。

4. 新凯恩斯主义经济学派

该学派在批判地继承了原凯恩斯理论的基础上，试图建立有微观理论基础的宏观经济学。该学派从微观层面入手，以不完全竞争和不对称信息为分析基础，提出各种各样的理论模型论证工资、价格具有黏性，坚持“非市场出清”的假设，认为货币是非中性的，政府的经济政策能够影响就业和产量，需要政府积极发挥作用，通过政府干预纠正市场失效。

5. 合理预期学派

该学派又称新古典宏观经济学派，形成于20世纪70年代初，是与货币学派、供给学派并驾齐驱的新自由主义经济流派之一。该学派认为，人们能够利用所掌握的信息理性地进行经济决策。在此基础上，政府试图用宏观经济政策来干预经济的努力会由于人们的理性预期而无法达到目标，从而货币政策是无效的。

第三节　金融与现代经济

早在1848年，马克思和恩格斯就在《共产党宣言》中提出，无产阶级夺取政权后，必须“通过拥有国家资本和独享垄断权的国家银行，把信贷集中于国家手中”①。列宁在分析帝国

①《马克思恩格斯选集》，第1卷，人民出版社，1972年版，第272页。

主义时代的银行时，也曾指出：银行已成为“现代经济生活的中心，是全部资本主义国民经济体系的神经中枢”①。他还认为无产阶级夺取政权后“……应该逐渐地、但是不断地把银行变为统一的核算机构和调节机构，调节全国按社会主义方式组织起来的经济生活”②，从理论上指明了社会主义的国家银行在社会主义建设事业中具有重要的作用。1991 年 1 月，邓小平同志在视察上海时指出：“金融很重要，是现代经济的核心。金融搞好了，一着棋活，全盘皆活。”这深刻地揭示了金融在现代经济生活中的地位和作用。

西方经济学家在研究发展中国家的金融与经济问题比较有名的有 R·I·麦金农（R. I. Mckinuon）的金融深化论、爱德华·S·肖（Edward S. Shaw）的金融压制论，以及赫瑞克（Bruce Herrick）和金德尔伯格（Charles P-kindleberger）的金融阻滞论。尽管他们各自的观点不尽一致，但有一点是共同的，即都认为：金融体系与经济发展之间存在着相互促进相互影响的关系。一方面，健全的金融体系能有效地动员社会储蓄，并将其投入生产中，因此，对经济发展起促进作用；另一方面，随着经济的发展，人们的收入增加和对金融服务需求的增长，对金融业又起刺激作用。这种良性循环被称为金融深化。反之，如果压制金融的发展，则由于金融的落后，不利于经济的发展，同时经济阻滞又不利于金融业的发展。这种恶性循环，被称为金融压制。

总之，金融与经济发展的关系可表述为：金融是现代经济的核心。经济决定金融，经济的发展水平决定金融的发展水平。但是，金融在服务于经济的过程中，又反作用于经济，或对经济发展起促进作用，或起阻滞作用。金融的发展和信贷结构影响着经济发展的速度和结构。从我国经济运行的结果，特别是 20 世纪 90 年代以来金融改革的实践来看，金融在我国国民经济中已居于举足轻重的地位，发挥着越来越重要的作用。

一、金融在现代经济中的作用

金融在现代经济中的作用主体体现在以下四个方面。

（1）筹集融通资金的作用。经济发展离不开资金的积累，现代经济发展必然要从资金的积累开始。金融是集资和投资活动的一个重要枢纽，加速金融业的发展能够直接起到促进经济增长的作用。一般来说，在一定的技术水平条件下，如果消费者的储蓄偏高、投资风险大小均为不变因素，则金融机构与金融商品越丰富，人们的选择机会就越多，人们从事金融活动的欲望就越强烈，社会资金积累速度就越快，金融活动对经济的渗透力就越强，经济发展的速度也就越快。

（2）引导资金流向，优化资源配置的作用。金融市场的运作过程中，投资者通过各种金融工具收益率的差别，来了解资金使用者的经济效益、技术水平和管理经验，从而选择和改变投资方向，把资金投到经济效益更高的地方去。投资者往往购买收益率高和具有增长性的金融工具，而抛售收益率低、缺乏增长潜力的金融工具，这种趋利行为，使效益好、有前景的企业能得到充裕的资金；而那些效益差，没有发展前景的企业就得不到资金，从而就推动了生产要素的重新配置与组织，使社会资源得到合理有效的利用，提高了国民经济的整体效益。

①《列宁选集》，第 3 卷，人民出版社，1972 年 10 月第 2 版，第 136 页。
②《列宁全集》，第 27 卷，人民出版社，1958 年版，第 204 页。

（3）调控经济的作用。在现代市场经济条件下，金融已成为调节国民经济的重要杠杆。金融不仅可以调节经济总量，也可以调节经济结构。由于金融活动渗透到社会再生产的全过程，与各行业、各地区、各单位的经济活动息息相关，因此，它可以灵敏、及时、全面地反映社会经济活动的状况，提供各种信息，为微观经济活动和宏观经济决策提供重要依据。同时，借助各种金融政策工具，通过金融政策的紧缩或放松，不仅可以调节社会资金的供求总量，从而调节社会总供给与总需求的关系，而且还可以通过调节经济结构，促进国民经济稳定、协调、高速的发展。

（4）对经济增长的促进作用。发达的金融业对经济增长的促进作用，是通过提高储蓄、投资总水平和有效配置资金等渠道实现的。反过来，经济的增长则是保持一定储蓄、投资水平和资金效益的重要条件。一定的经济发展水平提高了社会对信贷资金的需求程度，刺激了企业及公众对金融服务需求的增长，从而促进了金融业的进一步扩展。

然而，在现实经济中，由于大多数发展中国家的货币金融制度非常落后，以致在金融领域存在着许多不正常和不合理的现象。金融业的落后和低效益，也就难以起到促进经济增长的作用。另外，一些国家经济发展的阻滞又使社会储蓄和投资维系在一个较低的水平上，使有限的资金难以实现最佳配置，导致社会资源的大量闲置与浪费。而经济的落后，反过来又制约了金融业的扩展。造成这种状况的根本原因，主要是发展中国家经济制度上存在着缺陷和政府当局政策的失误。可见，在现代市场经济条件下，加快经济体制特别是金融体制的改革，使之适应经济发展的需要是广大发展中国家的当务之急。

二、金融发展的相关指标

金融发展（financial development），作为一个术语，是指金融结构的变化，金融结构包括金融工具的结构和金融机构的结构两个方面。一般来说，金融工具的数量、种类、先进程度，以及金融机构的数量、种类、效率等的综合，形成具有不同发展程度的金融结构。因此，金融发展程度越高，金融工具和金融机构的数量、种类就越多，金融服务的效率就越高。

一个国家的金融发达程度往往通过有关指标进行衡量。金融相关率和货币化率是西方经济学家提出的两个衡量金融发展的基本指标。

1. 金融相关率

金融相关率（financial interrelation ratio，FIR）由雷蒙德·W·戈德史密斯在其金融发展理论中提出。由于统计数字不全，在对不同国家金融结构进行比较时存在较大的困难，因此他提出将金融相关率作为金融比较的工具，该指标具有简单、适用、合理而被广泛使用的优点。

金融相关率是指一定时期社会金融活动总量与经济活动总量的比值。金融活动总量一般用金融资产总额表示。金融资产包括：非金融部门发行的金融工具（即股票、债券及各种信贷凭证）；金融部门，即中央银行、商业银行、清算机构、保险组织、二级金融交易中介发行的金融工具（如通货与活期存款、居民储蓄、保险单等）和国外部门的金融工具等。经济活动总量常常用国民生产总值（GNP）或国内生产总值（GDP）来表示。

表 0.1 是部分国家和地区不同金融资产与国内生产总值比率的比较。

表 0.1　世界部分国家（地区）2010—2012 年不同金融资产与 GDP 比率

（单位：%）

国家/地区	银行部门提供的国内信贷/GDP			上市公司的市场资本总额/GDP			股票交易总额/GDP		
	2010 年	2011 年	2012 年	2010 年	2011 年	2012 年	2010 年	2011 年	2012 年
中国	146.3	145.4	155.1	80.3	46.3	44.9	135.4	104.8	70.8
中国香港特别行政区	195.3	207.0	200.7	472.1	357.7	420.9	698.5	623.8	467.0
日本	324.7	337.5	346.1	74.6	60.0	61.8	77.9	70.6	60.5
韩国	162.9	165.3	168.7	107.3	89.2	104.5	160.3	182.4	134.0
印度	71.8	74.1	76.6	94.4	54.2	68.6	61.8	39.5	33.8
新加坡	82.4	91.6	99.5	170.4	125.8	150.8	129.9	103.6	57.0
澳大利亚	154.8	152.5	154.4	127.8	86.6	84.6	107.3	90.0	69.2
英国	222.2	212.7	210.1	137.7	118.7	124.0	133.3	121.6	102.2
德国	130.9	124.8	123.6	43.5	32.9	43.7	42.8	48.8	36.0
法国	132.7	133.1	136.4	75.6	56.4	69.8	57.6	53.0	43.1
俄罗斯	37.4	38.6	42.5	65.9	41.9	43.4	52.4	60.4	36.3
美国	225.2	226.2	228.6	118.9	104.3	119.0	211.2	205.1	136.3
巴西	96.3	100.5	110.5	72.1	49.6	54.6	42.0	38.8	37.0

资料来源：作者根据世界银行集团公布数据整理。

2. 货币化率

货币化率（monetization rate，MR）被用来衡量一国的货币化程度，它是指一国通过货币进行商品与服务交换的价值占国民生产总值的比重。由于货币是金融资产的一个重要部分，所以货币化率是反映一个社会的金融发展程度的重要指标。货币化程度越高，则意味着货币和金融体系的作用范围越大，货币的渗透力、推动力和调节功能越强。在使用货币化率指标时，要注意使用的是哪个层次的货币统计量。麦金农在 1973 年提出 M2/GDP 指标后，该指标已经成为衡量一国经济货币化的基本指标。表 0.2 是我国进入 21 世纪以来的货币化率，表明随着我国金融改革的逐步深化，货币化率明显提高。

表 0.2　我国 2001—2013 年货币化率

年份	国内生产总值 GDP/亿元	货币和准货币 $M2$/亿元	货币 $M1$/亿元	流通中现金 $M0$/亿元	$M2$/GDP（%）	$M1$/GDP（%）	$M0$/GDP（%）
2001	108 068.2	158 301.9	59 871.6	15 688.8	146.5	55.4	14.5
2002	119 095.7	185 007.0	70 881.8	17 278.0	155.3	59.5	14.5
2003	134 977.0	221 222.8	84 118.6	19 745.9	163.9	62.3	14.6
2004	159 453.6	254 107.0	95 969.7	21 467.3	159.4	60.2	13.5
2005	183 617.4	298 755.7	107 278.8	24 031.7	162.7	58.4	13.1
2006	215 904.4	345 603.6	126 035.1	27 072.6	160.1	58.4	12.5
2007	266 422.0	403 442.2	152 560.1	30 375.2	151.4	57.3	11.4
2008	316 030.3	475 166.6	166 217.1	34 219.0	150.4	52.6	10.8
2009	34 0320.0	606 225.0	220 001.5	38 246.0	178.1	64.6	11.2
2010	399 759.5	725 851.8	266 621.5	44 628.2	181.6	66.7	11.2
2011	468 562.4	851 590.9	289 847.7	50 748.5	182.8	61.9	10.8
2012	516 810.1	974 148.8	308 664.2	54 659.8	188.5	59.7	10.6
2013	568 845.2	1106 509.2	337 260.6	58 558.3	194.5	59.3	10.3

资料来源：中国统计年鉴（2013）。

三、当前世界金融业发展概况

第二次世界大战后随着科学技术的迅猛发展，世界经济发生了很大的变化。近几十年来，特别是自20世纪80年代以来，国际金融业也随之发生了巨大而深刻的变化，有人将其称为金融革命，也有人叫作金融创新。究竟如何来概括这场金融变革，仍需进行深入研究和探讨。这里，我们将其归纳为以下十个方面。

（1）金融商品多样化。传统的金融业务是存、贷、汇，业务品种比较单一。近几十年来，新品种不断涌现。若按大类划分，就有单位存款、储蓄存款、信用贷款、抵押贷款、信托、投资、保险、租赁、债券、股票、国内及国际汇兑等，各大类下的具体品种更为丰富，其中风行世界且在我国也已举办的，如大额可转让存单（certificate of deposit，CDs）、存贷结合的信用卡、旅行支票等，另外，如证券交易中的股票指数期货和期权交易，国际金融市场的利率互换和货币互换（SWAP）等。

（2）金融服务扩大化。以上各种业务当然都是金融服务，但现在的金融服务范围已扩大到代发工资、代收房租、税金、水电费等，而且还包括代为保管财物、代为家庭预算及收支，代办旅游、提供信息和咨询，以及家庭银行服务等众多项目。

（3）金融体系多元化。金融体系多元化是指不仅有中央银行、专业银行、商业银行、投资银行，且有更多的综合性银行；同时，还有众多的非银行金融机构；不仅有银行持股公司，而且有跨国银行；不仅有大的集团银行，而且有形形色色的中小银行或其他信用机构。同时还有一些所谓“金融超级市场”或“金融百货商店”，如美国的美林里奇证券公司，其发展成为全面提供各种金融业务的企业，犹如超级市场一样，商品品种繁多，可以满足多种需求。

（4）金融机构多功能化。过去各种金融机构分工明确，现在逐步渗透，业务交叉。在西方国家短期信贷银行与长期投资银行的界线逐步消失，银行办保险业务，保险公司办银行业务，金融机构逐步向综合型、多功能的方向发展。

（5）融资证券化。过去间接融资在金融交易中占主导地位，现在直接融资所占的比重逐步增大，以致出现“脱媒”现象的说法，即融资活动脱离银行这个媒介机构。过去，长期资金主要靠发行有价证券，短期资金主要靠银行贷款，现在有些国家短期资金融通也主要靠买卖有价证券进行。以美国为代表的发达国家直接融资比重已超过间接融资，而直接融资更趋向于证券化，这是当前国际金融领域中一个最深刻的变化。

（6）金融国际化。伴随商品生产和交换的国际化，金融市场也日益国际化。国际金融中心除传统的伦敦、纽约等外，一批新的国际性金融中心不断崛起，如新加坡、中国香港、巴哈马等。金融市场随着现代通信技术的发展，将全球连为一体，一天24小时可以进行证券外汇交易。再加上离岸金融市场（off shore financial market）的不断发展，金融市场已呈现全球一体化的趋势。此外，银行的跨国兼并、收购，超大型的跨国金融集团的出现也再现了金融国际化的趋势。

（7）金融操作电脑化、网络化。金融业是最早使用电脑的产业，起初只是用作处理内部业务，之后用于票据交换、证券交易、外汇交易、信息传递。现已发展到使用自动柜员机（ATM），零售店终端机（POS），电子资金转账系统等。20世纪70年代建立的环球银行同业金融电讯协会（SWIFT），更使资金转账和信息传递形成世界范围的计算机网络。近年来，国际互联网络（Internet）和企业内部网络（Intranet）的发展，及其各大银行推出的“网上银行”等，使金融操作和服务已进入网络化阶段。

（8）金融业务信息化。这是指随着信息时代的到来，相当多的金融机构建立了信息管理系统、信息检索系统、数据库管理系统等。这使得信息来源更为迅捷、可靠，金融业的管理水平迅速提高。

（9）金融自由化。随着世界经济全球化、一体化趋势的不断发展，不少国家放松了金融限制，有的国家还取消了各种限制，即使银行和非银行金融机构从政府的严格管制下解放出来，使金融市场能够全面建立起来并健康发展，这就是金融自由化。

（10）金融作用深化。金融作用深化主要是指金融对国民经济各个部门所起的促进或阻滞作用的力度日益加强，其渗透到各行各业以及居民及非居民的范围日益扩大。在许多国家，不仅金融业工作人员要具备应有的金融理论及金融知识，而且各行各业的管理者乃至多数居民都有一定的金融意识，日益熟练和频繁地参与金融活动。人们越来越清醒地认识到金融对一国乃至对整个世界经济以及社会生活的影响及作用。

本章小结

1. 金融的概念有狭义与广义之分。狭义金融是指货币资金的融通；广义金融是指货币资金的筹集、分配、融通、运用及其管理。金融学是以广义金融作为研究问题的出发点。

2. 金融作为国民经济的重要组成部分，其本身是由多个要素构成的。金融的对象是货币，金融的运行方式是信用，金融活动的主体是所有的经济活动主体，金融的终结是银行和非银行金融机构，金融活动的场所是金融市场。

3. 金融范畴的形成与扩展是在货币与信用的发展到一定程度上，而出现并逐步完善的。金融范畴也同时在向投资和保险等领域覆盖。

4. 金融在现代经济中发挥着重要作用，这些作用体现在筹资融资方面的作用；引导资金流向，优化资源配置方面的作用；调控经济方面与对经济增长的促进作用。

5. 一国金融发展水平以及金融对经济的作用可以通过金融相关率和货币化率等指标加以衡量。

6. 当前世界金融业的发展正在经历着一场变革。这种变革表现在金融商品多样化，金融服务扩大化，金融体系多元化，金融机构多功能化，融资证券化，金融国际化，金融操作电脑化、网络化，金融业务信息化，金融自由化，金融作用深化。

课后练习

一、填空题

1. 大系统的金融是指货币资金的________、________、________、运用及其管理。

2. 金融在与整体经济的关系中一直居于________地位，它不能脱离经济追求自身发展。

3. 金融发展程度越高，金融作用力会________。

4. 经济商品化是货币化的________，但商品化不一定等于货币化。

二、不定项选择题

1. 微观金融的研究对象包括（　　）。

A. 公司的投融资决策　　B. 金融危机　　C. 行为金融学

D. 金融产品交易定价　　E. 货币政策

2. 经济发展对金融起（　　）作用。

A. 一定的　　B. 决定性　　C. 不确定

D. 推动　　E. 阻碍

3. 金融的功能可以概括为（　　）。

A. 投融资　　B. 促进经济增长　　C. 优化资源配置

D. 股份分割　　E. 调控经济

4. 金融深化表现为金融与经济发展形成一种（　　）状态。

A. 不相关　　B. 频繁变动　　C. 良性循环

D. 恶性循环　　E. 无序

5. 金融相关率指标可被用来比较各国金融发展水平，它由（　　）与（　　）对比构成。

A. 金融资产总量　　B. 商品总量　　C. 信用量

D. 货币量　　E. 经济总量

三、判断分析题

1. 进行金融活动的场所必须是有形金融市场。（　　）

2. 金融已经成为现代经济的核心，现代经济也正逐步转变为金融经济。（　　）

3. 现代金融业的发展在有力推动经济发展的同时，出现不良影响和负作用的可能性也越来越大。（　　）

4. 商品经济的发展必然伴随着货币化程度的提高。（　　）

5. 一般地，金融结构越趋于简单化，金融功能就越强，金融发展水平也就越高。（　　）

四、名词解释

广义金融　　金融学　　微观金融　　宏观金融　　金融发展

五、简答题

1. 什么是金融？金融的构成要素有哪些？

2. 你所学专业与金融之间有何关系？

3. 金融与经济之间存在什么关系？为什么说经济发展对金融有决定性作用？

4. 用日常生活中的实例说明金融功能的实际存在。

5. 如何衡量一国的金融发展水平？

第一篇

货币信用篇

第一章　货币与货币制度

【学习目标】

1. 理解货币的本质
2. 掌握货币的职能、货币制度的构成要素及我国的货币制度
3. 熟悉货币制度及其形成
4. 了解货币的产生与发展、货币形式及其发展

货币是商品经济的必然产物，随着商品经济的发展而不断发展。在现代社会生活中，货币不可或缺。然而并不是每个人都能真正认识货币、了解货币。因此，在本章中，我们将首先从讨论货币产生与发展入手，探究货币的本质，阐述货币的职能、货币制度的构成要素、演变历程以及我国的货币制度的构成。

第一节　货币的产生与发展

货币是金融业务的最基本要素。试观当今世界多国，不论其社会政治制度、经济结构或思想体系有何巨大的差异和分歧，但都毫无例外地采用着一定形式的货币制度。这意味着货币必然具有重要的功能，这些功能成为现代社会经济生存和发展的必不可少的条件。所以，要了解金融，就必须从了解研究货币的产生、功能及其运动形态开始。

一、货币的产生

人类社会自第一次社会大分工以后，便有了剩余产品，开始出现了物物交易。经济学上称为简单的商品交换。顾名思义，物物交换是一种直接交易。为了完成这种交易，交易者要不断寻找机会，寻找合适的交易对象，甚至要经过迂回曲折的交易过程，才能达到目的。公元前 9 世纪时的古希腊著名诗人荷马（Homet）在他的《伊利亚特》[①]史诗第七卷中曾有这样的一段描述：

从兰诺斯岛来了一大批
载着酒的船队……
其他的希腊人急忙前去购买，
有的用黄铜，有的用发光的铁，
有的用兽皮、牲畜或奴隶。

这段描述真实地再现了当时物物交换的“画卷”。然而，物物交换则是一种缓慢的又累

①《伊利亚特》是荷马所著的两部史诗之一。

赘不便的交易方式。它显然有两大缺点：第一，买方可能没有卖方在交换中想要的东西；第二，需要花费大量的时间讨价还价以决定不同物品相对价值。在交换过程中人们逐渐发现，需要选定某个或某些东西充当价值标准。人们接受它（们）不是为了使用，而是为了用于再交换，这样商品交易就会方便得多。

在没有真正的货币形成之前，各种各样的东西都曾充当过价值标准如牲畜、盐、茶叶、皮革、酒、铜、铁、贝壳等。

中国是世界上最早使用货币的国家之一。中国货币的悠久历史，已发展成为一种独立的货币文化，而且同其他一些国家和民族也有相互影响。

> 有些国家，如巴比伦和埃及，其文化是比中国早，可是到现在为止，还没有发现远古的货币。近些年来，英法等帝国主义国家的考古学家，曾不断在那些地域挖掘，把各种各样的古物都挖出来了，盗取了出土的古物，并运回他们本国，在不列颠博物馆和鲁佛博物馆陈列出来，只是没有挖到远古的货币，更没有挖到公元前第八世纪以前的钱币。①
>
> 中国货币的起源，已有四五千年的历史。《管子》说：汤以莊山之金铸币，禹以历山之金铸币。司马迁说：高辛氏以前就有龟具金钱刀布。班固说：神农氏的时候，就有金、刀、龟贝……②
>
> 至于中国的钱币学，是相当发达的。它的产生早于欧洲差不多一千年，而且历代都有人研究，没有间断。③

由上可见，中华民族的货币发展史，货币研究的文化史一直处于世界民族之林的前列，也是马克思主义货币理论形成的重要资料来源之一。

货币在人类历史上已经有几千年历史。长期以来，世界范围内的无数学者都想揭开“货币之谜”，然而，“两千多年来人类智慧在这方面进行探讨的努力，均未得到什么结果……。”后来只有马克思在创立了科学的劳动价值论之后，系统而完备的货币理论才得以建立，从而货币的产生问题（即“货币之谜”）得到科学的回答。

关于货币起源的学说古今中外有多种。如中国古代的先王制币说、交换起源说；西方国家的创造发明说、便于交换说、保存财富说，等等。它们或认为货币是圣贤的创造，或认为货币是保存财富的手段，一些法学家甚至说货币是法律的产物。凡此种种，不一而足。归纳起来，具有代表性的几个学说如下。

（1）亚里士多德的货币国定论。早在公元前 384—前 322 年，古希腊学者亚里士多德就提出了货币国定论的观点，他认为货币不是自然产生的，而是根据协议或者国家的法律来确定的，法律可以规定货币的价值，也可以废除货币。

（2）重商主义的货币金属论和货币数量论。15 世纪，重商主义开始盛行，人们把金银看作货币，并将一切经济活动的重心都放在把金银吸引到国内上。16 世纪，法国重商主义者让·巴蒂斯特·柯尔贝尔针对欧洲大陆的物价高涨现象提出了货币的价值与商品的价格都是

---

①《中国货币史》，彭信威著，上海人民出版社，1965 年 11 月出版。
②《中国货币史》，彭信威著，上海人民出版社，1965 年 11 月出版。
③《中国货币史》，彭信威著，上海人民出版社，1965 年 11 月出版。

由货币的数量决定的观点：在其他条件不变的情况下，货币的价值与货币数量的变动成反比。

（3）巴本的货币名目论。由于重商主义的兴起使得国内货币数量增加、商品匮乏、物价飞涨，损害了一部分人的利益。货币名目论的代表人物巴本认为，货币是国家制造的，由于国家的权威才赋予铸币价值，只要有君主的印鉴，任何金属都可以有价值，可以充当货币。

（4）古典学派的货币商品论。古典学派的杰出代表亚当·斯密（1723—1790）认为货币是聪明人为了克服直接"物—物"交换的困难而协商出来的。在直接的"物—物"交换中，如果对方不具有自己需要的商品，则交换不能成功。各时代有思想的人就想象一种可以和任何人的生产交换的物品，而这种物品就是货币。所以亚当·斯密认为货币不能由国家任意规定与取消，而是在交换过程中自发产生的。

以上这些学说，均未能科学地说明货币的真正起源及其发展的路径。

唯有马克思运用辩证唯物论的观点，科学地揭示了"货币"如何从商品交换中逐渐分离出来而成为一种特殊商品（即固定充当一般等价物）的历程。

马克思认为货币是商品生产和交换长期发展的产物。在商品交换中，人们必须衡量商品的价值，一种商品价值必须由另一种商品的价值来表现。马克思正是从分析商品生产和交换入手，通过研究商品价值形式的发展过程来揭示货币来源。

（1）简单或偶然的价值形式。原始社会后期，随着生产力的发展，出现了剩余产品的交换，但这时并没有专门为了交换而生产。在这种交换过程中，一种商品的价值只是偶然地表现在另一种商品上，所以商品价值的表现是不完善、不成熟、不充分的。

（2）总和或扩大的价值形式。随着商品经济和生产力的发展，一种商品的价值不是偶然地表现在某一种商品上，而是经常地表现在许多商品上，但是在扩大的价值形式中，商品的表现不完整，不统一，缺少共同的单位来表现商品价值。

（3）一般价值形式。在一般价值形式中，一切商品的价值在某一种商品上得到表现，这种商品就是一般等价物。一般等价物具有完全的排他性，任何一种商品只要与之交换成功，该商品的使用价值就会转化为价值；具体劳动便转化为抽象劳动；私人劳动也获得了社会的承认，成为社会劳动的一部分，但是担任一般等价物的商品可能不固定。

（4）货币形式。当一切商品的价值都固定地由一种特殊商品来表现时，货币的价值形式就出现了，它执行着货币的职能，成为表现、衡量和实现价值的工具。

从马克思所分析的货币产生过程看，货币是交换发展和与之伴随的价值形态发展的必然产物。从历史角度看，交换发展的过程可以浓缩为价值形态的演化过程。价值形成经历了从"简单的价值形式—扩大的价值形式—一般价值形式—货币形式"的历史沿革。从这一发展过程可以看出：第一，货币是一个历史的经济范畴，是随着商品和商品交换的产生与发展而产生的；第二，货币是商品经济自发发展的产物，而不是发明、协商或法律规定的结果；第三，货币是交换发展的产物，是社会劳动和私人劳动矛盾发展的结果。

二、货币的本质

从货币的产生，我们可以观察到货币的本质属性，那就是从商品中分离出来的固定充当一般等价物的特殊商品。

首先，货币是商品，它同商品世界的其他商品一样，具有价值和使用价值，而且能在交换中为人们所接受，并能作为一般等价物在交换中使用。

其次，货币不是普通的商品，而是特殊的商品，这集中表现在货币是一般等价物这一点上。它从商品世界中分离出来与其他一切商品相对立，是表现一切商品价值的材料，具有与一切商品相交换的能力，这使货币成为特殊商品。

最后，货币反映一定的社会经济关系。货币可反映商品依照社会需求按比例生产的关系，不符合社会需求的商品将被积压，交换不到货币，故货币也被戏称为“社会的选票”。同时，它也体现市场经济条件下人们之间的分配关系。

三、货币形态及其发展

货币形态亦称货币形式，是指以什么货币材料（即币材）来充当货币。不同的货币形态适应了不同的人类社会生产阶段和历史时期的需要。纵观货币的发展历史，货币形态的发展演变，大体经历了“实物货币—金属货币—代用货币—信用货币”等阶段。

1. 实物货币

实物货币又称商品货币，是指以一种特定的物品来充当货币。任何货币，如果作为非货币用途的价值，与作为货币用途的价值相等，则统称为实物货币，又称“足值货币（full-bodied money）”。它是货币形态发展的最原始形式。

在一般价值形式转化为货币形式后，有一个漫长的实物货币形式占主导的时期。贝壳、龟甲、布帛、牛羊等，都充当过货币。据古籍记载，中国最早的货币是贝。在我国的文字中也可看出作为货币长期存在的事实：很多与财富有联系的字其偏旁都为“贝”，如货、财、贸、贱、贷、贫等。但实物货币存在着难以克服的缺陷：或体积笨重、不便携带；或质地不均匀、难以分割；或容易腐烂、不易储存；或大小不一，难以比较。因此最终还是逐渐被金属货币所替代。但是，实物货币并未完全退出历史舞台，每当铸币缺乏或大幅度贬值时，实物货币又可能重新出现。

2. 金属货币

金属货币是指以金属（如铜、金、银等）为币材的货币。在长期的生活实践中，人们发现作为货币的理想材料应具有如下特性：第一，易于标准化；第二，必须可分割；第三，应携带方便；第四，必须不易变质。金银等贵金属基本能满足以上要求，因此世界各国均不约而同地先后选择金银作为货币的材料。

最初，金属货币都是直接以原始的条、块形状流通，因而每次交易时都要检验成色，称重量，很不方便。随着商品交换的发展，富有的商人开始在金属条块上打上自己的印记，以自己的信用来保证金属条块的成色、重量，这就是初期的私人铸币。当交换范围进一步扩大之后，私人铸币就表现出其局限性，需要由更具权威性的机构来铸造货币，货币就开始由国家来集中铸造，从而产生了国家铸币。

早期铸币形状是多种多样的，在中国历史上曾流行贝形、铲形、刀形和圆形钱币。中国最早的金属货币是商朝的铜贝。据考古分析，最初铜贝与贝币是同时流通的，铜贝发展到春秋中期，又出现了新的货币形式——包金铜贝，它是在普通铜币的外表包一层薄金，既华贵又耐磨。铜贝不仅是中国最早的金属货币，也是世界上最早的金属货币。1953 年在安阳大司空村商墓中就曾发现有三枚铜贝。[①]

---

①《考古学报》1953 年第九期，马得志等撰写的《1953 年安阳大司空村发掘报告》。

3. 代用货币

代用货币是指由政府或银行发行的代表实体货币的纸质货币。尽管其自身价值低于货币价值，是一种不足值的货币，但由于有十足的贵金属做保证，可以随时兑换，因而代用货币能在市场上广泛流通。英国曾于 16 世纪发行代用货币，这些代用货币源于伦敦的金匠为顾客保管金银时，给顾客开具的可以兑换金银的收据。后来，英国的银行发行这种可以随时兑换金属货币的纸币，称为银行券。美国在 1900 年建立金本位制度后，为减少公众持有大量黄金或金币的麻烦，发行了黄金券凭单，以这种凭单来代表存于财政部金库中的足值铸币及等值的黄金。代用货币具有携带便利、避免磨损、节省金银等优点，这也是它后来能够取代金属货币的主要原因。

4. 信用货币

信用货币是由国家法律规定的，不以任何贵金属为基础的，独立行使货币的各种职能的货币。它是使用货币符号等信用工具作为货币的一种表现形式，其本身价值低于货币价值，且不代表任何金属货币。作为一种信用凭证，它全依靠国家信用和银行信用流通，信用货币实质是一种货币符号，赋予持有者获取商品和服务的权利。早期的商业票据、纸币、银行券都是信用货币。存款货币也是一种重要的信用货币。存款货币是指可签发支票的活期存款。商业银行的活期存款户可以随时开出支票在市场上转移或流通，充当交易媒介或支付工具。由于支票可以装订成书本形状，因此人们又把支票称为“账本货币”。又由于存款货币以在银行活期存款为基础，并通过支票的签发，将银行账上所记存户的债权加以转移，因此存款货币还被称为“银行货币”。存款货币在现代工商业发达的国家中占有重要的地位，大部分交易都是以这种货币为交易媒介进行的。

信用货币出现满足了商品交换扩大的需要，进一步促进了商品经济的发展。但是由于信用货币完全依靠国家信用或银行信用流通，因此政府有可能不受约束地任意扩大货币发行，由此给经济运行带来潜在的风险。亚当·斯密认为：“以纸币代金银，说得过头一点，就好比架空为轨，经济通过纸币的飞翼飘然空中，比起用金银铺成的脚踏实地的通衢大道，要危险得多。”[1]可以说，当代经济和金融危机的交替频繁发生与信用货币制度带来的货币过量发行有着千丝万缕的关系。

知识链接

电子货币——信用货币的新发展[2]

20 世纪 90 年代以来，在 IT 技术的推动下，支付体系日益沿着电子化的方向发展，但在普通大众和国际学术及官方监管层面上，人们对电子货币的认识存在很大差别。在普通大众看来，凡是以电子网络化形式存在和支付使用的都属于电子货币，这显然强调的是这种货币形式的物质载体属性，而国际学术界和国际清算银行支付结算委员会（CPSS）以及欧洲中央银行（ECB）对电子货币的定义，则强调的是其不依赖于传统银行体系的支付属性。CPSS 和 ECB 先后在 1996 年和 1998 年发布了有关电子货币问题的报告，综合起来看，他们所称的电子货币（e-money），指的是在预付（prepaid）基础上形成的多用途零售电子支付储值（electronically stored monetary value）。根据储值的介质不同，电子货币可以分为卡基电子货币（card based e-money）和网基电子货币（worknet based e-money）。电子货币的创新在于其支付过程与传统的银行支付平台无直接关联，使

① 亚当·斯密. 郭大力，王亚男译. 国富论[M]. 北京：商务印书馆，1981.
② 钱水土. 货币银行学[M]. 北京：机械工业出版社，2013 年 3 月.

用时无需银行介入。例如，对于公交系统发行的多用途智能卡基电子货币而言，持卡人无论出行乘车还是商店购物，均通过POS点读卡器与智能卡之间的瞬时信息交换直接完成支付，支付过程与银行无关。而目前在世界上普遍使用的银行信用卡、借记卡、直接借记（direct debt）、贷记转账（credit transfer）属访问型电子支付产品（access product），并不是国际学术界和监管机构认可的电子货币，这类电子支付产品只是向人们提供了一个通过电子网络技术获得银行信用或者转移银行账户资金的方法而已，支付过程完全实施或延时依赖银行系统支持。

游离于传统银行体系之外的电子货币具有私人货币的属性，理论上它完全可以采取不同于现有货币体系的货币名称和货币单位（即货币本位），因此，它的发展对建立在现有中央银行垄断发行基础上的货币制度形成了根本挑战和威胁，而访问型的电子支付手段无论如何发展，始终不具备类似的影响，它至多是现有的货币体系更加电子化而已，这也就解释了为什么国际学术界和官方监管机构要严格区分电子货币和访问型电子支付产品。

从整个货币发展的历史趋势看，货币形式随着经济发展程度的提高，不断从低级向高级发展演变，并逐步趋于数字化的虚拟化。我们也可以看到，一种货币形态能被另一种货币形态所替代，是由货币作为一般等价物的性质、社会生产的发展、各种币材的优劣以及科学技术进步所决定的，是商品经济不断发展的必然结果。

第二节　货币的职能

由货币的本质规定性决定了货币的职能，货币职能是货币本质的具体体现。一般地说，货币具有价值尺度、流通手段、支付手段、贮藏手段和世界货币五个职能。

一、价值尺度

价值尺度，即货币具有表现商品价值并衡量商品价值量大小的职能。货币之所以能充当价值尺度，是因为作为货币本身也是商品，具有价值，就像衡量长度的尺子本身也具有长度一样。货币执行价值尺度职能的特点是，只需要想象的或观念上的货币，并不需要现实的货币存在，即商品在流通之前，要先定价格，对商品进行标明货币数量的标价工作。这只是观念上的准备，并不是商品转化为货币。

二、流通手段

货币在商品流通中作为交换的媒介时，执行流通手段职能，其特点是：①作为流通手段的货币必须是现实的货币，因为必须用现实的货币进行交换，才能实现商品的价值；②流通手段起的是媒介作用，是转瞬即逝的过程，完全可以用不足值的或没有价值量的符号代替。

三、支付手段

货币的支付手段职能，是指货币作为偿还债务或单方面的支付时的手段。货币充当支付手段最初是由赊购方式引起的，即在买卖行为完成后，经过一段时间购买者才支付货币，买卖关系成为债权债务关系。随着商品经济的发展，又形成了货币借贷关系，货币本身成了商品，货币商品的借贷之间成了两个独立的行为，货币的借入者在借款到期后必须偿还本息，货币的偿还债务手段更为明显。货币执行支付手段职能的特点是：①等值的商品和货币不是同时进行交换，货币不再是交换的媒介，而是作为补充交换行为的一个环节，是价值单方面的转移；②商品的价格是订立支付契约时就已确定的，买者必须按契约规定的金额清偿债务，这是一种信用形式。

四、贮藏手段

货币退出流通领域后，被人们保存、收藏起来，成为储蓄的货币，执行贮藏手段职能。在金属货币流通条件下，充当贮藏手段的货币，必须是具有价值的金币或银币，所以朴素的货币贮藏的典型形式是金银窖藏。在金属货币与纸币同时流通的条件下，贮藏的方式发生了变化，采取了流通手段准备金、支付手段准备金和世界货币准备金的形式。在经济发达的社会中，储蓄已成为家庭、企业和政府的一种普通的形式。但纸币的贮藏手段职能要能正常发挥作用，必须具备一定的前提条件，即货币的币值较为稳定，贮藏货币可以带来稳定的收益。

五、世界货币

货币在国际市场上发挥一般等价物的作用时，执行世界货币职能。作为世界货币必须具有内在的价值，如黄金；或币值相对稳定的国际间广泛使用的货币，如美元。世界货币职能的主要内容是作为国际间的支付手段，用来支付国际收支差额；作为国际的一般购买手段，一国单方面购买另一国商品，货币商品直接同另一国的一般商品相交换以及社会财富的转移，如资本转移、对外援助等，货币作为转移手段发挥作用。

知识链接

国际清算银行 2013 年 4 月发布全球外汇市场成交量调查报告显示，人民币首次超过瑞典克朗、港币，进入全球十大交易最频繁货币榜单，成为世界第九大外汇交易货币，日均交易额占全球交易总额的 2.2%。国际清算银行认为，人民币在全球外汇交易中的飙升符合中国货币国际化的努力。自 2009 年实行跨境贸易人民币结算试点以来，人民币国际化快速发展。截至 2013 年 9 月，人民币结算的贸易额占中国全部贸易额的比重已经超过 13%。全球支付服务公司——美国西联商务解决方案公司的调查显示，2013 年上半年，美国公司的人民币支付量较上年同期增长近 90%，人民币目前在美国对华支付中占到 12%。

第三节　货币制度及其演变

货币制度简称“币制”，是一个国家以法律形式确定的该国货币流通的结构、体系与组织形式。它是一国经济制度的重要组成部分。

一、货币制度的构成要素

统一的货币制度，一般由四个要素组成。

（一）货币材料

作为货币的理想材料应具有以下特性：第一，容易标准化；第二，做货币的材料必须是可分割的；第三，做货币的材料应携带方便；第四，做货币的材料必须稳定，不容易变质。由于金银等贵金属基本能满足以上要求，所以世界各国不约而同地选择金银作为充当货币的材料。不同的货币金属，构成不同的货币本位制度，如用金、银或金银并用，就分别称为金本位制、银本位制和金银复本位制。确定货币金属是金属货币流通条件下整个货币制度的基础，但是货币金属的确定也不是随意的，要受客观经济发展条件的制约。货币金属由贱金属向贵金属过渡，国家在制定货币制度时，往往将货币单位与某种特定的金属保持固定的关系，并将其作为衡量价值的标准。

思考与讨论

战俘营中的货币

第二次世界大战期间，在纳粹的战俘集中营中流通着一种特殊的商品货币：香烟。当时的红十字会设法向战俘营提供各种人道主义物品，如食物、衣服、香烟等。由于数量有限，这些物品只能根据某种平均主义的原则在战俘之间进行分配，而无法顾及到每个战俘的特定偏好。但是人与人之间的偏好显然是会有所不同的，有人喜欢巧克力，有人喜欢奶酪，还有人则可能更想得到一包香烟。因此这种分配显然是缺乏效率的，战俘们有进行交换的需要。但是，即便在战俘营这样一个狭小的范围内，物物交换也显得非常不方便，因为它要求交易双方恰巧都想要对方的东西，也就是所谓的需求的双重巧合。为了使交换能够更加顺利地进行，需要有一种充当交易媒介的商品，即货币。那么，在战俘营中，究竟哪一种物品适合做交易媒介呢？许多战俘营都不约而同地选择香烟来扮演这一角色。战俘们用香烟来进行计价和交易，如一根香肠值 10 根香烟，一件衬衣值 80 根香烟，替别人洗一件衣服则可以换得两根香烟。有了这样一种记账单位和交易媒介之后，战俘之间的交换就方便多了。

思考：

（1）为什么战俘选择香烟充当货币？

（2）我们日常生活中还有哪些物品可以充当货币？

（二）货币单位

规定货币单位的名称及其所含的货币金属的重量。如我国在 1914 年的《国币条例》中规定，货币单位为“圆”，每圆含纯银为库平 0.648 两（合 23.977 克）。英国的货币单位定名为“英镑”，1816 年 5 月的金币本位法案规定，1 英镑含成色为 11/12 的黄金 123.274 47 格令（合 7.97 克）。

（三）货币铸造、发行和流通程序

通货就是流通中的货币，包括金属货币、纸币、各种信用货币和银行券、支票、商业票据等。货币制度对这些通货的铸造、发行和流通程序都做出了规定。

1. 金属货币的铸造、发行和流通程序

金属货币分为主币和辅币。主币又称本位币，其特征是：按照国家规定的货币金属和货币单位而铸造的铸币，是该国法定作为价格标准的基本通货，如英镑、美元、马克、法郎、比索等。主币是以名义价值与实际价值相一致为基本特点的一种足值的货币，通常用贵金属铸造。对主币一般有以下三项规定。

第一，主币可以自由铸造。通常实行金属货币制度的国家，主币由国家垄断铸造，但是其法律规定公民有权把货币金属块送到国家造币厂请求铸造成主币，不受数量限制，造币厂免费代铸，或仅收取少量的制造费。

第二，主币具有无限的法定支付能力，主币是一国计价结算的唯一合法的货币单位和基本通货，各国法律规定，在商品交易和一切经济交往中，每次支付的金额无论大小，用主币支付，收款人都不能拒绝接受，使主币具有无限的法偿效力。

第三，规定磨损公差。为避免重量不足的铸币自由流通而导致主币贬值，各国的货币制度中，一般都规定了每枚铸币磨损后实际重量与法定重量之间的差额，即磨损差额不能超过规定的最大限度。这种法律允许的磨损程度即为磨损公差。

辅币的特征是：它是主币以下的，供零星小额交易的通货，辅币通常是用铜、镍等贱金属铸造的不足值的铸币，其名义价值（面值）高于实际价值。辅币也有以下三项规定。

第一，辅币限制铸造。一方面由于辅币的实际价值低于其名义价值，由国家用国库的金属铸造，以保证铸造辅币的收入由国家垄断；另一方面限制铸造可以防止实际价值较低的辅币把实际价值较高的主币排挤出市场。辅币若可以自由铸造，不足值的辅币就会充斥流通界，而足值的主币则会被排除于流通界之外，所以辅币不能自由铸造。

第二，辅币是有限的法偿币，法律规定它有限的支付能力。在一次支付行为中，规定辅币支付的最高金额，如超过这一金额，对方有权拒绝接受。这种限制是为了防止价值较低的辅币把价值较高的主币排挤出流通界，同时也是为了避免携带收付的不便。但如果是向国家纳税和向银行兑换时，则无此限制。

第三，与主币自由兑换。辅币通过法律形式与主币建立固定的兑换比例，并可以自由兑换主币，从而保证辅币可以按它的名义价值进行流通。如美国的辅币是分，1 美元等于 100 分；1972 年以前，英国的辅币是先令、便士、法新，1 英镑等于 20 先令，1 先令等于 12 便士，1 便士等于 4 法新。

2. 信用货币的发行和流通程序

随着资本主义经济的发展，商品生产和商品流通的增长超过了贵金属存量的增长，金属货币日益不能满足商品流通对流通手段和支付手段的需要，于是便出现了纸币和银行券等信用货币。

纸币是国家发行并依靠国家权力来强制流通的货币符号。银行券是在商业信用基础上由银行开出的用来贴现商业汇票的一种银行票据，具有兑换的性质，即持有者随时可用它向发行的银行兑换金属货币。银行券最初由商业银行发行，后为保证它的信用度，改由中央银行集中发行。由国家发行的纸币和中央银行发行的银行券是法定的支付手段，不能拒绝接受。其他如非中央银行发行的银行券、商业票据、支票等，都不是法定的支付手段，可以拒绝接受。

（四）准备制度

为稳定货币，各国都建立准备制度，主要是建立金准备制度，或称黄金储备，集中于国家金库或中央银行。金准备主要有三方面的用途：一是作为国际支付（或世界货币）的准备金，二是作为国内金属货币流通规模变化的准备金，三是作为支付存款和兑换银行券的准备金。同时，在强化国际支付的准备金中，各国还建立了外汇储备，如以美元、英镑等作为准备金。

目前，各国中央银行发行的信用货币虽然不能再兑换黄金，但仍然保留着发行准备制度。各国准备制度不同，但归纳起来，作为发行准备金的有黄金、国家债券、商业票据、外汇等。

二、货币制度的演变

历史上最早出现的货币制度是金属货币制度，如今则大量流行的是纸质的货币符号。金属货币可分为单金属本位和双金属本位。单金属本位是指由国家法律规定，用具有一定重量、成色和形状的金或银为单一本位币的货币制度。双金属本位是指法律规定同时用金和银两种金属为本位币的货币本位制度。

（一）银单本位制

银单本位制是一种以银为本位币的货币制度，简称银本位制。在货币制度萌芽的中世纪，许多国家采用这种制度。银本位制的缺点是白银的价格不很稳定，使得货币单位价值不能相对固定，银本位制就不能满足货币制度稳定性的要求，到 20 世纪初，一些主要资本主义国家纷纷放弃这种制度，改用金银复本位制或金单本位制。

（二）金银复本位制

金银复本位制是法律规定金银两种金属同时作为本位币的材料。其特点表现为：金、银币都可以自由铸造；金、银币都有无限法偿力；金银都可以自由输出、输入国境。金银复本位制在 16—18 世纪流行于西欧各国。一方面，在封建社会，货币材料主要是白银，当封建社会向资本主义社会过渡，商品生产和商品交换有了较大的发展，小额交易日益增加，对白银的需要量相应增加；另一方面，资本主义大工业和批发商业迅速发展，对价值较高的黄金货币需要也有增长，这就客观上产生了建立金银复本位制的要求。同时在 16—17 世纪，墨西哥、秘鲁的银矿和巴西的金矿先后被发现并开采，金银产量大增，并从美洲大量流向欧洲，也为金银复本位制的实行创造了条件。

知识链接

劣币驱逐良币

“劣币驱逐良币”，又称格雷欣法则，是指当一个国家同时流通两种实际价值不同而法定比价不变的货币时，实际价值高的货币（良币）必然要被熔化、收藏或输出而退出流通领域，而实际价值低的货币（劣币）反而充斥市场。

金银复本位曾经被 18—19 世纪的英国、美国、法国长期采用。由于金币和银币之间的兑换比率是政府经由法律定下的，所以会长期稳定不变，但市场上的金银之间的相对价格却会因为供需法则而波动。若当黄金实际价值超过法定兑换率时，人们就会将手中价值较大的金币（良币）熔成金块，再将这些黄金卖掉换成银币（劣币）使用。经过这种程序之后，就可比直接用金币换银币换得更多的银币。有时人们甚至会重复这样的过程许多次，故市面上的良币就日益被熔化而减少，劣币则会充斥市场并严重扰乱市场秩序。（此处的“良币”并非指单价高的货币，而是指相对于兑换率而言，较有优势的货币。假设金币兑银币的法定兑换率是 1∶10，若 1 个金币熔化之后能换取超过 10 个银币，则金币为良币；若 10 个银币熔化之后能换取超过 1 个金币，则银币为良币。）在中国，早在公元前 2 世纪，西汉的贾谊曾指出“奸钱日繁，正钱日亡”的事实，这里的“奸钱”指的就是劣币，“正钱”指的是良币。

进入了纸币流通的时代，货币的不足值性更加明显，国家也必须有更加有力的手段保障其法偿性。也正是在这时，格雷欣法则开始受到一些学者的质疑。事实上，没有良币出现，或者有强有力的政府禁止良币的使用，劣币也不能一直使用下去。

一个十分明显的例子，在国民党政府执政末期，法币贬值，物价飞涨，民间开始使用银元，拒收劣币。此时的国民政府虽说对付解放军不行，禁止人民使用银元进而没收银元发行银元券还是可以的。但是人民并不因此就接受银元券了，许多私人机构开始以大米为薪金，社会交换退化到了物物交换时代。

格雷欣法则实现要具备如下条件：劣币和良币同时都为法定货币，两种货币有一定法定比率，两种货币的总和必须超过社会所需的货币量。

（三）金单本位制

金单本位制又称金本位制。在金本位条件下，流通中的金属货币除了金币外，往往也有银币，但此时银币或是不能自由铸造，或是既不能自由铸造也不具有无限法偿力，实际上已变为金币的符号。金本位制包括金币本位制、金块本位制和金汇兑本位制，但金币本位制是典型的金本位制。

1. 金币本位制

金币本位制，是以黄金为货币金属，实行金币流通的一种典型的金本位制。金币本位制的特点表现为：

（1）金铸币为本位货币，可以自由铸造，自由熔化。其作用是：可以自发调节流通中的货币量，保证金币的名义价值和实际价值相一致，使物价较为稳定，保证黄金在货币制度中的主导地位，克服了金银复本位制下金银频繁交替地执行价值尺度职能的混乱现象。

（2）辅币、银行券和金币同时流通，辅币和银行券可按面值自由兑换金币。其作用是：保证了价值符号能稳定地代表一定数量的黄金，防止价值符号的贬值。

（3）黄金和金币可以自由地输出、输入国境。在金币本位制国家之间，各国本位币法定含金量的比例一般称为“金平价”或“铸币平价”，它是确定外汇行市的基础，外汇行市波动幅度仅限于“黄金输送点”，即铸币平价加减黄金的输送费用，外汇行市一旦突破这个幅度，就会引起黄金在国际间的流动，从而使外汇行市回到这个幅度内。黄金自由输出、输入的作用是：保证了世界黄金市场的统一和外汇行市的相对稳定。

2. 金块本位制和金汇兑本位制

经历了第一次世界大战，各参战国都发生了严重的通货膨胀，恢复金币本位制可望而不可即。1924—1928 年资本主义世界进入相对稳定时期，出现了企图恢复金币本位制的呼声，但实行金币本位制的条件仍不具备，只能实行变通的金本位，或者说是残缺不全的金本位——金块本位制和金汇兑本位制。

金块本位制是指国内不铸造也不流通金币，只发行和流通代表一定重量黄金的银行券或纸币，银行券或纸币不能自由兑换黄金或金币，只能按一定条件向发行银行兑换金块。这种制度又称生金本位制。在货币制度史上，英国于 1925 年 5 月率先实行，然后，法国、荷兰、比利时等国步其后尘。

金汇兑本位制是指国家仍规定货币单位的含金量，但国内不铸造也不使用金币，而是流通银币或银行券等，银币或银行券在国内不能兑换黄金，只能兑换外汇，然后用外汇可在国外兑换黄金。实行这种制度的国家的通货与某一实行金币（块）本位制的国家的主币保持固定比价，并在该国存放外汇或黄金作为外汇基金，而在国内则通过无限制供应外汇来稳定外汇行市和本国货币的币值。这种制度又称虚金本位制。在货币制度史上，最早实行的是荷兰殖民地爪哇（1877）、印度（1893），后来菲律宾、马来西亚、泰国、墨西哥等国也相继实行。

3. 布雷顿森林体系

第二次世界大战爆发后，整个资本主义世界各国无一例外地都出现了剧烈的通货膨胀。战后，欧洲各国因受战争破坏，生产设备短缺，物资匮乏，为恢复和发展国内经济，只得从美国进口商品。美国在扩大其商品输出的同时，又乘机限制商品输入，形成大量贸易顺差。因此，美国的黄金储备迅速增长，约占当时资本主义各国黄金储备的四分之三。西欧各国为弥补巨额贸易逆差需要大量美元，出现了“美元荒”。国际收支大额逆差和黄金外汇储备不足，导致多数国家加强了外汇管制。显然，这种情况对美国的对外扩张是个严重障碍。美国力图使西欧各国货币恢复自由兑换，并为此寻求有效措施。

1944 年 7 月，在美国新罕布什尔州的布雷顿森林召开由 44 国参加的“联合国联盟国家国际货币金融会议”，通过了以“怀特计划”为基础的《国际货币基金协定》和《国际复兴开发银行协定》，总称《布雷顿森林协定》。这个协定建立了以美元为中心的国际货币体系，即布雷顿森林体系。

布雷顿森林体系的主要内容包括以下几方面。

（1）以黄金作为基础，以美元作为最主要的国际储备货币，实行“双挂钩”的国际货币体系，即美元与黄金直接挂钩，其他国家的货币与美元挂钩。美元与黄金挂钩是指，美国政府保证以 1934 年 1 月规定的 35 美元等于一盎司的黄金官价兑付其他国家政府或中央银行持有的美元。其他国家货币与美元挂钩是指，根据 35 美元等于 1 盎司黄金的价格确立美元的含金量，其他国家也以法律形式规定各自的含金量，而后通过含金量的比例，确定各国货币与美元的兑换比例。

（2）实行固定汇率制。各国货币对美元的汇率一般只能在平价上下 1%（1971 年 12 月 17—18 日后调整为 2.25%）的幅度内浮动，各国政府有义务在外汇市场上进行干预，以维持外汇行市的稳定。只有在一国国际收支发生根本性不平衡时，才允许贬值或升值，但必须经过国际货币基金组织批准。实际上，在平价 10%以下的变动可自行决定，在 10%～20%间须经国际货币基金组织同意，在 72 小时内做出决定，更大变动则不受时间限制。

（3）国际货币基金组织通过预先安排的资金融通措施，保证向会员国提供辅助性储备供应。会员国份额的 25%以黄金或可兑换成黄金的货币缴纳，其余 75%以本国货币缴纳。会员国认缴的份额越多，所得贷款越多。贷款只限于为会员国解决国际收支困难。

（4）会员国不得限制经常性项目的支付，不得采取歧视性的货币措施。这个货币体系实际上是美元-黄金本位制，也是一个变相的国际金汇兑本位制。

以美元为中心的布雷顿森林体系，对第二次世界大战后资本主义经济发展起过积极作用。首先，美元作为国际储备货币等同于黄金，起着黄金的补充作用，弥补了国际清偿能力的不足；其次，固定汇率制使汇率保持相对的稳定，为资本主义世界的贸易、投资和信贷的正常发展提供了有利条件；最后，国际货币基金组织作为这一体系正常运转的中心机构，在促进国际货币合作和建立多边关系方面起着积极作用，特别是对会员国提供各种贷款，以暂缓会员国国际收支困难，有助于世界经济的稳定增长。

但是随着时间的推移，布雷顿森林体系的种种缺陷也渐渐暴露出来。1974 年 4 月 1 日起，国际协定上正式解除货币与黄金的固定关系，以美元为中心的布雷顿森林体系彻底瓦解。

（四）纸币制度

纸币是在货币的流通手段职能的基础上产生的。货币作为流通手段，只是交换的媒介，人们真正需要的是购买的商品，而不是货币本身，只要关心自己的商品卖出去，换成的货币能买回与货币面额相等的商品就行了，货币只是转瞬即逝的，并不需要关心币材本身有多少价值，货币就变成象征性的了。但是货币符号代替真实货币是有条件的：一是必须取得社会公众的认可，不是任何个人发行的货币都能取得社会公认的，先是靠有社会信誉的商人，然后是靠国家的强制力，使它获得国内公众的认可；二是纸币的广泛流通必须有地区市场的存在，广泛的地区市场是吸纳货币符号的场所。我国北宋的商业比较发达，形成了统一的地区市场，是交子代替铁钱流通的条件。

银行券原是一种代替金属货币充当支付手段和流通手段的信用货币，在商品经济不断发展的基础上，对货币的需要量增多，但金属货币的增加受产量的限制难以相应增加而不能满足流通对货币的需要。同时，在商品交易中，经常出现赊账，卖者成为债权人，买者成为债务人，买卖行为转化为信用行为，出售商品后换得的是写明金额的、证明债权债务关系的信用凭证——汇票。在汇票流通的基础上，本票、支票等各种形式的信用流通工具相继出现。当商业票据的持有者在票据到期前急需现金时，可持票向银行请求贴现，银行可支付现金，也可开出随时向银行兑换现金的票据，这种由银行开出的票据就是银行券。银行券的发行基础是商业票据，它的流通与商品流通的扩大或收缩是同步的，同时它又能兑换金属币，所以，银行券不会发生贬值。

纸币与银行券同是货币符号，但它们也是有区别的。

（1）纸币是在货币的流通手段职能基础上产生，是价值符号的完成形式；银行券是在货币的支付手段职能基础上产生的，其基础是信用关系。

（2）纸币是由政府依靠国家权力强制发行并流通的，往往成为政府弥补财政赤字的手段；银行券是银行通过贴现商业票据而发行的，是为商品流通服务的。

（3）纸币是不能兑现的；而典型的银行券是能随时兑换金属货币的。

（4）纸币发行过多，就会发生贬值；银行券是适应商品流通的，不会发生贬值。

当今社会金本位制已垮台，金银不再流通，银行券的兑现条件已不存在，因此商业银行已丧失银行券的发行权，由中央银行集中发行。

三、我国的货币制度

人民币是我国长期以来唯一的法定货币，是不兑现的信用货币。在我国的社会主义经济生活中，人民币执行货币的基本职能。人民币作为现代不兑现的信用货币，具有以下几个特征：

人民币是一般等价物，作为不兑现的纸制信用货币，本身并没有价值，之所以能表现和衡量商品价值，就在于它是一种价值符号。人民币是通过银行信贷程序发行的信用货币，是由现金和银行存款构成的，而现金和存款都是银行的负债，因此是一种债务货币。人民币是我国大陆地区唯一的法定货币，任何单位和个人都不能发行或变相发行其他形式的货币，任何单位和个人也不能拒收人民币。

1997 年 7 月 1 日，我国政府恢复了对香港行使主权，香港特别行政区成立。我国的货币制度改为实行一个主权国家两种社会制度下的两种货币、两种货币制度共存的货币制度。在内地仍然实行人民币制度，在香港实行独立的港币制度，在货币发行、流通与管理等方面分别自成体系，人民币和港币分别作为内地和香港的法定货币在两地流通。由于香港仍然实行原来的资本主义制度，因此，按照我国目前的外汇管理规定，港币仍然属于外汇范围，港币在内地以外币对待，同样，人民币在香港也以外币对待。

知识链接

人民币国际化

一般来说，一国货币的国际化要经历结算货币、投资货币、储备货币的过程。人民币国际化，是指人民币能够跨越国界，在境外流通，成为国际上普遍认可的计价、结算、投资及储备货币等的过程。

2008 年 12 月 25 日，国务院决定，将对广东和长江三角洲地区与港澳地区、广西和云南与东盟国家的货物贸易进行人民币结算试点；此外，中国已与包括蒙古、越南、缅甸等在内的周边八国签订了自主选择双边货币结算协议，人民币区域化的进程大步加快。

2009 年 4 月 8 日，国务院常务会议决定在上海、广州、深圳、珠海和东莞等城市开展跨境贸易人民币结算试点。这意味着人民币国际化走出了关键一步。

2010 年 6 月 22 日，中国人民银行、财政部等 6 部门发布《关于扩大跨境贸易人民币结算试点有关问题的通知》。试点范围扩大到北京、天津、上海、江苏、浙江、福建等 20 个省（自治区、直辖市）；试点业务范围包括跨境货物贸易、服务贸易和其他经常项目人民币结算；不再限制境外地域，企业可按市场原则选择使用人民币结算。

2011 年 8 月 23 日，中国人民银行、财政部、商务部、海关总署、税务总局和银监会联合发布《关于扩大跨境贸易人民币结算地区的通知》，明确河北、山西、安徽、江西、河南、湖南、贵州、陕西、甘肃、青海和宁夏回族自治区的企业可以开展跨境贸易人民币结算；吉林、黑龙江、西藏自治区、新疆维吾尔族自治区的企业开展出口货物贸易人民币结算的境外地域范围，从毗邻国家扩展到境外所有国家和地区。至此，跨境贸易人民币结算境内地域范围扩大至全国。

中国人民大学国际货币研究所发布的《人民币国际化报告（2013）》指出，截至 2012 年第四季度，中国的人民币国际化指数已经达到 0.87，相较于 2011 年的 0.58 增长了 49%。报告称，虽然人民币国际化进程处在高速增长阶段，但在国际使用方面人民币仍处在起步阶段，国际使用水平和国际化进程还将面临障碍，未来人民币的国际化还有相当长的路要走。

2013 年 9 月 6 日，国际清算银行在公布的基准三年期外汇交易额调查报告中指出，中国的人民币已经飙升至交易最频繁的十大货币行列，这也是人民币历史上首次成为全球最重要的货币之一。

本章小结

1. 马克思依据货币根源于商品的理论，运用抽象的逻辑分析和具体的历史分析相结合的方法，揭示了货币起源之谜。货币产生和发展的历程证明，货币是一般等价物，它反映特定社会形态的生产关系。

2. 货币的本质体现在，货币是从商品世界中分离出来的、固定充当一般等价物的商品，并能反映一定的生产关系。

3. 货币职能是货币本质的具体体现。随着社会经济的发展，货币职能的表现也注入了不少新的内容。而货币的作用则是货币职能实现所产生的社会经济后果。总结历史经验，充分认识货币的重要性，使货币在我国社会主义市场经济中发挥积极作用。

4. 货币制度是一个国家以法律形式所确定的货币流通的组织形式。它的内容主要包括货币金属，货币单位，货币的铸造、发行与流通程序，准备制度等。

5. 货币制度自产生以来，从存在形态看，经历过单金属本位、双金属本位、金本位制和不兑现的信用货币制度等类型。货币制度的演变是与商品经济的发展密切相关的。货币制度由金属货币制度演变为不兑现的信用货币制度，揭示了许多深刻的金融学奥秘，因而了解货币制度的演变可以进一步加深对货币本质的理解。

6. 我国现行的货币制度是在一个主权国家里允许香港和内地同时并行不同的两种货币和货币制度。

课后练习

一、填空题

1. 从货币本质出发，货币是固定充当________的特殊商品；从价值规律的角度看，货币是核算________的工具。

2. 古今中外很多思想家和经济学家都看到了货币的起源与________的联系。

3. 银行券是随着________的发展而出现的一种用纸印制的货币。

4. 铸币的发展有一个从足值到________铸币的过程。

5. 用纸印制的货币产生于货币的________职能。

6. 典型的金本位制是________。

二、不定项选择题

1. 一般而言，要求作为货币的商品具有如下特征（　　）。

A. 价值比较高　B. 金属的一种　C. 易于分割

D. 易于保存　E. 便于携带

2. 中国最古老的铜铸币的三种形制是（　　）。

A. 五铢　B. 布　C. 刀

D. 元宝　E. 铜贝

3. 实物货币是指（　　）。

A. 没有内在价值的货币

B. 不能分割的货币

C. 专指贵金属货币

D. 作为货币其价值与其作为普通商品价值相等的货币

E. 价值高昂的货币

4. 纸币可以是（　　）。

A. 信用货币　B. 代用货币　C. 国家纸币

D. 铸币　E. 基础货币

5. 信用货币包括（　　）。

A. 银行券　B. 支票　C. 活期存款

D. 商业票据　E. 定期存款

6. 货币的支付手段职能（　　）。

A. 使商品交易双方的价值的相向运动有一个时间间隔

B. 加剧了商品流通过程中爆发危机的可能性

C. 使进入流通的商品增加时，流通所需的货币可能不会增加

D. 克服了现款交易对商品生产和流通的限制

E. 使商品买卖变成了两个独立的行为

7. 货币支付职能发挥作用的场所有（　　）。

A. 赋税　B. 各种劳动报酬　C. 国家财政

D. 银行信用　E. 地租

8. 世界货币是指在世界范围内发挥（　　）的货币。

A. 价值尺度　　B. 外汇储备　　C. 支付手段

D. 价值贮藏　　E. 流通手段

9. 本位货币是（　　）。

A. 一个国家货币制度规定的标准货币　　B. 本国货币当局发行的货币

C. 以黄金为基础的货币　　D. 可以与黄金兑换的货币

E. 纸币

10. 对本位币的理解正确的是（　　）。

A. 本位币是一国的基本通货　　B. 本位币具有有限法偿

C. 本位币具有无限法偿　　D. 本位币的最小规格是一个货币单位

E. 本位币具有排他性

11. 金银复本位制是（　　）。

A. 金银比价由政府和市场共同决定的金银两本位制

B. 金银的比价由市场决定的金银两本位制

C. 金银的比价由政府规定的金银两本位制

D. 金银的比价由银行决定的金银两本位制

E. 以上都不对

12. 相对于银本位制，金银两本位制有（　　）等优点。

A. 有利于金银币币值稳定　　B. 货币的发行准备更充分

C. 货币币材更为充分　　D. 可节约金币的使用

E. 可根据不同交易数额选择支付，便于交易

13. 劣币是指实际价值（　　）的货币。

A. 等于零　　B. 等于名义价值　　C. 高于名义价值

D. 低于名义价值　　E. 都不是

14. 金本位制包括（　　）。

A. 复本位制　　B. 金块本位制　　C. 金汇兑本位制

D. 跛行本位制　　E. 金币本位制

15. 货币制度的内容包括（　　）。

A. 确定本位货币和辅币的材料　　B. 确定本位货币的单位

C. 确定不同种类的货币铸造、发行和流通方法　　D. 确定货币的价值

E. 确定本国货币的发行准备和对外关系

三、判断分析题

1. 最早的货币形式是金属铸币。（　　）

2. 金铸币本位制在金属货币制度中是最稳定的货币制度。（　　）

3. 劣币驱逐良币律产生于信用货币制度的不可兑换性。（　　）

4. 纸币之所以能成为流通手段是因为它本身具有价值。（　　）

5. 信用货币制度下金银储备成为货币发行的准备。（　　）

6. 作为价值尺度，货币解决了在商品和劳务之间进行价值比较的难题。（　　）

7. 信用货币价值稳定的基础是中央银行提供给社会公众的信用。(   )

8. 信用货币自身没有价值，所以不是财富的组成部分。(   )

四、名词解释

实物货币　　货币职能　　金银复本位制　　金汇兑本位制　　银行券

五、简答题

1. 马克思是如何分析货币起源的？
2. 货币的本质是什么？
3. 货币具有哪些职能与作用？
4. 货币制度由哪些基本要素构成？
5. 典型的金本位制有哪些特点？
6. 为什么说金银复本位制是一种不稳定的货币制度？
7. 什么是布雷顿森林体系？其构建与瓦解说明了什么问题？
8. 纸币与银行券有何共同特点与不同点？
9. 人民币作为信用货币有何特征？

六、论述题

如何才能保证信用货币的稳定？

七、阅读思考题

2008年爆发全球金融危机，当时有人用“中本聪”的化名发表了一篇论文，描述了比特币的模式。2009年，不受央行和任何金融机构控制的比特币诞生。比特币是一种“电子货币”，由计算机生成的一串串复杂代码组成，新比特币通过预设的程序制造，随着比特币总量的增加，新币制造的速度减慢，直到2140年达到2100万个的总量上限。和法定货币相比，比特币没有一个集中的发行方，而是由网络节点的计算生成，谁都有可能参与制造比特币，而且可以全世界流通，可以在任意一台接入互联网的电脑上买卖，不管身处何方，任何人都可以挖掘、购买、出售或收取比特币，并且在交易过程中外人无法辨认用户身份信息。

许多面向科技玩家的网站，已经开始接受比特币交易。包括Mtgox，BTCChina之类的网站，以及淘宝某些商店，甚至能接受比特币兑换美元、欧元等服务。毫无疑问，比特币已经成为真正的流通货币，而非腾讯Q币那样的虚拟货币。国外已经有专门的比特币第三方支付公司，类似国内的支付宝，可以提供API接口服务。在刚刚出现的时候，1美元平均能够买到1309.03个比特币，但截至2014年4月，1比特币的价值相当于上百美元。

问题：你会购买比特币吗？你认为未来比特币的走势如何？

第二章 信用与信用工具

【学习目标】

1. 理解信用在现代经济生活中的双重作用、内部融资和外部融资、信用工具的特征
2. 掌握信用的特征、本质、直接融资与间接融资及典型的信用工具
3. 熟悉国家信用、国际信用、消费信用、民间信用的作用
4. 了解信用的基本概念、信用的产生与发展

现代经济是信用经济，纵观一切实际经济活动，都以信用为纽带。信用是金融的核心和基石，信用形式与信用工具是一国金融体系的重要组成部分。

第一节 信用概述

一、信用的产生与发展

信用的产生是在社会分工和私有制的基础之上，由于收入和支出的不平衡，以及财富贫富不均而出现的非所有权的价值转移。最早的信用是实物借贷，货币的产生不仅克服了物物交换的各种困难，并逐渐成为信用领域内的主要借贷工具。随着货币支付手段职能的发展，信用开始广泛地发展起来。

1. 高利贷信用

高利贷信用，简称高利贷，是指以偿还并支付高额利息为条件贷出实物或货币的信用活动。高利贷信用作为最古老的生息资本形式，产生于原始社会末期，在奴隶社会和封建社会广泛发展。

高利贷产生和发展的基础是小生产占主导地位的经济方式，而小生产经济是一种极不稳定的经济。小生产一般以一家一户一人为单位，以自给自足为主要目的，经济基础十分薄弱。为了维持生存和简单再生产，明知债务难偿，也不得不借。因此对于放贷人来说，面临的风险很大，于是就通过高利率进行补偿。因此，高利贷信用最明显的特征是利率高、剥削重。利率高到什么程度，很难说出上限。如在旧中国农村的粮食借贷中，“春借 1 斗、秋还 3 斗”是非常普遍的，半年的间隔，利息即为原本的 2 倍。高利贷一般的年利率为 30%～40%，有的高达 200%～300%，有的甚至达到更惊人的程度。高利贷利率极高的原因有两点：一是农民和小手工业者借债是被生活所迫，多用于生活急需，统治者和寄生阶层借债，多用于奢侈性消费，至于高利贷的负担，通过层层盘剥最终转嫁给劳动者。高利贷借贷的这种非生产性消费决定了利息率几乎没有上限的约束。二是在生产力不十分发达，自然经济占统治地位的

社会，流通中的货币是金属货币，货币的数量有限，因此能够用于借贷的闲置资本的数量也是有限的。对高利贷的需求远大于供给，为高利贷提供了生存空间。

在高利贷信用活动的初期，高利贷多表现为实物形态的借贷。后来随着商品货币关系的发展，货币形态渐渐成为高利贷的主要形式。因此促进了小生产者到市场上出卖自己的劳动产品，以便获得货币来还本付息，从而在一定程度上推动了自给自足的自然经济的解体和商品货币关系的发展。在封建社会瓦解并向资本主义社会过渡的时期，高利贷一方面导致大量农民和手工业者等小生产者破产，为现代化大生产所必需的雇佣劳动后备军的形成创造了条件；另一方面，高利贷集中了大量的资财，为资本主义生产方式积累了必要的货币资本，为社会化大生产提供了资金条件。

在资本主义经济开始发展的阶段，资本家需要货币资本的支持，而极高的利率是资本家所不能承担的。因此反高利贷曾是新兴资产阶级为发展自己而斗争的一项重要内容。这种斗争不是一般地反对借贷关系，而是要使借贷关系服从资本主义发展的需求，其焦点就是要使利息率降低到资本所能获得的利润平均水平之下。随着资本主义的发展，商品货币关系也极大扩展，闲置资本的扩大增加了资本的供给量，为利息率从属于资本主义发展的需求提供了基础。从此高利贷丧失了垄断地位，但并未消失。在现代社会，落后的国家，或一国中经济落后的领域，仍然有高利贷信用存在，甚至有的发达国家，也存在高利贷现象。

总之，高利贷是简单商品经济的产物，现代社会虽然也有高利贷的残余，但它不再是占统治地位的信用形式。

2. 资本主义信用

资本主义信用表现为借贷资本的运动，借贷资本是生息资本的现代形态。它是指货币资本家以获利为目的，借给职能资本家使用的货币资本。

资本主义信用是在高利贷信用的基础上发展起来的，但二者相比，仍有许多区别。

（1）利率不同。高利贷最重要的特征是利率极高；而资本主义借贷资本的利率则要保持在一定水平上，即要使借贷资本家和职能资本家都取得相当的利润。

（2）反映的经济关系不同。高利贷反映的是高利贷者对高利贷的举债人不平等的经济关系以及奴隶主、封建主共同瓜分剩余甚至必要劳动产品的关系；资本主义信用反映的是借贷资本供求双方共同分割剩余价值的关系。

（3）所借资金的用途不同。高利贷的借款人举债，对于农民和小手工业者来说，主要用于维持生存的生活急需、缴付租税；对于剥削者来说，主要用于奢侈性消费或政治需要，他们都是把货币作为购买手段和支付手段，而不是当作资本来使用，与社会再生产没有直接联系。而资本主义信用中，借贷资本主要借贷给生产经营者用于扩大再生产，有利于生产力的提高，推动社会经济的发展，具有生产性的特点。

（4）资金来源不同。高利贷的资金来源，主要是奴隶主、封建主、货币经营者、商人、僧侣、寺院等通过各种途径积聚起来的货币资本，不是社会再生产中暂时闲置的资本；而资本主义信用中，借贷资本来源于社会各个阶层，主要是职能企业和单位，通过信用方式把社会上分散的资本、货币集中起来，转化为生产性资本，扩大再生产。

（5）对生产力的影响不同。高利贷残酷的剥削，使小生产者同生产资料分离，造成劳动者的破产，也破坏着占统治地位的所有权制度，但它不能创造新的生产方式，破坏了社会生产力。借贷资本则通过资本的贷放，使生产者同生产资料结合起来，借款人将货币转化为资金投入再生产过程，既能将本金收回并归还，还可增值价值，推动了生产力的发展。

资本主义信用或借贷资本的形成是同资本主义再生产过程紧密相连的。在整个社会的资本循环过程中，由于种种原因，必然会有一部分资本处于闲置状态。这些闲置状态的资本就是借贷资本的来源。以产业资本为例，闲置资本的来源主要包括以下几个方面：①固定资产的折旧基金。在固定资产尚未更新时，固定资产的折旧基金将处于暂时闲置的准备金状态。②流动资金中暂时闲置的部分。在流动资本循环中，由于企业出售商品与原材料的购买和工资的支付在时间上的差异，就会形成一部分暂时闲置的资本。③企业利润和预定用于扩大再生产的资本。企业利润是随着产品的销售随时实现的，而利润的分配则是定期的，所以在取得收入和分配利润这段时间内，就会形成暂时闲置的资本。当企业用于扩大再生产的剩余价值还未积累到一定规模，不能作为追加资本运动时也是闲置的。

这些暂时闲置的货币资本，从产业资本循环中游离出来，就不能再为它的所有者带来剩余价值，这与资本的本性是相矛盾的。所以这些资本的所有者为了保证自己的利益不受损失，就必须为这些资本寻找出路。与此同时，在经济生活中，总有一些企业在生产经营中需要补充资本，以维持资本循环的连续性或扩大再生产。此外，政府及广大消费者也会在一定时期借入部分货币资本，以满足国家财政支出及个人消费问题。这样，从社会资本循环中游离出来的货币资本便转化为借贷资本。由此可见借贷资本是在职能资本运动的基础上产生，并从属于职能资本。

知识链接

高利贷的破坏性

高利贷的破坏性首先表现为瓦解封建自然经济。在领导人、劳动力和资本三个方面为资本主义生产方式准备条件：在封建社会向资本主义社会过度阶段，经营高利贷的商人一般不是封建贵族统治阶级，他们在通过高利贷取得了巨额的财富后，希望取得统治权来保护自己的经济利益，所以他们往往成为资产阶级革命的积极参与者甚至领导人；农民阶级是主要的高利贷借款人，因为无力还贷而被抛离于土地之外，连最基本的劳动工具都被剥夺，成为具有人身自由的赤贫者，这恰好是资本主义生产方式最需要的劳动力；高利贷商人通过收取高昂的利息促进了资本的原始积累，为建立大规模资本主义工业体系奠定了基础。

但是高利贷对所有形式社会制度的经济基础都具有破坏性。当资本主义生产方式确立后，需要大量价格低廉的资金推动工业和商业的发展，高息显然是不利于资金流动的。因此，即便高利贷在一定程度上为资本主义生产方式奠定了基础，但由于其破坏性严重阻碍社会化大生产，所以新兴资产阶级一上台，就通过法律方式将其消灭掉。例如，英国资产阶级革命完成后，下议院通过的第一批法律中就包括利率限制法，规定任何借贷的利率不得超过年率 10%，其后又多次下调，最后于 1714 年规定利率最高限不得超过 5%。高利贷信用在法律形式上被消灭后，取而代之的是借贷资本信用形式。虽然现在随着各国金融管制的放松，在金融机构体系之外开始出现一些利息水平非常高的信用行为，但这与传统高利贷存在着本质的差别，并且在有效的监管之下，一般不具备破坏性。

二、信用的含义与本质

1. 信用的含义

在古汉语中，“信用”一词有两种含义：一是信任使用，“其君能下人，必能信用其民矣”；

二是遵守诺言，实践成约，从而取得他人的信任，“与朋友交而不信乎?”(《论语》)。在古代西方，与汉语“信用”一词相对应的词汇是“Credit”，来自拉丁语动词“Credo'”，意思是“我相信或我给予信任”。

在现代商业中，“信用”一词仍然沿用了英文“Credit”，但其含义明显属于典型的经济范畴，被解释为“企业或人及时借款或获得商品的能力，是特定出借人、债权人或其他权利人一方对于对方有关偿还能力和可靠性所持肯定性意见的结果”。综合各家观点可以表述为：信用是一种借贷行为，是不同所有者之间建立在信任基础上的以偿还本金和支付利息为条件的价值单方面让渡，是一种债权债务关系。

2. 信用的本质

信用的本质集中体现为：信用是以偿还和付息为条件的借贷行为。马克思是这样描述的：“这个运动——以偿还为条件的付出——一般地说就是贷和借的运动，即货币或商品只是有条件的让渡的这种独特形式的运动。”①这说明，从严格意义上讲，人们互相不计利息的借贷行为和借贷关系不是信用和信用关系，只有以还本付息为条件的才是信用。在现实生活中，也有无息的借贷，如对于有些政府扶持项目的贷款，对其他国家的某些贷款等，这些是因为政治原因或某种经济目的而采取的免息优惠。在西方许多国家，银行对企业的活期存款已经不再支付利息，但银行会提供给存款人有关服务，并给予存款人取得贷款的某些权利，其实这可以看作是一种变相的利息支付。

信用是价值运动的特殊形式。价值运动通过一系列的借贷、偿还、支付过程来实现。在信用活动中，贷出的商品或货币的所有权并未改变，只是使用权的让渡。当借贷行为发生时，并没有像单纯的商品交换关系中，一手交钱，一手交货，钱货两清的对等交换，而只是价值的单方面转移。在约定期满后，借方还本付息，贷方得到了价值增值。

信用是一种债权债务关系。信用与债务是同时发生的，是借贷活动这同一事物的两个方面。在借贷活动中，债权人将商品或货币借出，称为授信；债务人接受商品或货币，称为受信；债务人遵守承诺按期偿还商品或货币，称为守信。借贷行为发生后，借方有付款的法定义务；贷方有要付款的权利。所以信用的本质就是一种债权债务关系。

信用是一个经济范畴。不同的经济形态中，商品生产与商品交换所反映的生产关系也不同，因此，与商品货币经济相联系的信用，在不同的生产方式中，反映出不同的生产关系，具有不同的性质。在奴隶社会和封建社会，存在的是高利贷信用，所反映的是奴隶主和封建地主剥削奴隶和农民的关系；在资本主义社会，资本主义信用反映了资本家剥削工人的关系；在社会主义社会，社会主义信用反映了社会再生产过程中，国家、企业、个人协调互助的关系。因此，信用是与商品货币经济紧密相连的经济范畴。

三、信用的构成要素

信用关系的发生，必须具备三个基本的构成要素。

（1）债权债务关系双方。任何信用的发生，必须至少有两方当事人：债权人与债务人。债权人为授信人，债务人为受信人。债务是将来偿还价值的义务，债权则是将来收回价值的

① 《马克思恩格斯全集》，第 26 卷，第 390 页，北京：人民出版社，1974。

权利。债权和债务是构成信用关系、组成信用这一经济现象的第一要素。离开了债权债务关系，就无所谓信用。

（2）一定的时间间隔。信用关系不是买卖关系。买卖关系是一手交钱，一手交货，钱货两清，不存在时间间隔。信用关系则是一方提供一定的价值物或价值符号，另一方只能在一定的时期内归还价值物或价值符号，并加付一定的利息。因此，信用是价值在不同时间的相向运动，价值转移的时间间隔，是构成货币单方面让渡与还本付息的基本条件，若无授受信用在时间上的适当配合，信用活动难以正常进行。

（3）信用工具。无信用工具即无凭证，口头协议尽管有简便、灵活的特点，但容易引起争端，安全性较差，难以维护债权人应有的权利。因此，信用关系应以正式的书面凭证即信用工具为依据。此外，信用工具还可在市场上转让，有较大的流通范围，有利于扩大信用规模，促进信用经济的发展。

信用是以相互信任作为基础，也是在一定条件下发生的行为，它也是有价值运动的特殊形式。在商品经济发展的今天，信用是货币支付手段职能发展的基础。

四、信用的基本特征

对借贷双方来说，信用是与使用权转移相伴的付出与回报，是等价交换原则的体现。其特征可以归纳为以下几个方面。

（1）信用的标的是一种所有权与使用权相分离的资金。信用标的的所有权掌握在信用提供者手中，信用的接受者只具有使用权，信用关系结束时，其所有权和使用权才统一在原信用提供者手中。

（2）信用以还本付息为条件。信用资金的借贷不是无偿的，而是以还本付息为条件的。信用关系一旦建立，债务人将承担按期还本付息的义务，债权人将拥有按期收回本息的权利。而且利息的多寡与本金额大小及信用期限的长短紧密相关，一般来讲，本金越大，信用期限越长，需要支付的利息越多。

（3）信用以相互信任为基础。信用是以授信人对受信人偿债能力的信心而成立的，借贷双方的相互信任构成信用关系的基础。如果相互不信任或出现信任危机，信用关系是不可能发生的，即使发生了，也不可能长久持续下去。

（4）信用以收益最大化为目标。信用关系赖以存在的借贷行为是借贷双方追求收益（利润）最大化或成本最小化的结果。不论是实物借贷还是货币借贷，债权人将闲置资金（实物）借出，都是为了获取闲置资金（实物）的最大收益，避免资源闲置所造成的浪费；债务人借入所需资金或实物同样为了追求最大收益（效用），避免资金不足所带来的生产中断。

（5）信用具有特殊的运动形式。从表面上看，信贷资金的运动只表现为一种简单的“钱生钱”的过程，但这只是一种表面现象。信贷资金从来没有单独的运动，而总是以产业资金运动和商业资金运动为基础而运动的，它有两重付出和两重回流的特点。

五、信用的作用

随着商品经济的发展，信用在经济运行中所发挥的作用越来越大，已经成为经济生活中不可缺少的部分。信用在商品经济中所发挥的作用，既有积极作用，也有消极作用。

1. **积极作用**

（1）合理配置资源。市场经济体制要求社会资源得到最充分有效的合理配置。信用是配置资源，使其合理化的重要工具。信用配置资源不改变资源的所有权，而是利用资源所有权和使用权相分离的特点，通过有偿使用，改变对资源的实际占有权和使用权，改变资源的分配布局，以实现对社会资源的重新组合和合理运用。在经济运行中，任何一个时期社会都会存在三种经济主体：一是收大于支的盈余主体，有闲置资本增值的要求；二是收不抵支的赤字主体，为维持正常生活有举债的要求；三是收支基本相等的平衡主体。因此要使资源得到充分利用，解决不同经济利益主体之间的盈余与赤字的矛盾，就必须利用信用，通过利息使资本有偿使用，将盈余单位的资金转移给赤字单位使用，通过银行信用和金融市场等手段调剂资金余缺，使资源得到合理配置。

（2）实现储蓄向投资的转移。资本存量的增长和技术进步是经济增长的两个主要源泉，要维持稳定持续的经济增长，必须使资本存量不断增加。要使资本存量增加就离不开储蓄，但如果储蓄起来的资金没有用于生产产品以增加资本存量，则资源还是可能被闲置或浪费。因此必须进行投资，把储蓄起来的货币或产品转变为资本积累。在储蓄转化为投资的过程中，信用成为促进经济发展，推动资金积累的有力杠杆。信用一方面可以使分散的小额资金集聚成为巨额资金，满足现代化大生产的需要；另一方面可以使社会上的闲置资金转化为经营资金，充分发挥资金的使用效益。此外，信用还可以通过利率机制使资金从低效益部门流向高效益部门，使有限的资本发挥更大的作用。

（3）提高消费总效用。不同的家庭对现在的消费与将来的消费可能有不同的要求，每个家庭都必须根据收入的多少，合理地安排消费。一些家庭可能对现在的消费要求很高，甚至愿意牺牲大量的未来消费来满足现在的多消费，结果使现在的消费超过当期的收入；另一些家庭可能刚好相反，他们宁愿现在节俭度日，以备将来消费之需。对于结余型家庭和赤字型家庭来说，他们对现在消费和将来消费的估价不同，利用信用关系，就可以把现时消费和未来的消费相交换，结余家庭可以把他们本期的储蓄转交给赤字型家庭，待到一定期限，后者把资金归还给前者，并用利息作为补偿，使双方都感到满意。在这个过程中，信用使这两类家庭把他们的消费按时间先后作了最恰当的安排，既满足了消费需求，又有助于消费结构的合理化，从而提高了消费的总效用。

（4）创造流通工具和节省流通费用。随着商品经济的发展，现代信用制度使债权债务的清算采取不动用现金的转账结算方式成为可能，既迅速方便，又大大节省使用现金的各种消耗。在转账结算基础上发展起来的汇票、支票等信用工具代替了货币执行流通媒介和支付手段的职能，从而大大地节约了印制、运送、保管货币现钞的费用，节约了交易和流通成本，提高了商品交换效率。此外信用还加快了商品的周转速度，加速实现商品价值，减少了商品保管和相关的各种费用。在经济高速发展的今天，生产规模的扩大，商品范围的国际化，而各国又多采用外汇管制，不愿输出现金，因此票据的流通范围更加广泛，同时因为现金输送少，盗贼的掠劫、水火损坏，均可避免，提高了资金的安全性。随着货币信用化的加深，信用工具不再只是货币的补充，而已经与货币融为一体。货币信用化，信用工具货币化已经成为这个时代的金融特征。

（5）调节国民经济运行。在现代发达的商品经济条件下，信用既可以调节国民经济的总量，又可以调节国民经济的结构，成为调节国民经济的杠杆。当经济繁荣时，资金需求旺盛，供不应求，市场利率上升，从而自动抑制信用规模，调节了过热的投资；当经济萧条时，资金供过于求，市场利率下降，吸引了投资，刺激了需求，经济复苏。通过对信贷规模和货币供应量的调节，使货币供应量与需求量相一致，以促进货币均衡和经济均衡。信用作为分配资金的形式，通过各种信用方式来满足整个社会再生产所需的资金，保证再生产的顺利进行。此外，通过信用再分配的作用，可以促进社会再生产的进一步发展，如通过再分配就可以使那些资金不足但前景广阔的企业得以发展。信用的这种再分配的作用已经成为企业的资金来源和提高资金使用效益的重要途径。

2. 消极作用

信用在促进商品货币经济高速发展的同时，也在一定程度上加深了商品经济的各种矛盾，使经济危机的可能性增大。

（1）信用增大了商品经济中生产过剩的可能性及程度。信用调动了经济生活中所有的闲置资本和货币收入，使其得到了充分的利用，使生产规模达到了最大限度的扩大。通过借贷，企业可以不受自身资本的限制，很容易导致生产的盲目扩大。企业间的赊销活动和居民的消费信贷，表面上看来经济活动频繁，需求增长，企业生产扩大，但实际上容易造成市场和生产的虚假繁荣，使生产和消费、供给和需求脱节。

（2）由于利益的驱使，使资本容易投向利润率比较高的部门，造成那些部门的生产过度膨胀，破坏了原有的比例关系，加重经济各部门间的不平衡。再有，信用在一定程度上刺激了投机。在金融市场和商品市场上，投机者往往利用信用融资的机会进行投机操作，扰乱了经济秩序。

综上所述，信用在现代商品经济中的作用具有双重性，需要不断完善社会的经济管理制度，对信用兴利除弊，发挥信用的积极作用，减少和克服信用自发作用的种种弊端。

第二节 融资渠道

企业要发展，必须有资金的支持，除了通过自身积累外，借助金融市场进行外部融资是必经之路。现代金融体制为企业融资提供了多种可供选择的渠道。根据筹集资金来源的不同，企业融资可以分为内部融资和外部融资。内部融资主要包括企业的自有资金和利润留存；外部融资是企业吸收其他经济主体的储蓄，使之转化为自己投资的过程，主要包括直接融资和间接融资。直接融资是资金需求者从资本市场投资者手中直接获取资金的行为，而间接融资是资金供给者和资金需求者通过金融中介机构实现的资金融通。

一、内部融资和外部融资

1. 内部融资

内部融资是企业依靠其内部积累进行的融资，主要包括企业自有资金、企业应付税款和利息、企业未使用或未分配的专项基金，是企业利用各种形式加强自身积累、筹集内部资金的做法。企业内部融资能力的大小主要取决于企业利润水平、净资产规模和股东的预期等因素。内部融资对企业的资本形成具有原始性、自主性、低成本和抗风险的特点，是企业生存与发展不可或缺的重要组成部分。事实上，在发达的市场经济国家，内部融资是企业首选的融资方式，是企业资金的重要来源。根据各主要发达国家的经济报告，美国企业的资金结构是内部融资占资金总额的75%，加拿大企业内部融资占资金总额的54%，德国企业内部融资占资金总额的62%。

内部融资的优点在于融资成本低廉且融资主体在资金使用上具有较高的自由度。当企业将本企业的利润转化为投资时，不必为融资支付成本，既节约了股权融资的交易费用，也避免了债务融资中的利息负担及或有的交易费用。并且由于资金来源于本企业，在资金使用数额、期限、范围的决定权，得到企业现有股东同意即可，可以避免债务融资受债权人约束及外部股权融资受众多股东监督或"用脚投票"的不利局面。事实上，在发达国家，内部融资是企业首选的融资方式，也是企业资金的重要来源。但是，内部融资能力及其增长受制于企业的赢利能力及现金流量，由于资金来源有限，往往难以满足企业发展的需要。同时，资金来源于股东权益，会影响股东分配，引发股东的不满甚至直接干预。

2. 外部融资

外部融资是企业吸收其他经济主体的储蓄，使之转化为自己投资的过程，主要包括银行借款、发行债券、融资租赁和商业信用等负债融资方式与吸收直接投资、发行股票等权益融资等方式。外部融资对企业的资本形成具有高效性、灵活性、大量性和集中性等特点。随着科学技术的不断进步和生产规模的扩大，单纯依靠内部融资已很难满足企业的资金需求，外部融资已逐渐成为企业获得资金的重要方式。但其缺点是保密性差，企业需要负担高额成本，融资风险较高。

3. 内部融资和外部融资的选择

企业融资是一个随自身的发展由内部融资到外部融资的交替变换过程。创业之初，主要依靠内部融资来积累；随着企业逐步成长，抗风险能力增强，内部融资难以满足要求，外部融资就成为企业扩张的主要手段。当企业具备相当规模后，自身有了较强积累能力，则又会逐步缩小外部融资总量，转而依靠自身雄厚的积累资金来发展。

考虑到外部融资的成本代价，创业企业在资金筹措过程中，一定要高度重视内部积累。辩证地讲，内部融资是外部融资的基础和保证，外部融资的规模和风险必须以内部融资的能力来衡量。通常是在内部融资不能满足要求的时候，才考虑通过外部融资渠道来解决。如果不顾内部融资的能力而盲目地进行外部融资，不但无益于提高资金利用效率，而且将使企业陷入盲目扩张带来的财务危机之中。同时，由于企业内部融资的成本低于外部融资，所以企业在选择融资方式时应该以内部融资为主，外部融资为辅。

二、直接融资和间接融资

根据债权债务关系形成方式的不同，外部融资可分为直接融资和间接融资。资金供求双方直接形成债权债务关系的为直接融资，资金供求双方分别与金融机构形成债权债务关系的为间接融资。这两种融资形式各具优缺点。

（一）直接融资

直接融资是没有金融机构作为中介的融通资金方式。拥有暂时闲置资金的单位（包括企业、机构和个人）与资金短缺的单位，相互之间直接进行协议，或者在金融市场上前者购买后者发行的有价证券，将货币资金提供给需要补充资金的单位使用，从而完成资金融通的过程。直接融资工具主要有商业票据和直接借贷凭证、股票、债券等。

直接融资的特征主要表现为：①资金的需求者直接从资金的供给者手中获得资金，并在资金的供给者和资金的需求者之间建立直接的债权债务关系；②分散性。直接融资是在无数个企业相互之间、政府与企业和个人之间、个人与个人之间，或者企业与个人之间进行的，因此融资活动分散于各种场合，具有一定的分散性；③信誉差异性。由于直接融资是在企业和企业之间、个人与个人之间，或者企业与个人之间进行的，而不同的企业或者个人，其信誉好坏有较大的差异，债权人往往难以全面、深入了解债务人的信誉状况，从而带来融资信誉的较大差异和风险性；④部分不可逆性。例如，通过发行股票所取得的资金，是不需要偿还本金的，投资者无权中途要求退回本金，而只能到二级市场进行买卖，在不同的投资者之间互相转让；⑤自主性。在法律允许的范围内，融资者可以自主决定融资的对象和数量。

直接融资的优点主要有：①资金供求双方联系紧密，有利于资金快速合理配置和使用效益的提高；②筹资的成本较低而投资收益较大。

直接融资的缺点主要有：①直接融资双方在资金数量、期限、利率等方面受到较多的限制；②直接融资使用的金融工具其流通性较间接融资要弱，兑现能力较低；③直接融资的风险较大。

一般来说，直接融资主要包括以下几种形式，即上市融资、风险投资、私募股权融资。

1. 上市融资

上市融资指的是公司在证券市场公开发行股票，募集资金。股票上市可以在国内，也可选择境外；可以在主板上市，也可以在高新技术企业板块，如美国（NASDAQ）和中国香港的创业板。发行股票是一种资本金融资，投资者对企业利润有要求权，但所投资金不能收回，投资者所冒风险较大，因此要求的预期收益也较高，从这个角度而言，股票融资的资金成本比银行借款高。

对企业而言，上市融资的优点是：①所筹资金具有永久性，无到期日，没有还本付息压力等特点，因而筹资风险较小；②一次筹资金额大；③用款限制相对较松；④提高企业的知名度，为企业带来良好声誉；⑤有利于帮助企业建立规范的现代企业制度。特别对于潜力巨大、但风险也很大的科技型企业，在创业板发行股票融资，是加快企业发展的一条有效途径。

而上市融资也有不利之处：①上市的条件过于苛刻。由于中国目前股票市场还处于发展初期，市场容量有限，想上市的各种类型候选企业又很多，因此上市门槛较高，致使许多企业很难达到主管部门规定的上市条件。②上市时间跨度长，竞争激烈，无法满足企业紧迫的融资需求。③企业要负担较高的信息报道成本，各种信息披露的要求可能会暴露企业的商业秘密。④企业上市融资必须以出让部分产权作为代价，分散企业控制权，从而出让较高的利润收益。从这个角度来讲，企业上市并非像有人所说的没有成本。

公司上市融资后，在满足法律法规要求的条件下，可以在适当时机向特定的投资者定向增发股票；也可向证券市场投资者公开增发股票。由于定向增发会改变公司的股东结构，因此融资对象一般要选择公司利益相关者、共同行动人或者战略投资者。

2. 风险投资

风险投资是由职业金融家投入到新兴的、迅速发展的、具有巨大竞争潜力的企业的一种权益资本。从投资行为的角度来讲，风险投资是把资本投向蕴藏着失败风险的高新技术及其产品的研究开发领域，旨在促使高新技术成果尽快商品化、产业化，以取得高资本收益的一种投资过程。从运作方式来看，是指由专业化人才管理下的投资中介向特别具有潜能的高新技术企业投入风险资本的过程，也是协调风险投资家、技术专家、投资者的关系，利益共享，风险共担的一种投资方式。传统的风险投资对象主要是那些处于启动期或发展初期却快速成长的小型企业，并主要着眼于那些具有发展潜力的高科技产业。风险投资通常以部分参股的形式进行，它具有强烈的"承受风险"的特征，而作为高投资风险的回报则是得到中长期高收益的机会。

3. 私募股权融资

私募股权融资是指非上市公司通过非公共渠道定向引入具有战略价值的股权投资人，即引进风险投资者或战略投资者。私募股权融资是除银行贷款和公开上市融资之外的另一种重要的融资方式。在许多情况下，对于尚无法满足银行贷款条件和上市要求的企业，私募融资甚至成为唯一的选择。在资金募集上，私募股权融资主要通过非公开方式面向少数机构投资者或个人募集，它的销售和赎回都是基金管理人通过私下与投资者协商进行的。另外在投资方式上也是以私募形式进行，绝少涉及公开市场的操作，一般无需披露交易细节。私募股权融资主要适合那些公司业务成熟，需要大量资金或者需要引进战略投资者的企业。

私募股权融资具有以下七大特点：①所融资金一般无需抵押、质押和担保；②所融资金通常不需要偿还，由投资方承担投资风险；③投资方不同程度地参与企业管理，并将投资方的优势与公司结合，为公司发展带来科学的管理模式、丰富的资本市场运作经验以及市场渠道、品牌资源和产品创新能力等；④投资方可以为公司的后续发展提供持续的资金需求，解决企业的发展瓶颈，实现企业超常规发展；⑤对非上市公司（特别是中小企业）的股权投资，因流动性差被视为长期投资，所以投资者会要求高于公开市场的回报；⑥没有上市交易，所以没有现成的市场供非上市公司的股权出让方与购买方直接达成交易，而持币待投的投资者和需要投资的企业必须依靠个人关系、行业协会或中介机构来寻找对方；⑦资金来源广泛，如部分富人、战略投资者、风险基金、养老基金、保险公司等。

4. 债券融资

企业债券，也称公司债券，是企业依照法定程序发行、约定在一定期限内还本付息的有价证券，表示发债企业和投资人之间是一种债权债务关系。债券持有人不参与企业的经营管理，但有权按期收回约定的本息。在企业破产清算时，债权人优先于股东享有对企业剩余财产的索取权。企业债券与股票一样，同属有价证券，可以自由转让。

发行债券的优缺点介于上市和银行借款之间，也是一种实用的融资手段，但关键是选好发债时机。选择发债时机要充分考虑对未来利率的走势预期。债券种类很多，国内常见的有企业债券、公司债券以及可转换债券。企业债券要求较低，公司债券要求则相对严格，只有国有独资公司、上市公司、两个国有投资主体设立的有限责任公司才有发行资格，并且对企业资产负债率以及资本金等都有严格限制。可转换债券只有重点国有企业和上市公司才能够发行。

采用发行债券的方式进行融资，其好处在于还款期限较长，附加限制少，资金成本不高，但手续复杂，对企业要求严格，而且我国债券市场相对清淡，交投不活跃，发行风险大，特别是长期债券，面临的利率风险较大，而又缺少风险管理的金融工具。

（二）间接融资

间接融资是指拥有暂时闲置货币资金的单位通过存款的形式，或者购买银行、信托、保险等金融机构发行的有价证券，将其闲置资金先行提供给这些金融中介机构，然后再由这些金融机构以贷款、贴现或通过购买融资单位有价证券的形式，把资金提供给这些单位使用，从而实现资金融通的过程。

间接融资的特征主要表现为：①间接性。资金需求者和资金初始供给者之间不发生直接借贷关系；资金需求者和初始供给者之间由金融中介发挥桥梁作用。②相对的集中性。在多数情况下，金融中介并非是对某一资金供给者与资金需求者之间一对一的对应性中介，而是一方面面对资金供给者群体；另一方面面对资金需求者群体的综合性中介，金融机构处于融资中心的地位。③信誉的差异性较小。由于间接融资相对集中于金融机构，世界各国对于金融机构的管理一般都较严格，金融机构自身的经营也受到相应稳健性经营管理原则的约束，加上一些国家还实行了存款保险制度，因此，相对于直接融资来说，间接融资的信誉度较高，风险性相对较小，融资的稳定性较强。④全部具有可逆性。通过金融中介的间接融资均属于借贷性融资，到期均必须返还，并支付利息。⑤融资的主动权主要掌握在金融中介手中。资金主要集中于金融机构，资金贷给谁不贷给谁，并非由资金的初始供给者决定，而是由金融机构决定。对于资金的初始供给者来说，虽然有供给资金的主动权，但这种主动权实际上受到一定的限制。

间接融资的优点在于：①银行等金融机构网点多，吸收存款的起点低，能够广泛筹集社会各方面闲散资金，积少成多，形成巨额资金。②在直接融资中，融资的风险由债权人独自承担。而在间接融资中，由于金融机构的资产、负债是多样化的，融资风险便可由多样化的资产和负债机构分散承担，从而安全性较高。③降低融资成本。因为金融机构的出现是专业化分工协作的结果，它具有了解和掌握借款者有关信息的专长，而不需要每个资金盈余者自己去搜集资金需求者的有关信息，因而降低了整个社会的融资成本。

间接融资的局限性，主要是由于资金供给者与需求者之间以金融机构为中介，隔断了资金供求双方的直接联系，在一定程度上减少了投资者对投资对象经营状况的关注和筹资者在资金使用方面的压力和约束。

间接融资主要包括银行贷款、典当融资和融资租赁等形式。

1. 银行贷款

银行是企业最主要的融资渠道，主要包括信用贷款、担保贷款和票据贴现三种形式。但银行的基本倾向是“嫌贫爱富”，以审慎的风险控制为原则，这是由银行的业务性质决定的。对银行来说，一般不愿冒太大的风险，因为银行借款没有利润要求权，所以对风险大的企业或项目不愿发放贷款，即使其有很高的预期利润。相反，实力雄厚、收益或现金流稳定的企业是银行青睐的贷款对象。

银行借款与其他融资方式相比，主要不足在于：一是条件苛刻，限制性条款太多，手续过于复杂，费时费力，有些贷款手续的办理需要一年以上的时间；二是借款期限相对较短，长期投资很少能贷到款；三是借款额度相对较小，通过银行解决企业发展所需要的全部资金是很难的，特别对于在起步和创业阶段的企业，由于贷款的风险较大，所以很难获得银行贷款。

2. 典当融资

典当是以实物为抵押，以实物所有权转移的形式取得临时性贷款的一种融资方式。与银行贷款相比，典当融资成本高、融资规模小，但典当也有银行贷款所无法相比的优势。首先，与银行对借款人的资信条件近乎苛刻的要求相比，典当行对客户的信用要求几乎为零，典当行只注重典当物品是否货真价实。而且一般商业银行只做不动产抵押，而典当行则可以动产与不动产质押二者兼为。其次，到典当行典当物品的起点低，千元、百元的物品都可以当。与银行相反，典当行更注重对个人客户和中小企业服务。再次，与银行贷款手续繁杂、审批周期长相比，典当贷款手续十分简便，大多立等可取，即使是不动产抵押，也比银行要便捷许多。最后，客户向银行借款时，贷款的用途不能超过银行指定的范围，而典当行则不问贷款的用途，钱使用起来十分自由。周而复始，典当融资大大提高了资金使用效率。

3. 融资租赁

融资租赁，又称金融租赁或财务租赁，是指出租人根据承租人对供货人和租赁标的物的选择，由出租人向供货人购买租赁标的物，然后租给承租人使用。它是通过融资与融物的结合，兼具金融与贸易的双重职能，对提高企业的筹资融资效益，推动与促进企业的技术进步，有着十分显著的作用。融资租赁有直接购买租赁、售出后回租以及杠杆租赁等形式。此外，还有租赁与补偿贸易相结合、租赁与加工装配相结合、租赁与包销相结合等多种租赁形式。融资租赁业务为企业技术改造开辟了一条新的融资渠道，采取融资融物相结合的新形式，提高了生产设备和技术的引进速度，还可以节约资金使用，提高资金利用率。

企业融资渠道选择很多，理性的融资顺序应为：内部融资，债权融资，股权融资。在市场竞争和金融市场不断变化的环境下，企业选择融资渠道需要从企业的现状和未来发展计划测算企业融资额度、融资成本和融资风险，选择适合企业发展的融资渠道，资本经营和产品经营相结合，实现股东价值最大化。

第三节　信用的形式

一、商业信用

商业信用是指企业之间以赊销商品和预付货款等形式提供的信用。这种信用形式的具体表现形式很多，如赊销商品、委托代销、分期付款、预付定金等。

社会化大生产使各个生产者或企业紧密联系在一起，彼此依赖，形成一个广泛的、相互联系的社会经济整体，但这个经济整体中，各个企业和部门在生产时间和流通时间上往往存在着时间差，卖方要出售商品，但需要这些商品的买方因自己的商品尚未生产出来或尚未出售而没钱无力购买，商品生产者之间的买卖行为便出现了矛盾。赊销、延期付款的方式，则解决了这些矛盾，连续了社会再生产的各个环节，在钱、货不能两清的情况下，保证了生产的顺利进行。因此，商业信用把商品的买卖与货币的借贷紧密结合起来，形成了独特的信用形式。

1. 商业信用的特点

（1）商业信用债权人、债务人都是生产或经营商品的企业。商业信用是一个企业以商品形态提供给另一个企业的信用，借贷双方都是企业，企业与个人之间进行的赊销和预付不是商业信用。

（2）商业信用的载体是处于资金循环周转过程中的商品资本。除预付资金方式外，典型的商业信用是赊销。当一个企业把商品赊销给另一个企业，买卖行为完成的同时，商品的所有权发生转移，由卖者转移到买者手中，而商品的货款并未支付，于是形成了卖者买者的债权债务关系，尽管最终以货币资金支付结束，但这时商业信用仍处于产业或商业资金循环周转过程之中，未脱离再生产过程。

（3）一般而言，商业信用的动态与产业资本的周转动态是一致的，即商业信用的规模及活跃程度随着生产与商品流通规模及活跃程度的扩大或缩小而扩张或收缩。如在经济繁荣时期，生产扩大，商品增加，商业信用的需求和供应都随之增加，经济危机时则随之减少。

2. 商业信用的局限性

商业信用的存在是社会再生产过程顺利进行的客观要求，在调剂企业间资金余缺方面发挥着重要的作用，但这种与商品买卖紧密联系在一起的信用形式，由于自身的种种特点，又存在一定的局限性。

（1）规模和数量上的限制。因为商业信用存在于企业之间，因此其规模要受到企业所掌握的资本数量的限制，以产业资本的规模为度，他们只能对现有资本进行再分配，而不能在现有资本总额之外获得新的补充资本，因此，其最高限度是全社会工商企业现有的资本总额。但是，在绝大多数情况下，一个企业绝不会将全部商品资本都用于提供商业信用，因此商业信用在规模和数量上受到了较大的限制。

（2）提供信用方向上的限制。商业信用的客体是商品资本，因此商业信用要受到商品流转方向的限制，这种信用只能由商品的生产者提供给商品的需求者，而不能相反。一般来说，是上游企业向下游企业提供信用，如面粉厂可向面包厂提供信用，但反之却不行，面包厂不能提供信用给面粉厂，因为面粉厂的生产不以面包为材料。诸如此类，许多企业很难从这种信用形式中得到支持。

（3）使用范围和期限上的限制。商业信用的使用范围受企业信用能力的制约，在有商品交易关系的企业之间，如果买方企业的债务不能被卖方企业所信任和接受，其资信状况受到质疑，那么商业信用就很难成立。并且企业暂时闲置的资金时间很短，如不能尽快收回资金，就会影响产业资本的正常循环周转，因此，商业信用只能是短期信用。

3. 商业信用工具

商业信用工具是商业票据，它是载明债务人按期无条件支付一定款项给债权人的信用凭证，具有法律效力。市场经济较完善的国家，都颁布有票据法，以保护商业信用中有关当事人的利益。商业信用主要依靠商业票据，包括汇票、本票，建立信用关系。

（1）汇票。汇票是债权人向债务人签发的，命令债务人在约定期限支付一定款项给指定的收款人或持票人的支付命令书。由于汇票的出票人不是付款人，为了保障债权债务双方当事人的正当利益，汇票必须在债务人认可后才能生效。由债务人（或付款人）在汇票上签字盖章承认付款的手续和过程，称为承兑。

（2）本票。本票也称期票，是债务人向债权人签发的，承诺在约定期限支付一定款项给债权人的付款保证书。因为期票是由债务人主动向债权人签发的，所以无须办理承兑手续即能生效。

商业票据在到期前经背书后，可以转让；也可以通过贴现转让给银行，以取得货币资金。

二、银行信用

由于商业信用的种种局限性，无法满足社会再生产的需要，于是当经济发展到一定程度时，一种以全社会资金为后盾的信用形式——银行信用应运而生。

银行信用有广义与狭义之分。广义银行信用是指银行及其他金融机构以货币形式通过存、放款等业务方式与企业单位等方面发生的信用行为。狭义的银行信用是指银行提供的信用。在银行信用中，银行等金融机构是信用活动的中间环节，起着媒介的作用，这种信用形式的债权债务关系中，一方是银行等金融机构，另一方是企业、单位和个人，双方交替充当着债权人和债务人。从筹集资金角度看，银行等金融机构是债务人，企业、单位、个人是债权人；从贷放资金角度看，银行等金融机构是债权人，企业、单位、个人是债务人。

（一）银行信用的特点

银行信用具有以下特点。

（1）银行信用是一种间接信用。银行信用的借贷双方，债权人是银行和非银行金融机构，债务人是企业和个人，银行等金融机构是中介人，他们集中筹集资金以货币形式提供信用，而且这些货币资金不是处于产业资本循环过程中的，而是从产业资本循环过程中游离出来的货币资本和各阶层用作储蓄的货币收入。因此，银行和其他金融机构可以把货币资金提供给任何需要的企业和部门，不仅可以把上游企业的闲置资金贷给下游企业，也可以把下游企业的闲置资金贷给上游企业，克服了商业信用在方向上的限制。

（2）银行具有创造信用的功能。银行信用规模巨大，其规模不受金融机构自有资本的制约，突破了其他经济实体只有先获得货币资本或商品资本才能提供信用的限制，它不仅可以根据其资金来源安排资金运用，还可以创造货币供应量，直接创造资金来源，以满足需要。

（3）银行信用的动态与产业周期及产业资本的周转动态往往是不一致的。因为银行信用贷出的货币资本是处于个别资本的循环周转以外的独立的借贷资本。生产繁荣阶段，银行信用并不一定扩张或不一定同程度扩张，萧条时期和危机时期也都如此，银行信用都与产业资本的动态不尽相同。

（4）银行信用具有广泛的接受性。相对于企业而言，银行等金融机构的普及并且拥有雄厚的资金实力，同时银行及其他金融机构作为专业的信用机构，具有较强的专业能力和识别、防范风险的能力，因此拥有更好的信誉，它的债务凭证具有最广泛的接受性，被视为货币充当流通手段和支付手段，比商业票据具有更大的流通空间，所以比较企业而言更值得信赖。其信用数量相当大，成为主要的信用形式，而且是其他信用形式赖以正常运行的支柱。

（二）银行信用工具

银行信用工具包括银行券、支票、银行汇票和本票。

1. 银行券

银行券是在商业票据流通的基础上产生的，用以替代商业票据的银行票据。由于商业票据的局限性，持票人需要现款时需要向银行办理贴现，随着商品经济的发展对信贷需求的扩大，商业银行所吸收的客户存款往往不能满足企业的贴现需要，于是便凭其信誉发行银行券以取代商业票据。对于收款人来说，银行券可视同现款。马克思说：“银行券无非是向银行家开出的，持票人随时可以兑现的，由银行家用来代替私人汇票的一种汇票。”①

2. 支票

支票是出票人向其开户行签发的，在见票时无条件从其存款中支付确定的金额给收款人或持票人的票据。支票的基本当事人有三个：出票人、付款人和收款人。支票的种类很多，按出票人不同，可分为公司支票和个人支票；按是否指明收款人，可分为记名支票和不记名支票；按支付形式，可分为现金支票和转账支票等。

3. 银行汇票和本票

银行汇票是由银行签发，收款人凭以向指定银行兑取款项的汇款凭证，具体而言就是付款人将款项交给银行，由承兑银行向收款人所在地银行发出的向收款人支付一定金额款项的凭证。银行本票是由银行签发，并由该银行付款的票据。

（三）商业信用与银行信用的关系

商业信用先于银行信用产生，银行信用是在商业信用发展到一定水平的基础上产生和发展的，它克服了商业信用的种种局限。在现代经济中，绝大部分商业票据都是向银行贴现或用以取得抵押贷款，银行信用以其特有的优势成为主导的信用形式，然而它并不能完全取代商业信用。

（1）商业信用是一种直接融资形式（如商业票据的发行），是解决买方企业流通手段不足的最便利的方式。商业信用直接与商品生产和流通相联系，直接为产业资本的循环周转服务，在有着密切联系的企业之间，它相对于银行信用来说更为直接，更为方便，是企业优先采用的信用形式。所以，在企业的购销过程中，能通过商业信用融通资金时，则不会求助于银行信用。同时，由于资金供求双方直接形成债权债务关系，债权方会十分关心债务方的经营活动，债务人直接面对债权人监督的压力下，会加强经营管理，促进资金使用效益的提高。因此商业信用既可以作为银行信用的有力补充，在银行信用渗透不到的领域，为商品流通提供媒介手段；同时又可以加强企业间的横向联系。

（2）单一的银行信用不利于经济的发展，会助长落后的资金供给制。在我国曾出现过信用集中的过程，所有信用都集中于银行，并规定企业只准和一家银行发生信用关系，这样的目的是把资源的分配权完全掌握在国家手中，是计划经济的产物。这种模式在特定的历史条件下有一定的积极作用，但是这种体制不利于银行效率的提高，不能满足社会各方面的需要，极大限制了银行作用的发挥。因为单一的信用形式必须对应着单一的金融资产，而单一的金

①《马克思恩格斯全集》，第25卷，第454页，北京，人民出版社，1974。

融资产难以满足储蓄者不同的资金需要，其筹资能力是有限的。因此，如果资金融通的社会化程度没有达到高度集中的要求，那么过于集中的银行信用则可能是缺乏效率的。

信用的集中，特别是集中于银行，是信用制度发展到一定阶段的必然趋势，但商业信用仍在其适当的领域内发挥着积极作用，在实际生活中，商业信用和银行信用相辅相成、共同发展，银行信用不仅没有取代商业信用，还以承兑、贴现、提高利率、增设二级市场等方式支持各种信用形式的发展，使信用制度进一步完善。

三、国家信用

国家信用又称政府信用、财政信用、公共信用制度，是指以国家政府为主体所形成的信用，是一种由信用分配转化为财政分配的特殊信用形式。在现代社会，国家信用已不可缺少。它包括国家以债务人身份取得信用和以债权人身份提供信用两个方面，即国家筹资信用和国家投资信用，前者的主要形式有发行政府债券、向银行借款和透支等，后者主要有财政基本建设投资的拨改贷、财政周转金、援外贷款的形式。在现代社会中，国家信用主要是指国家筹资信用，即国家的负债。

1. 国家信用的特点

（1）国家信用主体是国家，而不是企业或居民。

（2）国家信用的目的是为了弥补财政赤字和筹集重点建设项目资金，具有“取之于民，用之于民”的性质。

（3）国家信用的安全性较强，风险较小，相应的收益率较低。国债的还本付息属于政府预算支出的常规项目，除非国家政局有重大变动，按期还本付息是有保障的。

（4）国家信用是带有一定程度的强制性信用，尤其在政权不够稳定的情况下越发凸显这种强制性，因此国家信用常常可以动员到银行信用难以筹集的资金。

（5）国家信用的利息负担由纳税人负担，这与其他信用形式利息由借款人支付不大相同。

（6）国家债券的流动性较强，因此有较强的交易性能。由于国家债券的信誉高，其在金融市场上是优良的交易对象，广受欢迎，交易量也最大。

2. 国家信用的形式

国家信用的基本形式是发行政府债券。在西方国家，政府债券主要有两类：一类是公债，这是一种中长期债券，期限在一年以上，这是国家信用的主要形式，其发行目的多种多样，主要目的是为了弥补财政赤字和支持国家重点建设；另一类是国库券，这是一种短期债券，期限在一年以内，所筹资金的主要用途是解决财政年度内先支后收的资金需要。在我国，公债和国库券没有严格区别。政府发行的债券，都以国库券为名，期限有短期也有中长期。另外，还有专项债券，即政府特为某个项目或工程发行的债券。在国家发行了以上三项债券仍不能弥补财政赤字时，余下的赤字即可向银行透支和借款，透支一般是临时性的，有的在年度内偿还，而借款一般期限较长。目前，资本主义国家的中央银行只向本国政府提供短期借款，并且规定了政府在一定时期内能从中央银行获得短期贷款的最高限额。我国银行法不允许财政向银行透支和借款以弥补赤字。

3. 国家信用的作用

（1）国家信用是调节经济的重要手段，是实现宏观调控的重要杠杆。国家通过发行债券，引导社会资金的流向，促进国民经济结构更加合理化；国家通过发行债券，用以执行经济政策，包括货币政策和财政政策。如中央银行通过公开市场业务，即在金融市场上买卖政府债券来调节货币流通；利用国家信用在总量上调节总需求，从而达到调节经济的目的。当经济出现衰退的征兆时，私人投资常常裹足不前，经济增长因有效需求不足而萎缩，这时通过国家信用筹集资金，增加政府的消费和投资支出，可以对经济起扩充作用。反之，如果流通中货币过多，财政可通过发行公债并将吸收的货币暂时储存起来，对过热的经济起抑制作用。

（2）国家信用是弥补财政赤字、调节财政收支不平衡的重要手段。一旦政府的收支出现不平衡，尤其是出现赤字时，政府通过国家信用，可以为财政筹集巨资，从而支持国家建设。

（3）国家信用是促进整个国民经济长期持续、稳定、协调发展的重要手段。利用国家信用，进行重点基础建设，如修筑道路和水利工程、发展教科事业等，这是银行信用投资功能所无法实现的，因为银行贷款更多地考虑投资项目的微观效益和借款人的偿还能力；而国家信用所进行的投资更多地侧重于项目的宏观经济效益和社会效益，对经济的可持续发展起到重要的作用。

四、国际信用

国际信用是各国官方（政府）、非官方（企业、银行）之间相互提供的信用，还包括国际金融机构提供的信用，是适应市场经济发展、国际贸易扩大以及经济全球化的需要而产生和发展的，是国际经济关系的重要组成部分，并对国际经济贸易关系有着重要的影响。国际信用实际上是一国中已存在的商业信用、银行信用、国家信用等扩展到世界范围所形成的。

（一）国际间政府信用

国际间政府信用主要指一国政府向他国政府提供的具有援助性质的贷款。这种贷款的条件一般比较优惠：利率低（或无息）、期限长（可达20～30年，有的还有宽限期）。但这种贷款的政治性较强，附加条件较多，常常规定贷款用途，如只能从贷款国进口商品或引进技术等。由于利率低、期限长、款项大，比较适用于借款国进行长期性、投资量大的基本建设项目，如能源开发、铁路和港口建设等。此外，在国际金融市场上流通政府债券也属于国际间政府信用。

（二）国际银行信用

国际银行信用主要通过以下几种信贷方式实现。

1. 出口信贷

出口信贷是国际贸易中的一种中长期贷款形式，是一国政府为了增强出口商品竞争能力，支持本国商品出口，对由本国进出口银行提供给本国出口商或外国进口商或进口国银行的低利贷款给与利息补贴，并且其信用风险由出口国官方或半官方信贷保险机构承担。其特点是：必须用贷款购买出口国商品；贷款利率低于国际金融市场利率；贷款期一般5～8年，属于中长期贷款；贷款金额一般只占合同金额的80%～85%，其余15%～20%要求进口商付现汇。

出口信贷根据补贴和贷款的对象不同分为以下几种形式：①卖方信贷：出口国的商业银

行或外资银行对出口商提供的中长期信贷。因此，出口商在报价时，除机器设备本身价款外，还要把其支付给银行的利息、保险费及汇价风险等都计算在货价内。②买方信贷：出口国银行直接向进口商或进口商往来银行或进口国的政府部门发放贷款，并指定贷款用于购买发放贷款国的商品。如果向进口商提供贷款，通常需要进口商银行提供担保。③福费延：在延期付款大型设备贸易中，出口商把经进口商承兑的期限在半年以上到五六年的远期汇票，无追索权的售予出口商所在地的银行，提前取得现款的一种资金融通形式。④信用安排限额：出口商所在地的银行为了扩大本国一般消费品出口，给予进口商所在地的银行以中期融资的便利，并与进口商所在地的银行配合，组织较小金额业务的成交。⑤混合信贷：多种信用方式混合使用的一种资金融通形式。

2. 国际银行贷款

国际银行贷款即由一国借款人向另一国家的银行直接借款。国际银行贷款是国际投资中普遍运用的一种方式，它的优点在于借款人可以不受限制的使用贷款，方式灵活，手续也很简便。但它也有缺点，如利率较高、不能享受出口信贷的优惠利率等。对于金额大、期限长（期限一般为5～10年，金额一般为1亿～5亿美元）的贷款，为了分散风险，一般要组织银团贷款，其利率为浮动利率，即以伦敦银行同业拆放利率（London Inter-bank Offered Rate，LIBOR）为基础，再加上一定的加息率。

3. 国际银行间贷款

国际银行间贷款是两国银行间贷款，有两种主要方式：一年以下的银行同业拆借和双边贷款。

4. 市场信贷

市场信贷是由国外的一家银行或几家银行组成的银团代理进出口企业或银行在国际金融市场上通过发行中长期债券或大额定期存单来筹措资金的信用方式。随着国际金融市场的一体化，这种方式越来越普遍。

（三）国际金融机构信用

国际金融机构信用指联合国所属的国际金融机构和区域性开发银行对其成员国提供的信贷。主要包括：国际货币基金组织、世界银行、国际开发协会、国际金融公司、亚洲开发银行等。这些国际金融机构按各自的宗旨，对成员国提供各种有特定用途的贷款。其特点是：信贷条件优惠，贷款对象必须是其成员国，并承担一定的义务，如认缴一定的份额。例如国际货币基金组织的贷款主要有：用于解决会员国一般国际收支逆差的短期资金需要的普通贷款，用于解决会员国国际收支困难、中长期资金需要的中期贷款，用于解决发展中国家初级产品因市场价格下降而面临的国际收支不断扩大的出口波动补偿贷款以及为支持发展中国家的经济发展而设立的信托基金贷款。世界银行的贷款主要有对成员国中的发展中国家提供的长期建设项目开发贷款等。

（四）国际租赁信用

国际租赁是一种跨国的、融资与融物相结合的筹资形式。根据融资方式可分为金融租赁和经营租赁。金融租赁是由租赁公司应用户要求购进设备，以分期付款方式出租给用户使用，租期期满后承租人可任意选择退租、续租或留租三种方式。经营租赁，也称使用租赁，是出租人将自己的设备和用品出租给承租人的租赁方式，租赁物件的所有权始终归出租方，不能转移，一般需多次出租才能收回全部设备投资。

国际信用的范围十分广泛，种类繁多，并且随着经济全球化和区域集团化发展，国际信用关系无论在广度还是深度上都将进一步发展，其形式也将越来越多样化。

五、消费信用

消费信用是工商企业、银行或其他金融机构以商品、货币和劳务的形式向消费者提供的信用，用以满足其消费支出的货币需求，这是一种暂不付款，凭信用获得商品和劳务的信用方式。这种信用形式与商业信用和银行信用无本质区别，只是提供信用的对象和债务人不同。消费信用的存在是社会生产力的发展和人们消费结构变化的客观要求。随着人们生活水平的不断提高，人们的消费需求逐渐从对低层次的消费品（吃、穿等）上升到对耐用消费品、房屋等的需求。而此类高档消费品的价格是普通家庭无法一次性支付的，这时消费信用便给这种消费，即超前消费，提供了可能性。

1. 消费信用的主要形式

消费信用主要有三种形式：分期付款、消费贷款和信用卡形式，其中分期付款属于商业信用，消费贷款属于银行信用，而信用卡形式则既包含商业信用又包含银行信用。

（1）分期付款。这是最常见的运用较为广泛的消费信用形式，多用于购买高档耐用消费品，如汽车、房屋等，属于中长期信用。其具体操作步骤为：首先，买者先支付一部分（通常有规定的比率）货款，并与卖方签订分期付款合同；其次，由卖方交付货物，但在货款付清前，消费品的所有权仍属于卖方；最后，买方按合同规定分期付清本息后，获得商品所有权。如美国一般规定，购买一部小汽车，第一次付款为总车款的 10%～20%，其余部分可按固定比例在 12～48 个月按月偿还。

（2）消费贷款。一般属于中长期信用。按接受贷款对象划分，可分为买方信贷和卖方信贷：前者是对消费品的购买者所发放的贷款；而后者是指以分期付款单证作为抵押，由银行直接对销售企业发放的贷款。按是否需要抵押品又可划分为信用贷款和抵押贷款。前者是指不须提供任何抵押品，仅凭消费者的信誉所发放的贷款；而后者是指由消费者以赊购的商品或固定资产、金融资产等财产作抵押发放的贷款。

（3）信用卡。信用卡业务目前在国内发展迅速，它是银行或其他金融机构发给信用合格者使用的，持卡的消费者可在约定企业购买商品和支付劳务，定期由银行同消费者和企业结算清偿的特制信用载体卡片。它是一种供顾客赊购的凭证，上面印有持卡人的姓名、签名等。根据消费者的个人信用能力还可以向发卡银行或其代理行透支数目不等的小额现金。各类企业或银行每天营业终了时向发卡机构索偿款项，发卡机构与持卡人定期结算。

2. 消费信用的作用

消费信用的积极作用是显而易见的，并主要表现在以下几个方面。

（1）提高消费者消费水平和质量，加快人们生活水平的提高。消费信用可适当缓解消费者有限的购买力与对现代化生活需求的矛盾。在一般情况下，人们对耐用消费品的消费需较长时间的货币积累，甚至可能是几十年的时间；而引入消费信用后，人们可以先消费，再支付货款，或者说，人们可使用一部分未来的收入去消费当前尚无力购买的消费品从而提高了人们的消费水平。另外，对耐用消费品的消费情况通常体现了人们生活水平的高低。

（2）调整消费结构，引导消费结构合理化。从宏观经济的角度看，消费结构和生产结构有一个相互适应的过程，通过利用消费信用，可以调节消费结构，即各种消费支出占消费支出总额的比重，引导消费结构朝着适应生产结构的方向发展，并且适当地运用优惠政策也可起到间接优化生产结构的作用。

（3）促进商品的生产和销售，进而促进经济增长。由于消费信用的存在，消费者可以在取得货币收入以前提前购买消费品，这样就暂时人为地扩大了一定时期内商品劳务的总需求规模，从而在一定程度上刺激了生产的发展。另外，消费信用加速了消费品的价值实现，从而可以加速资金周转和促进再生产的发展。

（4）消费信用对于促进新技术的运用、新产品的销售以及产品的更新换代等，也具有一定的作用。

消费信用除具有上述积极作用外，如果其发展过快，会对经济发展产生消极作用。如在繁荣时期，消费信用方式使得商品销量扩大；而到了萧条时期，一方面，借贷双方都减少这种借贷数额，使商品销售更加困难，导致经济更加恶化；另一方面，消费信用难以收回，加剧信用授予者的支付困难和支付危机，引发债务危机。另外，消费信用并没有从根本上解决生产与消费的矛盾，只是把问题掩盖起来，结果可能加深供求脱节的矛盾，助长信用膨胀，形成市场的虚假繁荣。如果消费需求过高，生产扩张能力有限，消费信用则会加剧市场供求紧张状态，促使物价上涨，形成虚假的繁荣，引发需求拉动型通货膨胀，增加经济的不稳定。因而对消费信用的运用，应做适当的控制和管理，使其能更好地为经济发展服务。

阅读资料

招商银行个人综合消费贷款业务介绍

产品介绍

个人综合消费贷款指以借款人本人或第三人所有的依法有权处分的住房作抵押，或以招商银行接受的质物，或其他抵（质）押方式作担保，以个人综合消费为用途而发放的贷款。

产品特色

本贷款可根据客户需求分次发放。每次放款的金额之和不得超过审批的贷款金额，每次放款的贷款期限一致，还款方式相同。

申请条件

贷款对象为具有中华人民共和国国籍、在经办行所在地有非租赁性固定住所的具有完全民事行为能力的自然人。

贷款对象应具备以下基本条件：

年满 18 周岁，具有合法有效的身份证明。

具有稳定的职业和家庭基础，具有良好的从业记录。

具有按时偿还贷款本息的能力。对自雇人士（即自行成立法人机构或其他经济组织，或在上述机构内持有超过 10%股份，或其个人收入的主要来源为上述机构的经营收入者），不能仅凭个人开具的收入证明来判断其还款能力，应通过要求其提供有关资产证明、银行对账单、财务报表、税单证明和实地调查等方式，了解其经营情况和真实财务状况，全面分析其还款能力。

遵纪守法、诚实守信，无违法行为及不良的债务资信记录。

当前无不利的相关民事纠纷和刑事案件责任。

是招商银行“金葵花”客户、信用卡金卡客户或者招商银行重要客户。

确有消费需求并且能够提供明确的消费用途证明资料。

经办行规定的其他条件。

办理流程

申请贷款：借款人申请个人消费贷款应提出书面申请，填写有关申请表,并提供有关资料。借款人应提供以下资料:

借款人身份证件、婚姻状况证明;

贷款人认可的部门出具的借款人职业和经济收入证明;

贷款用途证明;

以财产抵押或质押的，应提供抵押物或质押物清单、权属证明及有权处分人（包括财产共有人）同意抵押或质押的证明，有关部门出具的抵押物估价证明;

由第三方提供保证的，应出具保证人同意担保的书面文件，有关资信证明材料及一定比例的保证金;

贷款人要求提供的其他资料。

审贷：招商银行自收到借款人申请及符合要求的资料后，按规定对借款人和保证人的资信情况、偿还能力、材料的真实性进行审查，并在审查后做出答复。

签约：招商银行审查同意贷款后，借款人办理如下手续。

办理贷款担保手续;

银行与借款人签订借款合同和担保合同，办理公证、抵押登记和保险等有关手续;

发放贷款：招商银行在借款人办妥相关手续后，将贷款发放至借款人个人账户并根据借款人的委托将贷款划付相关的收款方账户。

六、民间信用

民间信用亦称个人信用，是指个人之间以货币或实物相互提供的信用。其存在的经济基础是个体经济和多种经营方式的存在。

民间信用历史悠久，是世界上最早出现的信用形式，它存在于奴隶社会以来的各个历史阶段。民间信用随着经济的不断发展也在不断地发展变化，尤其在农村，民间信用活动十分活跃，已成为商业信用和银行信用的重要补充。

1. 民间信用的特点

（1）民间信用的主体是独立从事商品生产经营活动的个体或组织和一般家庭个人消费者。

（2）民间信用多与生产和生活的急需资金相关，期限一般较短。

（3）民间信用的活动范围有限。因为民间信用是个人之间的货币借贷行为，不仅要受贷方经济实力的限制，也要受借方信誉能力的限制。

（4）民间信用的利率浮动很大，无明确的上下限。民间信用的利率以银行利率为指导，一般高于同期银行利率，这主要取决于资金的供求关系。

（5）民间信用一般具有自发、盲目、分散的特点，因此具有较大风险性。主要原因是信用程序难以规范，往往采用口头信用形式（口头承诺由于缺少确凿的债权债务关系证明易发生纠纷），金融管理部门对其无法进行有效的管理，因而违约情况较严重。

2. 民间信用的形式

民间信用在我国主要有三种形式。

（1）个人以及个体经济之间的相互直接借贷，它包括居民之间由于各种急需而互通有无。

（2）个人之间通过中介人担保进行货币借贷。中介人起着联络、征信、传递的作用，一般要收取一定的介绍费或手续费。

（3）有一定组织程序的货币合会。合会是一种有组织的注重以货币资金的时间价值为尺度的，体现差别的群体借贷。在一般情况下，会主（发起人）优先取得会金，而会脚（合会会员）则依顺序依次取得会金。

3. 民间信用的作用

民间信用在以下方面具有积极作用。

（1）有利于发展商品生产、动员社会闲散资金。随着商品经济发展和多种经济成分的出现，广大城乡经济、个体经济、私营经济等需要大量的资金，而相当一部分人因收入的大量增加或其他原因而积存有大量的货币需要寻找出路。民间信用由于其具有面广、点多，能够广泛吸纳资金的优点而能满足这方面的需求。

（2）增加了社会融资渠道，弥补银行信用的不足，其较高的利率也能激励借款者努力提高经营效益。

（3）民间信用把竞争机制引入金融领域，有利于深化金融体制改革。

但是，民间信用同时又具有自发性、盲目性和不稳定性的缺点，由此加大了国家宏观调控的难度，不利于国家稳定货币流通，发展生产；部分贷出者只重视本息的归还，不关心资金的用途，致使资金可能被用作不正当活动，更有不法分子利用群众的无知，聚敛了大量钱财，去做投机倒把生意，或者肆意挥霍，或者携款潜逃，给群众造成损失，影响社会安定。因此，需要国家中央银行加以业务引导和监督，趋利避害，防止出现高利贷等影响社会安定的不良因素，同时应大力发展各种形式的金融机构，以有组织的融资活动来代替这种落后的融资形式。

知识链接

庞氏骗局

庞氏骗局源自于一个名叫查尔斯·庞兹（Charles Ponzi，1878—1949）的意大利人，他于1903年移民美国。在美国做过包括油漆工在内的各种工作，一心想发大财。他曾经在加拿大因伪造罪坐过牢，在美国亚特兰大因走私人口蹲过监狱。经过美国式发财梦十几年的熏陶，庞兹发现最快速赚钱的方法就是金融，于是从1919年起，庞兹隐瞒了自己的过去来到了波士顿，设计了一个投资计划，并向美国大众兜售。

这个投资计划说起来很简单，就是投资一种东西，然后获得高额回报。但是，庞兹故意把这个计划弄得非常复杂，让普通人根本搞不清楚。1919年，第一次世界大战刚刚结束，世界经济体系一片混乱，庞兹便利用了这种混乱。他宣称，购买欧洲的某种邮政票据，再卖给美国，便可以赚钱。国家之间由于政策、汇率等因素，普通人不容易搞清楚很多经济行为。其实，只要懂一点儿金融知识的专家都会指出，这种方式根本不可能赚钱。然而，庞兹一方面在金融方面故弄玄虚，另一方面则设置了巨大的诱饵，他宣称，所有的投资在45天之内都可以获得50%的回报。而且，他还给人们“眼见为实”的证据，即最初的一批“投资者”的确在规定时间内拿到了庞兹所承诺的回报。于是，后面的“投资者”大量跟进。

在一年左右的时间里，约有4万名波士顿市民成为庞兹赚钱计划的“投资者”，而且大部分是怀抱发财梦想的穷人，庞兹共收到约1500万美元的小额投资，平均每人“投资”几百美元。当时的庞兹被一些愚昧的美国人称为与哥伦布、马可尼（无线电发明者）齐名的最伟大的三个意大利人之一，因为他像哥伦布发现新大陆一样“发现了钱”。庞兹住上了有20个房间的别墅，买了100多套昂贵的西装，并配上订制的皮鞋，拥有数十根镶金的拐杖，连他的烟斗都镶嵌着钻石，还为他的情人购买了无数昂贵的首饰。当某个金融专家揭露庞兹的投资骗术时，庞兹还在报纸上发表文章反驳金融专家，说金融专家什么都不懂。

1920年8月，庞兹破产了。如果按照他的许诺，他收到的钱可以购买几亿张欧洲邮政票据，事实上，他只卖过两张。此后，“庞氏骗局”成为一个专门名词，意思是指用后来的“投资者”的钱当作前面“投资者”的回报。庞兹被判处5年刑期。出狱后，他又干了几件类似的勾当，因而蹲了更长时间的监狱。1934年被遣送回意大利后，他又想办法去骗墨索里尼，但没能得逞。1949年，庞兹在巴西的一个慈善堂去世。去世时，这个“庞氏骗局”的“发明者”身无分文。

庞氏骗局在中国又称“拆东墙补西墙”“空手套白狼”。简而言之，就是利用新投资人的钱来向老投资者支付利息和短期回报，以制造赚钱的假象进而骗取更多的投资。

纳斯达克股票市场公司董事会前主席伯纳德·麦道夫涉案500亿美元，被称为历史上最大的“庞氏骗局”。

第四节 信用工具

一、信用工具的基本特征

1. 偿还性

偿还性体现了偿还本金的基本要求。由于信用活动是将信用标的物的所有权与使用权相分离的活动，而使用权有向所有权回归的要求，这就决定了信用活动必须是有特定期限的，亦即具有偿还性。

对于债权性工具而言，偿还性是显而易见的，但是对于权益性工具如股票来讲，因为是永久性的，偿还性就无法直接体现出来。实际上，股票的偿还性可通过两点体现：一是股票作为产权凭证，其收益是不固定的红利形式，红利中既包含了资金的时间价值，也包含了所投资额的回流，租赁信用中租金的性质也与此类似；二是股票发行公司在撤销或破产清算时，股东有剩余资产的分配权，这也体现了偿还性。

2. 安全性

安全性体现了规避各类风险以实现保值的基本要求。金融工具所面临的三种主要风险是信用风险、市场风险和操作风险，这三种风险可以具体表现为诸如政策风险、国际风险、财务风险、投机风险、币种风险、利率风险和汇率风险等。金融风险的客观存在，使金融工具的安全性非常突出。为满足安全性的要求，投资者必须采取一定的风险管理策略，如分散策略和对冲策略。风险分散策略就是将资金分散到不同的资产形式以形成有效资产组合，从而有效规避非系统性风险；风险对冲策略就是利用多种交易的反向操作来化解风险，如利用金融衍生工具进行套期保值。

3. 流动性

流动性体现了金融工具变现的基本要求。流动性也叫流通性，是可以将未到期的金融工具提前在金融市场上转让以回笼资金的特性，实际上就是提前实现偿还性。流动性不仅具备资金回笼的功能，还为投资者进行资产转换提供了渠道。当投资者预期当前所持有的证券收益率会下降时，随时可以将现有证券卖掉并购入预期收益率高的证券，以实现个体利益最大化。要保证流动性，就必须要有一个规范的、有效的金融市场体系。

4. 收益性

收益性体现了金融工具增值的基本目的。投资者投资于各类金融资产，其根本目的就是获得各类收益，包括利息、股息、红利和价差收益，价差收益也叫资本利得。当然，投资者只顾收益性而不顾安全性也是不行的。实际上，当投资者权衡是否投资于某项金融资产时，必须综合对比风险与预期收益，如果预期收益可以补偿所承担的风险则为之，否则就会放弃。

二、信用工具的分类

信用工具从不同的角度来观察，可进行不同的分类。

1. 权益性工具与债权性工具

权益性工具是一种所有权凭证，表示持有人对发行主体的所有权权益，最典型的是股票中的普通股，其持有人可据以参与公司经营管理和红利分配；债权性工具是债权凭证，表示持有人对发行主体拥有债权，最典型的如债券和存款凭证等，其持有人可据此获得利息收入并到期收回本金。

2. 直接信用工具和间接信用工具

在直接信用活动中发行的信用工具就是直接信用工具，商业票据和有价证券是典型的直接信用工具，都具有流通性；间接信用工具主要是银行工具，如银行票据和银行存贷款凭证等，一般不具有流通性。

3. 无限可接受工具和有限可接受工具

凡可为全部或绝大部分经济主体所接受的就是无限可接受信用工具，最典型的就是狭义口径的货币，在我国可接受程度最高的是流通中的现金；有限可接受工具范围非常广泛，准货币和非货币性金融资产都属此类。无限可接受工具与有限可接受工具的区别取决于经济主体尤其是居民对其风险与购买能力的判别与预期，能直接执行货币流通手段职能且风险非常小的就会成为无限可接受工具，否则就是有限可接受工具。

4. 长期信用工具和短期信用工具

凡信用工具从发行日至到期日之间的期限超过 1 年的，均为长期信用工具，也可叫资本性工具，其中可流通的即为前述之资本证券，亦即有价证券。银行长期存贷款凭证也是长期信用工具，但不属于有价证券。期限在 1 年及以下的信用工具即为短期信用工具，也叫货币性工具，各类票据、可转让存单和国库券等都属此类。

5. 固定收益工具和非固定收益工具

固定收益工具也叫固定收益证券，一般都是债权性工具，其收益为固定的利息收入，到期时归还本金，大部分信用工具都是固定收益工具；非固定收益证券主要指股票，尤其是普通股，其收益为不固定的红利收入，具有永久性，没有偿还的要求。两类证券在定价上有较大区别，固定收益证券定价可以比较精确，因而市场价格波动较小，投资风险也较小；非固定收益证券因为具有收益的不确定性，所以市场价格波动大，风险也大。

6. 基础性工具和衍生性工具

基础性工具也叫原生性工具或传统性工具，是指可依据其自身收益情况来进行定价的工具，是引导资金进入产业领域的媒介，体现真正意义的资金融通，一般历史相对比较悠久，市场体系比较成熟和完整。

衍生工具是在基础性工具之上衍生出来的，其存在与定价必须基于原生性资产或资产价格，其回报率和回报时间完全由基础工具的表现来决定。衍生工具不能完成引导资金进入产业领域的任务，是主要的套利和风险转移手段。如股票现货市场上的股票是基础性工具，而基于股票指数的股票指数期货则是衍生工具；再如美国次贷危机中住房抵押贷款凭证是基础工具，而基于此的证券化产品如次级抵押贷款支持债券（MBS）、按揭支持商业票据（ABCP）、债务抵押凭证（CDO）和信用违约掉期（CDS）等都是衍生工具。随着金融创新的不断发展，衍生工具本身也可以进行衍生，如 CDS 就是基于 MBS 和 CDO 的衍生品，被称为衍生工具中的衍生工具。

三、典型的信用工具

不同的信用形式产生不同的信用工具。不同的信用工具既具有共性，也具有特性。对于经济活动中比较常见的和影响力较大的信用工具，我们可从货币市场和资本市场两个角度来进行考察与讨论。

（一）货币市场信用工具

1. 票据

票据是承诺或命令付款的短期支付凭证，一般具有流通性、自偿性、无因性、要式性等特点。流通性是指票据可通过背书或贴现的方式变现；自偿性是指票据往往对应于商品生产和销售，随着产销过程的完成，形成了销售收入后，可用收入来偿还票据债务；无因性即不可争议性，简单地理解就是付款与出票原因无关，到期债务人必须无条件付款，一般负无限责任，背书人负连带责任；要式性是指票据的签发有法定格式。

票据包括商业票据和银行票据两大类：商业票据主要是商业本票和商业汇票；银行票据有支票、银行汇票、信用证和信用卡等。商业票据是商业信用所产生的票据，一般期限比较短，商品性较强；银行票据多为支付凭证，用于资金的划拨结算。现将几种票据介绍如下。

（1）商业本票，又称商业期票，是债务人签发给债权人的付款保证书，其自偿性和无因性最强；可以背书转让，包括全式背书和略式背书。最初的商业本票都是在商业信用中产生的，有商品交易作为支付担保。到现代，许多大机构发行单纯融资性的票据，只以发行者的信誉作担保。

（2）商业汇票是另一种主要的商业票据。经过承兑的汇票称为承兑汇票，包括商业承兑汇票和银行承兑汇票。商业承兑汇票由债务人承兑，信用等级较低；银行承兑汇票由银行进行承兑，信用等级高，现在多为此类。承兑汇票主要的变现方式是贴现。贴现是指客户持未到期的商业票据到商业银行申请融通资金的过程，早期的贴现相当于质押贷款，现代贴现相当于银行证券投资。

（3）支票是用于同城资金结算的凭证，性质与商业期票相同，其种类很多，有记名支票

（或称抬头支票）和不记名支票（也叫来人支票）、现金支票与转账支票（也叫划线支票）等。在发达国家，支票是非常普遍的支付工具，既可用于大额支付，也可用于小额支付。

（4）银行汇票是用于异地资金结算的凭证，其性质与商业汇票相同，也需要进行承兑，只是由于名义出票人为银行，所以出票和承兑可以同时完成。银行汇票可分为即期汇票和远期汇票，即期汇票就是见票即付，远期汇票又包括见票后数日付款、出票后数日付款和定日付款三种形式。

（5）信用证是金融机构尤其是商业银行承诺付款的凭证，性质与商业期票和支票相类似，也是一种支付工具，主要包括旅行信用证和商品信用证。旅行信用证是一种可多次使用的异地支付凭证；商品信用证是主要用于国际结算的一种付款承诺书，它与承兑汇票一起使用，形成现在非常普遍的国际信用证结算方式。

（6）信用卡是一种卡基的支付工具，它以磁卡来存储相关信息，并具备储蓄、消费、转账结算、存取现金和透支等功能。信用卡是消费信用的产物，主要分为储值卡和银行卡。

储值卡是指非金融机构发行的具有电子钱包性质的多用途卡种，不记名，不挂失，适应小额支付但不具备透支功能，主要用于连锁服务业如公共交通、电信充值、停车加油、超市零售和公用事业收费等，用途非常广泛。储值卡的资金清算，由发行者为商户提供交易数据处理服务，并借助银行完成发行者与商户之间的资金划转。

银行卡是主要的信用卡形式，在我国主要分成借记卡和贷记卡。借记卡也叫储蓄卡，是以活期储蓄账户为基础，具备透支功能以外的所有信用卡功能；贷记卡就是真正意义的信用卡，除具备一般的功能外，最重要的就是在取得银行或信用卡公司授权后可以透支，因此多用于消费信用。除上述分类外，还有个人卡与公司卡、主卡与副卡、VIP 卡与普通卡等分类。银行卡依托电子网络平台，通过 ATM 和 POS 机等，将其使用范围扩展到经济活动的方方面面。以前，我国商业银行各自分别发行自己的银行卡，相互之间无法兼容，给持卡人带来了不便。2002 年 3 月，经中国人民银行批准的、由 80 多家国内金融机构共同发起设立的股份制金融机构——中国银联股份有限公司（China Union—Pay Co. Ltd. ）在上海成立，将所有银行的银行卡支付系统链接在一起，使任何一张带有“银联”标志的银行卡在任何一家银行的任何一个银行卡终端上都可使用。

知识链接

信用卡

信用卡是银行向个人和单位发行的，凭此向特约单位购物、消费和向银行存取现金，具有消费信用的特制载体卡片，其形式是一张正面印有发卡银行名称、有效期、号码、持卡人姓名等内容，背面有磁条、签名条的卡片。

信用卡于 1915 年起源于美国。最早发行信用卡的机构并不是银行，而是一些百货商店、饮食业、娱乐业和汽油公司。美国的一些商店、饮食店为招徕顾客，推销商品，扩大营业额，有选择地在一定范围内发给顾客一种类似金属徽章的信用筹码，后来演变成为用塑料制成的卡片，作为客户购货消费的凭证，开展了凭信用筹码在本商号或公司或汽油站购货的赊销服务业务，顾客可以在这些发行筹码的商店及其分号赊购商品，约期付款。这就是信用卡的雏形。

据说有一天，美国商人弗兰克·麦克纳马拉在纽约一家饭店招待客人用餐，就餐后发现他的钱包忘记带在身边，因而深感难堪，不得不打电话叫妻子带现金来饭店结账。于是麦克纳马拉产生了创建信用卡公司的想法。1950 年春，麦克纳马拉与他的好友施奈德合作投资 1 万美元，在纽约创立了“大来俱乐部”（Diners Club），即大来信用卡公司的前身。大来俱乐部为会员们提供一种能够证明身份和支付能力的卡片，会员凭卡片可以记账消费。这种无须银行办理的信用卡的性质仍属于商业信用卡。

1952 年，美国加利福尼亚州的富兰克林国民银行作为金融机构首先发行了银行信用卡。

1959 年，美国的美洲银行在加利福尼亚州发行了美洲银行卡。此后，许多银行加入了发卡银行的行列。到了 20 世纪 60 年代，银行信用卡很快受到社会各界的普遍欢迎，在英国、日本、加拿大以及欧洲各国也盛行起来。经过 60 多年的发展，信用卡已在全球 95%以上的国家得到广泛受理。20 世纪 80 年代，随着改革开放和市场经济的发展，信用卡作为电子化和现代化的消费金融支付工具开始进入中国，并在 30 多年的时间里，得到了跨越式的长足发展。

2. 国库券

国库券是财政部门为弥补财政赤字而发行的短期国债。它具有流动性高、风险小、投资方便和收益较高等特点，是将流动性与收益性协调较好的信用工具。国库券的收益性之所以相对较高，是因为其利率往往设定为与同期储蓄存款利率一致，但可以免除利息税。正因为国库券是非常优质的投资工具，所以国库券利率成为重要的市场利率，国库券市场也成为货币政策操作的重要平台。

3. 可转让大额定期存单

可转让大额定期存单是银行印发的一种定期存款凭证，凭证上印有一定的票面金额、存入和到期日以及利率，到期后可按票面金额和规定利率提取全部本利，逾期存款不计息。可转让大额定期存单可流通转让，自由买卖。它是金融创新的典型，将活期存款的流动性与定期存款的收益性较好地结合在一起。根据《大额可转让定期存单管理办法》规定：对城乡居民个人发行的大额可转让定期存单面额为：1 万、2 万、5 万 ；对企业发行的大额可转让定期存单的面额为 50 万、100 万和 500 万；大额可转让定期存单的期限为 3 个月、6 个月和 12 个月，存单不分段计息，不能提前支取，到期时一次性还本付息，愈期部分不计付利息；存单全部通过银行，由营业柜台向投资者发放，无须借助于中介机构。存单的利率水平一般是在同期期限的定期储蓄存款利率的基础上再加 1～2 个百分点，弹性不大，银行以大额可转让定期存单吸收的存款需向中央银行缴存准备金。

4. 货币市场基金单位

货币市场基金是以短期金融工具为投资对象的投资基金形式，货币市场基金单位则是该类基金所发行的组合式投资工具。其特点是综合流动性强，安全性高，多为开放式基金，可随时赎回等。

（二）资本市场工具

资本市场工具主要指资本证券，亦即通常所说的有价证券。资本市场工具代表一定的所有权或长期债权，有专门的二级市场，主要受市场利率和预期收益的影响，市场价格波动较大，主要包括股票和长期债券，此外证券投资基金单位、外汇凭证和金融衍生工具一般也归为此类。

1. 股票

股票是有限责任公司或股份有限公司所发行的代表股东权益，股东到期据此获得红利或股息收入的所有权凭证。因为有限责任公司不对外公开发行股票，所以通常所讨论的股票是指股份有限公司所发行的股票。股份有限公司对外公开发行股票，将全部资产分成等额股份，因而每股股票有固定面额，如我国所有上市股票的面额均为 1 元人民币，而国外可自行确定股票面额。股东依据所持有的股票数量分享权利、分担义务。

公开发行的股票必须注明公司名称、发行文号及日期、注册资本、股东姓名及其他事项等。股东拥有参与权、分配权和优先认股权等权利，同时负有缴纳股本且不能随意退股、执行董事会决议和照章纳税等义务。

股票区别于其他有价证券的特点是没有偿还期以及收益的不确定性。股票既然表示股东权益，也就是表示股东对公司的所有权关系，当然就没有偿还期限的规定，即为一种永久性金融工具，这也就决定了其收益方式是非固定的收益方式，即每年根据公司利润的多少进行红利的分配。这种收益的不确定性使股票定价非常困难，其理论流通价格波动非常大，因而股票投资的风险也非常大。

股票的价值分为面值、净值、清算价格、发行价格和流通价格。面值即面额，为发行时资产总额按股份数的等分；净值是每股股票所对应的净资产；清算价格是公司破产清算时每股股票所对应的实际价值；发行价格是股票发行时参照同类公司股票价格并考虑投资者需求和市场情况而确定的价格；流通价格是股票在二级市场上进行转让时的价格，主要由现值理论和收益资本化规律来决定，并包含了市场投机因素。一般蓝筹股或因股价较高，或因盘大，往往能对股票市场指数形成较大影响力。

股票有多种划分方法，最主要的是按股东权益划分，可分为普通股和优先股。普通股有参与公司管理的权限，收益方式为红利，分配顺位在优先股之后；优先股无管理权，按固定的股息率获得股息，分配顺位在普通股之前。优先股相当于永久性债券，是一种投资型工具，发达国家主要是由一些大公司发行，而我国当前则没有优先股。

我国股票有一些独特的种类，如国家股、法人股、职工股和流通股，它们是特定历史阶段的产物，随着股权分置改革的大致完成，也将成为一个历史名词。再如A股、B股、H股、N股和S股，其中A股是指在上海证券交易所和深圳证券交易所上市、以人民币计价、以人民币结算并且只允许境内居民买卖的股票；B股是指在上海证券交易所和深圳证券交易所上市、以人民币计价、以美元或港元结算并且只允许境外居民买卖的股票；H股是指内地公司在香港联交所上市的股票；N股是内地公司在纽约证券交易所上市的股票；S股是内地公司在新加坡证券交易所上市的股票。

A股和B股的划分显然也是历史产物，随着中国经济开放程度的提高和国际化的需要，中国股票市场也要开放，包括A股的对外开放和B股的对内开放。A股对外开放的方式是实行合格境外机构投资者准入制度（QFII）；B股对内开放的方式是只要境内居民拥有合法的美元或港元存款账户就可以操作B股，所以B股市场相当于是完全对内开放了。

2. 长期债券

债券是债务人出具的在约定时间内承诺还本付息的书面凭证。短期债券一般划归货币市场，而长期债券则属于资本市场。债券作为典型的固定收益证券，具备信用工具所有一般性的特征。债券与股票的主要区别包括：表明的关系不同，前者是债权凭证，后者是所有权凭证；投资者的权利和义务不同，前者无管理权，后者可参与管理；收益的方式及顺位不同，前者获得利息，分配在前，后者获得红利，分配在后。

债券最主要的分类是按发行主体不同而分为政府债券、金融债券和公司债券。

政府债券按行政层级可分为中央政府债券和地方政府债券。中央政府债券包括公债券和国库券；地方政府则只能发行地方政府公债券。

金融债券是金融机构所发行的长期债券，主要用于补充资本金和筹集长期投资资金，其主要的发行者是专业银行、政策性金融机构和非银行金融机构，商业银行也有少量发行。

公司债券有时也称为企业债券，大体可分为信用公司债券和抵押公司债券，前者是一些大公司仅凭信誉而发行的无抵押债券，后者则需向特定第三方出具抵押品。公司债券的具体种类非常多，如可转换公司债券、重整公司债券和偿债基金公司债券等。可转换公司债券是指发行人依照法定程序发行，在一定期限内依照约定的条件可以转换为股票的公司债券。重整公司债券是濒临破产的公司所发行的用于置换原高利率债券的低息或无息的债券；偿债基金公司债券是发行者通过投资管理机构成立专门基金的方式所发行的债券。

债券按发行及流通地域可分为国内债券和国际债券。国际债券主要包括外国债券和欧洲债券。外国债券是指在某外国发行的以该国货币计价并且只在该国流通的国际债券；欧洲债券则是指以某种欧洲货币为计价币种并且可在国外多个国家同时发行和流通的国际债券。由于外国债券限于特定外国，所以一般以该外国的特定形象为别称，如在美国发行的叫扬基债券，在英国发行的叫猛犬债券，在日本发行的叫武士债券，在中国发行的就叫熊猫债券，在东亚和东南亚发行的统称为龙债券，等等。

3. 证券投资基金单位

证券投资基金是一种由不确定多数投资者不等额出资组成并交给专业性管理机构管理的集合投资形式，证券投资基金单位则是证券投资基金发行的证明持有人享有投资基金资产和相应收益的有价证券。

相比个人投资，证券投资基金这种集合投资形式具有非常突出的优点：一是因为投资者众多而集中的资金量大，容易形成规模效应；二是交由专业机构管理，管理科学且效率高；三是集合投资从而分散风险。因此，往往在证券市场价格波动较大时，个人投资者就会选择这种方式来分散风险并确保收益，这就使得基金市场很大，一个基金可能掌握数百亿元甚至上千亿元的资金，对证券市场极具影响力。

证券投资基金具有多种分类方式。

（1）按照依据的法律不同，证券投资基金可分为契约型基金和公司型基金。前者依据信托法，按信托原则，以某个金融机构为发起人设立基金，并对公众发售受益凭证，基金单位持有人无权参与基金管理，而由托管人行使监督权；后者依据公司法，依法设立公司，对外公开发行股份，投资者即股东，可通过股东大会行使管理权。我国目前只有契约型基金。

（2）按管理方式划分，证券投资基金可分为封闭式基金和开放式基金。前者在发行期结束后基金单位就封闭起来，既不允许直接赎回，在未经证券管理部门允许时也不得增加基金单位，投资者只能在二级市场转让；后者可随时申购或赎回，主要通过柜台市场交易。我国目前开放式基金较多，原有的封闭式基金也多希望进行"封转开"。

（3）按筹集对象划分，证券投资基金可分为公募基金和私募基金。前者面向广大投资者发行；而后者只对少数特定对象发行，投资门槛较高。

（4）按主要投资对象划分，证券投资基金可分为股票型基金、债券型基金、混合基金、货币市场基金，以及特殊类型的基金，如对冲基金、指数基金等。我国目前尚无金融衍生工具，所以也没有衍生工具基金，但部分基金可投资于商品期货。

4. 外汇凭证

外汇是以外国货币表示的用于国际结算的支付凭证，包括外币、外币支付凭证、外币有价证券及其他。外汇凭证的特点是自由兑换、普遍可接受和可偿付。在国际货币体系中，有一些货币如美元、英镑和欧元等充当着国际关键货币，通常所说的外汇就是指这些货币和相应的货币资产。这些外汇由于相对比较坚挺，所以可作保值性投资；同时由于汇率波动较大，也可作外汇投机。当然，近年来随着美元贬值较大，以美元资产为核心的我国外汇储备缩水严重，所以政府将以前外汇储备中美元资产的比例从90%下调到70%左右。

5. 金融衍生工具

金融衍生工具是在基础性工具或原生性工具基础上通过拆解、重组或创新而得来的派生性工具，其价格随基础性工具的价格或数值变动而变动。基础性工具的范围非常广泛，不仅包括资产（如商品、股票和债券等）、价格（如利率和汇率）和各种指数（如股票指数、物价指数甚至天气指数）等，也包括金融衍生工具本身，即衍生工具本身可以再衍生。这些基础性要素的表现将会决定衍生工具的回报率和回报时间。

金融衍生工具的主要品种包括金融期货、金融远期、金融期权和金融互换。金融期货是指交易者在期货交易所内进行的标准化的约定一定期限后按约定价格交易某项资产或资产价格的交易；金融远期与期货交易性质相同，但不必标准化；金融期权是交易双方交易一种选择权，该选择权在特定时间可以按约定价格买卖某项资产或资产价格，或者不买卖；金融互换是指交易双方按不同的支付率或支付方式向对方进行支付，以达到优势互换的效应。

金融衍生工具是为满足市场交易的多样性、规避风险或逃避制度管制而出现的，因而具有突出的保值避险的作用；同时作为衍生品，又具备未来价格发现功能，即衍生品的交易可以对现货交易产生价格影响作用。随着不断的创新，衍生工具已经形成了相对独立的市场。

在衍生品市场上，一般实行保证金交易制度，即交易者只用支付合约价格一定比率的资金就可以购买到合约。如金融衍生工具市场的保证金比率一般为10%，则一份金额为100万元的合约，交易者只需支付10万元就可以购买。保证金交易实际上放大了交易量，当然在放大交易量的同时，交易活动本身所固有的风险也被放大，而高风险也代表高收益机会，因此具有高收益与高风险并存的特点。

基础性工具市场有利息或红利的支撑，所以在投资者有亏有赚的过程中，表现出整体受益的趋势；投资于金融衍生工具则为完全的零和游戏，即有人赚钱的话必定要有人亏损，不产生整体受益的状况。再加上杠杆效应所产生的高倍率，以及可以买空卖空的交易制度，使衍生工具交易风险极大，衍生工具市场充满投机性。

金融衍生工具具有避险的功能，同时又具有高风险的特征，这两者并不矛盾，最终出现哪种结果取决于交易者的选择。如果运用套期保值交易，将基础性交易与衍生交易结合起来，可以避险保值；如果单纯进行衍生工具交易，则必然面临高风险。这表明衍生工具是一个“双刃剑”，即具有突出的利弊两面性。

本章小结

1. 经济学中的信用是与商品货币经济相联系的范畴，指的是一种借贷行为，是以偿还和付息为条件的价值运动的特殊形式，即商品或货币的所有者（贷者），把一定数量的商品或货币按约定的条件和期限让渡给需要者（借者），在约定期满时还本付息的行为。

2. 信用的本质是一种债权债务关系。信用的基本特征包括信用的标的是一种所有权与使用权相分离的资金，以还本付息为条件，以相互信任为基础，以收益最大化为目标，具有特殊的运动形式。通常将信用的基本特征简单概括为还本付息。

3. 信用在现代商品经济中的作用是双重的，既可以促进经济的发展，但过度盲目的信用是导致经济危机的隐患。因此要不断完善社会的经济管理制度，对信用兴利除弊，发挥信用的积极作用，减少和克服信用自发作用的种种弊端。

4. 内部融资主要包括企业的自有资金和利润留存。外部融资是企业吸收其他经济主体的储蓄，使之转化为自己投资的过程，主要包括直接融资和间接融资。直接融资是资金需求者从资本市场投资者手中直接获取资金的行为，而间接融资是资金供给者和资金需求者通过金融中介机构实现的资金融通。

5. 商业信用是指企业之间以赊销商品和预付货款等形式提供的信用。商业信用的具体表现形式很多，如赊销商品、委托代销、分期付款、预付定金等。商业信用是一种直接融资形式，是解决买方企业流通手段不足的最便利的方式，但仍有不足之处。

6. 广义银行信用是指银行及其他金融机构以货币形式通过存、放款等业务方式与企业单位等方面发生的信用行为，狭义的银行信用是指银行提供的信用。银行信用弥补了商业信用的不足，但不能取代商业信用。两者相辅相成，在经济生活中发挥着重要的作用。

7. 国家信用是指以国家政府为主体所形成的信用。国家信用具有安全性高，流动性强的特点。其主要形式有公债、国库券、专项债券、向银行透支和借款四种。

8. 国际信用是各国政府、企业、银行以及国际金融机构之间相互提供的信用。实际上是一国中已存在的商业信用、银行信用、国家信用等扩展到世界范围所形成的。随着经济全球化和区域集团化发展，国际信用作为国际经济关系的重要组成部分，无论在深度和广度上都将得到进一步发展。

9. 消费信用是工商企业、银行或其他金融机构以商品、货币和劳务的形式向消费者提供的信用。适当合理的利用消费信用可以提高消费者消费水平和质量，加快人们生活水平的提高；调整消费结构，引导消费结构合理化；促进商品的生产和销售，进而促进经济增长；促进新技术的运用、新产品的推销以及产品的更新换代。但过度发展，可能会引发需求拉动型通货膨胀，增加经济的不稳定。

10. 民间信用是指个人之间以货币或实物相互提供的信用。民间信用有利于动员社会闲散资金，增加社会融资渠道，弥补银行信用的不足。但民间信用的自发性、盲目性和不稳定性，不利于国家稳定货币流通和发展生产，有可能给群众造成损失，影响社会安定。

11. 信用工具具有偿还性、安全性、流动性、收益性四个特征。不同的信用形式产生不同的信用工具。对于经济活动中比较常见的和影响力较大的信用工具，我们将其分为货币市场信用工具和资本市场信用工具。

课后练习

一、填空题

1. 信用有________和货币信用两种基本形式。

2. 典型的商业信用中包括两个同时发生的经济行为：________和________。

3. 商业票据主要有________和汇票两种。

4. 资金供求者之间直接发生债权债务关系属________信用，银行业务经营属于________信用。

5. 银行信用在商业信用的基础上产生并发展，克服了商业信用在________、________和________上的局限性。

二、不定项选择题

1. 信用起源于（ ）。

A. 商品交换　B. 货币流通　C. 生产社会化

D. 私有制　E. 原始社会

2. 在信用关系的价值运动中，货币执行的职能是（ ）。

A. 价值尺度　B. 流通手段　C. 支付手段

D. 贮藏手段　E. 世界货币

3. 信用是有条件的借贷行为，其条件是指（ ）。

A. 到期偿还　B. 支付利息　C. 存在买卖关系

D. 出具担保　E. 信用委托

4. 信用是（ ）。

A. 一种特殊的商品交换行为　B. 一种借贷行为

C. 一种债权债务关系　D. 一种特殊的价值运动形式

E. 一种等价交换行为

5. 信用的基本要素包括（ ）。

A. 债权债务关系　B. 时间间隔　C. 商品交易

D. 信用工具　E. 银行中介

6. 国家信用的主要形式有（ ）。

A. 发行国家公债　B. 发行国库券　C. 发行专项债券

D. 银行透支或借款　E. 发行银行券

7. 现代信用形式中两种最基本的形式是（ ）。

A. 商业信用　B. 国家信用　C. 消费信用

D. 银行信用　E. 民间信用

8. 下列属于消费信用范畴的有（ ）。

A. 企业将商品赊卖给个人　B. 个人获得住房贷款

C. 个人持信用卡到指定商店购物　D. 个人借款从事经营活动

E. 企业将商品赊卖给另一家企业

9. 下列属于直接融资的信用工具包括（ ）。

A. 大额可转让定期存单　B. 股票

C. 国库券　D. 商业票据

E. 金融债券

10. 下列属于间接融资的信用工具包括（ ）。

A. 企业债券　B. 定期存单　C. 国库券

D. 商业票据　E. 金融债券

11. 间接融资在于金融中介机构是否发行自己的（ ）。

A. 股票　B. 支票　C. 汇票

D. 债务凭证　E. 基金单位

三、判断分析题

1. 现代社会中，银行信用逐步取代商业信用，并使后者规模日益缩小。(　　)
2. 商业票据的背书人对票据不负有连带责任。(　　)
3. 直接融资与间接融资的区别在于债权债务关系的形成方式不同。(　　)
4. 直接融资就是指以金融机构作为信用中介而进行的融资。(　　)
5. 银行信用是当代各国采用的最主要的信用形式。(　　)
6. 商业信用已成为现代经济中最基本的占主导地位的信用形式。(　　)

四、名词解释

信用　　国家信用　　民间信用　　固定收益工具　　出口信贷

五、简答题

1. 为什么说信用是一种以偿还和付息为条件的价值运动形式？
2. 信用具有哪些特征？
3. 简述高利贷信用的历史作用，就你所知，我国现在还有高利贷吗？
4. 高利贷与资本主义信用的区别是什么？
5. 简述商业信用的特点和局限性。
6. 简述银行信用的特点。
7. 银行信用为什么不能取代商业信用？
8. 简述国家信用的特点及基本形式。
9. 简述国际银行信用的基本表现形式。
10. 简述消费信用的基本类型和经济意义。

六、阅读思考题

支票是目前国际上使用最普遍的非现金支付工具，用于支取现金和转账。目前我国的各城市均建立了票据交换所，约有20多个经济发达的城市建立了票据清分机处理系统。但支票的使用在中国主要以单位为主，个人支票的社会认知度较低，还未成为人们的日常支付工具。

个人支票的全称为“人民币个人活期支票”，是由在银行开设个人支票储蓄专户的个人签发、委托办理支票存款业务的银行或者其他金融机构在见票时无条件支付确定的金额给收款人或持票人的票据，其实质是一种以个人信誉为担保，并以支票为结算凭证的活期储蓄存款业务。中国从1986年开始试行个人支票，广州、上海、深圳等7个城市为试点城市，主要是针对个体工商户。但由于需求原因，停顿了一段时间。20世纪90年代以后，一些城市开始继续推行试行个人支票，但总的来说，目前个人支票效果不佳，使用量非常小。现阶段我国居民的个人消费主要以现金、信用卡支付为主，极少用到个人支票，许多人甚至根本不知道个人支票存款为何物。

参照上面所述思考：为什么支票这种便捷的支付方式不能走入我国寻常百姓家呢？

第三章　利息与利息率

【学习目标】

1. 掌握利息的含义并理解其来源和本质
2. 掌握利息的计量方法
3. 理解利率按照不同标准划分的种类
4. 掌握决定和影响利率变动的各种因素
5. 理解利率的作用和影响其发挥的各项条件
6. 了解我国利率市场化的主要进程
7. 理解利率决定的各种理论
8. 理解货币时间价值的含义以及终值、现值的计算方法

随着货币的产生和借贷关系的出现，利息和利率与借贷关系相伴而生。作为调节国家经济的重要杠杆，利率在现代经济生活中对宏观经济运行和微观经济主体的经济行为都发挥着非常重要的调节作用。

第一节　利息概述

一、利息的含义

利息是指在信用关系中债务人支付给债权人的（或债权人向债务人索取的）报酬。利息是伴随着信用关系的发展而产生的经济范畴。随着社会经济的发展，商品、货币的出现，信用活动随之产生，利息也就伴随信用而产生。

在信用活动中，货币的所有者在不改变货币所有权的前提下，将货币的使用权在一定时期内让渡给货币需求者，在借贷期满时，凭借货币的所有权从货币需求者那里获得超出借贷本金的增加额，这个增加额就是利息。因此，利息是借贷资本的增值额或使用借贷资本的代价。对于货币所有者来说，利息是他们让渡资金使用权而应该获得的报酬；对于货币借入者来说，利息则是他们取得资金使用权而应当付出的代价。

利息有实物形式和货币形式。在商品交换初期，借贷活动多以实物形式进行，利息也以实物形式支付，随着商品交换的进一步发展，货币借贷产生，利息也逐渐以货币为主要的支付形式。

二、利息的本质

马克思从借贷资本运动的全过程揭示了利息的来源和本质。马克思把借贷资本运动的全过程称为二重支付和二次回流的运动，并明确指出：第一重支付（即货币所有者给货币使用

者贷款）和第二重回流（货币使用者给货币所有者归还贷款本息）虽然处于产业资本运动过程之外，但却以产业资本运动为基础。利息绝不是货币本身生出的果实，不是在再生产过程之外的借贷活动中产生的，也不是在购买生产要素和销售产成品的流通过程中产生的，而是工人在生产过程中创造的归货币所有者占有的剩余产品价值的一部分。“利息不外是一部分利润的特别名称，特别项目；执行职能的资本不能把这部分利润装进自己的腰包，而必须把它支付给资本的所有者”①。马克思揭示的这一原理是商品经济条件下普遍适用的理论，无论在何种生产方式下，利息都是工人创造的剩余产品价值的一部分，即利润的一部分。

一些西方经济学家也对利息的来源和本质有多种解释。例如威廉·配第认为，利息是因放弃货币的使用权而获得的报酬。西尼尔提出节欲论，侧重从资本来源于储蓄，储蓄来源于节欲的思路上去分析利息的本质，认为利息是资本所有者不将资本用于消费所获得的报酬。庞巴维克在边际效用基础上提出时差利息论，将时间因素导入利息分析，认为同一种类和数量物品的现在价值和未来价值之间存在差别，由于时间的推移，这些物品的边际效益显著不同，因而出现了利息。马歇尔提出了均衡利息论，认为利息是资本家牺牲现在等待将来而应得的报酬。凯恩斯提出的流动性偏好理论更明确地把利息看成是一种纯粹的货币现象，认为利息是放弃货币灵活性和承担风险的报酬。

三、利息的计量

利息的计量方法分为单利计息和复利计息。

单利计息是指在计算利息额时，不论期限长短，均按本金计算利息，所生利息不再加入本金重复计算利息，其计算公式是

$$I = P \times r \times n$$

$$S = P(1 + r \times n)$$

式中，I 代表利息额；P 代表本金；r 代表利率；n 代表期限；S 代表本利和。例如，某人借款 10 000 元，年利率为 7%，借款期限 2 年，到期时借款人应支付的利息及本利和分别为

$$I = P \cdot r \cdot n = 10\,000 \times 7\% \times 2 = 1400 \text{（元）}$$

$$S = P(1 + r \times n) = 10\,000(1 + 7\% \times 2) = 11\,400 \text{（元）}$$

复利是单利的对称。复利计息是指计算利息时，按照一定的期限，将所生利息加入本金再计算利息，逐期滚算，俗称“利滚利”，其计算公式为

$$I = P[(1+r)^n - 1]$$

$$S = P(1+r)^n$$

同上例，若采用复利计息，则利息及本利和分别为

$$I = P[(1+r)^n - 1] = 10\,000[(1+7\%)^2 - 1] = 1449 \text{（元）}$$

$$S = P(1+r)^n = 10\,000 \times (1+7\%)^2 = 11\,449 \text{（元）}$$

可见，在本金、利率、期限条件均相同的情况下，复利计息比单利计息可得到更多的利息。

用单利计算利息，计算简便，易于计算借款成本，有利于减轻借款者的利息负担；用复利计算利息，有利于提高资金利用的时间观念，可更好地发挥利息杠杆的调节作用，提高资金使用效益。

---

① 中央编译局，《马克思恩格斯全集》，第 25 卷，第 379 页，北京：人民出版社，1972。

第二节　利率的种类

利率，亦称“利息率”，是一定时期内利息额与本金额的比率，用公式表示为

$$r = \frac{I}{P} \times 100\%$$

式中，r 为利率，I 为利息额，P 为本金额。

利率是衡量利息的量的尺度，体现着借贷资本或生息资本增值的程度。利率的高低对资金借出者来说意味着收益的多少，对资金使用者来说，则意味着成本的高低。

由于利率的运用范围极其广泛，所以利率的种类也非常繁多，了解利率的分类，对于熟悉利率的特性并进行具体运用非常重要。

一、年利率、月利率和日利率

按照计息期限不同，利率可以分为年利率、月利率和日利率。

年利率（annual interest rate）是以年为单位计算利息的利率，按本金的百分之几表示；月利率（monthly interest rate）是以月为单位计算利息的利率，按本金的千分之几表示；日利率（daily interest rate）是以日为单位计算利息的利率，多用于金融业之间的拆借，习惯叫“拆息”，按本金的万分之几表示。

三者之间的关系为年利率=月利率×12=日利率×360。如对于同样一笔贷款，年利率为7.2%，也可用月利率6‰或日利率2‱（每月按30天计）表示。

中国传统的习惯，不论是年利率、月利率还是日利率都用“厘”作单位，如年息5厘，月息4厘，拆息2厘等。年率的1厘是指1%。如贷出1万元，若利率为年率3厘，则1年的利息为300元。月率的1厘是指0.1%。如贷出1万元，若利率为月率3厘，则1个月的利息为30元；不计复利，1年利息为360元。拆息率的1厘是指0.01%。如贷出1万元，若拆息率为3厘，则每日利息为3元；不计复利，每月按30天计，利息为90元；全年可收利息1080元。过去和现在的民间，也常用“分”作为利率的单位，分是厘的10倍。

二、名义利率和实际利率

按照利率与通货膨胀的关系，利率可以划分为名义利率与实际利率。名义利率与实际利率是20世纪30年代由美国经济学家欧文·费雪在研究利率与价格理论中提出的。

名义利率（nominal interest rate），也称货币利率，是指包含了通货膨胀因素的利率，即市场通行使用的票面利率。我们平常所见的借贷契约以及有价证券上载明的利息率都是名义利率。实际利率（real interest rate）是名义利率剔除物价变动（通货膨胀）因素计算出来的利率。它表明投资者实际所得以及债务人实际所付的利率。

名义利率与实际利率之间的关系可用下式表示

$$\text{实际利率}=\text{名义利率}-\text{通货膨胀率}$$

用符号可表示为

$$i = r - p$$

式中，i 为实际利率，r 为名义利率，p 为通货膨胀率。

当名义利率高于通货膨胀率，实际利率大于 0 时，即为正利率；反之则为负利率。一般而言，只有正利率才符合价值规律的要求。

考虑到通货膨胀对利息部分也有使其贬值的影响，名义利率和实际利率之间的关系可以调整为 $i=(1+r)/(1+p)-1$ 或者 $r=(1+i)(1+p)-1$。这是目前国际上通用的计算实际利率的公式。

假如某一年的通货膨胀率是 2%，名义利率是 6%，则实际利率为 $(1+6\%)/(1+2\%)-1 \approx 3.92\%$。如果某年通货膨胀率上涨至 3%，而债权人仍要求实际利率为 3.92%，则名义利率应提高至：$(1+3.92\%)(1+3\%)-1 \approx 7.04\%$。

虽然我们日常使用的是名义利率，然而实际利率才是资金占用的真实成本，因此，对经济关系产生实质影响的是实际利率。

知识链接

综合媒体报道，在 1997—2003 年期间，中国平均实际利率在 3%以上，但在 2003 年 11 月—2012 年 1 月的 99 个月内，负利率时间占了 58 个月，所占时间比为 60%。2008 年 2 月最高负利率达到 4.56%。从 2010 年 2 月开始，一直到 2012 年 2 月长达两年的连续负利率时代方告结束，月均负利率达 1.6%以上。负利率会使普通民众的实际财富缩水，进而影响居民的资产配置，同时会促使债务规模扩大，诱发资产泡沫，对经济产生不利的影响。

三、基准利率和非基准利率

按照作用的不同，利率可划分为基准利率与非基准利率。

基准利率（basic interest rate）是由一国中央银行直接制定或调整，在整个利率体系中发挥基础性作用的利率。市场经济国家的基准利率通常是指中央银行的再贴现率，如美国联邦储备委员会公布的再贴现利率就是美国的基准利率。在我国，由于商业票据还没有成为信用工具的主体，再贴现利率的作用和影响力有限，因此我国的基准利率是中国人民银行对商业银行再贷款的利率。

基准利率以外的利率被称为非基准利率。

实事查阅

请在中国人民银行网站（http://www.pbc.gov.cn，栏目为中国人民银行—货币政策司—货币政策工具—利率政策—利率水平—现行利率水平—人民币）查询当前中央银行基准利率表：当前中央银行对金融机构贷款一年利率为________%；6 个月为________%；3 个月为________%；20 天为________%;再贴现利率为________%。较上次基准利率调整，当前利率________（上升/下降）。

四、官方利率、公定利率和市场利率

按照形成方式的不同，利率可划分为官方利率、公定利率与市场利率。

官方利率（official interest rate）亦称法定利率，是指由政府金融管理部门或者中央银行根据国家经济发展和金融市场需要而确定和调整的利率，各金融机构必须执行。它是国家实现宏观调节的一种政策手段，在一定程度上反映了官方强制力量对利率的干预。官方利率包含两类：第一，在实行利率管制的国家，官方利率是指由中央银行统一制定的国内金融资产的所有利率，包括存款利率、贷款利率、国债利率、公司债券利率、法定存款准备金利率、再贴现利率、再贷款利率等。第二，在实行利率市场化的国家，官定利率是指由中央银行直接决定的基准利率，主要是再贴现利率。

公定利率（pact interest rate）是由一个国家或地区银行公会（同业协会）等金融机构行业组织所确定的利率。公定利率由同业协会组织的绝大多数成员共同商定和遵守，主要是存款利率和贷款利率。公定利率对该组织的全体会员有约束性，如果某家金融机构违反了公定利率，擅自提高或降低利率开展金融业务，将受到行业组织的斥责和惩罚，也会遭到其他金融机构的排挤。

市场利率（market interest rate）是指借贷双方在金融市场上通过竞争所形成的，反映一定时期金融市场货币供求关系的利率。市场利率包括两方面的含义：其一，市场利率受中央银行基准利率的左右，基准利率的调整影响市场利率的总体水平；其二，市场利率是借贷双方商定的利率（有价证券利率）在市场上的表现，是借贷资金供求状况变化的指示器。

官方利率和公定利率都不同程度地反映了非市场力量对利率形成的干预。

五、固定利率和浮动利率

按照管理方式的不同，利率可划分为固定利率与浮动利率。

固定利率（fixed rate）是指在整个借款期内，无论借贷资金的供求状况如何，利率始终保持不变。由于固定利率在整个借款期间不发生变化，因而其主要优点是容易计算，简便易行，比较适用于短期借款或市场利率变化不大的情况。

浮动利率（floating rate）又称可变利率，是指借款期内，利率随着市场利率的波动而定期调整（一般调整期为半年），借款双方在借款时协定作为调整基础的市场利率。浮动利率定期调整，借款人在计算借款成本时比较困难，利息负担不易确定，但其可以减少市场变化的风险，对借贷双方都比较合理，在中长期贷款中被越来越多地采用。

六、一般利率和优惠利率

按照是否带有优惠性质，利率可划分为一般利率与优惠利率。

一般利率是指金融机构按一般标准执行的存贷利率，而优惠利率则是指低于一般标准的贷款利率和高于一般标准的存款利率。其中，优惠贷款利率一般提供给信誉好、经营状况良好且有良好发展前景的借款人；而优惠存款利率更多的是各金融机构为争取客户和存款的竞争手段。在我国优惠贷款利率的执行对象一般都是国家政策扶持的行业、企业和项目，与国家的产业政策相联系。

七、短期利率和长期利率

按照借贷期限的不同，利率可以划分为短期利率和长期利率。

短期利率是指融资时间在一年期以内的利率。长期利率是指融资时间在一年以上的利率。一般长期利率高于短期利率。因为从贷者角度看，融资期限越长，市场变化就越大，经营风险就越大，导致的投资风险也就越大；而从借者角度看，融资期限越长，使用借入资金经营获得的利润就可能越多，所应支付的利息就应越多。

八、存款利率和贷款利率

存款利率是可吸收存款的金融机构尤其是商业银行在吸收公众存款时约定向存款人支付利息时适用的利率；贷款利率则是发放贷款时约定向借款人收取利息所适用的利率。存贷款利率之间存在一个利差，这个利差就是金融机构弥补业务成本费用并形成合理利润的主要来源。

第三节　利率的作用和利率市场化

一、利率的作用

在现代经济中，利率发挥着极其重要的调节作用，其不仅对宏观经济发挥调节作用，也对微观经济发挥着重要的作用。

（一）利率对宏观经济的调节作用

利率对宏观经济的调节作用体现在以下几个方面。

1. 聚集社会闲散资金

聚集和积累资金是利率最主要的作用。银行对存款支付利息提高了银行聚集借贷资本的能力，合适的利率可把社会再生产过程中暂时闲置的货币资金和社会各阶层闲置的货币收入集中起来，形成巨大的社会资金，通过信贷资金的分配，满足生产发展的资金需要，促进经济快速发展。

2. 调节借贷资金的供求

借贷资金供求关系影响着利率的确定，而利率一旦确定后又会对借贷资金供求发挥积极的调节作用。当资金供给小于资金需求时，中央银行会调高再贷款或再贴现利率，商业银行在借入成本增加的情况下为保持其利润，会同时提高其存贷款利率。贷款利率的高低与企业收益率成反比，贷款利率的提高必然使企业收益减少，进而导致企业的投资兴趣减小，贷款规模随之收缩。而存款利率的提高，则会使存款增加。这样，在资金需求减少的同时，资金供给却在增加，从而资金供求就会趋于平衡；当资金供给大于资金需求时，情况则正好相反。由于利率具有调节借贷资金供求的作用，所以银行总是不失时机地运用利率杠杆，把它作为扩张和收缩借贷资金规模的调节器。

3. 调节投资，以优化资源配置和产业结构

在市场经济条件下，利率的变动会引起投资成本的变化进而影响企业的投资行为。只有当企业投资的预期收益率大于或至少等于利息率，企业投资才有实际意义。因此，利率作为资金的价格，会自发地引导资金流向利润率较高的部门，实现社会资源的优化配置。同时国

家还可以自觉地运用差别利率及优惠利率政策来调节产业结构，即对国家急需重点发展的产业、企业以及有关的项目和产品，降低贷款利率予以支持；而对于国家要限制或压缩的产业、企业以及有关项目和产品，提高贷款利率予以限制。在利率机制的驱动下，企业投资会逐渐转向高收益的产业、部门和产品，从而优化产业结构，实现社会资源的优化配置，进而促进国民经济协调、稳定发展。

4. 稳定物价

在商品经济中，国民收入分配都是以货币形式进行的价值分配，客观上存在着分配后形成的有支付能力的社会需求与商品可供量在总量和结构上不相适应的可能性，潜藏着危及物价稳定的因素。利率稳定物价的作用可从货币和商品两方面来体现：①调节货币供求。利率的高低直接影响银行的信贷总规模，而信贷规模又直接决定货币供应量。一方面，当流通中的货币量大于商品流通所决定的货币需要量时，单位纸币必然贬值，商品价格就上涨。此时调高贷款利率，收缩信贷规模，减少货币供应量，可促使物价稳定；另一方面，通过调整存款利率的高低，在总量和结构上对货币需求进行调节，对实现供求平衡和物价稳定有重要作用。②调节商品供求。例如要降低某种商品价格时，可以降低生产这种商品的企业的贷款利率，以增加企业收入、促使企业扩大生产，增加商品供应量，使其价格下跌。

5. 平衡国际收支

通过运用利率杠杆，可以调节国际收支。例如当国际收支逆差较严重时，可以提高本国利率吸引外国短期资金流入，同时也可以阻止本国资金的流出。但是，当国际收支逆差发生在国内经济衰退时期，如果提高利率就会缩减投资，加剧经济衰退。此时应通过调整利率结构的方法达到预期目的，即在提高短期利率改善国际收支的同时，降低长期利率，鼓励投资，发展生产，促进经济发展。

6. 调整积累、消费的比例，促使经济持续增长

在给定的资源和产出的条件下，切实安排好消费与积累的比例才能使经济保持持续稳定增长。过多的消费会损害将来更高的经济增长，而过多的积累则影响人民的生活水平。因此，合理的消费与积累比例是至关重要的。通过调节利率可以使消费和积累相互转化，从而进行积累和消费之间比例的调整。在调整中促进供给方的增长，从而拉动需求方的提高，使双方呈螺旋状上升，在更高的层次上达到平衡。

（二）利率对微观经济的调节作用

1. 利率可以激励企业提高其资金使用效率

对企业而言，利息是其利润的抵减因素。而利息与企业借款金额、借款时间以及利率直接相关。在这三个因素中，利率是核心因素。利率上升时，企业为减轻利息负担，增加利润，就必须加强经营管理，加速资金周转，降低借款规模。这在客观上对企业产生约束和激励的作用，促使他们努力提高经济效益和劳动生产率。另外银行运用罚息与优惠利率促使企业加强经营管理，这对于提高资金使用效益有十分重要的作用。

2. 利率影响个人的经济行为

利率影响个人的经济行为主要表现在两方面：一方面，利率能够诱发和引导人们的储蓄

行为。合理的利率能够增强人们储蓄的愿望和热情，因此利率的变动在一定程度上可以调节个人的消费倾向和储蓄倾向。另一方面，利率可以引导人们选择金融资产。在金融商品多样化的今天，人们在选择金融资产时，通常会考虑资产的安全性、流动性与收益性。因此在保证一定安全性、流动性的前提下，决定收益性的利率就成为人们着重考虑的因素。在这种情况下，金融商品的利差成为引导人们选择金融商品的有效依据。

二、市场利率发挥作用的条件

利率作为一个经济杠杆，对宏观经济和微观经济运行都具有重要的调节作用。但是在不同国家、不同的时期以及不同的利率管理体制下，利率作用发挥程度也不一样。那么，要使利率的能量充分地释放出来，究竟需要哪些客观经济条件呢？

（1）经济的货币化、信用化程度。一般而言，经济的货币化、信用化程度越高，利率对经济的调节作用就越大；反之则越小。因为利率本身属于货币信用的范畴，只有社会的商品化达到一定程度时，货币与信用才成为连接价值利益关系的重要枢纽。通过调节利率、调节货币信用关系才能达到调节价值和利益关系，进而调节微观经济活动和宏观经济总量的目的。

（2）经济的开放程度。经济的开放程度取决于两点：资本流动自由度与市场分割程度。如果一国政府实行严格的外汇管制、限制资本的流出流入，就使得该国的利率体系孤立起来，失去了与世界利率体系的有机联系。同样，如果由于资金流动受到限制，导致市场形成了条块分割，利率体系构成部分之间就失去了有机联系，整个体系也就失去了弹性，作用的发挥就有了很大的局限性。

（3）稳定的货币环境。如果货币环境不稳定，如发生了恶性的通货膨胀，利率杠杆就很难起作用，即使有一定的作用，也会遭到严重扭曲。只有在货币、金融、市场稳定的前提下，利率杠杆的作用才能有效地发挥出来。

（4）资金借贷双方都是自主经营、自负盈亏的法人主体。利率是通过利益机制的传导而发挥作用，只有资金的借贷双方都是具有健全的利益驱动和风险约束机制的法人主体，他们才会为了追求各自的利润最大化而选择最有利的交易对象进行资金的借贷活动，才会对利率变化信号做出灵敏的反应，相应调整自己的经营与投资行为。

（5）完善的金融市场。利率作为资金的价格以金融市场的存在为前提，其作用的发挥为金融市场的发展程度所决定。只有在较发达的金融市场上，即具有足够多的买者和卖者，交易对象（金融资产）的种类和数量有了一定的规模，利率杠杆才能有其形成和存在的基础。

（6）利率市场化。利率要有效地发挥其作用，整个经济管理体制应该是一种间接管理体制而不是直接管理体制，而利率的市场化则是其基本前提。因为在市场经济条件下，由市场因素确定的利率才能够真正灵敏地反映社会资金供求状况，才能真正成为借贷资金的价格，促进资金合理流动，从而发挥其各种调节作用。

此外，企业与银行联系程度紧密与否，利率政策是否得当，利率水平是否合适，以及宏观经济的间接调控机制是否完善等都会对利率作用的发挥产生影响。

三、利率市场化

20 世纪 70 年代以后，随着经济全球化发展和金融市场的不断创新，利率管制所带来的弊端日益显现，各国政府越来越认识到应该还利率以市场的本色。20 世纪 80 年代以来，利率市场化成为了世界各国普遍采用的一项非常重要的经济政策。从发达国家、亚洲新兴工业化国家到部分发展中国家，利率市场化浪潮不断涌动。20 世纪 80 年代开始的金融自由化成为世界性趋势，金融自由化的核心内容之一，就是放松或放弃利率管制。1986 年，美国首先放开了利率，西欧国家和日本紧跟其后，到了 20 世纪 90 年代中期，一些市场经济国家相继放弃了利率管制，实行了利率市场化。

（一）利率市场化的含义

所谓利率市场化，是指中央银行只控制基准利率，金融资产的交易利率由金融市场的资金供求关系决定，形成多样化的利率体系和市场竞争利率机制。实行利率市场化的国家，中央银行放弃了对市场利率的直接管制，通过调整基准利率间接影响和引导市场利率，由金融市场交易双方直接决定某一项金融资产的利率。简言之，利率市场化是由金融市场资金供求关系来决定利率水平和结构的机制。

（二）利率市场化的内容

利率市场化是培育金融市场主体、健全和完善金融资产的市场交易规则、逐步取消利率管制的一个动态过程。在这一过程中，中央银行通过制定货币政策和调整基准利率等发挥宏观控制作用，具体利率由借贷双方自主决定，形成中央银行管理下的由市场机制决定的市场均衡利率。利率市场化应包括以下几方面的内容。

1. 金融交易主体享有利率决定权

利率市场化赋予金融机构充分的自主权，把存贷款利率决定权交给金融市场，市场主体可以根据不同金融资产的交易，自主决定利率。金融交易主体有权对资金交易的规模、价格、偿还期限、担保方式等具体条款进行讨价还价，可以采取面谈、招标等方式，也可以由资金供求双方在不同客户或者服务提供商之间反复权衡和选择。

2. 利率结构、期限结构和风险结构由市场选择

金融资产交易存在批发与零售的价格差别，与普通商品不同的是，金融资产交易价格还存在期限差别和风险差别。金融资产批发是指大宗的资金交易，大多是在金融机构之间进行，如商业银行之间的资金拆借、金融机构之间的短期融资、发行证券的包销等，利率水平比同期限的单笔金融资产利率低一些；金融资产零售是指金融机构对一般客户的交易，大多是数量有限的金融资产，如项目贷款、消费贷款、农业贷款等。零售交易是指交易双方就某一项金融资产数量、期限的具体利率水平达成的协议，零售交易使整个金融市场形成了利率、期限和风险结构。市场经济条件下的中央银行，既无必要也不可能对所有金融资产的利率数量、期限结构和风险结构进行准确的测算。

3. 同业拆借利率和短期国债利率是市场的基本指针

从微观金融市场层面上来看，市场利率比管制利率档次更多、结构更复杂、变化更频繁，市场利率是一种或几种金融资产交易的协议，没有统一的尺度和严格标准。但是，金融交易主体的金融资产批发交易价格对于市场利率有决定性作用。同业拆借和短期国债是市场上交易量最大、信息披露最充分的金融资产交易，它们的利率也是最具代表性的市场利率，成为

一般金融机构制定利率水平的参照物，也是衡量市场利率水平涨跌的基本依据。

4. 中央银行通过间接手段影响金融资产利率

中央银行在放松对利率直接控制的同时，通过调整再贴现率、再贷款利率来影响商业银行资金成本从而加强间接调控，反映货币当局的政策意图，影响金融市场利率水平。如果金融调控机制局部出现失灵，有可能影响经济正常发展，或在金融市场出现波动的情况下，中央银行可对商业银行及其他金融机构的金融行为进行适当限制，甚至直接干预部分金融资产的利率。

（三）我国的利率市场化进程

20 世纪 80 年代以来，世界各国利率市场化进程纷纷展开，比较成功的如美国于 1986 年 3 月基本实现了利率市场化，日本于 1994 年 10 月也最终实现了利率市场化。

1995 年，《中国人民银行关于“九五”时期深化利率改革的方案》初步提出利率市场化改革的基本思路，其后根据经济发展的实际情况将我国利率市场化改革的基本步骤定为“先外币、后本币；先贷款、后存款；先大额长期存款、后小额短期存款”。从 1996 年开始，中国人民银行开展了大规模的利率市场化改革。

1996 年 6 月 1 日，中国人民银行放开了银行间同业拆借利率，1997 年 6 月放开了银行间债券回购利率。1998 年 8 月，国家开发银行在银行间债券市场首次进行了市场化发债，1999 年 10 月，国债发行也开始采用市场招标形式，从而实现了银行间市场利率、国债和政策性金融债发行利率的市场化。

1998 年，中国人民银行改革了贴现利率生成机制，贴现利率和转贴现利率在再贴现利率的基础上加点生成，在不超过同期贷款利率（含浮动）的前提下由商业银行自定。2013 年 7 月 20 日起，中国人民银行取消票据贴现利率管制，改变贴现利率在再贴现利率基础上加点确定的方式，由金融机构自主确定。

1998 年、1999 年中国人民银行连续 3 次扩大金融机构贷款利率浮动幅度。2004 年 1 月1 日，中国人民银行再次扩大金融机构贷款利率浮动区间。商业银行、城市信用社和农村信用社的贷款利率浮动区间不再根据企业所有制性质、规模大小分别制定。扩大商业银行自主定价权，提高贷款利率市场化程度，企业贷款利率最高上浮幅度扩大到 70%，下浮幅度保持 10%不变。在扩大金融机构人民币贷款利率浮动区间的同时，中国人民银行推出放开人民币各项贷款的计、结息方式和 5 年期以上贷款利率的上限等其他配套措施。自 2012 年 6 月 8 日起，中国人民银行将金融机构存款利率浮动区间的上限调整为基准利率的 1.1 倍，同时将金融机构贷款利率浮动区间的下限调整为基准利率的 0.8 倍。自 2013 年 7 月 20 日起，中国人民银行全面放开金融机构贷款利率管制，取消金融机构贷款利率下限，由金融机构根据商业原则自主确定贷款利率水平，对农村信用社贷款利率不再设立上限，但个人住房贷款利率浮动区间暂不作调整。

1999 年 10 月，中国人民银行批准中资商业银行法人对中资保险公司法人试办由双方协商确定利率的大额定期存款（最低起存金额为 3000 万元，期限在 5 年以上不含 5 年），进行了存款利率改革的初步尝试。2003 年 11 月，商业银行农村信用社可以开办邮政储蓄协议存款（最低起存金额为 3000 万元，期限降为 3 年以上不含 3 年）。

2000 年 9 月，放开外币贷款利率和 300 万（含 300 万）美元以上的大额外币存款利率；300 万美元以下的小额外币存款利率仍由中国人民银行统一管理。2002 年 3 月，中国人民银行统一了中外资金融机构外币利率管理政策，实现中外资金融机构在外币利率政策上的公平待遇。2003 年 7 月，放开了英镑、瑞士法郎和加拿大元的外币小额存款利率管理，由商业银行自主确定。2003 年 11 月，对美元、日元、港元、欧元小额存款利率实行上限管理，商业银行可根据国际金融市场利率变化，在不超过上限的前提下自主确定。

总体上看，我国利率的市场化程度还不是非常高，利率市场化的改革还将持续进行下去。

第四节　利率的决定

在现实生活中，利率的水平到底是由什么因素决定的？而又有哪些因素影响了利率水平的变动呢？

一、利率的决定和影响因素

（一）决定利率的基本因素——平均利润率

利息是平均利润的一部分，所以平均利润率成为决定利息率的最基本因素。平均利润率是在市场经济发展到一定程度下自然形成的。市场经济的主体以追求最大利润为目的，由于资金可以自由流动，资金会从利润率低的行业流向利润率高的行业中去，最终使各行业的利润率趋于均衡，形成平均利润率。一般在其他条件不变的情况下，利息率与平均利润率成正比。在通常情况下，利率不会与平均利润率相等，更不会超过平均利润率。否则企业取得的利润就要全部付给银行，企业必然不会借入这笔资金。因此，平均利润率构成了利息率的上限。同时，利率的最低界限不能低于或等于零，否则借贷资本就由于无利可图而不会将钱借给职能资本家。因此，利率总是在平均利润率和零之间上下波动。至于某一具体时期利息率的确定取决于职能资本家和借贷资本家之间对利润的分割。

（二）影响利率决定的其他因素

除了平均利润率以外，还有其他一些因素也会影响利率水平的变动，而各种因素还往往交织在一起对利率产生综合影响。一般而言，影响利率水平变化的其他因素主要有以下几个。

1. 借贷资金的供求与竞争

在商品货币经济条件下，利息作为借贷资金的价格，必然受到其供求关系的影响。当借贷资金供不应求时，利率上升，如 2013 年 6 月和 12 月，我国银行普遍出现“钱荒”，银行间同业拆借利率隔夜拆利率在同年 6 月 20 日一度飞涨至 13.444 0%（一般情况下 2%左右较为正常）；反之，当供过于求时，利率下降。所以，资金供求状况是影响利率变动的重要因素，它决定着某一时刻利率的高低。

2. 社会再生产状况

马克思不像资产阶级经济学家那样，把影响利率变化的因素局限在借贷资本的供求上，而是深入到生产领域，进一步研究影响借贷资本供求状况的原因，揭示出影响利率变化的这一决定性因素。他详尽地分析了资本主义产业周期的四个阶段——危机、萧条、复苏、繁荣中货币资本的供求状况和利息率的变化情况。

危机阶段：商品滞销，物价暴跌，生产下降，工厂倒闭，工人失业。支付手段极端缺乏，对借贷资本需求增大，而借贷资本供给减少，利率急剧上升到最高限度。

萧条阶段：危机刚过，物价下降到最低点，产业资本不再收缩，借贷资本大量闲置，由于企业信心不足，不愿增加生产投资，购买生产资料和支付工人工资所需要的货币减少。物价虽低，但交易减少，对借贷资本的需求量也减少；借贷资本供大于求，导致利息率下降到最低程度。

复苏阶段：投资逐渐增大，交易逐渐增加，工厂开始复工，对借贷资本的需求开始增长。由于这个阶段信用周转灵活，支付环节畅通，借贷资本充足，因此，借贷资本的需求是在低利率情况下得到满足的。借贷资本的供给大于需求，因而没有导致利率上升。

繁荣阶段：初期，生产迅速发展，物价上涨，利润增加，对借贷资本需求增大。但是，由于这时信用周转灵活，资本回流加快，商业信用扩大，对借贷资本需求的增长会被这些因素抵消。因此，利息率还是维持在较低水平上。但随着生产规模继续扩大，对借贷资本的需求继续增加，特别是信用投机出现，使借贷资本需求大增，利率迅速上升。

3. 物价水平及通货膨胀预期

由于货币形式的借贷资金体现着一定量的货币购买力，因而物价升降引起货币购买力的变动必然影响借贷双方对资金价格即利率的评价。物价上涨时，如果利率保持不变，必然给资本所有者造成本金和利息的损失。特别是如果名义利率低于物价上涨率，其实际利率就是负利率。这样，资金所有者不仅得不到实际收益，甚至本金也会受到损失。而对资金使用者来说不仅不用支付利息，还能获得收益。因此，在这种情况下，资金供给将减少，需求将增大，最终会导致利率上升。而物价下跌时情况正好相反，资金的供给将增加，需求将减少，最终导致利率下降。

通货膨胀预期就是预测未来的物价水平，根据前面的分析，它的上升会导致资金供给的减少，需求的增加，最终导致利率水平有很强的上升趋势；反之，利率水平将趋于下降。这种通货膨胀预期变化引起利率水平发生变动的效应称为“费雪效应”。

4. 国家经济政策

西方资本主义国家在经过20世纪30年代的经济大危机以后，在很长一段时期内实行较严的利率管制，通过银行立法和货币政策影响市场利率，利率不能完全根据市场供求自由涨落。这种状况一直持续到20世纪70年代。

目前大多数西方发达国家已逐步消除了利率管制和实行了利率市场化，但利率仍然不可能不受国家经济政策的影响。一方面政府要支持什么地区、支持什么产业，可以用低利率政策来体现；反之，则用高利率政策来限制。政府要实行扩张的经济政策可适当调低利率；反之，则提高利率等。这些都是国家直接对利率的干预。另一方面，通过运用各种货币政策和财政政策工具，调节货币供应量，可以间接地影响整个市场利率水平的变动。

5. 国际利率水平

随着国际经济联系日益加深，国际间的利率具有很强的联动性，或者说，利率在国际间有严重的传染性。国际利率水平对国内利率的影响是通过资金在国际间的流动实现的。由于资本增值的本性和国际商人套利的天性，国际资本会自发地向高利率的国家流动。此时，高利率的国家资金供给增加，在资金需求不变的情况下，利率将开始下降；而利率较低的国家情况正好相反，在资金需求不变的情况下，资金供给减少，利率将开始上升，最终两国利率水平趋于一致。

此外，借款期限和风险、担保品、借款企业的信誉、人们对利率的预期、边际消费倾向以及银行成本也会对利率的变动产生影响，此处就不再详细介绍。

总之，影响利率变动的原因很多，往往是多种因素交错在一起，综合影响利率的变动。

二、马克思的利率决定理论

马克思的利率决定理论是以剩余价值在资本家之间的分割作为研究起点的。利息量的多少取决于利润总额，利息率取决于平均利润率，利息率的变化范围在零和平均利润率之间。因此，利息率具有以下特点：第一，平均利润率随着技术发展和资本有机构成的提高，有下降趋势，因而也影响平均利息率同方向变化；第二，平均利润率虽有下降趋势，但却是一个非常缓慢的过程，因此，平均利息率具有相对稳定性；第三，由于利息率的高低取决于两类资本家对利润的分割结果，因而使利息率的决定具有很大的偶然性。

三、古典学派的投资储蓄理论

古典学派的投资储蓄理论流行于 19 世纪末至 20 世纪 30 年代，其主要代表人物有庞巴维克、费雪、马歇尔。

该理论认为：利率取决于资本的供给和需求，资本的供给由储蓄量决定；资本的需求由投资量决定；储蓄是利率的增函数，投资是利率的减函数；利率决定于储蓄与投资的均衡点，即均衡利率。因该理论认为是经济中的实际因素——储蓄和投资决定着利率水平的高低，因此，均衡利率理论也被称为“真实利率理论”，或者储蓄投资决定论。

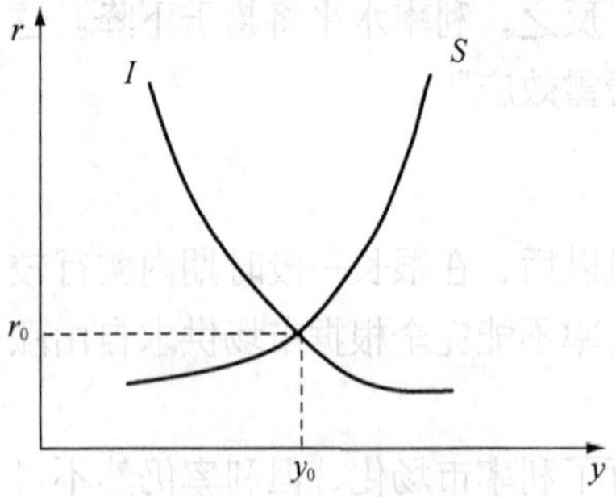

图 3.1　古典学派的投资储蓄理论

从图 3.1 中可以看出，投资曲线（I）与利率成反方向变动，储蓄曲线（S）与利率成同方向变动，两者的交点所决定的利率水平是均衡利率（r_0），所决定的收入是均衡收入（y_0）。当 $S=I$ 时，利率达到均衡水平；当 $S>I$ 时，资金供给大于资金需求，即储蓄增加，会促使利率下降；反之，当 $S<I$ 时，利率水平上升。

按照这一理论，只要利率是灵活变动的，它就和商品的价格一样，具有自动调节功能，使储蓄和投资趋于一致。因为当投资大于储蓄时，利率就会上升，从而使储蓄增加，投资下降，两者最终趋于一致；反之亦然。因此经济不会出现长期的供求失衡，它将自动趋于充分就业水平。

四、凯恩斯的流动性偏好理论

20 世纪 30 年代世界经济大危机，撼动了古典经济学的基石，同时也摧毁了以利率自动调节为核心的古典利率理论。1936 年凯恩斯发表了《就业、利息和货币通论》（以下简称《通论》），提出了流动性偏好理论。流动性偏好是指人们喜欢流动性比较高的货币，利息是人们放弃货币，牺牲流动性偏好的报酬。

凯恩斯认为利率取决于货币的供给和需求。货币的供给由中央银行决定，没有利率弹性；货币的需求由“流动性偏好”决定。人们对货币的流动性偏好大，则愿意持有的货币就多，货币的需求大于货币的供给，利率就上升，否则就下降。因此，利率是由流动性偏好和货币供给共同决定的。当一定时期的利率水平降低到一定低点时，人们就会产生强烈的利率会上升而有价证券价格会下跌的预期，从而使得货币需求尤其是投机动机所形成的货币需求的弹性无穷大，增加的货币都会被人们储存起来，而陷入“流动性陷阱”。

图 3.2 中，m 表示货币供给，是一个完全由政府和中央银行控制的外生变量，所以如果政策不变动，则货币供给 m 为一条垂线；L 为货币需求，主要是指投机动机所形成的货币需求，该曲线末端形成水平线，即表示利率低到一定程度时出现的“流动性陷阱”，货币需求趋于无穷大。当 m 与 L 相交时，表示货币供求均衡，其交点所对应的货币需求为均衡货币需求，对应的利率水平 r_0 为均衡利率。如果市场利率低于均衡利率，其对应的货币需求就超过了均衡货币需求，表示货币需求旺盛，则利率水平必然上升；反之亦然。如果政府希望刺激经济增长，则可以扩大货币供给，即使 m 曲线向右侧移动，使均衡利率水平降低，从而也降低了市场利率。

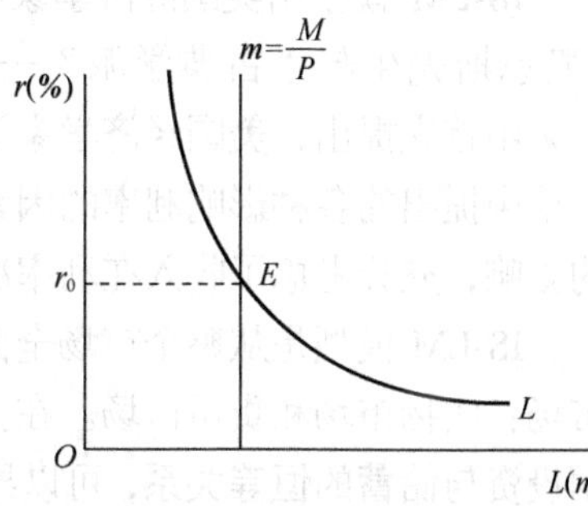

图 3.2　凯恩斯的流动性偏好理论

五、新剑桥学派的可贷资金理论

凯恩斯的流动性偏好理论改变了古典经济学家仅从实物因素角度来考虑利率决定的传统，但他将利率纯粹视为一种货币现象，而完全忽视储蓄、投资等实际因素对利率的影响的看法也遭到了许多批评。凯恩斯的《通论》发表之后，凯恩斯的学生罗伯逊在 20 世纪 30 年代后期提出了可贷资金利率理论（loanable funds theory of interest），试图将实际因素及货币因素对利率的影响综合起来考虑。这一理论受到俄林、勒纳等经济学家的支持，并且成为一种流行的利率决定理论。

该理论一方面指责实物利率理论忽略货币供求的缺陷；另一方面认为货币供求论忽视资本供求因素的不足，提出利率是由两个市场的因素共同形成的可贷资金供求决定的。该理论将货币因素与实际因素、存量分析与流量分析相结合，综合了古典利率理论和凯恩斯的“流动性偏好”利率理论，认为利率决定于可贷资金的供给和需求的均衡。

可贷资金理论可用一个简化的模型来表示。设有一个封闭经济体，并且在这个封闭经济体中不存在政府，利率为 r，则：

（1）当期可借贷资金供给为 L_s，家庭和企业的实际储蓄为 $S(r)$，实际货币供给量的增加部分为 ΔM_s，其中 $S(r)$ 是利率的函数，ΔM_s 与利率无关是外生变量，那么有

$$L_s = S(r) + \Delta M_s$$

（2）当期可借贷资金需求为 L_d，购买实物资产的投资需求为 $I(r)$，家庭和企业的货币需求量为 $\Delta M_{d(r)}$，显然 I 和 $\Delta M_{d(r)}$ 都是利率的函数，那么有

$$L_d = I(r) + \Delta M_{d(r)}$$

（3）在当期处于均衡状态时，可借贷资金的供给等于可借贷资金的需求，因此有

$$L_s = L_d$$

即

$$S(r)+\Delta M_s = I(r)+\Delta M_{d(r)}$$

此时，即可得出均衡利率 r_0，如图 3.3 所示。

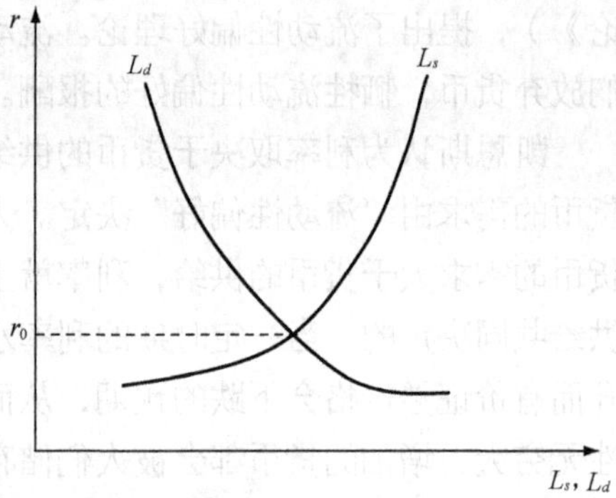

图 3.3　新剑桥学派的可贷资金利率理论

六、新古典综合学派的 IS-LM 理论

IS-LM 模型由英国经济学家希克斯在 1937 年在《凯恩斯先生与“古典学派”——一个受启发的解释》中首先提出，美国经济学家汉森加以发展而成。该理论把储蓄投资理论和货币供求利率理论中提出的各种影响利率的因素综合起来，并放在不同的收入水平下研究这些因素对利率的影响，充分考虑了收入在利率决定中的作用，从而促进了利率理论的发展。

IS-LM 模型是从整个市场全面均衡的角度来讨论利率的决定机制，该理论分析中有两个市场：实物市场和货币市场。在实物市场上，投资与利率负相关，而储蓄与收入正相关。根据投资与储蓄的恒等关系，可以导出一条向下倾斜的 IS 曲线；在货币市场上，货币需求与利率负相关，而与收入水平正相关，在货币供应量由中央银行决定时，可以导出一条向下倾斜的 LM 曲线。两条曲线的交点所对应的利率为均衡利率，所对应的收入为均衡收入。

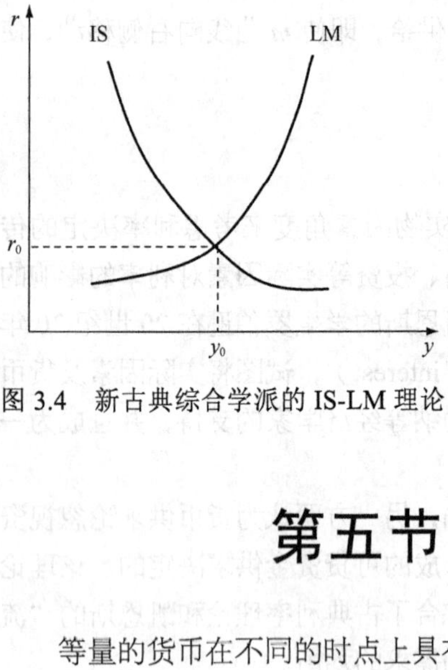

图 3.4　新古典综合学派的 IS-LM 理论

在图 3.4 中，IS 曲线表示在一定收入和利率条件下的 I（投资）与 S（储蓄）的均衡；LM 曲线表示在一定收入和利率条件下的 L（货币需求）和 M（货币供给）的均衡。这样，IS 曲线与 LM 曲线的交点即实物市场与货币市场都达到均衡的一般均衡点，它所对应的利率（r_0）就是均衡利率，对应的收入水平（y_0）就是均衡收入。

第五节　货币的时间价值

等量的货币在不同的时点上具有不同的价值量。在不考虑投资风险的情况下，今天的 1 元钱与一段时间以后才收到的 1 元钱之间的关系被形容为货币的时间价值。一般而言，今天的 1 元钱的经济价值远大于未来 1 元钱的经济价值。因此货币的时间价值在经济中是一个关键的概念。

一、货币时间价值的含义

货币的时间价值（time value of money）是指货币经历一定时间的投资和再投资所增加的价值，也称为资金的时间价值。但是，货币的时间价值不能笼统地一概而论，那些处于静止状态的货币资金（如锁在箱子底层、藏在枕头下面或放在口袋里的钱）永远不会产生时间价

值；更有甚者，这些货币的原有价值还会随国内发生的通货膨胀而出现贬值。所以，确切地说，只有将货币资金投入借贷过程或投资过程中，使之运动起来并得到有效的使用，货币的时间价值才会形成。对于借贷行为来说，就是贷出（或借入）本金之后所得到（或付出）的利息。因此，货币的时间价值的表现形式从相对量上可视为无风险无通货膨胀条件下的利息率，是货币资金所有者让渡资金使用权所要求的最低报酬率。货币的时间价值是企业资金利润率的下限，是评估投资方案的基本标准。

二、终值和现值

要准确理解货币时间价值的概念，掌握货币时间价值的计算方法，我们必须清楚地认识货币时间价值计算过程中两个重要的基本概念：终值和现值。通过创造和运用终值和现值的概念来对不同时点上的货币数量进行调整，以解决跨时间的货币可比性问题。

（1）终值（future value，FV）是指现在的一笔资金或一系列收付款项按给定的利息率计算所得到的未来某个时点的价值，也是本金和利息之和。

（2）现值（present value，PV）是指未来的一笔资金或一系列收付款项按给定的利息率计算所得到的现在的价值，即由终值倒求现值，一般称之为贴现，所使用的利率又称为贴现率。

（一）单利终值与现值

1. 单利终值

令 SI 为单利的利息额，P_0 为第 0 期的本金，i 为单利的利息率，n 为计息期数。则单利条件下，第 n 期终值的计算公式为

$$\mathrm{FV}_n=P_0+SI=P_0(1+i\times n)$$

【例 3.1】投资者将 10 000 元存入银行，年利率为 3%，3 年后到期，他可获得的本利和为

$$\mathrm{FV}_n=P_0(1+i\times n)=10\,000\times(1+3\%\times3)=10\,900\text{（元）}$$

2. 单利现值

单利现值可以由单利终值公式逆求本金 P_0 的方法计算。

$$\mathrm{PV}=P_0=\mathrm{FV}_n\frac{1}{1+i\times n}$$

【例 3.2】投资者希望在 3 年后取得本利和 10 900 元，用以支付一笔款项。若利率为 3%，单利计息条件下，则投资者需要的本金为

$$\mathrm{PV}=\mathrm{FV}_n\frac{1}{1+i\times n}=10\,900\times\frac{1}{1+3\%\times3}=10\,000\text{（元）}$$

（二）复利终值与现值

1. 复利终值

下面通过一个例题来介绍复利条件下终值的计算方法。

【例 3.3】投资者将 10 000 元存入银行，年利率为 3%，3 年后到期，银行按复利计息，则投资者在 3 年期满后可以得到多少本利和？

在第 1 年年末，该投资者银行账户的余额为

$$\mathrm{FV}_1=P_0(1+i)=10\,000\times(1+3\%)=10\,300\text{（元）}$$

在第 2 年年末，由于第 1 年年末产生的利息被加入本金中再次计息，此时投资者在银行账户中的余额为

$$FV_2 = FV_1(1+i) = P_0(1+i)^2 = 10\,000 \times (1+3\%)^2 = 10\,609\text{（元）}$$

依次类推，在第 3 年年末，投资者在银行账户中的余额为

$$FV_3 = FV_2(1+i) = P_0(1+i)^3 = 10\,000 \times (1+3\%)^3 = 10\,927.27\text{（元）}$$

由上例，可得到复利条件下终值的计算公式为

$$FV_n = P_0(1+i)^n$$

在复利终值公式中，$(1+i)^n$ 被称为复利终值系数（future value interest factor），其简略形式为 $FVIF_{in}$，用符号（F/P，i，n）表示。如上例中利率为 3%，3 年期复利终值系数可以用符号表示为（F/P，3%，3）。复利终值系数可以通过查附录"复利终值系数表"获得。

与单利相比，复利条件下的资金具有更大的时间价值。

2. 复利现值

复利现值同样可以由复利终值公式逆求本金 P_0 的方法计算。

$$PV = P_0 = FV_n \frac{1}{(1+i)^n}$$

在复利现值公式中，$1/(1+i)^n$ 被称为复利现值系数（present value interest factor），其简略形式为 $PVIF_{i,n}$，用符号（P/F，i，n）表示。复利现值系数可以通过查附录"复利现值系数表"获得。

【例 3.4】某投资项目预计 3 年后获得收益 100 万元，按年利率 6%计算，该项目收益现在价值多少？

$$PV = P_0 = FV_n \frac{1}{(1+i)^n} = 100 \times \frac{1}{(1+6\%)^3} = 83.96\text{（万元）}$$

三、年金

所谓年金（annuity）是指连续定期支付（或收取）定额的款项。每期相隔的时间相等，支付的金额也相等，如利息、租金、保险费等。根据年金的定义，年金必须符合三项条件：第一，每期所支付（或收取）的金额相同；第二，每次支付（或收取）款项所间隔的时间（interval）固定；第三，每次支付（或收取）款项时计算复利一次。年金按其各期支付之情况不同可分为：普通年金、即付年金、递延年金及永续年金四种。

（一）普通年金

普通年金又称为"后付年金"，是指在一定时期内每期期末等额收付的年金。在实务中，这是最普遍的一种年金形式。

1. 普通年金终值

普通年金终值是指一项年金各期支付金额的复利终值的总和，即将每一期支付的金额均按复利计算至最后一期期末的终值，各期复利终值之和即为该年金的终值。

用 FV 代表年金终值，每期支付金额用 A 表示，连续支付 n 期，按利率 i 复利计算的年金终值的计算公式为

$$FV=A\frac{(1+i)^n-1}{i}$$

式中，$\frac{(1+i)^n-1}{i}$被称为年金终值系数，表示普通年金1元，年利率i，经过n期的年金终值。年金终值系数可以简写为（F/A，i，n），因此上式的年金终值FV可表示为

$$FV=A（F/A，i，n）$$

【例3.5】甲公司决定在往后3年，以6个月为期，每期期末存入80 000元，以累积足够款项偿付3年后到期的债务，若年利率为12%，则第3年年末的存款余额是多少？

$$FV=A(F/A，i，n)=80\,000\times(F/A，6\%，6)=80\,000\times6.975\,3=558\,024（元）$$

【例3.6】乙公司打算在4年后还清500 000元人民币债务，从现在其每年年末等额投入一笔资金，若银行存款年利率为5%，则每年末需要投入多少资金？

$$A=\frac{FV}{(F/A,\ i,\ n)}=\frac{500\,000}{(F/A，5\%，4)}=\frac{500\,000}{4.310\,1}=116\,006.59（元）$$

2. 普通年金现值

普通年金现值是指一项年金各期支付金额，按复利折算至该项年金第一期期初的现值的总和。

用PV代表年金现值，每期支付金额用A表示，连续支付n期，按利率i折算至第一年年初的年金现值计算公式为

$$PV=A\frac{1-(1+i)^{-n}}{i}$$

式中，$\frac{1-(1+i)^{-n}}{i}$被称为年金现值系数，可以简写为（P/A，i，n），因此上式的年金现值PV可表示为

$$PV=A（P/A，i，n）$$

【例3.7】某企业需租入一种设备，租期5年，每年年末需支付租金20 000元，若年利率为8%，则5年内应支付租金总额的现值是多少？

$$PV=A（P/A，i，n）=20\,000\times（P/A，8\%，5）=20\,000\times3.992\,7=79\,854（元）$$

【例3.8】某企业取得贷款200 000元，年利率为6%，需要10年等额偿还，每年需要偿还多少元？

$$A=\frac{PV}{(P/A\ ,\ i,\ n)}=\frac{200\,000}{(P/A，6\%，10)}=\frac{200\,000}{7.360\,1}=27\,173.55（元）$$

（二）即付年金

即付年金又称为“先付年金”，是指在一定时期内每期期初等额的收付款项。即付年金与普通年金的区别在于收付款项时间的不同，即前者是在每期期初收付款项，而后者是在每期期末收付款项。

1. 即付年金终值

即付年金是在每期期初支付的年金，故即付年金比普通年金多收了一期利息，即付年金终值（为便于区分）用FV'表示，若每期支付金额用A表示，连续支付n期，有效利率为i，

则即付年金终值的计算公式为

$$FV' = A(F/A,\ i,\ n)(1+i) = FV(1+i)$$

【例 3.9】王先生每年年初存款 10 000 元，年利率为 4%，则 10 年年底的本利和是多少？

方法一：

$$10\,000 \times \left[(F/A,\ 4\%,\ 11) - 1\right] = 10\,000 \times (13.486\,4 - 1) = 124\,864\ (\text{元})$$

方法二：

$$10\,000 \times (F/A,\ 4\%,\ 10) \times (1+4\%) = 10\,000 \times 12.006\,1 \times 1.04 = 124\,864\ (\text{元})$$

2. 即付年金现值

与普通年金相比，普通年金最后一期的收付额是按收付总期数来折现的，而即付年金现值其折现数比收付期数少了一期。到期年金的现金流量比普通年金提早一期，也就是到期年金的现值系数等于普通年金的现值系数乘以（1+i），也可以将即付年金的收付理解为在 n-1 期普通年金的基础上加上一期不需折现的收付款。因此即付年金现值的计算公式为

$$PV = A(P/A,\ i,\ n)(1+i) = A[(P/A,\ i,\ n-1)+1]$$

【例 3.10】甲公司需要租用设备，每年年初支付租金 50 000 元，租期为 5 年，以 10%作为贴现率，则该设备的现值为多少？

方法一：

$$50\,000 \times \left[(P/A,\ 10\%,\ 4) + 1\right] = 50\,000 \times (3.169\,9 + 1) = 208\,495\ (\text{元})$$

方法二：

$$50\,000 \times (P/A,\ 10\%,\ 5) \times (1+10\%) = 50\,000 \times 3.790\,8 \times 1.10 = 208\,495\ (\text{元})$$

（三）递延年金

递延年金是指于若干期后才开始发生收付的年金，即于第二期或多期之后才开始收付的年金。

1. 递延年金终值

我们可以用一个实例说明递延年金的计算方式。

假如你现在 20 岁，有一家人寿保险公司向你招揽保险，条件为每年缴纳 1000 元保费，连续缴纳 20 年，到你 40 岁时，可以领回 20 000 元，以后每 5 年均领回 20 000 元，直到你 65 岁，共领取 6 次，共计 120 000 元（假设所有保费的支付与领回的金额均于期末发生），则事实上是保险公司净赚了 81 684 元，其计算过程如下。

（1）支付保费至 40 岁时的终值，需要用年金终值公式计算：

$$1000 \times (F/A,\ 10\%,\ 20) = 57\,275\ (\text{元})$$

（2）再复利至 65 岁时的终值，用复利终值公式计算：

$$57\,275 \times (1+10\%)^{25} = 620\,558\ (\text{元})$$

（3）从领回部分来看，因为每五年领回一次，所以需要计算期限为 5 年的折旧率，用复利公式计算：

$$i = (1+10\%)^5 - 1 = 0.610\,51$$

（4）如果将 40 岁视为 35～40 岁的期末，那么可以把每年领回 20 000 元视为普通年金来计算，贴现率为 0.610 51（5 年期），期数为 6，则至 65 岁时的终值可用年金终值公式计算：

$$20\ 000 \times (F/A,\ 0.610\ 51,\ 6)=538\ 874\text{（元）}$$

（5）以 65 岁时的价值来看，所支付的保费共计 620 558 元，而领回部分在 65 岁时的价值为 538 874 元，保险公司净赚 620 558 − 538 874 = 81 684 元。

2. 递延年金现值

递延年金现值是自若干时期后开始每期收取（或支付）款项的现值之和。

假设最初 *m* 期没有收付款项，后面 *n* 期有等额收付款项，每期的支付都在期末，我们可以用两种方法计算递延年金现值。

方法一，先计算出递延年金在 *n* 期期初即 *m* 期期末的现值，再将它作为前 *m* 期的终值贴现至前 *m* 期的期初。计算公式为

$$PV = A(P/A,\ i,\ n)(1+i)^{-m}$$

方法二，第一步计算出（*m*+*n*）期的年金现值；第二步计算 *m* 期年金现值；第三步将计算出的（*m*+*n*）期扣除递延期 *m* 的年金现值，得出 *n* 期年金现值。计算公式为

$$PV=A[P/A,\ i,\ +m+n-(P/A,\ i,\ m)]$$

【例 3.11】某公司职员预计于第五年年底退休，退休后公司每年年底将给他 50 000 元的退休工资，为期 10 年，公司拟于现在存入银行一笔钱，按年息 10%复利，刚好足够支付退休工资，则公司现在应存入多少钱？

方法一：

$$50\ 000 \times (P/A,\ 10\%,\ 10) \times (1+10\%)^{-5}=50\ 000 \times 6.145\times0.621=190\ 765\text{（元）}$$

方法二：

$$50\ 000 \times [(P/A,\ 10\%,\ 10)-(P/A),\ 10\%,\ 5]=50\ 000 \times (6.145-3.791)=190\ 765\text{（元）}$$

（四）永续年金

永续年金是支付次数无限制，支付行为无限持续下去的年金。

前面所述的年金是定期年金，其支付次数 *n* 为一个有限正整数。如果支付次数无限制，即 $n\to\infty$，则支付行为无限持续下去，即为永续年金。尽管永久地支付年金似乎是不现实的，但在经济领域中支付次数不能限制为有限次的年金确实存在，如无偿还条款的优先股（即不能赎回的优先股），其固定红利的给付就是永续年金的形式。又如众所周知的诺贝尔奖金，也是一个典型的永续年金。由于永续年金持续期无限，没有终止时间，因此没有终值，只有现值。其计算公式为

$$PV = \frac{A}{i}$$

本章小结

1. 利息在本源上是剩余价值或利润的一部分，是货币所有者（债权人）因贷出货币或货币资本而从借款人（债务人）处获得的报酬。对债权人来说，利息是他放弃和牺牲眼前的消费而在经济上得到的补偿和报酬；从债务人的角度来看，利息则是借入货币或货币资本所付出的代价（必须支付的成本）。

2. 利率是一定时期内利息额与本金额的比率，体现着借贷资本或生息资本增值的程度。利率按划

分标准不同可分为：名义利率与实际利率、固定利率与浮动利率、官方利率与市场利率、一般利率与优惠利率、基准利率与非基准利率、短期利率与长期利率等。

3. 影响利率的因素主要有：平均利润率、借贷资金的供求与竞争、社会再生产状况、物价水平及通货膨胀预期、国家经济政策、国际利率水平。

4. 利率可以从宏观和微观两方面对国家经济进行调节。但利率杠杆要真正发挥作用需要一定的客观经济条件，如经济的开放程度，经济的货币化、信用化程度，货币环境是否稳定，资金借贷双方是否自主经营、自负盈亏的法人主体，金融市场是否完善，利率决定是否市场化等。

5. 利率理论主要研究利率水平的决定机制，探讨利率变动的原因及利率差异的原因。利率的主要理论包括：马克思的利率决定理论、古典学派的投资储蓄理论、凯恩斯的流动性偏好理论、新剑桥学派的可贷资金理论、新古典综合学派的IS-LM理论。

6. 货币的时间价值是指货币经历一定时间的投资和再投资所增加的价值。其具体运用包含：单利终值和现值、复利终值和现值、年金终值和现值。

课后练习

一、填空题

1. 利息是________的特殊表现形式，其来源于工人在生产过程中创造的________。

2. 在一定期限内，将所生利息加入本金再计算利息的方法是________。

3. 名义利率与实际利率之间的关系可简单地用文字表示为：________。

4. 由于通货膨胀越来越严重，实行________利率对于债权人会带来损失，因此，在越来越多的中长期借贷中开始采用________利率。

5. 在多种利率并存的条件下起决定作用的利率是________，在西方国家通常是中央银行的________。

6. 与利率管制相比较，利率市场化强调在利率决定中________的主导作用。

7. 在投资活动中，最普遍的一种年金形式是________。

二、不定项选择题

1. 利息是（　　）的价格。

A. 货币资本　　B. 借贷资本　　C. 外来资本

D. 银行资本　　E. 产业资本

2. 下列关于利息的理解中正确的是（　　）。

A. 利息只存在于资本主义经济关系中　　B. 利息属于信用范畴

C. 利息的本质是对价值时差的一种补偿　　D. 利息是企业生产成本的构成部分

E. 利息构成了信用的基础

3. 西方国家一般以（　　）为基准利率。

A. 长期利率　　B. 中央银行的再贴现利率

C. 短期利率　　D. 中央银行的再贷款利率

E. 浮动利率

4. 由政府或政府金融机构确定并强令执行的利率是（　　）。

A. 公定利率　　B. 优惠利率　　C. 官方利率

D. 一般利率　　E. 固定利率

5. 近年来美国联邦储备委员会曾多次针对经济形势，调高或降低（　　）从而起到了紧缩信用或扩张信用的作用。

A. 再贷款利率　　B. 再贴现利率　　C. 存款利率

D. 贷款利率　　E. 国债利率

6. 利率按期限可以分为（　　）。

A. 长期利率　　B. 短期利率　　C. 固定利率

D. 浮动利率　　E. 存款利率

7. 根据名义利率与通货膨胀率的比较，实际利率出现三种情况：（　　）。

A. 名义利率高于通货膨胀率时，实际利率为正利率

B. 名义利率高于通货膨胀率时，实际利率为负利率

C. 名义利率等于通货膨胀率时，实际利率为零

D. 名义利率低于通货膨胀率时，实际利率为正利率

E. 名义利率低于通货膨胀率时，实际利率为负利率

8. 在经济周期中，处于不同阶段利率会有不同变化，以下描述正确的是（　　）。

A. 处于危机阶段时，利率会降低　　B. 处于萧条阶段时，利率会降低

C. 处于复苏阶段时，利率会慢慢提高　　D. 处于繁荣阶段时，利率会急剧提高

E. 以上答案都不对

9. 在下面各种因素中，能够对利息率水平产生决定或影响作用的为（　　）。

A. 最高利润水平　　B. 平均利润率水平　　C. 借贷资本的供求

D. 物价水平　　E. 国际利率水平

10.（　　）的出现，使利率管制越来越不适应经济发展的要求。

A. 金融创新　　B. 双轨制　　C. 金融产品

D. 金融管制　　E. 金融工具

11. 我国于（　　）实行外汇利率管理体制改革，放开了外币贷款利率。

A. 2000 年 9 月　　B. 2002 年 3 月　　C. 1999 年 9 月

D. 1999 年 10 月　　E. 2012 年 6 月

12. 下列利率决定理论中，（　　）强调投资与储蓄对利率的决定作用。

A. 马克思的利率论　　B. 流动偏好论　　C. 可贷资金论

D. 古典利率决定论　　E. IS-LM 理论

13. 真实的利率理论是指（　　）。

A. 马克思的利率论　　B. 古典学派的利率理论

C. 凯恩斯学派的利率理论　　D. 新古典学派的利率决定论

E. 可贷资金利率理论

14. 按照可贷资金理论，可贷资金的需求来源于（　　）。

A. 居民、企业增加货币持有的需要　　B. 实际消费支出的需要

C. 实际投资支出的需要　　D. 名义货币需求

E. 实际货币需求

15. 利率自由化会（　　）。

A. 加剧金融机构之间的竞争　　B. 促使借贷资金的有效分配

C. 提高借贷资金的使用效益　　D. 把资金导向最有利的途径

E. 使国家对利率不再有任何干预和影响

三、判断分析题

1. 以复利计算，考虑了资金的时间价值因素，对贷出者有利。（　　）
2. 当一国处于经济周期中的危机阶段时，利率会不断下跌，处于较低水平。（　　）
3. 凯恩斯的流动偏好论认为利率是由借贷资金的供求关系决定的。（　　）
4. 一国的生产状况、市场状况以及对外经济状况都对利率有影响。（　　）
5. 利率管制严重制约了利率作为经济杠杆的作用，对经济毫无益处。（　　）
6. 一般来说，长期利率比短期利率高。（　　）
7. 市场经济国家的利率政策是完全自由化的。（　　）
8. 利率对投资有重要的影响，利率越低越能够激发投资热情。（　　）

四、名词解释

利息　　基准利率　　实际利率　　利率市场化　　货币的时间价值

五、简答题

1. 马克思如何解释利息的本质？
2. 利率的决定和影响因素包括哪些？各因素对利率如何施加影响？
3. 现代经济中利率的作用表现在哪些方面？
4. 利率市场化包括哪些主要内容？
5. 简述凯恩斯的流动性偏好利率理论。

六、论述题

如何评价几种利率决定理论？

七、计算题

1. 用 10 000 元投资于一个项目，年报酬率为 6%，经过 3 年后的期终总金额为多少？
2. 现有存款本金 10 万元，按 4%的一年复利计算，10 年后的本利合计是多少？
3. 10 年后希望储蓄 100 万元，如果按年利率 5%的复利计算，每年需要储蓄多少钱？
4. 每年平均支取年金 5 万元，计划分 7 年支付。按年率 4%的复利运用，现在需要多少本金？
5. 若 10 年内每年年初存款 2000 元，假定存款利率为 5%，则第 10 年年末本利和是多少？

第二篇

金融机构篇

第四章　金融体系概览

【学习目标】

1. 理解我国现行金融机构各自的性质和作用
2. 掌握我国金融机构的确切含义
3. 熟悉我国金融机构在业务上的分工与联系
4. 了解我国现行金融机构体系的构成、类型及西方国家的金融体系

现代市场经济中的货币流通、信用关系和金融市场活动都离不开各种类型的专门从事金融服务的金融机构，这些金融机构相互协作、相互联系，构成具有整体功能的金融机构体系。所谓金融机构体系，是指在一定的历史时期和社会经济条件下，由各种不同的银行和其他金融机构形成的不同层次的系统及相互联系。一国的金融体系，如果着重从金融机构角度来分析，便是金融机构体系，其实可以说它是金融体系的基础。

第一节　金融机构及其功能

一、金融体系的构成及类型

1. 金融体系的构成

人们对金融体系（financial system）有不同的认定和判断。一般而言，金融体系是金融机构、金融市场和金融基础设施的总和。据此定义，金融体系的构成有广义和狭义之分。

广义的金融体系由三大要素构成：①为订立金融合约、交易金融资产而成立的金融机构（含金融监管机构，详见本章第二节）；②为融通资金而交易（买卖）金融资产的金融市场；③金融基础设施，即为规范金融交易行为、促进金融业有序运行和有效履行功能的法规和制度，主要包括完备的法律体系、良好的会计标准、规范的公司治理和透明的金融制度。

狭义的金融体系，亦即通常理解的金融体系，仅由金融机构和金融市场构成。主要原因在于，金融体系最基本的经济功能是促进资金流动、优化资源配置，它经由两种途径将资金从盈余部门导向赤字部门。

第一条途径是盈余部门的资金通过银行等金融机构流向赤字部门。这些金融机构通过发行债务工具（如存单、票据）筹集盈余部门的资金，然后通过贷款等方式导向资金赤字部门。这种资金融通方式被称为间接融资。

第二条途径是盈余部门资金通过金融市场而不通过金融机构流向赤字部门，即通过交易（买卖）金融资产（债务工具、股权工具），实现资金由盈余部门向赤字部门的转移。这种资金融通方式被称为直接融资。部分金融机构（如投资银行等）为直接融资提供服务，或充当

资金赤字部门的受托发行人。

金融机构既经常将资金导向金融市场，也常常从金融市场获取资金，从而成为金融市场的主要参与者。例如，保险公司大多将出售保单所筹集的资金投资于金融市场，而金融公司则通过发行债券、票据从金融市场筹集资金。

2. 金融体系的类型

依据金融机构和金融市场在资源配置中的相对重要性，金融体系可划分为市场主导型、银行主导型两种类型。

市场主导型金融体系的代表国家是美国和英国。由于长期奉行竞争性市场理念，美国存在众多的中小银行，银行业相对不集中，金融市场在资源配置中发挥着重要作用。在英国，金融市场历史悠久，且至今作用重大，但较之美国，英国的银行业高度集中。

银行主导型金融体系的代表国家是德国、日本和法国。在德国，金融市场相对不重要，银行在资源配置中发挥着极为重要的作用，德意志银行等 3 家全能银行控制了企业部门的资源配置。日本拥有成熟的金融市场，但在既往 60 余年的绝大部分年份中，高度集中的银行体系一直掌控着资源配置。法国的银行在历史上处于主宰地位，对企业部门而言，金融市场一直不重要。

其他国家的金融体系处于这两种类型之间。20 世纪 80 年代中期以来席卷全球的金融改革，促使各国（包括日本、法国）改革既有的金融体系，形成了以市场主导型金融体系为基本取向或以金融市场补足银行主导型金融体系的总体趋势。

二、金融机构体系

（一）金融机构的含义

金融机构的含义，也有广义和狭义之分。

一般将狭义的金融机构定义为金融活动的中介机构，即在间接融资领域中作为资金余缺双方交易的媒介，专门从事货币、信贷活动的机构，主要指银行和其他从事存、贷款业务的金融机构。

广义的金融机构则是指所有从事金融活动的机构，包括直接融资领域中的金融机构、间接融资领域中的金融机构和各种提供金融服务的机构。直接融资领域中金融机构的主要任务是充当投资者和筹资人之间的经纪人，即代理买卖有价证券；有时本身也参与证券交易，如证券公司和投资银行等。

（二）金融机构的性质

从金融机构产生的历史过程看，它是一种以追逐利润为目标的金融企业。之所以说它是企业，是因为它与普通企业相同，经营的目的都是为了以最小的成本获取最大的利润；之所以说它是金融企业，是因为它所经营的对象不是普通商品，而是一种特殊的商品——货币资金。

金融机构与普通工商企业所不同的是：①它的业务活动领域是货币信用领域，信用业务是其经营活动的主要特征；②它和普通工商企业取得利润的方式不同，不是直接从生产和销售过程中取得，而是通过金融活动来取得。

（三）金融机构的作用

资金融通有两种方式：一是直接融资方式，即有资金短缺的一方直接向有盈余的一方借贷。在现代商品经济中，直接融资形式如企业通过发售债券、股票的方式向有资金盈余的个人和单位借入资金。二是间接融资方式，即有资金盈余的一方先将资金提供给金融中介机构，然后再由它提供给资金短缺的一方。所谓金融中介就是介于债权人和债务人之间的发挥融资媒介作用的机构。金融中介机构存在的作用体现在以下各个方面。

1. 调节借贷数额

直接融资的成交需要贷者可贷出的资金数量与借者需要借入资金的数量一致，否则，便不能达成借贷协议。但是，金融中介机构可以先以自身负债的形式（如吸收存款）把各个方面不同数额的闲置资金集中起来，然后再把资金转贷给需要资金的单位和个人。这样，金融机构担起了借贷数额的调节工作，借贷数额不再是融资的障碍。

2. 调节借贷期限

直接融资的成交还需要借贷双方对借贷期限的要求一致，否则，也不能达成借贷协议。但是，如果通过金融机构借贷，问题就容易解决。金融机构一方面购入由需求资金单位发售的指定期限的金融工具；另一方面向资金盈余的个人或单位发售各种期限的金融工具。这样，就可以很好地满足借贷双方对借贷期限的要求。在这个过程中，金融机构起了借贷期限差距的调节作用。

3. 减少交易费用

要达成一项直接交易，借贷双方必须对交易数额的多少、借贷时间的长短等要素都具有一致的需求，而要找到一对完全相互吻合的借贷对手，并非易事，在寻找过程中，双方都可能花费很多的人力、物力和时间，从而导致交易成本高昂，资源的浪费。如果有金融中介为双方牵线，情况就要好多了，既可以省去借贷双方的许多麻烦，又可以降低一些费用。

4. 降低信用风险

在直接融资交易方式下，借款人对贷款人的任何一次违约都将使贷款人蒙受重大损失。如果有金融机构作中介，就可以分散投资，降低风险。举例来说，假如有100笔已放出的贷款，且有理由预期其中的99笔将会偿还，那么每个贷款人都会担心自己将会成为那个得不到偿还的不幸者。但是，如果这些贷款人把他们的资金通过金融机构联合起来贷放，那么每个贷款人将损失的只是这笔贷款的1%而不会更多。因而，通过集中存款人的资金，金融机构分散了贷款的风险。

（四）金融机构的职能

金融中介机构不仅是间接融资的桥梁或纽带，而且在直接金融市场上发挥着重要中介作用。因为不仅存款、借款要找银行，而且有价证券的发行和交易也要有金融机构的参与。金融机构作为一个特殊的企业，它在金融市场中发挥着重要的职能。

1. 信用中介职能

信用中介职能是金融中介机构最基本职能。这一职能是指通过金融机构的负债业务，把社会上的各种闲置货币资金集中起来，再通过资产业务把它投向各个部门。金融机构是作为货币资金的贷出者和借入者的中介人，来实现资金的融通，并从吸收资金的成本与发放贷款的利息、投资收益的差额中获取利差收入，形成其利润的。通过信用中介职能可以：①把暂时从再生产过程中游离出来的闲置资金，转化为执行生产职能的资金，在不改变社会资金总量的条件下，通过改变资金的使用量，扩大再生产规模，促进经济增长。②把社会各阶层的节余集中起来，变为可以投入再生产过程中的资金。如果没有金融中介机构，这部分节余只能转化为一般的货币储藏。但通过金融机构可以把这部分节余集中起来，投入再生产过程，从而可增值，货币就转化为资金，扩大了社会资金总量，加速了生产的发展。③把短期资金转化为长期资金。社会再生产中的闲置资金，其闲置期限各不相同，有的闲置时间较长，可能超过月和年，也有的闲置时间很短，可能只有几天，难以进行运用。但金融机构在社会范围内筹集资金，有的原来存储的资金被提用了，同时又会有闲散资金存储进来，短期闲置资金也自会形成一部分经常可供使用的资金。

2. 支付中介职能

支付中介职能是指为工商企业办理与货币运动有关的技术性业务。如通过存款在账户上的转移，代理客户支付；在存款的基础上，为客户兑付现款等，成为工商企业、团体和个人的货币保管者、出纳者和支付代理人。支付中介职能的发挥，大大减少了现金的使用，节约了社会流通费用，加速了结算过程和货币资金的周转，促进了再生产的扩大。

3. 信用创造功能

信用创造功能是指通过贷款和投资活动创造存款货币，扩大信用规模的功能。金融机构利用其所吸收的存款发放贷款，在支票流通和转账结算的基础上，贷款又转化为存款，在这种存款不提取现金或不完全提取现金的情况下，就增加了银行的资金来源，最后在整个银行体系，形成数倍于基础货币的派生存款。信用创造功能的发挥，使银行可以超出自有资本和吸收资金的总量而扩大信用业务，当然，这种扩大不是无限的，它要受银行现金准备状况和经济发展对信用的客观需要的限制。

第二节　西方国家的金融体系

一、存款类金融机构

存款机构即接受个人和机构存款，并发放贷款的中介机构。在美国，存款机构包括商业银行、储蓄贷款协会（savings and loans associations）、互动储蓄银行（mutual saving banks）和信用社（credit union）。其共同特点是都可以发行支票存款，并且以发放贷款为主要的投资方式。存款机构，特别是商业银行，由于具有存款货币的创造能力，因此存款机构的行为将极大地影响货币供应量，从而影响价格水平和总产出。

二、非存款类金融机构

（一）投资性金融中介机构

投资性金融中介机构主要包括金融公司（finance companies）、共同基金（mutual funds）

和货币市场共同基金（money market mutual funds，MMMF）。

1. 金融公司

金融公司通过出售商业票据，发行股票或债券，以及向商业银行借款等方式来筹措资金，并用于向购买汽车、家具等大型耐用消费品的消费者或小型企业发放贷款。金融公司可以分为三种类型，即销售金融公司、消费者金融公司和商业金融公司。

销售金融公司是由一些大型零售商或制造商建立的。旨在以提供消费信贷的方式来促进企业产品销售的公司。例如福特汽车信贷公司便是福特汽车公司为了促进汽车销售而设立的。通用汽车公司设立的通用汽车承兑公司也属于类似的机构。

消费者金融公司专门发放小额消费者贷款，由于贷款规模小，平均的管理成本高，因此这种贷款的利率一般也比较高。贷款的主要作用在于为难以获得贷款的消费者提供资金，从而使他们免受高利贷之苦。消费者金融公司可以是一家独立的公司，也可以是银行的附属单位。

2. 共同基金

共同基金（投资基金）通过向个人出售股份来筹集资金，然后用于购买多样化的股份和债券组合。共同基金把中小投资者的资金集中起来，并通过专家理财的方式进行管理（基金管理人每年向其股东收取不超过 1%的管理费），可以降低交易成本和信息成本，还可通过投资的多样化来降低风险，因而受到了广大投资者的欢迎。20 世纪 70 年代，美国的共同基金发展迅速，到 1994 年总数已达到 6300 余家，总资产达到 2 万亿美元，比初期的 1970 年增长了 40 多倍。

根据共同基金的组织形式，可以分为公司型和契约型两类。公司型基金是指基金本身为一家股份有限公司，投资者通过购买基金的股份成为基金的股东，并凭股份领取股息或红利。契约型基金则是由委托者、受托者和受益人三方订立信托投资契约而组织起来的，基金本身并不是一个法人，而是由委托者（基金管理公司）根据契约运用信托财产进行投资，并由受托者（信托公司或银行）负责保管信托财产，投资成果则由受益者（投资者）享有。由于契约型基金不具有法人资格，所以它不能向投资者发行股票，而只能发行受益凭证。美国的共同基金绝大多数是公司型的，因此又被称为投资公司。

（二）和约性储蓄机构

和约性储蓄机构包括各种保险公司和养老基金。它们的共同特点是以和约方式定期定量地从持约人手中收取资金（保险费或养老金预付款），然后按和约规定向持约人提供保险服务或养老金。由于它们能通过概率计算出每年需要支付的赔偿额和退休金，所以就可以把其余的资金投资于较长期的证券，如公司债券、股票以及长期国债等。

保险公司主要有两种类型：人寿保险公司及财产和意外灾害保险公司。其中人寿保险公司是美国最重要的和约性储蓄机构，在美国众多的金融中介机构中名列第二。人寿保险公司有两种不同的组织形式，一种是股份公司型，其股份为股东所有；另一种是基金型，其所有者为各投保人。虽然 90%以上的人寿保险公司都是股份公司型的，但是最大的一些人寿保险公司则是基金型的。基金型人寿保险公司所持有的资产占美国人寿保险业总资产的一半以上。由于从总体上看，人口死亡率是比较稳定的，所以人寿保险公司能够相当准确地计算出未来的保险金支付额，因此人寿保险公司主要投资于收益较高的公司股票、债券、抵押贷款等长期金融工具。财产和意外灾害保险公司主要是对火灾、盗窃、车祸、自然灾害等各种事件造成的财产损失进行保险。由于他们的保险赔偿额不像人寿保险公司那样能够准确地进行预期，所以其投资更多地集中于中央政府债券和市政债券，以此保持必要的资产流动性。

养老基金（pension funds）可以分为私人养老基金和公共养老基金。私人养老基金通常是由企业为其雇员设立的，养老金预付款由雇员雇主共同负担，同时政府给予某些税收上的优惠。私人养老基金可以由商业银行的信托部、人寿保险公司或专门的养老基金经理来管理，其资金往往大量投资于公司股票。公共养老基金包括各级政府为其雇员所设立的养老基金和社会保障系统。在美国，联邦政府及地方政府也像私营企业一样，为其雇员设立养老基金。这些基金在管理上和私人养老基金并没有太大的不同，只是在资金的投向方面受到一定的限制，所以不像私人养老基金那样大量投资于股票。社会保障系统在许多发达国家都存在。美国的社会保障系统建立于 1935 年，几乎涵盖了在私有部门就业的所有人员，资金来源主要是雇主和雇员缴纳的社会保障税。社会保障系统的主要任务是向年老、伤残、疾病、失业人员及死亡者家属提供必要的援助。与私人养老基金不同的是，社会保障系统的资金援助是根据需要发放的，而不是根据个人所缴纳预付款发放。

三、政策性金融机构

政策性金融机构是指那些由政府创立、参股或保证的，不以营利为目的，专门为贯彻、配合政府社会经济方针政策，在特定的业务领域内，直接或间接从事政策性金融业务，支持政府发展经济，促进社会全面进步，配合宏观经济调控的金融机构。

1. 政策性金融机构的特征

一般商业银行的经营活动更多地考虑自身的赢利；而政策性金融机构是隶属于政府的金融机构，它严格执行政府的意图，赢利不是主要经营目标，其经营目标是为了实现政府的政策目标。当然，政策性金融机构作为金融机构，也要在经营活动中实行独立核算、自主经营和自负盈亏。因此，政策性金融机构经营目标是为了实现政府的政策目标，其特征主要包括：①经营目标是为了实现政府的政策目标；②资金来源主要是国家预算拨款；③资金运用以发放中长期贷款为主；④贷款重点是社会经济发展计划中政府产业政策重点扶植的项目。

2. 资金来源与运用

与其他金融机构不同的是，政策性金融机构一般不接受社会的活期存款，其资金来源多为政府资金或在金融市场筹集的资金，少部分接受外国资金，资金运用多为中长期贷放或资本投资。

政策性金融机构的资金来源主要是国家预算拨款，另外还有一部分资金来源于向政府借款、向国内外发行由政府担保的债券、向国家其他金融机构借款和向国际金融机构借款等。

政策性金融机构资金的运用以经办政府的中长期项目贷款为主，并且贷款利率一般低于同期限的一般商业性金融机构的贷款利率。贷款的重点为社会经济发展中由政府产业政策重点扶植的项目，如发放基础设施建设贷款、重点发展的产业开发贷款、社会福利建设项目贷款、改善环境的建设贷款等。这些贷款由于利微、期限长、风险大，商业性金融机构不愿经营，因而多由政策性金融机构贷款。

3. 政策性金融机构的种类

按照业务范围的不同，可将政策性金融机构划分为开发性政策性金融机构、农业政策性金融机构、进出口政策性金融机构等。

（1）开发性政策性金融机构。其专门为政府经济开发和发展提供中长期贷款的政策性金融机构。其作用主要是配合政府实施相关的产业政策，加快基础设施和重点项目的建设。

（2）农业政策性金融机构。它是以经营农业或与农业有关的信贷业务来贯彻政府支持农业发展政策的政策性金融机构。其作用在于为农业提供资金支持，服务于政府支持的农业政策措施的贯彻落实。

（3）进出口政策性金融机构。它是经营与进出口有关的信贷业务，以推动国家进出口贸易发展的政策性金融机构。其作用主要是通过融通资金、提供融资的条件、提供咨询服务和经办对外援助，服务于政府的对外政策。

四、中央银行和监管类金融机构

（一）中央银行

中央银行是国家赋予其制定和执行货币政策，对国民经济进行宏观调控，对金融机构乃至金融业进行监督管理的特殊的金融机构。它是一个由政府组建的机构，负责控制国家货币供给、信贷条件，监管金融体系，特别是商业银行和其他储蓄机构，同时为政府筹集资金，代表政府参加国际金融组织和各种国际金融活动。

中央银行所从事的业务与其他金融机构所从事的业务的根本区别在于，中央银行所从事的业务不是为了营利，而是为实现国家宏观经济目标服务，这是由中央银行所处的地位和性质决定的。

1. 产生背景

中央银行产生于 17 世纪后半期，形成于 19 世纪初叶，它产生的经济背景如下：

（1）商品经济的迅速发展。18 世纪初，西方国家开始了工业革命，社会生产力的快速发展和商品经济的迅速扩大，促使货币经营业越来越普遍，而且日益有利可图，由此产生了对货币财富进行控制的欲望。

（2）资本主义经济危机的频繁出现。资本主义经济自身的固有矛盾必然导致连续不断的经济危机。面对当时状况，资产阶级政府开始从货币制度上寻找原因，企图通过发行银行券来控制、避免和挽救频繁的经济危机。

（3）商业银行的普遍设立。伴随着商品经济的快速发展，银行业也逐步兴盛起来。商品经济的迅速发展和资本主义生产方式的兴起在推动欧洲大陆的货币兑换商转变成商业银行的同时也加速了新银行的涌现。

（4）货币信用与经济关系普遍化。资本主义产业革命促使生产力空前提高，生产力的提高又促使资本主义银行信用业蓬勃发展。主要表现在：一是银行经营机构不断增加；二是银行业逐步走向联合、集中和垄断。

2. 监管地位

（1）20 世纪 80 年代以前，大多数国家的中央银行是金融业或银行的监管。

（2）中央银行作为金融监管的唯一主体，已无法适应新的金融格局。这是因为银行在金融体系中的传统作用正受到挑战，金融市场在经济发展中的作用越来越大，于是许多国家通过另设监管机构来监管越来越多的非银行金融机构，如银监会、证监会、保监会等。

（3）从不同国家和地区金融监管的实践来看，监管体制可分为四类：分业经营且分业监管，如法国和中国；分业经营而混业监管，如韩国；混业经营而分业监管，如美国和中国香港地区；混业经营且混业监管，如英国和日本等。是否由中央银行担当监管重任也有不同情形：有中央银行仍负责全面监管的；有中央银行只负责对银行业监管的；也有在中央银行外另设新机构，专司所有金融监管的。

（二）监管类金融机构

除中央银行，西方国家往往还会设立专门的金融监管机构，共同对一国金融市场进行管理。

英国作为全球老牌金融中心，英国财政部主要有两个金融监管部门：一是英格兰银行（BOE），主要任务是维持金融稳定；二是英国金融监管局（FSA），负责监管银行、保险以及投资事业，包括证券和期货。FSA 是全世界最权威最严格的金融监管机构，对客户的资金和操作规范每年都会审批一次。如果违反规定，会被惩罚，甚至会吊销牌照。

美国对金融体系的监管机构主要有两个，一个是美国证券交易监督委员会（SEC），是美国国会成立的政府委员会，负责监督证券市场及保障投资者的利益。除此之外，委员会也负责监督美国的企业收购项目。美国证监会由五名委员所组成。美国证监会的法规旨在鼓励全面公开披露，以及保障投资公众，不会因为证券市场的欺诈或操控行为而蒙受损失。另外一个是美国商品期货交易委员会（CFTC），美国商品期货交易委员会是美国政府的一个独立机构，负责监管商品期货、期权和金融期货、期权市场。美国商品期货交易委员会的任务在于保护市场参与者和公众不受与商品和金融期货、期权有关的诈骗、市场操纵和不正当经营等活动的侵害，保障期货和期权市场的开放性、竞争性和财务上的可靠性。

瑞士对银行业、金融业的监管由来已久。目前由瑞士金融市场监督管理局（FINMA）全面负责瑞士所有的金融监管，其总部设于瑞士首都伯尔尼。它直接效命于瑞士议会，从机构上、功能上和财务上独立于瑞士的联邦中央政府和联邦财政部。它的职能包括：监管瑞士的银行、保险公司、证券交易所、证券交易商以及其他各类金融中介。瑞士是世界上最顶级的两家银行——瑞银集团（UBS）和瑞士信贷集团（credit suisse）的所在地，因此，对银行业负有监管职责的瑞士金融市场监督管理局在瑞士经济中占有重要地位。瑞士金融市场监督管理局专门设有一个特别监管部门来监管这两家金融机构。

第三节　我国金融机构体系

一、存款类金融机构

（一）四大国家控股的股份制商业银行

1994 年之前，人们将中国工商银行、中国农业银行、中国人民建设银行和中国银行四家银行称为“专业银行”，这主要是因为在此之前这四家银行在服务对象上各有侧重，如中国工商银行主要面向城市，以城市工商企业、机关团体和居民为服务对象；中国农业银行主要经营农村金融业务；中国建设银行以办理固定资产投资和贷款为主要业务；中国银行则主要面向外贸企业，组织、运用、积累和管理外汇资金。随着中国金融改革的深化，这四家银行在服务对象上的差别越来越小，业务交叉增多，竞争日益激烈。根据《国务院关于金融体制改革的决定》，国家专业银行改革的目标是要将其办成真正的商业银行。目前这四大国有商业银行正通过股份制改造一步步地向真正的商业银行方向迈进。中国银行和中国建设银行经国家批准已于2004年改制为国家控股的股份制商业银行,而中国工商银行和中国农业银行也分别于2006年和2010年完成股份制改造。

（二）其他商业银行

其他商业银行主要有交通银行、中信实业银行、中国光大银行、华夏银行、招商银行、中国民生银行、上海浦东发展银行、广东发展银行、兴业银行等。这些银行的共同特点是：初步建立了自主经营、自负盈亏、自我约束、自我发展的现代企业经营机制；产权关系比较明晰，大部分以股份制形式存在；实行董事长领导下的行长负责制；以赢利为宗旨；一般不承担对国有企业的资金供应任务。

在这些新兴的商业银行中，交通银行、招商银行比较具备典型意义。

1. 交通银行

交通银行是中国第一家具有西方国家商业银行性质的银行，于1986年重新成立，是当时更具完全意义的商业银行，主要表现在以下三方面。

（1）交通银行是一个综合性银行。与当时的专业银行相比，交通银行可以在中国人民银行批准下经营一切它认为适宜的业务，无论是人民币业务还是外币业务，短期业务还是中长期业务，国内业务还是国际业务，均可办理。而当时的专业银行在体制上仍没有摆脱专业分工的束缚。

（2）交通银行是一家以公有制为主的股份制银行。交通银行资本金的筹集采取国家控股和向社会募集相结合的方式，规定个人股在股本总额中的比例不超过10%，目前尚没有个人股。

（3）分支机构按经济区划设置。以前包括中国人民银行、四大商业银行都是以行政区划设置分支机构。交通银行按经济区划设置分行更加合理、科学，有利于摆脱行政上的束缚，更加灵活有效地开展业务。

2. 招商银行

招商银行最初是由招商局独资组建的，与其同性质的还有华夏银行、中国光大银行、中信实业银行等，都是由一家企业集团独资创办的。招商银行是最早实行股份制改造的银行。1989年其股东变为7家大型企业，其资本金也由1亿元扩募至4亿元。此后华夏银行、中国光大银行也于1996年增资扩股，逐渐变为股份制银行。

近年来招商银行在经营上很有特色，在银行卡业务、银证合作等方面都走在了国内商业银行的前列。招商银行“一卡通”“一网通”具有很好的结算、消费等功能，发行量很大。招商银行也不断扩大经营规模，在一些大城市不断设置分支机构。

招商银行在国内的商业银行中被公认为科技开发投入最大，成效也最为显著，招商银行的“一卡通”已经成为该行的金字招牌。目前招商银行已经完成上市工作，成为我国又一上市金融机构。

（三）城市商业银行

城市商业银行的前身是城市信用合作社。1993年年底，《国务院关于金融体制改革的决定》提出，金融深化改革的内容之一是将城市信用社改组为城市合作银行；1995年，进行了组建城市合作银行的试点工作；1997年在全国大规模组建城市合作银行。虽然城市合作银行名字中保留了“合作”二字，但它已经不属于合作金融的性质，而是地方性的、股份制的商业银行。当时试点方案规定，凡组建城市合作银行的城市，所有城市信用合作社必须加入，城市合作银行实行一级法人、多级核算的体制。自1999年开始，为进一步明确城市合作银行的股份制银行性质，城市合作银行陆续更名为“某某市商业银行”，以突出其与合作金融的不同。

（四）信用合作机构

信用合作机构主要包括城市信用合作社和农村信用合作社。信用合作机构本应是我国金融机构中的重要力量，但长期以来，中国的信用合作机构被忽略，信用合作机构的发展道路曲折，方向不明。而信用合作机构最主要的特点是“三性”，即组织上的群众性、管理上的民主性、业务经营上的灵活性。由于我国的信用合作机构一直存在发展方向不明、性质不清等问题，其作用也未得到充分的发挥。

我国的城市信用合作社在1993年《国务院关于金融体制改革的决定》中，已改组成为城市合作银行，不属于合作金融的性质，而转变为地方、股份制的商业银行。农村信用合作社是农村的合作金融组织，一般按乡设立，县级大都设有县联社。其主要特点为：由农民入股，由社员民主管理，主要为入股社员服务等。其主要业务包括：经营农村个人储蓄，以及农户和个体经济户的存款、贷款和结算等。

二、非存款类金融机构

1. 保险公司

我国有代表性的大型保险集团有：中国人寿保险（集团）公司、中国人民保险（集团）公司、中国平安保险（集团）股份有限公司等。

中国人寿保险（集团）公司属国有大型金融保险企业，总部设在北京。公司前身是成立于1949年的原中国人民保险公司，1996年分设为中保人寿保险有限公司，1999年更名为中国人寿保险公司。2003年，经国务院同意、中国保险监督管理委员会批准，原中国人寿保险公司进行重组改制，变更为中国人寿保险（集团）公司。集团公司下设中国人寿保险股份有限公司、中国人寿资产管理有限公司、中国人寿财产保险股份有限公司、中国人寿养老保险股份有限公司、中国人寿保险（海外）股份有限公司、国寿投资控股有限公司以及保险职业学院等多家公司和机构，业务范围全面涵盖寿险、财产险、养老保险（企业年金）、资产管理、另类投资、海外业务等多个领域，并通过资本运作参股了多家银行、证券公司等其他金融和非金融机构。

目前，中国人寿保险（集团）公司及其子公司是我国最大的商业保险集团，是中国资本市场最大的机构投资者之一。2013年，总保费收入达到3262.9亿元，总投资收益率4.86%。

中国人民保险（集团）公司是经营国内外保险和再保险业务的专业集团公司，其前身是中国人民保险公司，成立于1949年10月20日，于1959年并入中国人民银行国外业务局，收缩机构和人员，停办了国内保险业务。1980 年为适应对外开放、对内搞活的方针和经济体制改革的需要，逐步恢复停办多年的国内保险业务，1995 年 9 月，国务院正式批复了中国人民银行《关于中国人民保险公司体制改革的报告》，中国人民保险公司改建为中国人民保险（集团）公司（简称“中保集团”）。

目前，中保集团旗下拥有中国人民财产保险股份有限公司、中国人保资产管理股份有限公司、中国人民健康保险股份有限公司、中国人民人寿保险股份有限公司、人保投资控股有限公司、人保资本投资管理有限公司、中国人民保险（香港）有限公司、北京西长安街八十八号发展有限公司、中盛国际保险经纪有限公司、中人保险经纪有限公司、中元保险经纪有限公司、北京人保物业管理有限公司等 10 多家专业子公司，业务领域涵盖财产保险、人寿保险、健康保险、资产管理、保险经纪以及信托、基金等领域，形成了保险金融产业集群和综合经营集团架构，为社会公众和机构团体提供完善的保险金融服务。

中国平安保险（集团）股份有限公司是由深圳蛇口工业区招商局社会保险公司和中国工商银行深圳分行信托投资公司共同发起组建的一家股份制保险企业，总公司设在深圳经济特区。其前身为“平安保险公司”。平安保险公司 1988 年 3 月 15 日经中国人民银行总行批准成立，同年 5 月正式试营业。经营区域为经济特区和沿海开放城市，业务范围为法定保险和国际再保险外的一切保险业务。根据保险体制改革和中国保险市场的发展需要，1992 年经请示国务院同意，批准平安保险公司更名为“中国平安保险公司”（简称“中国平安”），经营区域扩大至全国并同意该公司根据业务发展的需要和国家有关规定，在境外设立分支机构或代表处，同时批准该公司办理法定保险和国际再保险业务。至今中国平安已发展成为融保险、银行、投资等金融业务为一体的整合、紧密、多元的综合金融服务集团。

截至 2012 年 6 月 30 日，集团总资产达人民币 26 499.99 亿元，归属母公司股东权益为人民币 1 467.62 亿元。从保费收入来衡量，平安寿险为中国第二大寿险公司，平安产险为中国第二大产险公司。

中国平安在 2012 年《福布斯》“全球上市公司 2000 强”中名列第 100 位；美国《财富》杂志“全球领先企业 500 强”名列第 242 位，并蝉联了中国内地非国有企业第一；除此之外，在英国 WPP 集团旗下 Millward Brown 公布的“全球品牌 100 强”中，名列第 78 位。

阅读资料

树上保险公司[①]

美国有一家保险公司，别出心裁地开设在一棵数人合抱的百年大树上。公司只设有一个办公室，麻雀虽小，但五脏俱全，办公室内的设备应有尽有，包括两部电话、一台电视机等。树上保险公司的职员上下班时可乘坐专用电梯，但前来参加保险的投保人则必须顺着绳索攀登。

它的好处有两个：首先对投保人的健康状况进行了独特的测试，顾客有足够的力气攀上树顶，证明他的身体健康状况基本良好；其次对投保人的心理做了生动实在的鉴定，投保人攀援而上，表明他是诚心诚意地参加保险，其中途退保的可能性就比较小。这种独特的经营方式吸引了众多的好奇者，使这家树上保险公司门庭若市，生意兴旺，名声大振。

① 编者注：本例编者未能查到原始出处。

2. 信托投资公司

信托投资公司是经营信托投资业务的金融机构。信托起源于英国，是建立在信任的基础上，财产所有者出于某种特定目的或者社会公共利益，委托他人管理和处分财产的一种法律制度。在发达的市场经济国家，信托业已经发展成为现代金融业的重要支柱之一，与银行、证券、保险并称为现代金融业四大支柱。

我国的信托制度有近百年的历史。1979 年 10 月，新中国第一家信托机构——中国国际信托投资公司宣告成立。此后，各专业银行、行业主管部门、地方政府纷纷办起各种形式的信托投资公司，到 1988 年达到最高峰时共有一千多家。但是，由于缺乏法律规范和管理经验，我国信托业普遍存在内部管理混乱、违规经营等现象，信托业的发展和整顿几乎一直形影相随。从 1983 年至 2007 年经过 6 次整顿，信托业逐渐走向良性发展。据 2014 年 7 月 8 日中国信托业协会发布的《中国信托业发展报告（2013—2014）》显示，2013 年年底全行业 68 家信托公司管理的信托资产规模为 10.91 万亿元，同比增长 46.05%。

3. 融资租赁公司

融资租赁公司是主要办理融资性租赁业务的专业金融机构。随着经济体制改革的深入发展，融资租赁业在我国迅速兴起。我国融资租赁行业大致可以分为三种类型：中外合资的租赁公司、中资的租赁公司、兼营租赁业务的金融机构。

融资租赁公司的主要业务有用于生产、科、教、文、卫、旅游、交通运输设备等动产、不动产的租赁、转租赁、回租租赁业务。截至 2013 年年底，我国在册运营的各类融资租赁公司（不含单一项目融资租赁公司）共 1026 家，比 2013 年年初的 560 家增加 466 家，增长 83.2%，增长势头强劲。中国租赁有限公司是目前我国资力最雄厚、影响最大的租赁公司，该公司 1987 年 4 月经中国人民银行批准成立，总公司设在北京。实行自主经营，自负盈亏，独立经济核算。该公司由中国国际信托投资公司代管，在金融业务上受中国人民银行领导、管理、协调、监督和稽核，办理与租赁有关的外贸业务受对外经济贸易部的领导和管理。公司在国家工商行政局登记注册。根据业务需要，经中国人民银行批准，在国内外设有分公司、子公司、联合公司、办事处和代理机构。

4. 财务公司

我国的财务公司多为企业集团内部集资而成，其宗旨和任务是：为本企业集团内部集资或融通资金，一般不得在企业集团外部吸收存款，财务公司在业务上受中国人民银行领导和管理，在行政上则隶属于各企业集团。主要业务有人民币存款、贷款、投资业务；信托和融资性租赁业务；发行和代理发行有价证券等。

5. 证券公司

证券公司是专门从事有价证券的自营或代客买卖的金融机构，它受托办理债券、股票发行业务，接受单位及个人的委托从事证券的买入或卖出，同时也使用自有资金从事有价证券的买卖与投资。目前我国的证券公司按照业务经营权限的不同可以分为综合类证券公司和经纪类证券公司两大类。

6. 基金公司

基金公司是负责投资基金的发起设立与经营管理的专业性机构。证券投资基金（简称“基金”）是一种由基金公司通过发行基金单位，将众多投资者的资金集中到一起，由专家对资金进行管理和运用，通过组合投资的方法将其专门投资于股票、债券、期货等金融商品的间接投资方式。基金公司就是投资基金的管理人和受托人。

三、政策性金融机构

1994年，为实现商业性金融业务与政策性金融业务的分离，我国组建了国家开发银行、中国农业发展银行、中国进出口银行三家政策性银行。

1. 国家开发银行

国家开发银行成立于1994年3月17日，总部设在北京，注册资本500亿元。目前，在全国主要城市设有多家分行或代表处。国家开发银行的主要任务是：支持国家重点建设，从资金来源上对固定资产投资的总量及结构进行调节和控制，按照社会主义市场经济原则，建立投资约束和风险责任机制，提高经济效益。其资金来源有：财政部拨款形成的资本金、中国人民银行的短期贷款、发放金融债券、向国外筹资等。其中，发行金融债券是其主要资金来源。资金运用分成两部分：一是软贷款，即国家开发银行将政府拨款形成的、属于资本金性质的资金以长期优惠贷款的方式，贷给国家控股公司和中央企业集团，由他们对投资项目参股、控股，以达到国有资产保值增值的目的；二是硬贷款，即国家开发银行将发行金融债券所筹集的资金直接借贷给一些国家重点建设项目，到期向项目建设单位收回资金。

2. 中国农业发展银行

中国农业发展银行成立于1994年11月18日，总部设在北京，注册资本金200亿元人民币，在全国设有分支机构。中国农业发展银行主要承担国家收购粮、棉、油以及扶贫等政策性金融业务，支持我国农业现代化，扶持农民走上富裕之路。

中国农业发展银行的资金来源主要是财政拨款、发行金融债券、向中央银行再贴现等。资金投向主要包括：办理粮、棉、油等主要农副产品的国家专项储备和收购贷款；办理农业综合开发贷款和扶贫贴息贷款、老少边穷地区贷款，以及国家确定的小型农、林、牧、水利等基本建设和技术改造贷款。1998年，国家决定进行粮食流通领域的重大改革，为了加强对收购贷款的管理，确保收购贷款的封闭运行，国务院和中国人民银行决定将中国农业发展银行的后一种业务划转给中国农业银行经营，中国农业发展银行专门办理粮、棉、油等主要农副产品的国家专项储备和收购贷款。

3. 中国进出口银行

中国进出口银行于1994年7月1日成立，总部设在北京，注册资本金33.8亿元，全部由国家财政拨给。中国进出口银行不设营业性分支机构，但根据业务发展需要可在业务量相对集中的一些大城市设立办事处或代表处，负责调查、统计、监督、业务代理等事宜。中国进出口银行主要通过提供优惠出口信贷，增强我国商品的出口竞争能力，促进我国对外贸易的发展。

中国进出口银行的资金来源主要是通过发行政策性金融债券来解决，同时也可从国际金融市场上筹集资金。其业务范围主要包括：为机电产品和成套设备等资本性货物提供出口卖方信贷和国外进口买方信贷；办理与机电产品出口有关的外国政府贷款、混合贷款、出口信贷的转贷款、国际银行间贷款等各种贷款，以及出口信用保险和担保等业务。

四、中国人民银行

中国人民银行（www.pbc.gov.cn）是我国的中央银行，是在国务院领导下，制定和实施货币政策，对金融业实施监管的国家机关。

中国人民银行是在革命根据地银行的基础上于 1948 年 12 月 1 日在河北省石家庄市正式成立的。1949 年 2 月，中国人民银行总行由石家庄迁入北平（现北京市）。1949 年 9 月，中国人民政治协商会议通过《中华人民共和国中央人民政府组织法》，把中国人民银行定为政务院直属单位，接受政务院财经委的指导，与财政部保持密切的联系，从而确立了中国人民银行作为中华人民共和国国家银行的法定地位。

从 20 世纪 50 年代中期到 1978 年年末，我国实行的一直是“大一统”的银行体制，即大陆的银行基本上只有中国人民银行一家。在这个阶段，中国人民银行既行使中央银行的职能，又办理一般商业银行的业务，属于一身二任。这种体制与当时我国实行的高度集中的计划经济体制是相适应的，它通过资金的集中分配保证了国家经济计划的实现，在当时的历史条件下发挥过积极的作用。

1979 年，我国开始进行经济体制的改革，“大一统”的银行体制显然不能适应经济改革的要求。为适应经济形势的变化，我国的金融体制也开始进行相应的改革，首先是要打破多年来的“大一统”的格局。从 1979—1983 年，我国陆续恢复和建立了一些专业银行和其他金融机构。但这时中国人民银行仍然一身二任，既行使中央银行的职责，又继续兼办工商信贷、城镇储蓄和结算等业务，这就不可避免地削弱了中央银行对金融业的管理和宏观调控的职能。

1983 年 9 月 17 日，国务院发出《关于中国人民银行专门行使中央银行职能的决定》，正式确立中国人民银行为我国的中央银行，原由中国人民银行办理的工商信贷、城镇储蓄和结算业务由新成立的中国工商银行来办理。从 1984 年 1 月 1 日起，中国人民银行正式专门行使中央银行的职能。至此，新中国真正意义上的中央银行制度得以确立。

1995 年 3 月 18 日，中华人民共和国第八届人民代表大会第三次会议通过了《中华人民共和国中国人民银行法》，这是新中国成立以来制定的第一部金融大法，填补了我国金融立法的空白，是新中国金融发展史上一块重要的里程碑。《中华人民共和国中国人民银行法》的颁布，为把中国人民银行建成真正的、规范的中央银行提供了有力的法律保障，开创了我国中央银行制度的新纪元。随后，我国的中央银行制度进行了一系列的改革。1998 年 11 月，为适应形势发展和监管的需要，中国人民银行对其管理体制进行了改革，撤销了省级分行，按经济区域设置了 9 家分行（大区行）。这样，我国的中央银行体制逐步走向了完善。

2003 年 3 月，第十届人大一次会议决定将银行监管职能从中国人民银行中分离出来，单独成立中国银行业监督管理委员会，对银行、金融资产管理公司、信托投资公司以及其他存款类机构实施监管。中国人民银行在剥离了监管职能后，作为中央银行在宏观调控体系中的作用将更加突出，将加强制定和执行货币政策的职能，不断完善有关金融机构运行规则和改进对金融业宏观调控政策，更好发挥央行在宏观调控和防范与化解金融风险中的作用。

五、监管类金融机构

1. 中国银行业监督管理委员会

中国银行业监督管理委员会（简称“中国银监会”，www.cbrc.gov.cn）为国务院直属正部级事业单位，根据授权，统一监督管理银行、金融资产公司、信托投资公司及其他存款类金融机构，全系统参照公务员法管理。于全国31个省（直辖市、自治区）和5个计划单列市（大连、宁波、厦门、青岛、深圳）设立了36家银监局，于306个地（市）设立了银监分局，于1730个县（市）设立了监管办事处。银监会成立时间在2003年，正式履行职责自2003年4月28日起。

依据有关法律法规，中国银监会在对银行业金融机构实施监督管理中履行下列职责。

（1）依照法律、行政法规制定并发布对银行业金融机构及其业务活动监督管理的规章、制度。

（2）依照法律、行政法规规定的条件和程序，审查批准银行业金融机构的设立、变更、终止以及业务范围。

（3）对银行业金融机构的董事和高级管理人员实行任职资格管理。

（4）依照法律、行政法规制定银行业金融机构的审慎经营规则。

（5）对银行业金融机构的业务活动及其风险状况进行非现场监管，建立银行业金融机构监督管理信息系统，分析、评价银行业金融机构的风险状况。

（6）对银行业金融机构的业务活动及其风险状况进行现场检查，制定现场检查程序，规范现场检查行为。

（7）对银行业金融机构实行并表监督管理。

（8）会同有关部门建立银行业突发事件处置制度，制定银行业突发事件处置预案，明确处置机构和人员及其职责、处置措施和处置程序，及时、有效地处置银行业突发事件。

（9）负责统一编制全国银行业金融机构的统计数据、报表，并按照国家有关规定予以公布。

（10）对银行业自律组织的活动进行指导和监督。

（11）开展与银行业监督管理有关的国际交流、合作活动。

（12）对已经或者可能发生信用危机，严重影响存款人和其他客户合法权益的银行业金融机构实行接管或者促成机构重组。

（13）对有违法经营、经营管理不善等情形银行业金融机构予以撤销。

（14）对涉嫌金融违法的银行业金融机构及其工作人员以及关联行为人的账户予以查询，对涉嫌转移或者隐匿违法资金的申请司法机关予以冻结。

（15）对擅自设立银行业金融机构或非法从事银行业金融机构业务活动予以取缔。

（16）负责国有重点银行业金融机构监事会的日常管理工作。

（17）承办国务院交办的其他事项。

2. 中国保险监督管理委员会

中国保险监督管理委员会（简称“中国保监会”，www.circ.gov.cn）成立于1998年11月18日，是国务院直属事业单位。根据国务院授权履行行政管理职能，依照法律、法规统一监督管理全国保险市场，维护保险业的合法、稳健运行。2003年，国务院决定，将中国保监会由国务院直属副部级事业单位改为国务院直属正部级事业单位，并相应增加职能部门、派出机构和人员编制。中国保险监督管理委员会内设16个职能机构和3个事业单位，并在全国各省、自治区、直辖市、计划单列市设有36个保监局，在苏州、烟台、汕头、温州、唐山等5个市设有保监分局。

依据有关法律法规，中国保监会在对保险市场实施监督管理中履行下列职责。

（1）拟定保险业发展的方针政策，制定行业发展战略和规划；起草保险业监管的法律、法规；制定业内规章。

（2）审批保险公司及其分支机构、保险集团公司、保险控股公司的设立；会同有关部门审批保险资产管理公司的设立；审批境外保险机构代表处的设立；审批保险代理公司、保险经纪公司、保险公估公司等保险中介机构及其分支机构的设立；审批境内保险机构和非保险机构在境外设立保险机构；审批保险机构的合并、分立、变更、解散，决定接管和指定接受；参与、组织保险公司的破产、清算。

（3）审查、认定各类保险机构高级管理人员的任职资格；制定保险从业人员的基本资格标准。

（4）审批关系社会公众利益的保险险种、依法实行强制保险的险种和新开发的人寿保险险种等的保险条款和保险费率，对其他保险险种的保险条款和保险费率实施备案管理。

（5）依法监管保险公司的偿付能力和市场行为；负责保险保障基金的管理，监管保险保证金；根据法律和国家对保险资金的运用政策，制定有关规章制度，依法对保险公司的资金运用进行监管。

（6）对政策性保险和强制保险进行业务监管；对专属自保、相互保险等组织形式和业务活动进行监管。归口管理保险行业协会、保险学会等行业社团组织。

（7）依法对保险机构和保险从业人员的不正当竞争等违法、违规行为以及对非保险机构经营或变相经营保险业务进行调查、处罚。

（8）依法对境内保险及非保险机构在境外设立的保险机构进行监管。

（9）制定保险行业信息化标准；建立保险风险评价、预警和监控体系，跟踪分析、监测、预测保险市场运行状况，负责统一编制全国保险业的数据、报表，并按照国家有关规定予以发布。

（10）承办国务院交办的其他事项。

3. 中国证券监督管理委员会

中国证券监督管理委员会（简称“中国证监会”，www.csrc.gov.cn）为国务院直属正部级事业单位，依照法律、法规和国务院授权，统一监督管理全国证券期货市场，维护证券期货市场秩序，保障其合法运行。

中国证监会设在北京，现设主席1名，副主席4名，纪委书记1名（副部级），主席助理3名；内设18个职能部门，1个稽查总队，3个中心；根据《证券法》第十四条规定，中国证监会还设有股票发行审核委员会，委员由中国证监会专业人员和所聘请的会外有关专家担任。中国证监会在省、自治区、直辖市和计划单列市设立36个证券监管局，以及上海、深圳证券监管专员办事处。

依据有关法律法规，中国证监会在对证券市场实施监督管理中履行下列职责：

（1）研究和拟定证券期货市场的方针政策、发展规划；起草证券期货市场的有关法律、法规，提出制定和修改的建议；制定有关证券期货市场监管的规章、规则和办法。

（2）垂直领导全国证券期货监管机构，对证券期货市场实行集中统一监管；管理有关证券公司的领导班子和领导成员。

（3）监管股票、可转换债券、证券公司债券和国务院确定由证监会负责的债券及其他证券的发行、上市、交易、托管和结算；监管证券投资基金活动；批准企业债券的上市；监管上市国债和企业债券的交易活动。

（4）监管上市公司及其按照法律法规必须履行有关义务的股东的证券市场行为。

（5）监管境内期货合约的上市、交易和结算；按规定监管境内机构从事境外期货业务。

（6）管理证券期货交易所；按规定管理证券期货交易所的高级管理人员；归口管理证券业、期货业协会。

（7）监管证券期货经营机构、证券投资基金管理公司、证券登记结算公司、期货结算机构、证券期货投资咨询机构、证券资信评级机构；审批基金托管机构的资格并监管其基金托管业务；制定有关机构高级管理人员任职资格的管理办法并组织实施；指导中国证券业、期货业协会开展证券期货从业人员资格管理工作。

（8）监管境内企业直接或间接到境外发行股票、上市以及在境外上市的公司到境外发行可转换债券；监管境内证券、期货经营机构到境外设立证券、期货机构；监管境外机构到境内设立证券、期货机构，从事证券、期货业务。

（9）监管证券期货信息传播活动，负责证券期货市场的统计与信息资源管理。

（10）会同有关部门审批会计师事务所、资产评估机构及其成员从事证券期货中介业务的资格，并监管律师事务所、律师及有资格的会计师事务所、资产评估机构及其成员从事证券期货相关业务的活动。

（11）依法对证券期货违法违规行为进行调查、处罚。

（12）归口管理证券期货行业的对外交往和国际合作事务。

（13）承办国务院交办的其他事项。

本章小结

1. 金融机构有广义和狭义之分，一般我们将狭义的金融机构定义为金融活动的中介机构，广义的金融机构则是指所有从事金融活动的机构，包括直接、间接融资领域中的金融机构和各种提供金融服务的机构。

2. 金融机构体系与金融机构是具有不同含义的两个概念。金融机构体系是指金融机构的组织体系，它是一个由经营和管理金融业务的各类机构所组成的完整系统。

3. 金融机构既是货币、信用活动与金融市场的参加者和经营者，也是金融市场与金融活动的组织者。他们在金融活动中处于重要的地位，发挥着非常重要的功能。

4. 金融机构体系包括中央银行、商业银行、专业银行、非银行金融机构、外资银行等。

5. 中国内地的金融机构体系包括中国人民银行、现有的四大国有商业银行、股份制的商业银行、政策性银行、信用合作机构、非银行金融机构、外资金融机构和监管性金融机构。

课后练习

一、填空题

1. 凡专门从事各种金融活动的组织，均称________。

2. ________是由政府投资设立的，根据政府的决策和意向专门从事政策性金融业务的银行。

3. 我国四家国有独资商业银行是________、________、________和________。

4. 我国第一家民营性质的商业银行是________。

5. 一国金融机构体系的中心环节是________。

二、不定项选择题

1. 下列金融机构中属于存款性金融机构的有（　　）。

A. 互助储蓄银行　　B. 投资银行　　C. 货币市场互助基金　　D. 金融公司

2. 采取没有中央银行的金融机构体系的国家和地区有（　　）。

A. 俄罗斯　　B. 瑞士　　C. 新加坡　　D. 中国香港

3. 下列属于专业银行的是（　　）。

A. 投资银行　　B. 国家开发银行　　C. 不动产抵押银行　　D. 中国农业发展银行

4. 我国政策性银行的资金来源主要靠（　　）。

A. 自筹　　B. 发行股票

C. 财政划拨与发行金融债券　　D. 集资

5. 信用合作社属于（　　）。

A. 存款型金融机构　　B. 契约型金融机构　　C. 投资型金融机构　　D. 政策型金融机构

三、判断分析题

1. 中央银行主要面对政府、金融机构及工商企业办理“存、放、汇”业务。（　　）

2. 在我国金融体系中，不存在民营资本银行。（　　）

3. 西方国家的储蓄银行只限于办理居民储蓄业务。（　　）

4. 专业银行是社会分工在金融领域的体现，它是一类提供专门性金融服务的银行。（　　）

5. 政策性的专业银行一般是官办或半官办的金融机构。（　　）

四、名词解释

金融机构　　金融机构体系　　中央银行　　商业银行　　政策性银行

五、简答题

1. 金融机构是如何产生与发展的？

2. 金融机构与普通工商企业有何不同？

3. 试述金融机构作为金融市场中介存在的必要性。

4. 金融中介机构有哪些功能？

5. 商业银行具有哪些职能与特点？

6. 什么是政策性银行？政策性银行的特点与经营原则有哪些？

7. 银行金融机构主要有哪些？它们分别从事哪一类的金融业务？

8. 试述中国金融机构体系的具体构成。

第五章　商业银行

【学习目标】

1. 掌握商业银行的基本概念、性质和职能
2. 理解商业银行的经营模式和组织制度
3. 掌握商业银行的主要业务及其构成
4. 理解商业银行派生存款的过程，并掌握存款派生倍数的计算公式
5. 理解商业银行经营管理的原则和理论发展

从早期银行到现代银行，商业银行是商品货币经济发展到较高级阶段的产物。商业银行以其精巧的机构、独特的业务操作为国民经济服务，成为经济活动的枢纽。商业银行是现代金融体系中的主体部分。

第一节　商业银行概述

商业银行是以经营工商业存款、贷款和结算为主要业务，以营利为主要经营目标的金融企业。现代商业银行具有三大基本特征：设立的合法性——必须依法成立，业务的特殊性——经营特定的银行业务，组织的法律性——必须为企业法人。

一、商业银行的产生与发展

北宋初年，因铸币重，携带不便，四川民间产生了交子。北宋的赊买又造就了“交引”（早期的有价证券），交引买卖亦有利润，便产生了货币兑现业务。从北宋到清代，钱庄业务不断扩展，节节向上，在清雍正年间成为主要金融机构，开始打出钱庄字号。清代汇兑被普遍采用产生的利润引起了山西平遥颜料商雷履泰的注意，他于道光三年变颜料行为日昇昌票号，成为我国首家主营汇兑的金融机构，开创了我国金融汇兑的新纪元。票号业兴盛于鸦片战争后，在辛亥革命前开始没落，至1940年最后两家票号改为钱庄，票号的历史终结。钱庄业务由早期主营货币兑换，有价票据买卖，倾熔银锭，金银买卖，兼营抵押贷款发展到主营信用放款，银票、钱票发行，汇兑存款，兼营货币兑换、抵押放款和金银买卖，初步具有了银行的雏形。20世纪30年代末期钱庄开始衰落，新中国成立后1952年公私合营将钱庄改为银行，钱庄退出了中国的历史舞台。

银行业是一个古老的行业，它的前身是货币兑换和银钱业。它们的主要业务是货币兑换、保管与汇兑业。早在公元前2000年的古巴比伦，以及古代的希腊和罗马，就有了货币银钱业和货币兑换商，他们主要聚集在寺庙周围，为各国的朝拜者兑换当地的货币，或替他们保管

货币，并为往来于各地的客商提供异地支付服务。随着货币保管业务和汇兑业务的发展，银钱业主手中积聚了大量的货币资金。在经营中他们发现，存款人不会同时提取他们所托管的货币，因此，可以只将所收货币的一部分留在手中，以备日常的提款之需，其余的可以贷放出去，收取利息。为了获得更多的资金来发放贷款，他们开始向货币所有者支付利息，而不是向他们索要保管费，存贷款的利息差额成为银钱业主的利润来源。当他们这样做时，古代的银钱业也就慢慢开始向商业银行转变。

现代意义上的商业银行起源于文艺复兴时期的意大利。当时的意大利是欧洲各国商业贸易的中心。随着商业的发展，在威尼斯和其他几个城市出现了专门进行货币兑换的商人，他们除买卖外国货币外，还经营存款、贷款业务，并根据存款人的指令办理存款的过户。这些经营货币的商人常常坐在长板凳上进行交易，所以被称为“Banco”——坐在长板凳上的人。英文的“bank”一词也从此而来。早在16世纪，意大利就已出现了银行，如1580年成立的威尼斯银行，1593年成立的米兰银行等。此后，世界商业中心由意大利移至荷兰及欧洲北部。17世纪初，1609年荷兰成立了阿姆斯特丹银行，1621年德国成立了纽伦堡银行，1629年又成立了汉堡银行。这些银行所经营的贷款业务仍带有高利贷性质，而且贷款对象主要是政府和拥有特权的企业，大多数工商业资本家仍不能得到信用的支持。

早期的商业银行，由于规模小，风险大，所以经营成本比较高，贷款利率也就比较高，不能满足工商企业发展的需要。因此，客观上迫切需要建立起既能汇集闲置的货币资本，并能按适度的利率向资本家提供贷款的现代资本主义商业银行。现代商业银行是通过两条途径建立起来的：一条是高利贷性质的银行逐渐转变为资本主义商业银行，另一条是按照资本主义要求组建股份商业银行。世界上第一家股份制商业银行是1694年在英国伦敦创办的英格兰银行，它规定的正式贴现率只有 4.5%～6%，大大低于早期银行业的贷款利率，这意味着现代银行制度的建立，标志着高利贷在金融领域的垄断地位遭到了动摇。到18世纪末19世纪初，各主要资本主义国家纷纷建立了规模巨大的股份制商业银行，这些银行由于资金雄厚、业务全面，有很强的规模经济效益，因而可以收取较低的利率，极大地促进了工商业的发展。与此同时，商业银行在整个经济体系中的地位和作用也日益提高，成为最重要的经济部门之一。

二、商业银行的性质与职能

（一）商业银行的性质

商业银行是经营货币商品的特殊企业。它与一般企业具有共同的特点，即经营的目标为追求利润的最大化。但商业银行作为特殊企业，与一般企业又有区别：第一，商业银行经营范围局限于货币和与货币有关的信用活动领域，经营对象是货币；第二，商业银行自有资本很少，主要靠吸收存款等借入资本从事经营；第三，银行的利润并非由银行从业人员直接创造出来，而是从那些从事工农业生产劳动的工人、农民创造出来的剩余价值中分得的一部分，属于价值的再分配；第四，商业银行对整个社会经济的影响和受整个社会经济的影响特殊，社会经济的繁荣最初表现为商业银行贷款增多、利润增加，而社会经济的衰退最先表现为商业银行贷款和存款的骤降。

（二）商业银行的职能

商业银行的职能主要包括信用中介职能、支付中介职能、信用创造职能和金融服务职能。

1. 信用中介

信用中介是银行最基本、最能反映其经营活动特征的职能。信用中介是指商业银行通过负债业务，把社会上的各种闲散资金集中到银行，然后通过各种资产业务，将资金投向需要资金的各个部门，充当资金供给者和资金需求者之间的中介人，实现货币资金的融通。

2. 支付中介

支付中介是指商业银行利用活期存款账户，为客户办理各种货币结算、货币收付、货币兑换和转移存款等业务活动。这是商业银行一项传统的职能，通过这一职能，商业银行成为工商企业、政府、家庭个人的货币保管者和货币支付者，这使得商业银行成为社会经济活动的出纳中心和支付中心，并成为整个社会信用链的枢纽。

支付中介职能的发挥为商业银行带来了大量的、廉价的信贷资金来源，有利于降低商业银行的负债成本；另外，这一职能的发挥有利于节约社会流通费用，加大生产资本的投入。支付中介职能的充分发挥，对增强商业银行的竞争优势——信息优势有着不可替代的作用。

3. 信用创造

商业银行的信用创造职能，是建立在信用中介职能和支付中介职能的基础上的。商业银行的信用创造职能包括两方面的含义：第一，商业银行利用其可以吸收活期存款的有利条件，通过发放贷款和从事投资等业务派生出大量存款（派生存款），从而扩大社会货币资金供应量。第二，商业银行在办理结算和支付业务活动中能创造支票、本票和汇票等信用工具。这些信用工具的广泛使用既节约了现金的流通和使用，又规范了信用行为，同时满足了社会经济发展对流通手段和支付手段的需要。

4. 金融服务

金融服务是商业银行利用其在国民经济活动中的特殊地位，及其在提供信用中介和支付中介业务过程中能获得大量信息的优势，运用电子计算机等先进手段和工具，为客户提供其他的服务。

三、商业银行的经营模式

1. 分业经营模式

分业经营模式，是指在金融机构体系中，各个金融机构从事的业务具有明确的分工，各自经营专门的金融业务。分业经营模式下的商业银行也称为“职能分工型商业银行”，它是指在一国内法律限定银行业务与证券、信托业务相分离，商业银行不得兼营证券和信托业务，不能直接参与工商企业的投资。这种模式下的商业银行以融通短期存款为主，资产集中于短期自偿性贷款。英国商业银行的经营模式是典型的分业经营模式。在英国，早期银行的资金主要来源于流动性较大的活期存款，商业银行的信用创造能力有限。而且，传统的商业银行理论认为，银行的资金来源于客户的存款，这些存款经常被提取，因此为了应付存款人难以预料的提款，银行只能将资金短期使用，而不能用于长期贷款或进行长期投资。在这种背景下，英国政府就对商业银行业务进行严格限制以保持资金流动性和安全性。

在 20 世纪 30 年代以前，许多国家政府对银行经营活动极少给以限制，商业银行大多可以综合经营多种业务。但在大危机中，大量银行的破产倒闭，造成历史上最大一次货币信用危机。不少西方经济学归咎于银行的综合性业务经营，尤其是长期贷款和证券业务经营。据此，许多国家认定商业银行只能从事短期工商信贷业务，并以立法的形式将商业银行和投资银行的业务范围做了明确的划分。1933 年美国国会通过《格拉斯—斯蒂格尔法案》，明确禁止商业银行承销公司证券和从事经纪商活动，同时禁止投资银行从事商业银行业务，禁止银行从事保险及其他被认为是有风险的非银行业务。随后日本等国都参照这种模式来管理银行体系。

2. 混业经营模式

混业经营模式是指银行不仅经营传统的银行业务，而且还经营投资银行、证券经纪、保险、金融衍生业务以及其他新兴的金融业务，甚至进行非金融企业股权投资。混业经营模式下的商业银行也称为“全能型商业银行”，其基本特点是法律允许商业银行可以经营一切金融业务，没有职能分工的限制。这种类型的商业银行，不仅可以经营工商业存款、短期抵押放款、贴现、办理转账结算、汇兑、现金出纳等传统业务，而且可以涉及多种金融业务领域，如信托、租赁、代客买卖有价证券、代收账款、代客保管财产、咨询、现金管理、自动化服务等，因此被称为“金融百货公司”或“金融超级市场”。德国是全能型商业银行的代表。作为后起的资本主义国家，德国面临英、法等老牌资本主义国家的竞争，企业不仅需要短期流动性贷款，更需要长期固定资产贷款，甚至要求银行参股，银行为巩固和发展客户关系，也积极提供丰富的综合性金融业务，全能型商业银行有利于开展全方位的业务经营活动，提高竞争实力，但同时也加大了银行面临的经营风险。

分业经营模式和混业经营模式各有优缺点，但随着经济的不断发展，分业经营模式的缺陷和混业经营模式的优点越来越明显。分业经营模式下的职能分工型商业银行不能满足工商业及社会公众对融资多样化的要求，而混业经营模式下的全能型商业银行业务多样化，能向客户提供最广泛的金融服务，增强银行的竞争能力。

自 20 世纪 70 年代末以来，伴随迅速发展的金融自由化浪潮和金融创新的层出不穷，商业银行的上述两个传统特征和分工界限已被突破，欧美许多发达国家都相继取消了商业银行业务的限制。1986 年，英国颁布了《金融服务法案》，宣布银行业可以直接进入证券交易所进行交易，从而确立了英国金融业混业经营的新时代。1998 年 4 月，日本正式启动“大爆炸”式的金融改革，实施了“金融体系改革一揽子法”，放宽了银行、证券和保险等行业的业务限制，废除了银行不能直接经营证券、保险的禁令，允许各金融机构跨行业经营各种金融业务。1999 年 11 月 12 日美国总统克林顿签署了《金融服务现代化法案》，正式放开银行从事其他金融业务的限制，推动了商业银行与投资银行之间的相互渗透，标志着全能型银行体制将在美国推行并进而对全球金融体系产生深远影响。

四、商业银行的组织制度

商业银行的组织制度，是指商业银行在社会经济活动中存在的形式，它是银行制度的重要组成部分。由于西方各国商业银行产生和发展的经济条件不同，因而组织形式也存在着一定的差异。目前西方国家商业银行已逐渐形成了具有代表性的银行组织结构，这些具有代表性的组织结构包括以下几种。

1. 总分行制

总分行制是指法律上允许在除总行以外的本地或外地设有若干分支机构的一种银行制

度。这种银行的总部一般都设在大都市，下属分支机构由总行领导。

总分行制银行按管理方式的不同，又可进一步分为总行制和管理处制。总行制是指其总行除了管理控制各分支行外，本身也对外营业和办理业务。管理处制是指其总行只负责控制各分支行，本身并不对外营业，在管理处所在地另设对外营业的分支行。

目前大多数国家实行的都是总分行制，其中以英国最为典型。和单一银行制相比，总分行制的优点十分明显：①有分布广泛的分支机构，便于商业银行吸收存款，扩大经营规模，增强银行实力；②由于有大量分支机构，便于资产在地区和行业上分散，从而也有利于风险的分散，提高银行的安全性；③由于存在一定的分支机构，便于银行实现合理的经营规模，促进现代化管理手段和技术设备的推广应用，提高服务质量，加快资金周转速度；④由于总行数量少，国家金融管理当局只要对总行实行管理控制，就可以对整个银行业进行管理控制，便于宏观管理和提高管理水平，还可以避免过多的行政干预。

总分行制虽然存在上述优点，但是也存在一定的缺陷：①容易形成垄断，不利于自由竞争。由于总分行制形成许多大银行，加上银行业的并购，容易形成银行"巨无霸"，导致垄断，一定程度上阻碍整个银行业的发展。②增加了银行内部的控制难度。因为总分行制银行规模庞大，内部层次多，机构庞杂，上级行（或总行）不可能总是及时掌握下级行的情况并做出处理，在执行重要决策时往往会出现一定的偏差而造成损失。

总分行制虽有利有弊，但目前包括我国在内的大多数国家仍采用这一银行制度，因为它在提高信贷资金的流动性、安全性和赢利性方面有着单一银行制组织形式所无法比拟的优势。同时，随着国际金融一体化的大趋势，总分行制的形式开始国际化，并有在全球普及的趋势。

2. 单一银行制

单一银行制也称单元银行制，是不设任何分支机构的银行制度。单一银行制银行由各个独立的银行本部经营，该银行既不受其他商业银行控制，本身也不得控制其他商业银行。单一银行制在美国较为典型，是由美国特殊的历史背景和政治制度所决定的。美国是一个各州具有较高独立性的联邦制国家，早期由于东西部经济发展不平衡，为了使经济平衡发展，保护地方中小企业与小银行，一些比较落后的州政府就通过颁布州银行法，禁止或者限制其他地区的银行到本州设立分行，以达到阻止金融渗透、反对金融权力集中、防止银行吞并的目的。尽管 1994 年美国国会通过《瑞格—尼尔跨州银行与分支机构有效性法案》，取消了限制跨州设立分支行的规定，但由于历史的原因，美国至今仍有大量单一制商业银行。

单一银行制的优点是：①可以防止银行垄断，有利于自由竞争，也可以缓和竞争的剧烈程度；②有利于银行与地方政府和工商企业协调关系，集中全力为本地经济服务；③银行具有更高的独立性和自主性，业务经营的灵活性也较大；④银行管理层次少，有利于管理层旨意的快速传导，便于管理目标的实现。

事物都是一分为二的，单一银行制的缺点也是十分明显的，主要有：①不利于银行业的发展，在电子网络技术应用日益普及的条件下，单一银行制不能优化高新技术的应用成本，限制了商业银行的业务发展和金融创新；②使银行业务过度集中于某一个地区或某一个行业，容易受到该地区经济的束缚，使经营风险过分集中，同时由于单一制银行的实力相对较弱，难以有效地抵抗较大的风险；③单一银行制本身与经济的横向开放性发展存在矛盾，使银行业无法适应经济发展的需要，也使商业银行丧失竞争能力。

3. 持股公司制

持股公司制又称集团银行制，是指由一个企业集团成立控股公司，再由该公司控制或收购若干银行而建立的一种银行制度。在法律形式上，被控股的银行仍然保持各自独立的地位，但其业务经营均由同一股权公司所控制。持股公司对银行的有效控制权是指能控制一家银行25%以上的投票权。这种持股公司在集团内部可以实行单一银行制，也可以实行总分行制，因而可以成为回避禁设分支机构规定的一种策略。这种银行制度既不损害单一银行制的总格局，又能行总分行制之实。

持股公司制有两种类型，即非银行性持股公司和银行性持股公司。前者指由非银行的其他企业通过控制银行的大部分股权而组织起来的公司；后者是指大银行通过控制小银行的大部分股权而组织起来的公司。例如花旗银行就是银行性持股公司，它已控制着300多家银行。一般把控制一家银行的持股公司称为单一银行持股公司；把控制两家以上银行的持股公司称为多银行持股公司，也可称为“集团银行”。

持股公司制的优点是：①能有效地扩大资本总量，做到地区分散化、业务多样化，银行可以更好地进行风险管理和收益管理，增强银行的实力，提高银行抵御风险和竞争的能力；②它集单一银行制和总分行制的优点于一身。

其缺点是容易形成银行业的集中和垄断，不利于银行业的自由竞争，从而阻碍银行业的发展。

4. 连锁银行制

连锁银行制又称连锁经营制，是指由同一个人或一群人控制两家或两家以上的银行。它同持股公司制不同之处在于持股银行各子银行有一个董事会，而连锁银行则没有；银行持股公司规模一般较大，通过持股银行的形式，形成庞大的金融实力，而连锁银行经营规模和活动地域都小，常常以一家规模较大的银行为中心，实现资金、业务往来甚至人员交流的便利。

这种银行制度往往以大银行为中心，确定银行业务模式，形成集团内部联合，其垄断性强，有利于统一指挥、投资大型行业、事业单位，以获取高额利润。但事实上，由于受个人或一群人的控制，往往不易获取银行所需的大量资本，不利于银行的发展。因此，许多连锁制银行转化为总分行制银行，或组成持股公司。当前国际金融领域的连锁制银行，主要是由不同国家的大商业银行合资建立的，其主要目的是为了经营欧洲货币业务以及国际资金存放业务。这种国际间的连锁制也称为跨国联合制。

知识链接

2008年以来美国银行破产数量及事实

据《雅虎财经》2012年7月6日讯[①]，自2010年美国年度破产银行数量达到157家的高峰值后，美国银行的破产速度已经急剧放缓。自2008年年初以来，美国已经有共计445家银行破产倒闭。但是这些银行的储户并没有损失任何资金。联邦存款保险公司（FDIC）为每家银行的每个储户提供了高达25万美元的存款保险。

① 雅虎财经中文网站已关闭，原文名为《2008年以来美国银行破产数量及相关事实》，其他网站多有转载。

以下是一些关于银行倒闭的数据：

——从 2008—2011 年，银行的破产倒闭已经耗去联邦存款保险基金大约 880 亿美元成本。联邦存款保险公司预期从 2012—2016 年的存款保险成本将至少还需要 120 亿美元。联储存款保险基金是由银行支付的费用补充。

——从 2008—2011 年，银行的破产倒闭已经耗去联邦存款保险基金大约 880 亿美元成本。联邦存款保险公司预期从 2012—2016 年的存款保险成本将至少还需要 120 亿美元。联储存款保险基金是由银行支付的费用补充。

——截至 2013 年 6 月，美国的银行数量已经从 2008 年 1 月 1 日的 8533 家减少至 7000 家以下，是 1934 年美国联邦监管机构开始跟踪该数据以来的第一次。造成银行数据减少的因素包括了银行破产倒闭和被并购。

——2010 年出现的 157 家倒闭银行数量是自 1992 年存款和贷款危机以来最多的一年。美国的银行倒闭浪潮从 2008 年的 25 家开始，2009 年该数量跳增至 140 家。2011 年美国有 92 家银行倒闭。2012 年 1—7 月间，美国已经有 31 家银行倒闭。

——自 2010 年年中以来，几乎所有的倒闭银行都是小型银行。自 2008 年以来倒闭的 5 家资产规模最大的银分别行为：总部位于西雅图的华盛顿互惠银行，于 2008 年 9 月倒闭，资产规模为 3070 亿美元；总部位于加利福尼亚州帕萨迪纳的 IndyMac Bank，倒闭时间为 2008 年 7 月，资产规模为 320 亿美元；总部位于蒙哥马利的 Colonial Bank，倒闭时间为 2009 年 8 月，资产规模为 250 亿美元；总部位于德克萨斯州奥斯汀的 Guaranty Bank，倒闭时间为 2009 年 8 月，资产规模为 130 亿美元；总部位于佛罗里达州科勒尔盖布尔斯的 Bank United，倒闭时间为 2009 年 5 月，资产规模为 128 亿美元。

——从 2008—2012 年，倒闭银行数量累计最多的几个州分别为：佐治亚州，79 家银行倒闭；佛罗里达州，62 家银行倒闭；加利福尼亚州，39 家银行倒闭。

5. 网络银行

20 世纪末，互联网的出现给人类生活带来了质的飞跃，也给金融业特别是银行业带来了前所未有的革新。1995 年 10 月，世界上第一家网络银行——安全第一网络银行（Security First Network Bank，SFNB）在美国开业。此后，网络银行在各国快速发展。网络银行（internet bank），也称网上银行、在线银行，是指通过互联网或其他电子传送渠道，提供各种金融服务的新型银行。网络银行以先进的网络技术为支撑，以看不见的无形银行经营模式，打破了传统的经营理念，给商业银行的组织形式带来了创新。

网络银行的业务主要有以下几个方面：①发布静态信息。银行发布关于银行的简介，如分支机构情况、银行的主要业务介绍等。②发布动态信息。银行发布客户所关心的利率、汇率等实时更新的信息。另外，客户还可以通过电子邮件进行相关信息的查询，及时了解相关信息的变动情况。③在线查询账户信息。客户可以通过互联网查询本人账户的余额或交易记录。④在线交易。银行通过互联网向客户提供存款、贷款、支付、转账等在线业务。作为 21 世纪世界金融业的重要组织形式，网络银行正在以其不受时空限制以及成本低廉的优势而越来越受到人们的广泛重视。

思考与讨论

比尔·盖茨曾说，传统的商业银行在 21 世纪是一群将要灭绝的恐龙。他这么说有道理吗？

第二节 商业银行业务

一、负债业务

商业银行的负债业务是指银行吸收资金形成银行资金来源的业务，包括自有资本、存款负债和其他负债业务。

（一）自有资本

自有资本又称银行资本或资本金（bank capital），指银行为了正常的经营活动而自行投入的资金，其代表对银行的所有权。《巴塞尔协议》（1988年版）把银行资本分为核心资本和附属资本两档。第一档为核心资本（core capital），也称一级资本，包括股本和公开准备金，具体来说有普通股、不可收回的优先股、资本盈余、留存盈余、可转换的资本债券、各种补偿准备金等。这部分资本至少占全部资本的 50%，占风险加权资产的 4%。 第二档为附属资本（supplementary capital），也称二级资本，包括未公开准备金、资产重估准备金、普通准备金或呆账准备金。全部银行资本占银行风险加权资产的比例（即资本充足率）须大于或等于 8%。

《巴塞尔协议》向各国商业银行提出一个重要的告诫：资本是一家商业银行防止亏损的最终防线，而且银行资本在银行的经营管理中起着十分重要的作用。其一，资本是银行获取信誉、保证持续经营的最基本因素；其二，资本为银行营业创造了物质基础，资本可以用来购买银行经营管理所必需的房产、设备、车辆等固定资产；其三，资本是金融监管当局实施监管的重要手段。在银行开业前的审批注册、开业后的风险监管中，资本的绝对量标准或相对比例标准，始终是金融当局关注的重点。

2010年12月16日，巴塞尔委员会发布了《第三版巴塞尔协议》（Basel Ⅲ），并要求各成员经济体两年内完成相应监管法规的制定和修订工作，2013年1月1日开始实施新监管标准，2019年1月1日前全面达标。《第三版巴塞尔协议》确立了微观审慎和宏观审慎相结合的金融监管新模式，大幅度提高了商业银行资本监管要求，建立全球一致的流动性监管量化标准，对于完善巴塞尔监管体系，重塑全球银行业监管格局，促进全球银行业可持续发展具有十分重要的意义，同时也将对商业银行经营模式、银行体系稳健性乃至宏观经济运行产生深远影响。

中国银监会于2011年4月出台《中国银行业实施新监管标准的指导意见》，明确正常条件下系统重要性银行和非系统重要性银行的资本充足率分别不低于 11.5%和 10.5%，而二者的核心资本充足率分别不低于 10%和 8.5%。

（二）存款负债

吸收存款负债的业务是银行接受客户存入的货币款项，存款人可随时或按约定时间支取款项的一种信用业务。传统的分类方法将存款分为活期存款、定期存款和储蓄存款三大类。它们约占银行资金来源的 70%～80%，为银行提供了绝大部分资金来源，并为实现银行各职能活动提供了基础。这是银行的传统业务，在负债业务中占有最主要的地位。

1. 活期存款

活期存款（demand deposits）指那些可以由存户随时存取的存款。这种存款主要是用于交易和支付用途的款项。企业、个人、政府机关、金融机构都能在银行开立活期存款账户。商业银行彼此之间也可开立这种性质的账户，称为往来账户。

这种存款，支用时需使用银行规定的支票，因而又有支票存款之称。支票存款在许多国家允许超过存款金额签发支票——透支。开立这种存款账户的目的是为了通过银行进行各种支付结算。由于支付频繁，银行提供服务要付出较高费用，所以一般不对存户支付利息。虽然活期存款时存时取，流动性很强，但存取错综交替之中总会在银行形成一笔相对稳定、数量可观的余额，这是银行用于发放贷款的重要资金来源。

2. 定期存款

定期存款（time deposits）是存户与银行事先商定存款期限，并获取一定银行利息的存款。存款期限为30天、60天、90天、180天、1年乃至5年、10年不等，期限越长，利率越高，原则上不准提前支取或提前支取时利息受损。定期存款存入时，银行一般是向存户出具存单，也有采用存折形式的。定期存款最初都是由存户自己凭单取款。自20世纪60年代以来，银行为了更广泛地吸收存款，推出了“可转让”的大额定期存单，这种存单于到期日前可在货币市场上转让买卖。由于定期存款相对稳定，所以可作为中长期信贷活动的资金来源。

3. 储蓄存款

储蓄存款（saving deposits）是指社会公众将货币收入积蓄成货币资产并以此获取利息的存款。这种存款通常由银行发给存户存折，以作为存款和提款的凭证；一般不能据此签发支票，支用时只能提取现金或转入存户的活期存款行户，不能透支。储蓄存款的存户通常限于个人和非营利组织，近年来，也逐渐放宽到允许某些企业、公司开立储蓄账户。储蓄存款定期居多，但无论活期、定期，都支付利息，只是利率高低有别。

在我国商业银行的负债业务中，储蓄的地位十分突出。大力吸收个人储蓄历来都是我国金融工作中的一条重要方针。改革开放以来，储蓄增幅一直很大。自20世纪90年代以来，储蓄存款在全部存款中的比重始终保持在50%以上，并且其中定期部分的比例既高而且稳定，为银行提供了大量长期性的资金来源。多年来，国有商业银行以及其他商业银行，为了扩展贷款业务，无不千方百计地致力于储蓄存款的吸收。并为此采取了广布储蓄网点、扩编揽储人员、增加储蓄种类、改进服务方式、提高服务质量等措施。

知识链接

我国商业银行提供的储蓄业务简介

1. 活期储蓄

活期储蓄是指无固定存期、可随时存取、存取金额不限的一种比较灵活的储蓄方式。活期储蓄适用于所有客户，其资金运用灵活性较高，人民币1元起存，港币、美元、日元和欧元等起存金额为不低于1美元的等值外币。储蓄机构发给客户一个存折或借记卡，凭折（卡）随时存取，办理手续简便。全部支取时，按销户日挂牌公告的活期储蓄利率计息。自2005年9月21日起，个人活期存款按季结息，按结息日挂牌活期利率计息，每季末月的20日为结息日。未到结息日清户时，按清户日挂牌公告的活期利率计息到清户前一日止。

随着银行卡的不断发展，人们越来越习惯把钱放到自己的借记卡中，借记卡是指先存款后消费（或取现），具有存取款功能，但没有透支功能的银行卡。放到借记卡中的资金可以享受活期存款利率。不仅如此，各家银行的借记卡通常还具有证券转账、证券买卖等众多理财功能。而且，各银行系统内部还实现了“一卡通”，即可以对借记卡里的活期存款进行同城及异地通存通兑。

此外，大部分银行还开通了活期“一本通”，为客户提供一种综合性、多币种的活期储蓄，既可以存取人民币，也可以存取外币。活期“一本通”账户具有人民币和外币活期储蓄的全部基本功能。客户开立活期“一本通”账户时，必须预留密码。活期“一本通”可在开户行的同城营业网点存款、取款，客户还可指定活期“一本通”作为水电费、通信费等日常费用的缴费账户，省时省心，还可开通电话银行和网上银行，另外转账汇款也十分方便。

2. 定活两便储蓄

这种储蓄是一种事先不约定存期，一次性存入，一次性支取的储蓄存款。它的起存金额低，人民币 50 元即可起存。既有活期之便，又有定期之利，利息按实际存期长短计算，存期越长利率越高。存期低于整存整取最低档次（不满 3 个月）的，按活期利率计息；存期超过 3 个月以上不满半年的，按 3 个月整存整取利率六折计息；存期超过半年不满 1 年的，按半年整存整取利率六折计息；存期超过 1 年（含 1 年）的，一律按 1 年期整存整取利率六折计息。这种储蓄存款方式比较适合那些有较大额度的结余，但在不久的将来适合需随时全额支取使用的客户。

3. 整存整取

整存整取是一种由客户选择存款期限，整笔存入，到期提取本息的一种定期储蓄。它的起存金额低，多存不限，一般来说，人民币 50 元起存。整存整取的利率较高，因此具有较高的稳定收入，利率大小与期限长短成正比。存期上也有多种选择：人民币的存期分别为 3 个月、6 个月、1 年、2 年、3 年和 5 年；外币的存期分别为 1 个月、3 个月、6 个月、1 年、2 年。到期凭存单支取本息。储户还可以根据本人意愿在办理定期存款时约定到期自动转存。当客户在需要资金周转而整存整取存款未到期时，可部分提前支取一次，但提前支取部分将按支取当日挂牌活期存款利率计息。

4. 零存整取

零存整取是一种事先约定金额，逐月按约定金额存入，到期支取本息的定期储蓄。它的适应面较广，手续简便，往往可以积零成整，获得较高收益。零存整取起存金额较低，人民币 5 元即可起存。存期可以选择 1 年、3 年或 5 年。存款金额由储户自定，每月需以固定金额存入：若中途漏存，应在次月补齐。未补齐者则视同违约，违约后将不再接受客户续存及补存，到期支取时按实存金额和实际存期计息。这种储蓄方式比较适合刚参加工作，需逐步积累每月结余的客户。

5. 个人通知存款

这是一种不约定存期，支取时需提前通知银行，约定支取日期和金额方能支取的存款。个人通知存款不论实际存期多长，按存款人提前通知的期限长短划分为 1 天通知存款和 7 天通知存款两个品种。1 天通知存款必须提前 1 天通知约定支取存款，7 天通知存款则必须提前 7 天通知约定支取存款。本金一次存入，可一次或分次支取。个人通知存款利率收益较活期存款高，是大额资金管理的好方式，开户及取款起点较高。人民币通知存款开户起存金额 5 万元；最低支取金额为 5 万元。个人通知存款适用于拥有大额款项，在短期内需支取该款项的客户，或需分期多次支取的客户，或短期内不确定取款日期的客户。

6. 个人支票储蓄存款

这种存款是以活期储蓄存款作保证，以支票作支付凭证，办理支现和转账结算，集储蓄与消费于一体的存款。客户凭有效身份证件开户，与银行签订“个人使用支票协议书”后购买支票，凭支票取现或转账。存款期限同活期储蓄，账户余额不得低于所签发支票总额。此种存款方便，支付安全快捷，尤其适合个体工商户。

（三）其他负债业务

其他负债业务包括银行同业拆借、从中央银行借款、从国际货币市场借款、结算过程中的短期资金占用和发行金融债券等。

1. 银行同业拆借

银行同业拆借是指银行之间的资金相互融通。银行在日常经营活动中会经常发生头寸不足或盈余，头寸不足的银行为弥补差额，头寸盈余的银行为使盈余资金产生短期收益，双方自然会产生资金拆借交易。在这种业务中，借入资金的银行主要是用以解决本身临时资金周转的需要，一般均为短期的，有的只有一日——今日借，明日还。同业拆借的利率水平一般较低。日拆一般无抵押品，单凭银行的信誉，期限较长的拆借常以信用度较高的金融工具为抵押品。

2. 从中央银行借款

商业银行在其资金不足时，可向中央银行借款。一般来讲，商业银行向中央银行借款，其主要的、直接的目的在于缓解本身资金的暂时不足，而非用来营利。向中央银行借款主要有两种形式：一是再贴现，即把自己办理贴现业务所买进的未到期票据，如商业票据、短期国库券等，再转卖给中央银行；二是直接借款，即用自己持有的合格票据、银行承兑汇票、政府债券等有价证券作为抵押品向中央银行取得抵押贷款。由于商业银行一般只是在必要时才向中央银行借款来解决其资金暂时不足的矛盾，因而无论从该项目在商业银行负债中的比重还是从在中央银行资产中的比重来看，在西方国家都很小；但在我国，由于长期以来体制等方面的原因，该项目一直是国有商业银行一项比较重要的资金来源。

3. 从国际货币市场借款

自20世纪70年代以来，各国商业银行，尤其是大的商业银行，在国际货币市场上广泛地通过办理定期存款，发行大额定期存单，出售商业票据、银行承兑票据及发行债券等方式筹集资金。发展迅速的一些国家，其银行系统对这方面的依赖性往往很大。这既有利于获得资金，又同时是易受冲击的薄弱环节。

4. 结算过程中的短期资金占用

商业银行在为客户办理转账结算等业务过程中可以占用客户的资金。以汇兑业务为例，从客户把款项交给汇出银行起，到汇入银行把该款项付给指定的收款人止，中间总会有一定的间隔时间。在这段时间内，对于该笔款项，汇款人和收款人均不能支配，而为银行所占用。虽然从每笔汇款看，占用时间很短，但由于周转金额巨大，因而占用的资金数量也就相当可观。因而，从任一时点上看，总会有一些处于结算过程中的资金，构成商业银行可运用的资金来源。

5. 发行金融债券

发行金融债券指商业银行以债务人身份向市场发行债券以筹集资金的一种方式。对银行来说，发行金融债券有利于筹集稳定的长期资金，提高负债的稳定性、安全性，从而提高银行资金的使用效率和效益。

二、资产业务

商业银行的资产业务是指将自己通过负债业务所聚集的货币资金加以运用的业务，通过这种业务运作状况的考察，能反映出银行资金的存在形态及银行所拥有的对外债权。资产业务是取得收益的主要途径。资产业务主要包括现金资产、信贷资产、证券投资三大类。

（一）现金资产

现金资产又称第一准备资产，它是满足商业银行流动性需要的第一道防线，是商业银行资产中最具流动性的部分，也是非营利性资产。现金资产具体包括库存现金、存放中央银行的超额存款准备金、存放在同业的存款和托收中的现金。

1. 库存现金

库存现金是为应付客户取现和日常业务开支及收付需要而存放在银行金库中的现钞和硬币。银行之所以保持一定数量库存现金，是因为虽然支票、信用卡等信用工具的使用已大大超过现金的使用，但目前仍有一些小额零星开支需要动用现金。库存现金是非营利资产，同时为妥善保存还要采取保安措施，因而产生一定的费用支出，所以，商业银行一般将其保留在最低限额。

2. 存放中央银行的超额存款准备金

对于存放在中央银行的超额存款准备金，商业银行可随时用作支付或清算，是银行的一般性账户，好像商业银行的活期存款，流动性非常强。

3. 存放在同业的存款

存放在同业的存款是为了同业间往来及清算方便而在其他银行开设的往来账户，存放在同业的存款也具有活期存款性质，流动性强。

4. 托收中的现金

托收中的现金是指在商业银行经营中，每天都会收到开户人拿来的支票或现款，其中的支票有可能非本行付款而须向付款行收取，这种须向别的银行收款的支票称为“托收中现金”。在电子支付网络系统引入银行业务后，托收在途资金数量大规模减少。

以上各种现金资产都是为保持必要的流动性而保留的。随着货币市场、证券市场的发展，现金已不再是银行保持流动性的唯一办法，银行只需保留少量现金资产，而较多地采用其他办法，如持有国库券等短期债券或票据等。

（二）信贷资产

银行的信贷资产是银行发放的各种贷款，是银行传统的资产业务。贷款又称放款，是银行将其所吸收的资金，按一定的利率贷给客户并约定归还期限的业务。贷款业务种类很多，按不同的标准划分，主要包含以下几个类别。

1. 按贷款期限不同分类

按贷款期限不同，可分为短期贷款、中期贷款和长期贷款。

短期贷款的期限不超过 1 年。在西方国家，这种贷款中的一种流行做法是对贷款的偿还不规定具体期限，随时由银行通知（至少 3～5 日前）收回，称为“通知贷款”。中期贷款期限一般为 1 年以上 10 年以下。长期贷款期限则是指期限在 10 年以上的贷款。近年来，存款货币银行发放的中长期贷款量增长很快。银行发放中长期贷款可以获取较多的利息收入，但由于资金被长期占压，流动性差，风险较大。

2. 按贷款对象不同分类

按贷款对象不同，可分为工商业贷款、农业贷款和消费贷款。

工商业贷款主要是贷给工业企业用于固定资产投资和用于流动资产的资金需要；贷给商业企业用于商品流转的资金需要。由于工商企业都是营利企业，贷款本息的收回通常比较可靠。在商业银行贷出的款项中一般以这种贷款的比重最大。农业贷款，短期的主要用于购买种子、肥料、农药等，长期的主要用于购买土地、改良土壤或建造水利设施以及造林等。消费贷款是指贷放给个人用来购买消费品或支付劳务费用的贷款，其中又主要是用于购买汽车、房屋等。消费贷款的清偿依靠借款人的可靠收入。

知识链接

创新房贷产品介绍

1. 直客式房贷：享受一次性付款优惠

直客式房贷，是指银行直接贷款给买房者不用经过开发商担保，贷款额度、占总房款比例、期限及还款方式等都可根据购房者的需求决定，但购房者需通过银行指定的担保公司担保，除交纳正常按揭贷款的有关费用外，还须根据担保公司的要求交纳2‰～8‰的担保费用。目前，中国大多数商业银行都已经推出了这项业务。

适宜人群：有稳定收入、银行信用记录良好、所购房屋一次性付款优惠较多的购房者。

2. 循环房贷：自由调节还款方式

循环房贷，即指消费者与银行约定某个贷款额度，在此额度内无须再次审批就可随时借款。当客户有闲置资金短期不用时，也可随时还贷。目前招商银行的“随借随还”、中国民生银行的“按揭开放账户”都有类似功能。采用循环还贷方式后，客户可自由调节还贷方式。

适宜人群：收入不太稳定，可能出现负现金流的客户。

3. 固定利率房贷：规避利率风险

固定利率房贷，即指在贷款期限内借款人按照合同约定的某一利率执行还款，不因银行利率变动而调整还款利率。这种房贷产品满足了购房者规避利率风险的需要，其特点在于在贷款期限内，不论银行利率如何变动，借款人都将按照合同签订的固定利率支付利息，不会因为利率变化而改变还款数额。固定利率房贷都有贷款产品时间限制，一般为3年期和5年期，最长的固定利率房贷期限为10年。目前，中国建设银行、招商银行、中国光大银行、中国民生银行等银行都可以办理此业务。

适宜人群：有长期升值预期，未来收益稳定，需要锁定利率风险的购房者。

4. 气球贷：前紧后松自由还款

气球贷，即将贷款本金的一部分放在最后一期一次性偿还。由于平时还款少，到期还款多（贷款利息和部分本金分期偿还，剩余本金到期一次偿还），所以这款产品才被冠以“气球贷”这个颇为形象的名称。“气球贷”改变了按传统贷款期限来计算月供的还款方式。客户在申请5年期的住房按揭贷款时，可选择与银行约定的期限（如20/30年）来计算月供，从而大大减轻贷款初期每月的还款压力。此业务由深圳发展银行率先推出。

适宜人群：有提前还款需求，未来较短年限资金实力显著增强或是后期将有大额资金进账者，以及借款期内仅想偿还较少月供，而将节余的款项运用至其他更高回报投资项目的购房者。

5. 入住还款：减轻初期压力

入住还款是指客户在办理住房贷款业务时，可以申请从贷款第一个月开始，与银行约定一个时间段仅偿还贷款利息，无须偿还贷款本金，约定期满后再开始归还贷款的本金和利息。该产品考虑到有的客户在贷款初期由于支付了购房首期款，还需要安排资金对房屋进行装修，购置新家电、家具等，这一阶段家庭资金比较紧张。中国银行、中国建设银行、交通银行、中国光大银行等银行已开通此业务。

适宜人群：有稳定收入来源、初期资金不多且面临其他财务支出需求的年轻购房者。

6. 双周供房贷：还房款更省钱

双周供房贷是对应于月供而言的，还款方式从原来每月还款一次改变为每两周还款一次，每次还款额为原月供的一半。对于房贷客户来说，还款压力不变，但由于还款频率增加，贷款本金减少速度加快，这就意味着相应还款期内的贷款利息少于月供时的贷款利息；同时，相应的供款期也会缩短，但每月供楼压力加大。

适宜人群收入比较稳定，有平稳资金来源，希望加快房贷还款速度、缩短还款期限的购房者。

3. 按借款人提供的贷款保证不同分类

按借款人提供的贷款保证不同，可分为信用贷款、抵押贷款和票据贴现。

（1）信用贷款是指无抵押品作担保的贷款。通常仅由借款人出具签字的文书。信用贷款一般是贷给有良好信誉和可靠的偿付能力者。对这种贷款，银行通常收取较高的利息，并往往附加一定条件，如提供资产负债表、个人收支计划和报告借款用途等。这使得银行可以比较容易地从中了解借款者的财务状况和注意其经营发展。

（2）抵押贷款是指以特定的抵押品作担保的贷款。抵押品可以是不动产、应收账款、机器设备、提单、股票和债券等资产。作为抵押的资产必须是能够在市场上出售的。如果贷款到期，借款人不愿或不能偿还时，银行则可取消抵押品的赎回权并处理抵押品。抵押品资产的价值一般要求大于贷款金额。但银行由于借款人违约而处理其抵押品时，如果处理抵押品收入的金额超过贷款的本息和，超过部分应返还给借款人；反之，银行可通过法律程序追索不足的款项。抵押贷款又可分为质权担保贷款（以动产和可转让债权为抵押的贷款）和抵押权担保贷款（以不动产为抵押的贷款），抵押贷款是一种能相对降低风险的贷款。

（3）票据贴现是指银行买进未到期票据，并扣除自贴现日起至票据到期日止的利息的业务。其具体做法是：银行应客户的要求，买进客户未到期的票据，按贴现日计算票据的贴现利息，从票面金额中扣除贴现利息后，将票面余额付给持票人，银行在票据到期时，持票向票据的债务人索取票面金额的款项。实付贴现额的计算公式如下：

$$贴现付款额 = 票据金额 \times (1 - 年贴现率 \times \frac{未到期天数}{360})$$

商业银行的贴现率也称市场贴现率，它取决于两个因素：一是短期资金的供求情况；二是再贴现率的高低。

票据贴现实际上是一项特殊的放款业务。它和普通放款相比，虽然都是资金运用并收取利息，但仍有许多不同之处：①贷款期限较长，而票据贴现期限较短；②贷款利率要略高于贴现率，而票据贴现的流动性要强于贷款；③贷款是到期后收取利息，贴现则是在贴现业务发生时即从票据面额中预扣利息；④贷款是直接的借贷行为，而贴现是票据转让行为；⑤贷款能否在预定期限收回，主要取决于债务人的偿债能力和信用程度，而贴现到期即可收回，一般没有风险。

4. 按贷款风险程度不同分类

按贷款风险程度不同，分为正常贷款、关注贷款、次级贷款、可疑贷款和损失贷款。

（1）正常贷款是指借款人能够履行合同，有充分把握按时足额偿还贷款本息的贷款。

（2）关注贷款是指尽管借款人目前有能力偿还贷款本息，但是存在一些可能对偿还产生不利影响的因素的贷款。

（3）次级贷款是指借款人的还款能力出现了明显的问题，依靠其正常的经营收入已无法保证足额偿还贷款本息，即使执行担保，也可能会造成一定损失的贷款。

（4）可疑贷款是指借款人无法足额偿还贷款本息，即使执行抵押或担保，也肯定要造成较大损失的贷款。

（5）损失贷款是指在采取所有可能的措施和一切必要的法律程序之后，本息仍然无法收回，或只能收回极少部分的贷款。

后三类合称为“不良贷款”。

5. 按还款方式不同分类

按还款方式不同，可分为一次偿还的贷款和分期偿还的贷款。

一次偿还的贷款是在贷款到期时一次偿还本金；利息则根据约定，或在整个贷款期间分期支付，或在贷款到期时一次支付。分期偿还的贷款是按年、按季、按月以相等的金额还本付息。

知识链接

我国个人住房贷款常用的分期还款方法

1. 等额本息还款法

等额本息还款法是指在贷款期限内每月以相等的金额平均偿还贷款本金和利息的还款方法。等额本息还款可以直接通过财务计算器进行计算，也可通过下列公式来进行计算，其计算公式如下：

$$\text{每月还款额}=\frac{\text{贷款本金}\times\text{月利率}\times(1+\text{月利率})^{\text{还款期数}}}{(1+\text{月利率})^{\text{还款期数}}-1}$$

适合人群：适用于收入处于稳定状态的家庭，如公务员、教师等，这也是目前绝大多数客户采用的还款方式。

这种方式的优点在于：借款人还款操作相对简单，等额支付月供也方便贷款人合理安排每月收支。

如李先生向银行申请了 20 年期 20 万元商业贷款，利率为 7.05%（假定利率不变），采用等额本息法还款。因此，在整个还款期（240 个月）内，李先生每月还款金额 1556.61 元，还款总额为 373 585.46 元，利息总额为 173 585.46 元。

2. 等额本金还款法

等额本金还款法是指在贷款期限内按月偿还贷款利息和本金，其中每月所还本金相等。其计算公式如下：

$$\text{每月还款额}=\frac{\text{贷款本金}}{\text{还款期数}}+(\text{贷款本金}-\text{累计已还本金})\times\text{月利率}$$

适合人群：适用于目前收入较高但预计将来收入会减少的人群，如面临退休的人，或还款初期还款能力较强，并希望在还款初期归还较大款项来减少利息支出的借款人。

等额本金还款法的特点是本金在整个还款期内平均分摊，利息按贷款本金余额逐日计算，每月还款额在逐渐减少，但偿还本金的速度是保持不变的。使用本方法，开始时每月还款额比等额本息还款要高，在贷款总额较大的情况下，相差甚至可达千元，但随着时间推移，还款负担会逐渐减轻。

如李先生向银行申请了 20 年期 20 万元商业贷款，利率为 7.05%（假定利率不变），采用等额本金法还款。因此，在整个还款期（240 个月）内，每月还款金额不等，其中首月还款 2008.33 元（1175.00 元利息、833.33 元本金），末月还款 838.23 元（4.90 元利息），还款总额为 341 587.50 元，利息总额为 141 587.50 元。

（三）证券投资

证券投资是指商业银行以其资金持有各种有价证券的业务活动。商业银行投资于有价证券的目的，一般是为了增加收益和增加资产的流动性。

这一业务在不同国家有所不同。如在主要西方国家中，西欧（尤其是德国）的商业银行实现综合化、全能化经营，银行可从事有关证券的一系列业务，20 世纪 80 年代以前在美国和日本都实行比较严格的分业经营，只不过在商业银行业务范围的宽窄和有关法规限制与解除上，两国有所不同，原则上不能从事有价证券特别是企业证券的各种相关业务。但是公开销售的中央政府发行的证券是可以购买的，在银行投资中占相当比重，尤其是国库券，商业银行购买这种证券易于销售、流动性强、市场价格波动幅度小，相对稳定；地方政府发行的证券也是投资对象之一，但对地方政府所有的企业或公益事业单位发行的证券，商业银行购买有一定的限制。按我国《商业银行法》的规定，商业银行不得从事境内信托投资和股票业务。因此，目前商业银行的证券投资业务对象主要是政府债券和中央银行、政策性银行发行的金融债券，且规模都不大。

三、中间业务和表外业务

（一）中间业务

中间业务又称为无风险业务，是指银行并不需要运用自己的资金而代理客户承办支付和其他委托事项，并据以收取手续费的业务。最常见的是传统的汇兑、信用证、代收、代客买卖等业务。

1. 汇兑业务

汇兑也称汇款，是客户以现款交付银行，由银行把款项支付给异地受款人的一种业务。使用的汇兑凭证有银行支票、银行汇票、邮信或电报的付款委托书。这些凭证都是承汇银行向另一家银行或其分支行发出的命令，命令后者向第三者支付一定数额的款项。按汇出行将付款命令通知汇入行的方式不同，可分为电汇、信汇和票汇三种形式。在当今银行业务广泛使用电子技术的情况下，资金调拨已是瞬息间可以解决的问题。除小额款项仍有使用电汇、信汇或票汇形式的必要外，大笔资金基本上都是通过电子资金调拨系统处理。

2. 信用证业务

信用证业务是由银行保证付款的业务。现在广泛开展的为商品信用证业务。商品信用证是银行应客户（购货单位）的要求，按其所制定的条件开给销货单位的一种保证付款的凭证。其业务程序为：购货单位请求银行向销货单位开出信用证，并把货款的一部分或全部交付银行；信用证上注明支付货款时所应审查的事项；销货单位按信用证所列条件发货后，可凭信用证要求银行付款。这种业务在异地采购，尤其是在国际贸易中，得到广泛应用。银行经办信用证业务，除可从中收取手续费外，还可以占用一部分客户资金。

3. 承兑业务

承兑是银行为客户开出的汇票或票据签章承诺，保证到期一定付款的业务。当票据到期前或到期时，客户应将款项送交银行或由其自己办理兑付。若到期客户无力支付票据款项，则该承兑银行必须承担付款责任。由于票据的兑付一般无需银行投入自己的资金而是用客户的资金办理，所以银行经办承兑业务，实际上是以其自身的信用来加强客户的信用。为此银行要向客户收取一定的手续费。由于经过银行承兑的票据在付款方面更有保障，因而承兑业务的开展促进了票据流通范围的扩大。这项业务在现代银行业务中占有相当重要的地位。

4. 代收业务

代收业务是银行根据各种凭证以客户名义代替客户收取款项的业务。首先是银行代收支票款项，即客户将从他人手中收到的其他银行的支票交给自己的开户银行并委托其代为从其他银行收取款项。这是最频繁的代收业务。此外还有接受委托代客户收取票据款项的业务、代客户收取有价证券利息和股息的业务等。

5. 代客买卖业务

代客买卖业务是银行接受客户委托，代替客户买卖有价证券、贵金属和外汇的业务。在银行的代客买卖业务中最重要的是代理发行有价证券的业务。银行代公司发行股票或债券时，无论包销或代销，都能从中获得收益。

6. 信托业务

信托是指接受他人委托，代为管理、经营和处理经济事务的行为。银行信托是经营金融性质的委托代理业务，即银行作为受托人按客户——委托人的委托，代为管理、经营、处理有关钱财方面的事项。经营信托业务一般只收取有关的手续费，而营运中获得的收入则归委托人或其指定的受益人所有。同时，银行承办这项业务，势必可以占用一部分信托资金，利于其扩展经营。信托业务的种类可以从不同角度按不同标准进行划分。如按组成信托关系的对象，可分为个人信托和法人信托；按组成信托关系的方式，可分为任意信托和特约信托；按受益对象，可分为自益信托和他益信托；按信托资产的不同，可分为资金信托、动产信托和不动产信托，等等。

7. 银行卡业务

银行卡是由银行发行，供客户办理存取款和转账支付的新型服务工具的总称。它包括信用卡、记账卡、智能卡等。因这些银行卡均以塑料制成，又有“塑料货币”之称。银行卡的出现，是银行业务与飞速发展的科学技术相结合的产物，它使得银行业务有了一个崭新的面貌。

（二）表外业务

表外业务是指凡未列入银行资产负债表内且不影响资产负债总额的业务。商业银行的表外业务有狭义和广义之分。狭义的表外业务是那些虽未列入资产负债表内，但同表内的资产业务或负债业务关系密切的业务。银行在经办这类业务时，没有垫付任何资金，但在将来随时可能因具备了契约中的某个条款而转变为表内的资产或负债，如互换、期权、期货、远期利率协议、票据发行便利、贷款承诺、备用信用证等业务。广义的表外业务除包括上述狭义的表外业务外，还包括中间业务。

表外业务是20世纪80年代以来西方国际银行业发展的重点。从发展规模看，不少西方国家大银行的表外业务量已大大超过其表内业务量；从收益看，不少银行的表外业务收入远远超过其表内业务收入。

1. 各种担保性业务

银行提供的担保是银行应交易中某一方申请人的申请，允诺当申请人不能履约时由银行承担对另一方的全部义务。担保业务表现方式有多种。在经济交往中，常见的担保业务是以开具保函的形式进行的。担保业务不占用银行的资金，但担保函一经开出即形成开出保函银行的或有负债，当申请人（被担保人）不能及时地履行其应尽义务时，银行就必须代其行使职责，通常为代其付款。银行在提供担保时除了要承担违约风险外，还要承担汇率风险、国家风险等。因而担保是一种风险较大的表外业务，各国金融监管当局都对它作了严格的限制，《巴塞尔协议》也将银行担保业务的信用转换系数定为100%。

2. 承诺性业务

承诺性业务主要有回购协议、信贷承诺和票据发行便利。

（1）回购协议。是指交易一方向另一方出售某种资产，并承诺在未来特定日期、按约定价格从另一方购回同种资产的交易形式。严格地讲，回购协议应列入资产负债表中，因为回购协议期限一般较短（例如回购期为7天），而资产负债表的编制时间的间隔为1个月，故不能将其及时反映在表内。故《巴塞尔协议》中仍将其列入表外项目，并规定其信用换算系数为100%。

（2）信贷承诺。是指银行在对借款客户信用状况的评价基础上与客户达成的一种具有法律约束力的契约，约定按照双方商定的金额、利率，银行将在承诺期内随时准备应客户需要提供信贷便利。作为提供信贷承诺的报酬，银行要向客户收取承诺佣金。对借款人来讲，首先，信贷承诺具有较大的灵活性，获得承诺的借款人等于拥有了一种保证，享有机动、灵活的选择余地，可以随时根据自身的营运情况，确定信贷承诺的用与不用、用多用少、用长用短，以求最合理、有效地使用资金。其次，信贷承诺提高了借款人的市场信誉。尽管付出了一定的承诺佣金，但可靠的承诺有力地提高了借款人在直接融资市场上的信誉，往往由此在更大程度上降低了自身的筹资成本。而对承诺银行来讲，信贷承诺具有较高营利性，申请承诺的借款人通常都把它作为一种支持性工具，因此银行实际上并不需动用资金，仅凭承诺就可获得可观的佣金；同时承诺的借款对象多是银行所熟悉的优质客户，银行进行调查分析的成本很低，却由此加强了与优质客户的联系。

（3）票据发行便利。是指银行同意票据发行人在一定期限内发行某种票据，并承担包销义务，在这种方式下，借款人以发行票据方式筹措资金，而无需直接向银行借款。在欧洲货币市场上，这种业务非常流行，如借款人发行的票据不能如期售完，银行将负责买下剩余的部分或以贷款的方式予以融通。票据发行便利使借款人得到了直接从货币市场上筹得低成本资金的保证，并能按短期利率获得往来银行长期贷款的承诺，银行则不但收取手续费，而且维持了与客户的良好关系。在该业务中，银行实际上充当了包销商的角色，从而产生了或有负债。

3. 衍生金融工具交易

衍生金融工具是指在传统的金融工具（如债券和股票等）基础上产生的新型交易工具，主要有期货、期权、互换合约等。衍生金融工具是当今金融自由化、全球化发展所导致金融不断创新的结果，这种金融工具的创新为金融与经济的发展带来了有利有弊的影响，一方面使世界范围内金融业的活力和运转效率得到空前的提高，成为新的金融利润增长点，并使银行的经营管理水平迈向了新的高度；另一方面，衍生金融工具在交易中如运用不当或稍有不慎，就可能造成巨额损失，进而导致银行的破产和倒闭。

> **思考与讨论**
>
> **商业银行中间业务**
>
> 《巴塞尔协议》规定，中间业务包括客户资产管理、贷款承诺业务、担保业务和金融工具创新业务等。中间业务与传统的存、贷业务比较，具有风险低、收益较稳定、不需占用自有资金等优点。在国外，银行中间业务发展相当快，其中间业务收入占全部收入的比例多为 40%～60%，许多国际大银行的中间业务收入已经占了银行收入的一半以上，有的银行中间业务收入甚至占其总收入的 80%。我国四大国家控股股份制商业银行 2012 年的中间业务收入占比分别为：中国建设银行 20.29%、中国工商银行 19.75%、中国银行 19.10%和中国农业银行 17.74%。与国外大银行相比，我国银行的中间业务收入占比仍然太小。
>
> **思考**：我国银行中间业务收入占比低的原因何在？

第三节　存款货币的创造

在现代各国货币供应中，存款货币是货币供应中的最大组成部分。由于存款货币是以商业银行活期存款的形式存在，而活期存款既是商业银行开展存、贷、汇业务的基础，也是存、贷、汇业务的结果，存款货币可以通过商业银行的存、贷、汇等信用业务活动创造出来。

一、原始存款与派生存款

所谓原始存款（primary deposit），是指能够增加商业银行存款准备金的存款，它包括银行吸收的现金存款或中央银行对商业银行贷款所形成的存款。

所谓派生存款（derivative deposit），是相对于原始存款而言的，是指由商业银行以原始存款为基础发放贷款而引申出的超过原始存款的那一部分存款。

原始存款与派生存款之间存在以下密切的关系。

（1）派生存款必须以一定量的原始存款为基础。在存款货币创造的过程中，任何一笔派生存款都要有一定量的原始存款给予保证。在一定时期内，如果存款派生倍数不变，原始存款数量越大，银行创造派生存款的能力就越大；反之，创造派生存款的能力就越小。

（2）原始存款与派生存款存在相互转化的关系。二者的相互转化必须以贷款为条件，由于贷款的发放，原始存款转化为派生存款，作为下一步贷款的基础，派生存款又转化为原始存款。这样，一方面不断促使原始存款向派生存款转化而扩大资金运用；另一方面不断促使派生存款向原始存款转化而扩大资金来源。正是由于这种转化，才使银行在存款不断派生的基础上不断扩大信贷规模。

二、派生存款的过程

（一）派生存款的前提条件

1. 实行部分准备金制度

如果法律规定商业银行对存款保持全额准备金，银行体系内的存款量是不会增加的。例如，某一客户到商业银行存入现金 10 000 元，并且按照法律规定保存 100%的准备金 10 000 元，不考虑其他因素的情况下，银行新增的 10 000 元存款刚好用作 10 000 元现金准备，这时的存款数量并没有增加。因此，商业银行在全额准备金制度下是不能创造派生存款的，只有实行部分准备金制度，商业银行才有派生存款的可能。

2. 实行非现金结算制度

在发达的信用制度下，由于非现金结算的普遍开展和票据的广泛使用，银行发放贷款一般不需要以现金形式支付给借款企业，而是把贷款转入借款企业的存款账户，而后由企业签发票据支付款项，收款单位将其收入存入银行，银行又以这笔存款发放新的贷款，这样无限循环下去，银行的存款总量就可以增加。但是，如果银行以现金放款，或者借款者将获得的贷款全部以现金取出，银行的存款总量就不可能增加。仍以上例说明，假设银行在保留了 2000 元准备金后，其余的 8000 元用于贷款或投资且全部以现金放款，银行系统存款总量没有增加。因此银行只有在实行非现金结算制度下才有派生存款的可能。

派生存款的两个条件必须同时具备，缺一不可。

（二）派生存款的过程

为了进一步说明商业银行派生存款的过程，必须先做几条假定：①每家银行只保留法定存款准备金，其余部分全部贷出，超额准备金等于零；②客户收入的一切款项均存入银行，而不提取现金；③法定存款准备金率为 20%。

现假设 A 企业将 10 000 元存入第一家银行，该行增加原始存款 10 000 元，按 20%提留 2000 元法定存款准备金后，将超额准备金 8000 元全部贷给 B 企业，B 企业用来支付 C 企业货款，C 企业将款项存入第二家银行，使其准备金和存款同额增加 8000 元，该行提留 1600 元法定存款准备金后，又将超额准备金 6400 元贷给 D 企业，D 企业又用来向 E 企业支付货款，E 企业将款项存入第三家银行，该行又继续贷款，如此循环下去，如表 5.1 所示。

表 5.1 派生存款的创造过程

（单位：元）

银行名称	存款增加数	提留法定准备金（20%）	放款增加数
第一家银行	10 000.00	2000.00	8000.00
第二家银行	8000.00	1600.00	6400.00
第三家银行	6400.00	1280.00	5120.00
第四家银行	5120.00	1024.00	4096.00
第五家银行	4096.00	819.20	3276.80
第六家银行	3276.80	655.36	2621.44
第七家银行	2621.44	524.29	2097.15
第八家银行	2097.15	419.43	1677.72
第九家银行	1677.72	335.54	1342.18
第十家银行	1342.18	268.44	1073.74
其他银行合计	5368.71	1073.74	4294.97
总计	50 000.00	10 000.00	40 000.00

由表 5.1 可知，在部分准备金制度下，10 000 元的原始存款，可使银行共发放贷款 40 000 元，并可使活期存款总额增至 50 000 元。活期存款总额超过原始存款的数额，便是该笔原始存款所产生的派生存款总额。银行这种扩张信用的能力取决于两个因素：即原始存款数额的大小和法定存款准备金率的高低。派生存款总量与原始存款成正比，与法定存款准备金率成反比。这种关系可用公式表示为

$$D = A \times \frac{1}{r_d} = A \times K$$

式中，D 表示经过派生的存款总额；A 为原始存款，r_d 为法定存款准备金率；而 K 被称为存款扩张倍数，该倍数是 r_d 的倒数。法定存款准备金率越高，存款扩张倍数就越小；法定存款准备金率越低，则扩张倍数就越大。如上例：

$$D = A \times \frac{1}{r_d} = 10\,000 \times \frac{1}{20\%} = 50\,000(\text{元})$$

此例中的存款派生倍数为 1/(20%)=5，即包括原始存款在内的存款总额为原始存款的 5 倍。

派生存款额=存款总额-原始存款=50 000-10 000=40 000（元）

三、存款扩张倍数及其修正

（一）存款扩张倍数

如前所述，商业银行派生存款的能力，取决于原始存款和存款扩张倍数，而存款扩张倍数是法定存款准备金率的倒数。法定存款准备金是国家用法律的形式规定商业银行将吸收的存款按照一定的比率缴存到中央银行，其目的在于保护存款者的利益和控制商业银行创造存款的能力。法定存款准备金率越高，商业银行缴存的存款准备金越多，能够用于贷款和投资的货币数量越少，创造派生存款的能力就越小；相反，存款准备金率越低，创造派生存款的能力就越强。存款扩张倍数与法定存款准备金率的关系用公式可以表示为

$$K = \frac{1}{r_d}$$

（二）存款扩张倍数的修正

在实际经济活动中，存款扩张倍数还会受种种因素的影响而大大缩减，因此必须对其做进一步的修正。

（1）现金漏损的修正。假设公众将所有货币收入都存入银行而不得提取现金，事实上是不现实的，尤其对于银行制度不发达的国家来说，人们总会将部分收入以现金形式保留在手中。这样就出现了现金漏损，即银行在扩张信用及创造派生存款的过程中，难免有部分现金会流出银行体系，保留在人们的手中而不再流回。由于现金外流，银行可用于放款部分的资金减少，因而削弱了银行体系创造存款货币的能力。在一定时期内，流通于银行体系之外的现金数量与活期存款的数量存在一定的比率关系，我们把这种比率关系称为现金漏损率，也称为提现率。现金漏损率对于银行扩张信用的限制与法定存款准备金率具有同等的影响，设现金漏损率为 c，因而当把现金漏损问题考虑进去后，银行体系创造存款的扩张乘数公式应修正为

$$K = \frac{1}{r_d + c}$$

（2）超额存款准备金率的修正。前面假设商业银行不得保有超额准备金，而在实际经营中为了保持流动性，银行实际持有的准备金总是大于法定准备金，这种差额称为超额准备金。不过，为了实现利润最大化，其持有的超额准备金通常较少。银行的超额准备金同活期存款在数量上也保持着某种关系，可用超额准备金率来表示。同法定准备金率及现金漏损率一样，超额准备金率的变化在存款创造中起着同样的作用，超额准备金率越大，则银行信用扩张的能力就越小；超额准备金率越低，则银行信用扩张的能力就越大。若考虑超额准备金，令 e 为超额准备金率，银行体系创造派生存款的扩张倍数公式就应修正为

$$K = \frac{1}{r_d + c + e}$$

（3）定期存款准备金的修正。由于经济行为主体既会持有活期存款，也会持有定期存款，

当活期存款被转入定期存款时，尽管不致使原持有的准备金额有所下降，但这种变动会对存款扩张倍数 K 产生影响。因为法律规定，银行对定期存款（D_t）也要按一定的法定准备金率（r_t）提留准备金，通常 $r_t \neq r_d$。定期存款（D_t）同活期存款总额（D_d）之间也会保有一定的比例关系，当令 $t=D_t/D_d$ 时，则（r_tD_t）$/D_d=r_t t$。也就是说，每一个货币单位的活期存款中就会有 $r_t t$ 作为法定准备金漏出（假定对个人定期存款不保持超额准备），考虑到定期存款对存款扩张倍数的影响，存款扩张倍数公式可进一步扩展为

$$K = \frac{1}{r_d + c + e + t \times r_t}$$

根据以上分析，影响存款扩张倍数 K 的因素是多方面的，包括 r、c、e、$r_t t$ 等因素的影响。其中 r_d 和 r_t 的决定权在中央银行，c 和 t 的决定权在于社会公众，e 的大小取决于商业银行。

第四节　商业银行的经营与管理

一、商业银行经营管理的原则

商业银行经营的高负债率、高风险性以及受到监管的严格性等特点决定了商业银行的经营原则不能是单一的，而只能是几个方面的统一，商业银行的经营原则一般概括为安全性、流动性和赢利性原则。

1. 安全性

安全性是指商业银行在运营过程中资产免遭损失的可靠程度。可靠程度越高，资产的安全性就越强；反之，则资产的安全性越差。因为商业银行本身经营具有很大的外部性特征，也就是说一旦银行倒闭，其对社会的危害要大大超过一般企业的倒闭，所以安全性是商业银行经营最根本的原则，安全性的相对概念为风险性，即商业银行资产遭受风险的可能性。商业银行经营绝对安全是不存在的，但要尽量采取措施把风险降到最低。

2. 流动性

流动性是指商业银行能够随时应付客户提现和满足客户借贷的能力。流动性有两方面，即资产的流动性和负债的流动性。资产的流动性是指银行资产在不受损失的前提下随时变现的能力。负债的流动性是银行能够经常以合理的成本吸收各项存款和其他所需资金。一般情况下，我们所说的流动性是指前者，即资产的变现能力。银行要满足客户提取存款方面的要求，银行在安排资金运用时，一方面要求使资产具有较高的流动性；另一方面必须力求负债业务的结构合理，并保持较强的融资能力。商业银行的流动性一定要保持适度，过高的流动性会使银行失去赢利机会甚至出现亏损；过低的流动性可能导致银行出现信用危机，客户流失，资金来源丧失，甚至会因为挤兑导致银行倒闭。

3. 赢利性

赢利性是指商业银行获得利润的能力。商业银行作为金融企业，在业务经营活动中同样

力求获得最大限度的利润。赢利性越高，获得利润的能力越强；反之获得利润的能力越弱。赢利水平提高，可以增强银行信誉，增强银行实力，吸引更多的客户，同时也可以增强银行承担经营风险的能力，避免因资本大量损失而带来破产倒闭的危险。

4．安全性、流动性、赢利性三原则的关系

赢利性目标和安全性、流动性目标在一定意义上是统一的。但是在实际经营活动中，赢利性和安全性、流动性又存在着一定的矛盾和冲突。一般地说，赢利性与安全性、流动性之间是对立的。

第一，安全性与流动性之间具有统一性。流动性强的资产，安全程度就高；反之则相反。

第二，安全性与赢利性之间具有统一性。银行要增加赢利，首先要以安全经营为前提，如果失去安全，出现大量亏损或面临倒闭的风险，赢利性就无从谈起；反之，银行赢利增加为银行的安全经营创造了物质条件。只有在保持较高赢利水平的条件下，银行才有可能增加自有资本的积累，增强抵抗风险和履行付款责任的能力。

第三，安全性与赢利性之间又具有对立性。越是期限短的资产，其风险越小，但赢利水平也较低；反之则相反。

第四，流动性与赢利性之间具有对立性。流动性强的资产赢利率较低，流动性差的资产赢利性较强。

二、商业银行经营管理的理论

西方商业银行经营管理的理论历经了资产管理理论、负债管理理论、资产负债管理理论和资产负债外管理理论的发展过程。

（一）资产管理理论

资产管理理论是以商业银行资产的流动性为重点的传统管理方法。在20世纪60年代以前，人们一般认为商业银行的负债主要取决于客户的存款意愿，商业银行只能被动地接受负债；而银行的利润主要来源于资产业务，而资产运用的主动权掌握在银行的手中。因此，商业银行经营管理的重点应是资产业务，以保持资产的流动性，达到赢利性、安全性、流动性的统一。资产管理理论产生于商业银行经营的初级阶段，是在经历了商业贷款理论、资产转移理论、预期收入理论和超货币供给理论几个不同发展阶段逐渐形成的。

1．商业贷款理论

商业贷款理论也称真实票据理论。这一理论是在18世纪英国银行管理经验的基础上发展起来的。其主要内容为：银行的贷款应以真实的商品交易背景的票据为担保发放，在借款人出售商品取得货款后就能按期收回贷款。一般认为这一做法最符合银行资产流动性原则的要求，最具有自偿性。所谓自偿性，就是借款人在购买货物或生产产品时所获得的贷款可以用生产出来的商品或商品销售收入来偿还。根据这一理论要求，商业银行只能发放与生产、商品相联系的短期流动贷款，一般不能发放购买证券、不动产、消费品的贷款或长期农业贷款。对于确有稳定的长期资产来源的才能发放有针对性的长期贷款。

这一理论的出现是与当时社会经济尚不发达，商品交易限于现款交易，银行存款以短期为主，经济社会对贷款的需要仅限于短期的现实相适应的。似是当借款人的商品卖不出去，或应收账款收不回来，或出现其他意外事故、贷款到期不能偿还时，自偿性就不能实现。而且在经济不断增长、公众手中的流动资产剧增、信用普遍发展的情况下，银行吸收的存款不但数额庞大，而且其中定期存款所占的比重也不断升高，这时银行贷款如仅限于自偿性的短期贷款，资金周转势必不畅，不但影响经济社会对中长期贷款的需要，也必定会影响银行的赢利水平。所以当今的西方学者和银行家已不再接受或不完全接受这一理论。

2. 资产转移理论

资产转移理论是20世纪初在美国银行界流行的理论。该理论认为，随着银行业向综合化发展，市场越来越发达，银行为了保持应付提存所需的流动性，可以将一部分资金投资于具备转让条件的证券上，作为第二准备金。这种证券只要信誉高、期限短、易于出售，银行就可以保持其资产的流动性，如目前美国财政部发行的短期国库券就符合这种要求。这一理论的采用，使银行除继续发放短期贷款外，还可以投资于短期的证券，从而使业务得到了扩大。另外，活期存款和短期存款总会有一部分长期沉淀，银行也可以用以发放长期放款，资产与负债期限没有必要严格对称。这种理论也有一定的缺陷：当各家银行竞相抛售证券的时候，有价证券将出现供大于求，持有证券的银行转让时将会受到损失，因而很难达到保持资产流动性的预期目标。资产与负债期限的不对称性也必须有一定的界限，在实际工作中这一界限往往很难准确确定。

3. 预期收入理论

预期收入理论是在第二次世界大战后由美国学者普鲁克诺于1949年在《定期贷款与银行流动性理论》（Term Loans and Theories of Banking）一书中提出的，它是在商业贷款理论和资产转移理论的基础上发展起来的，但又与这两种理论不同。该理论认为：只要资金需要者经营活动正常，其未来经营收入和现金流量可以预先估算出来，并以此为基础制订出分期还款计划，银行就可以相应筹措资金发放中长期贷款。这样，无论贷款期限长短，只要借款人具有可靠的预期收入，资产的流动性就可以得到保证。这种理论强调的是借款人是否确有用于还款的预期收入，而不是贷款能否自偿、担保品能否及时变现。

基于这一理论，银行可以在一定的条件下发放中长期设备贷款、个人消费贷款、房屋抵押贷款、设备租赁贷款等，使银行贷款结构发生了变化，成为支持经济增长的重要因素。这种理论的主要缺陷在于银行把资产经营建立在对借款人未来收入的预测上，而这种预测不可能完全准确。而且借款人的经营情况可能发生变化，到时不一定具备清偿能力，这就增加了银行的风险，从而影响了银行资产的流动性。

4. 超货币供给理论

这一新理论产生于20世纪60年代末。该理论认为：随着货币形式的多样化，不仅商业银行能够利用贷款方式提供货币，而且其他许许多多的非银行金融机构也可以提供货币，使银行面临很大的社会竞争压力。因此，银行的资产管理应该改变陈旧的观念，不仅单纯提供货币，而且还应该提供各方面的服务。根据这种理论，银行在发放贷款和购买证券提供货币的同时，还应积极开展投资咨询、项目评估、市场调查、委托—代理等多种服务，使银行资产管理更加深化。其缺陷是：银行在广泛扩展业务之后，增加了经营的风险，如果处理不当容易遭受损失。

以上理论基本适应各阶段的经济发展情况，有利于商业银行防止或减少贷款的盲目性，增强了资产的安全性和流动性，有力地推动了商业银行资产业务的发展，因而在商业银行中长期盛行。但是这些理论的缺陷是：随着经济的迅速发展，其难以满足社会经济对资金的需求。

（二）负债管理理论

负债管理理论是以负债为经营重点来保证资产流动性和赢利性的经营管理理论。其理论的核心是主张以借入资金的办法来保持银行的流动性，从而扩展资产业务，增加银行收益。

20 世纪 60 年代以后，各国经济出现了迅速发展的局面。这一情况迫切需要银行提供更多的资金，因而促使银行不断寻求新的资金来源，满足客户借款的需要。此外，银行业竞争的加剧、存款利率的最高限制的实施，都迫使商业银行必须开拓新的负债业务，不断增加资金来源。除传统的存款业务以外，商业银行还积极向中央银行借款，发展同业拆借，向欧洲货币市场借款，发行大额可转让定期存单，签订回购协议借款等。

负债管理理论的缺陷：提高了银行的融资成本，增加了经营风险，不利于银行稳健经营。

（三）资产负债管理理论

资产负债管理理论要求商业银行对资产和负债进行全面管理，而不能只偏重于资产或负债某一方的一种新的管理理论。20 世纪 80 年代初，金融市场利率大幅度上升，存款管制的放松导致存款利率上升，从而使银行吸收资金的成本提高，这就要求商业银行必须合理安排资产和负债结构，以增强资金的流动性，实现最大限度的赢利。资产负债管理理论就是通过资产和负债的共同调整，使资产和负债项目在期限、利率、风险和流动性方面合理搭配，尽可能使资产、负债达到均衡，以实现安全性、流动性和赢利性的完美统一。由于资产负债管理理论是从资产和负债之间相互联系、相互制约的整体出发来研究管理方法，因而被认为是现代商业银行最为科学、合理的经营管理理论。

（四）资产负债外管理理论

尽管 20 世纪 80 年代以来，资产负债管理理论仍是西方商业银行推崇的主要经营管理理论，但这种理论也有明显的缺陷。在 20 世纪 80 年代放松管制、金融自由化的形势下，商业银行之间及其他金融机构之间的竞争更加激烈。尤其在 20 世纪 80 年代后期西方经济普遍出现衰退的情况下，银行经营环境恶化抑制了银行利率的提高和银行经营规模的扩大，银行存放款的利差收益越来越小。

资产负债外管理理论主张银行应从正统的负债和资产业务以外的范围去寻找新的经营领域，从而开辟新的赢利源泉。这种理论认为：存贷业务只是银行经营的一条主轴，在其旁侧，可以延伸发展多样化的金融服务。同时，这种理论还提倡原本资产负债表内的业务转化为表外业务，以降低成本。在信息技术高速发展的今天，以信息处理为核心的服务领域成为银行资产负债以外业务发展的重点。如商业银行通过贷款转让、存款转售（在资产和负债上分别销账）等方法，使表内经营规模维持现状甚至缩减，银行收取转让的价格差额，既可增加收益，又可逃避审计和税务部门的检查。在资产负债外管理理论的影响下，商业银行的表外业务迅速发展，各种服务费收益在银行赢利中所占比重已日益上升。

本章小结

1. 商业银行是以经营工商业存款、贷款和结算为主要业务，以赢利为主要经营目标的金融企业。它是经营货币商品的特殊企业，具有信用中介、支付中介、信用创造和金融服务四大职能。

2. 从世界各国商业银行业务经营的发展过程来看，商业银行的经营模式可分为分业经营和混业经营模式。自20世纪70年代末以来，两种经营模式的界限有所突破，混业经营将是商业银行未来发展的趋势。

3. 商业银行的组织制度包括：单一银行制、总分行制、持股公司制、连锁银行制和网络银行等。

4. 商业银行的主要业务包括负债业务、资产业务、中间业务和表外业务。负债业务主要由自有资本、存款负债和其他负债业务构成。资产业务主要包括现金资产、信贷资产、证券投资三大类。未在资产负债表中反映出来的中间业务和表外业务也是商业银行的重要收入来源。

5. 中央银行的负债业务包括货币发行业务、集中存款准备金业务、财政性存款业务和其他负债业务；中央银行的资产业务包括贷款业务、再贴现业务、证券买卖业务和储备资产业务；中间业务则主要指中央银行为商业银行和其他金融机构办理资金的划拨清算和资产转移。

6. 派生存款是商业银行的一项重要职能。存款扩张倍数受到法定存款准备金率、超额存款准备金率、现金漏损率和定期存款法定准备金等因素的影响。

7. 商业银行的经营管理必须遵循安全性、流动性和赢利性三大原则。这三项原则实际上可以说是利润最大化目标的进一步具体化。为了使三个原则协调配合，在银行经营管理上发展了资产管理、负债管理、资产负债综合管理和资产负债外管理等一系列经营管理理论。

课后练习

一、填空题

1. 1694年，英国国王威廉三世帮助商人们在英格兰建立起第一个现代银行——________，标志着现代银行业的兴起和高利贷垄断地位被打破。

2. 目前，各国商业银行的经营模式主要有__________和__________两种模式，我国目前采用的是__________模式。

3. 商业银行的组织形式因各国政治经济制度不同而有所不同，目前主要有________、________、________、________和网络银行等。

4. 按风险程度不同，贷款分为________、________、________、________和________。

5. 交易一方向另一方出售某种资产，并承诺在未来特定日期、按约定价格从另一方购回同种资产的交易形式称为________。

二、不定项选择题

1. 现代银行的形成途径主要包括（　　）。

A. 由原有的高利贷银行转变形成　　B. 政府与私人部门合办

C. 政府出资设立　　D. 按股份制形式设立

E. 私人部门自由设立

2. 在职能分工型的经营模式下，与其他金融机构相比，只有（　　）能够吸收使用支票的活期存款。

A. 储蓄银行　　B. 商人银行　　C. 商业银行

D. 投资银行　　E. 信用合作社

3. 在商业银行总分行制的组织形式中，（　　）是指总部负责管理下属分支机构的业务活动，自身并不经营具体的银行对外业务。

A. 总行制　　B. 网上银行　　C. 单一制

D. 管理处制　　E. 连锁制

4. 商业银行的现金资产主要包括（　　）。

A. 存放在中央银行的超额准备金　　B. 存放中央银行的存款准备金

C. 库存现金　　D. 存放同业的款项

E. 托收中的现金

5. 不动产抵押贷款的贷款对象包括（　　）。

A. 经营建筑业的资本家　　B. 购买土地的农业资本家

C. 房屋所有者　　D. 土地使用者

E. 土地所有者

6. 商业银行的资产业务是指（　　）。

A. 资金来源业务　　B. 存款业务　　C. 中间业务

D. 资金运用业务　　E. 网络业务

7. 目前，在商业银行的全部资金来源中占最大比例的是（　　）。

A. 负债　　B. 存款　　C. 自有资本

D. 借款　　E. 流动资金

8. 商业银行贷款风险的五级分类是（　　）。

A. 正常类与关注类　B. 次级类与可疑类　C. 呆账类与呆滞类

D. 正常类与逾期类　E. 损失类

9. 商业银行从事的不列入资产负债表内但能影响银行当期损益的经营活动，是商业银行的（　　），且其可以有狭义和广义之分。

A. 资产业务　　B. 负债业务　　C. 表外业务

D. 中间业务　　E. 网络业务

10. 下列所列业务中属于商业银行表外业务中承诺性业务的是（　　）。

A. 回购协议　　B. 票据发行便利　　C. 债券承销

D. 信贷承诺　　E. 承兑业务

11. 下列业务中属于商业银行狭义表外业务的是（　　）。

A. 结算业务　　B. 信托业务　　C. 承诺业务

D. 代理业务　　E. 承兑业务

12. 商业银行派生存款时的制约因素有（　　）。

A. 法定存款准备金率　B. 提现率　　C. 超额准备金率

D. 现金漏损率　　E. 再贴现率

13. 商业银行资产在无损状态下迅速变现的能力是指（　　）。

A. 负债的流动性　　B. 经营的安全性　　C. 资产的流动性

D. 经营的赢利性　　E. 负债的安全性

14. 在商业银行经营管理理论演变的过程中，把管理的重点主要放在流动性上的是（　　）理论。

A. 资产管理　　B. 负债管理　　C. 资产负债管理

D. 全方位管理　　E. 资产负债外管理

15. 资产管理理论产生于商业银行发展的初期阶段，具体又经历了（　　）三个阶段。

A. 商业性贷款理论　　B. 负债管理理论　　C. 预期收入理论

D. 资产负债管理理论　　E. 转移理论

16. 商业银行的发展趋势是（　　）。

A. 服务范围日益扩大和银行业务全球化　　B. 高新技术广泛应用

C. 证券化趋势明显和金融监管防松　　D. 赢利水平越来越高

E. 经营风险逐渐加大

三、判断分析题

1. 16 世纪银行业已传播到欧洲其他国家，早期银行业经营中的最大特点是贷款带有高利贷性质。（　　）

2. 银行作为经营货币信用的企业，它与客户之间是一种以借贷为核心的信用关系，这种关系在经营活动中表现为等价交换。（　　）

3. 连锁银行制是为了弥补单一银行制的缺点而发展起来的。那些被控制的银行在法律上是独立的，但实际上其所有权却控制在某一个人或某一个集团手中，其业务和经营管理由这个人或这个集团决策控制。（　　）

4. 在分业经营模式中，投资银行、储蓄银行和商业银行等银行性金融机构都能吸收使用支票的活期存款。（　　）

5. 原始存款就是商业银行的库存现金和商业银行在中央银行的准备金存款之和。（　　）

6. 商业银行的经营原则，即“三性”原则，是具有完全内在统一性的整体。（　　）

7. 在准备金制度和现金结算的条件下，商业银行可以创造信用量。（　　）

8. 商业银行资金的流动性具有刚性特征。（　　）

四、名词解释

商业银行　　负债业务　　贴现　　中间业务　　原始存款

五、简答题

1. 单一银行制和总分行制各有何优缺点？

2. 简述商业银行信贷资产的分类。

3. 简述商业银行表外业务的含义和主要内容。

4. 简述商业银行经营管理原则及其相互关系。

5. 试述商业银行经营管理理论的发展脉络。

六、计算题

1. 某企业以一张面额为 30 万元的票据去银行贴现，银行的年贴现率为 8%，票据尚有 45 天才到期，企业将得到的贴现额是多少？

2. 设原始存款 1000 万元，法定存款准备金率为 8%，超额存款准备金率为 6%，现金漏损率为 6%，试计算整个银行体系创造的派生存款总额。

第六章　非银行金融机构

【学习目标】

1. 理解投资银行、征信机构的运营模式
2. 掌握投资银行、信托、租赁的主要业务、保险公司的业务经营
3. 熟悉保险公司的主要业务、信用评级机构
4. 了解投资银行的产生与发展，保险公司分类，保险中介机构、信托与租赁的含义、特点

在各国的金融机构体系中，除商业银行以外，还有很多其他的非银行金融机构。传统上商业银行和非商业银行金融机构的区别主要表现在以下两个方面：

（1）就业务范围而言，商业银行传统的业务是吸收存款（主要是活期存款）、发放贷款、提供支付结算，是货币市场的主要参与者；非银行金融机构一般而言不能吸收存款，特别是不能吸收个人储蓄，主要提供专门的金融服务方式或指定范围的业务，是资本市场的主要参与者。

（2）就功能而言，商业银行由于接受活期存款并且可以通过创造活期存款的方式提供信用，所以在履行商用媒介功能的同时，派生出了信用创造功能；而非银行金融机构不能接受活期存款，也不能通过创造活期存款的方式提供信用，因此，非银行金融机构一般就只具有信用媒介功能。但现在由于金融创新的大量涌现，商业银行和非银行金融机构的上述区别已日益模糊，非银行金融机构已越来越多地介入银行服务的领域，从而与银行展开了更为直接的竞争。

本章将对各国金融体系中普遍存在的几类非银行金融机构的基本理论与业务经营做综合介绍，并对我国的非银行金融机构和情况进行概括性描述。

第一节　投资银行

一、投资银行概述

投资银行是从事证券发行、承销、交易、企业重组、兼并与收购、投资分析、风险投资、项目融资等业务的银行金融机构，是资本市场上的主要金融中介。投资银行业是一个不断发展变化的行业。在金融领域内，投资银行业这一术语的含义十分宽泛。从广义的角度来看，它包括了范围宽泛的金融业务；从狭义的角度来看，它包括的业务范围则较为传统，只限于某些资本市场活动，着重指一级市场上的承销业务、并购和融资业务的财务顾问。

1. 投资银行的产生与发展

投资银行是从 18 世纪欧洲早期的商人银行业务（merchant banking）中孕育发展而来。

真正意义上的投资银行业务是18世纪后兴起的。工业革命的结果使大机器工业代替手工业，企业的规模得以迅速扩大，这些大企业对资本的巨额需求仅靠银行贷款已无法满足，于是面向社会发行公司债券逐渐成为企业筹资的重要方式之一。企业筹资方式的变化客观上要求在传统的商业银行之外产生一种专门协助公司发行债券的机构。随着资本主义各国公司立法的兴起，股份制更获得了迅速发展。股份制企业制度的推行客观上要求必须有专门的金融机构为企业股票的发行、推销、买卖等提供中介服务。另外，资本主义国家的政府为维持资本主义生产关系和经济制度而行使各项职能时也常遇到资金不足的问题，因而需要发行政府债券来解决，这也要求有相应的专门机构来帮助政府进行债券的发行和推销。投资银行的产生是资本主义生产关系和生产力共同作用的结果。

18世纪后期，伦敦逐渐取代阿姆斯特丹的国际金融中心地位，并持续到第一次世界大战。随着贸易竞争加剧以及制造商日益专业化，贸易商和制造商已无力负担贸易中拓展市场的财务风险。于是，约从1825年起，迅速崛起一批承兑商号，专门承担出口业务中的财务风险。这些承兑商号就是英国投资银行（商人银行）的前身。其组建者多是移民英国或在英国开设营运所的欧洲大陆富有商人。他们的业务从一般贸易转向专门贸易，从专门贸易转向金融业务，再由一般金融业务转向以证券发行和票据承销为主的业务。

19世纪，美国政府出于内战和铁路建设等基础设施发展的需要，发行了大量政府债券和铁路债券，从而促使美国的投资商号大量涌现。这些投资商号自19世纪中叶后开始大量进行政府债券、铁路债券的发行和销售业务，不仅迅速占领了美国市场，而且在英国、欧洲大陆开设分号，发展成为立足美国的国际商号。投资银行的兴起对促进当时的经济发展产生了巨大作用。

2. 投资银行与商业银行的分业与混业

19世纪末20世纪初，投资银行与商业银行相互融合。一方面，高额利润的驱动使金融机构尤其是商业银行进入这一领域，其进入途径是：参与对企业的贷款或股权投资，参与竞争企业债券、股票发行的主承销权，成立专门的证券推销部门；另一方面，业务竞争使得投资银行四处筹集资金，拓展各种业务，最终成为万能业务机构。商业银行与投资银行双向运动的结果是业务界线消失，这种局面持续到20世纪20年代末。

1929—1933年，西方国家爆发了严重的经济危机，大批银行倒闭，投资银行业也遭受严重的损失。美国对危机进行反思后，认为商业银行与投资银行业务交融是诱发危机的原因之一，于是在1933年颁布了《格拉斯-斯蒂格尔法案》，标志着美国现代商业银行与投资银行分业经营格局的形成。

从20世纪70年代末开始，西方各国金融管制放松，金融环境发生了变化；金融市场出现证券化趋势，证券市场成为资金筹集和投放的重要渠道；金融创新，如票据发行融资安排、可转让贷款证券等各种抵押贷款证券的创新发展，使发达国家的商业银行得以参与证券市场；商业银行资产业务的赢利空间受到挤压。因此，商业银行再次向投资银行业务领域渗透，出现了商业银行与投资银行混业经营的局面。

从20世纪80年代起，由于市场竞争的压力和高额收益的驱动，投资银行跳出证券承销和经纪业务等传统业务的局限，向金融业务的多样化、专业化、集中化和国际化方向发展，投资银行变成了大规模的金融公司。

1999 年 11 月，美国国会通过《金融服务现代化法案》，对有关金融监管、金融业务的法律规范进行了突破性修改和清理，为金融分业走向混业扫除了障碍。

二、投资银行的作用

投资银行在充分了解投资者和融资者各自需求的基础上，针对双方的特点有创造性地设计出能够平衡双方利益、满足双方需求的融资结构和证券产品，从而在资金的提供者和使用者之间架起资本的桥梁。随着金融业的快速发展，投资银行业务领域不断扩展。

目前投资银行的业务除了证券承销和证券经纪业务外，还包括企业并购、资产管理、项目融资、风险资本投资、咨询、金融创新等业务。投资银行已从单一证券承销发展成为资本市场中具有重要影响力的金融中介机构。另外，投资银行亦是企业兼并、收购、重组、直接投资等战略实施的策划者与协助执行者。

在金融活动中，投资银行发挥以下作用。

1. 媒介资金供需

与商业银行相似，投资银行也是沟通资金盈余者和资金短缺者的桥梁，它一方面使资金盈余者能够充分利用多余资金来获取收益，另一方面又帮助资金短缺者获得所需资金以求发展。投资银行和商业银行以不同的方式和侧重点起着重要的资金媒介作用，在国民经济中，缺一不可。

2. 构造证券市场

证券市场是一国金融市场的基本组成部分之一。任何一个经济相对发达的国家，无一例外均拥有比较发达的证券市场体系。概括起来，证券市场由证券发行者、证券投资者、管理组织者和投资银行四个主体构成，其中，投资银行起了穿针引线、联系不同主体、构建证券市场的重要作用。

3. 优化资源配置

实现有限资源的有效配置，是一国经济发展的关键。在这一方面，投资银行也起了重要作用。

（1）投资银行通过其资金媒介作用，使能获取较高收益的企业通过发行股票和债券等方式来获得资金，同时为资金盈余者提供了获取较高收益的渠道，从而使国家整体的经济效益和福利得到提高，促进了资源的合理配置。

（2）投资银行便利了政府债券的发行，使政府可以获得足够的资金用于提供公共产品，加强基础建设，从而为经济的长远发展奠定基础。同时，政府还可以通过买卖政府债券等方式，调节货币供应量，借以保障经济的稳定发展。

（3）投资银行帮助企业发行股票和债券，不仅使企业获得了发展和壮大所需的资金，并且将企业的经营管理置于广大股东和债权人的监督之下，有益于建立科学的激励机制与约束机制以及产权明晰的企业制度，从而促进了经济效益的提高，推动了企业的发展。

（4）投资银行的兼并和收购业务促进了经营管理不善的企业被兼并或收购，经营状况良好的企业得以迅速发展壮大，实现规模经济，从而促进了产业结构的调整和生产的社会化。

（5）许多尚处于新生阶段、经营风险很大的朝阳产业的企业难以从商业银行获取贷款，往往只能通过投资银行发行股票或债券以筹集资金求得发展。因此从这个意义上说，投资银行促进了产业的升级换代和经济结构的进步。

4. 促进产业集中

在企业并购过程中，投资银行发挥了重要作用。因为企业兼并与收购是一个技术性很强的工作，选择合适的并购对象、并购时间、并购价格及进行针对并购的合理的财务安排等都需要大量的资料、专业的人才和先进的技术，这是一般企业所难以胜任的，尤其在第二次世界大战之后，大量的兼并与收购活动是通过证券二级市场进行的，其手续更加烦琐、要求更加严格、操作更为困难，没有投资银行作为顾问和代理人，兼并收购已几乎不可能进行，因而，从这一意义上来说，投资银行促进了企业实力的增加、社会资本的集中和生产的社会化，成为企业并购和产业集中过程中不可替代的重要力量。

三、投资银行的运营模式与类型

1. 投资银行的运营模式

不同的发展背景导致投资银行不同的运营模式。美国的投资银行由从事投资的公司演变而来；在欧洲，其前身是经营海外贸易的公司；在日本则是实施《证券交易法》，证券业务从商业银行中分离出来而产生了专门经营证券的公司。因此，投资银行主要运营模式有分别以美国、欧洲和日本的投资银行为代表的三种类型。

（1）美国投资银行实行的是分业管理模式。其特点是投资银行业务与商业银行业务相分离，投资银行不得经营零售性的存放款业务，只能从事证券的承销、购销、分销、自营买卖，进行金融产品的设计与开发，对发行进行协调与安排，充当企业兼并与收购的财务顾问，管理基金等业务。

（2）欧洲投资银行的最根本特点是投资银行业务与商业银行业务间存在较大程度的融合与渗透。其又可分为两类：一是英国商人银行模式。英国的商人银行在从事标准的投资银行业务的同时，可在一定程度内吸收存款并进行放款。其另一特点在于国内商人银行数量多、规模小，多由家族控制，在业务范围、市场份额及网络广度等方面远逊于美国及欧洲的同行。二是欧洲大陆模式。这一模式有别于英国之处在于其市场由数家大机构主导，而这些机构多依附于大型商业银行，如德国的资本市场几乎被德意志银行、德累斯顿银行等几家机构所垄断。

（3）日本的投资银行脱胎于美国模式，经过战后多年的发展形成了自己的特色，主要由金融型的证券公司从事投资银行业务，其证券的零售、代理与交易业务占全部业务的较大份额。这一点有别于美国的投资银行，后者赢利的极小部分来源于这一业务。这些证券公司一般与商业银行同属于某个大企业集团，并可以持有商业银行的股份。

2. 投资银行的类型

在历史上，初期的投资银行都是家族企业，采用合伙制的组织形式。这种组织形式形成的原因在于投资银行与早期商人企业存在的历史渊源关系。当继承人不愿将先辈留下的商号拆分而继续共同经营，原有的商号便由独资性质变为数个继承人按份共有的家族企业，这种家族企业就是合伙企业的一种形式。由于投资银行是从早期的商号演进而来，所以初期的投资银行的组织形式就是家族合伙制企业。

由于合伙制的内在缺陷，20 世纪 70 年代以后，许多投资银行采用了现代股份制的组织形式。与合伙制尤其是家族式合伙制组织形式相比，股份制投资银行具有明显的优点：第一，筹资能力增强；第二，运作规范化；第三，吸引高级人才加盟，提高投资银行实力；第四，股份制投资银行使行业资源融合成为可能，通过兼并收购建立起大型投资银行，提高资源配置效率。各国投资银行的组织形态各异，美国、欧洲、日本等发达国家（或地区）的投资银行主要采用股份制组织形式。

目前投资银行主要有以下四种类型。

（1）独立的投资银行。这种形式的投资银行在全世界范围内广泛存在，第一波士顿公司、日本的野村证券、大和证券、日兴证券、山一证券、英国的华宝公司、宝源公司等均属于此种类型，并且他们都有各自擅长的专业方向。

（2）商人银行。这种形式的投资银行主要是商业银行对现存的投资银行通过兼并、收购、参股或建立自己的附属公司形式从事商人银行及投资银行业务。这种形式的投资银行在英、德等国非常典型。

（3）全能型银行。这种类型的投资银行主要在欧洲大陆，他们在从事投资银行业务的同时也从事一般的商业银行业务。

（4）大型跨国财务公司。2008 年金融危机爆发，美林证券、雷曼兄弟破产倒闭，而高盛和摩根士丹利也转型为金融控股公司，美国的投资银行时代终结。

四、投资银行的基本业务

投资银行业务包括证券公开发行（承销）、证券交易、证券私募、资产证券化、兼并与收购、风险投资、金融创新、基金管理等。

1. 证券公开发行

证券公开发行（承销）是投资银行最基础的业务活动。投资银行承销的范围很广，包括该国中央政府、地方政府、政府机构发行的债券、企业发行的股票和债券、外国政府和公司在该国和世界发行的证券、国际金融机构发行的证券等。投资银行在承销过程中一般要按照承销金额及风险大小来权衡是否要组成承销和选择承销方式。通常的承销方式有四种：

（1）包销。这意味着主承销商和它的辛迪加成员同意按照商定的价格购买发行的全部证券，然后再把这些证券卖给它们的客户。这时发行人不承担风险，风险转嫁到了投资银行的身上。

（2）投标承购。它通常是在投资银行处于较强的被动竞争情况下进行的。采用这种发行方式的证券通常都是信用较高，颇受投资者欢迎的债券。

（3）代销。这一般是由于投资银行认为该证券的信用等级较低，承销风险大而形成的。这时投资银行只接受发行者的委托，代理其销售证券，如在规定的计划期限内发行的证券没有全部销售出去，则将剩余部分返回证券发行者，发行风险由发行者自己负担。

（4）赞助推销。当发行公司增资扩股时，其主要对象是现有股东，但又不能确保现有股东均认购其证券，为防止难以及时筹集到所需资金，甚至引起该公司股票价格下跌，发行公司一般都要委托投资银行办理对现有股东发行新股的工作，从而将风险转嫁给投资银行。

2. 证券交易

指传统的证券二级市场业务。在证券二级市场上，投资银行执行三种不同的交易职能：

（1）经纪人。投资银行作为经纪人是委托代理商，它们通过实际的或电子的方式互相报价，按照客户提出的价格为他们（证券的买者或卖者）的交易提供服务，只收取佣金而不承担价格或利率变动风险。

（2）交易商，即投资银行的证券自营业务。

（3）做市商。投资银行在证券市场上充当通过不断买进或卖出证券以保持市场连续性的角色。无论是自营还是经纪业务，都需要避免风险、防止损失，这就需要投资银行采取套利交易策略，从一种或多种证券的持有中获取收入，这类策略主要包括无风险套利和风险套利。

3. 证券私募

证券的发行方式分为公募发行和私募发行两种，前面的证券承销实际上是公募发行。私募发行又称私下发行，就是发行者不把证券售给社会公众，而是仅售给数量有限的机构投资者，如保险公司、共同基金等。私募发行不受公开发行的规章限制，除能节约发行时间和发行成本外，又能够比在公开市场上交易相同结构的证券给投资银行和投资者带来更高的收益率，所以，近年来私募发行的规模仍在扩大。但同时，私募发行也有流动性差、发行面窄、难以公开上市扩大企业知名度等缺点。

4. 资产证券化

创立由资产担保（作抵押品）的证券的过程被称为资产证券化。贷款证券化是最主要的资产证券化活动，其操作流程是：①一家银行发起一项贷款；②该银行将它发起的贷款出售给一家投资银行，该投资银行创立以该贷款组合为担保的证券；③该投资银行可以从第三方担保人那里获得信用担保；④该投资银行可以将为贷款提供服务的权利出卖给专门为贷款提供服务的公司；⑤投资银行将此证券出售给个人和机构投资者。

投资银行在资产证券化业务中获取收益的途径是：首先，投资银行代表客户将资产证券化后承销可获得利差收入；其次，如果投资银行购买了相应资产，创造了证券，然后将证券出售，出售证券与购买资产之间的价差就是其利润的来源。

5. 兼并与收购

企业兼并与收购已经成为现代投资银行除证券承销与经纪业务外最重要的业务组成部分。投资银行可以以多种方式参与企业的并购活动，如：寻找兼并与收购的对象，向猎手公司和猎物公司提供有关买卖价格或非价格条款的咨询，帮助猎手公司制订并购计划或帮助猎物公司针对恶意的收购制订反收购计划，帮助安排资金融通和过桥贷款等。此外，并购中往往还包括“垃圾债券”的发行、公司改组和资产结构重组等活动。

6. 风险投资

风险投资又称创业投资，是指对新兴公司在创业期和拓展期进行的资金融通，表现为风险大、收益高。新兴公司一般是指运用新技术或新发明，生产新产品，具有很大的市场潜力，可以获得远高于平均利润的利润，但却充满了极大风险的公司。由于高风险，普通投资者往往都不愿涉足，但这类公司又最需要资金的支持，因而为投资银行提供了广阔的市场空间。

投资银行涉足风险投资有不同的层次：第一，采用私募的方式为这些公司筹集资本；第二，对于某些潜力巨大的公司有时也进行直接投资，成为其股东；第三，更多的投资银行是设立“风险基金”或“创业基金”向这些公司提供资金来源。

7. 金融创新

根据特性不同，同许多其他领域一样，金融领域充满创新。期货、期权、调期等产品或工具都是创新的结果。使用衍生工具的策略有三种，即套利保值、增加回报和改进有价证券的投资管理。通过金融创新工具的设立与交易，投资银行进一步拓展了投资银行的业务空间和资本收益。首先，投资银行作为经纪商代理客户买卖这类金融工具并收取佣金；其次，投资银行也可以获得一定的价差收入，因为投资银行往往首先作为客户的对方进行衍生工具的买卖，然后寻找另一客户作相反的抵补交易；最后，这些金融创新工具还可以帮助投资银行进行风险控制，免受损失。金融创新也打破了原有机构中银行和非银行、商业银行和投资银行之间的界限和传统的市场划分，加剧了金融市场的竞争。

8. 基金管理

不少投资银行设立了一些分支机构，以管理投资基金的形式为个人投资者服务或为类似于养老基金、保险基金等的机构投资者管理资金。

知识链接

巴林银行与李森案例

1995 年，巴林银行以 1 英镑的象征性价格被荷兰国际银行收购。巴林银行主要从事投资银行业务和证券交易业务，证券业务主要集中在亚洲和南美。在其下属的 17 家证券公司中，以日本、新加坡、菲律宾的业务为主。作为一家老牌国际银行，其资本充足率早已超过 8%的比例。然而令人惊讶的是，这样一家百年老店居然会因为李森这样一个新加坡分行经理的操作断送了整个前程。这不能不引人深思。

李森于 1989 年 7 月 10 日正式成为巴林银行的员工，这之前其为摩根斯坦利银行清算部的一名职员。在进入巴林银行之后，由于其在处理期权与期货方面的出色表现而于 1992 年被派往新加坡分行担任期货与期权交易部门的总经理。李森的主要业务是“套利”，即从日本大阪和新加坡的股票交易所买卖在两地市场上市的日经 225 中股票指数的期货，利用两地不时出现的差价从中牟利。在这一过程中，李森既担任前台交易员又担任后台清算员。作为清算员他就有强烈的动机在清算自己的业务时隐瞒交易风险或者亏损，而这正为后来的风险埋下了种子。从 1992 年起，李森出于自身利益开始频繁运用自己设定的更正错误的账户“8888”掩盖交易损失。所谓错误账户，是指总行要求错误记录要通过“99905”账户直接向伦敦报告。所以，刚刚建立的“8888”账户就被搁置不用，成为真正的错误账户，为李森的进行高风险投资创造了条件。在这之后，伴随着损失的日益扩大，李森仍继续扩大对日本市场的资金投入，1993—1994 年，巴林银行在 SMEX 以及日本市场投入的资金已超过 1100 万英镑，超出了英格兰银行规定英国银行的海外总资金不应超过 25%的限制。但这一情况并没有引起相关监管人员的重视。1994 年“8888”账户亏损达到 5000 万英镑，但因为巴林银行的审查制度没有严格落实，最终未被总部调查人员发现。而此时的李森则为了弥补亏损继续进行高风险投资。1995 年 1 月 18 日，日本神户大地震日经指数和政府债券指数与李森预想完全相反，最终李森带来的损失达到了 8.6 亿英镑，是巴林银行全部资本和储备金的 1.2 倍，导致了巴林银行的倒闭。

可见这一案例对于银行风险操作管理的重要意义。从巴林银行走向倒闭的整个过程来看，摒弃谨慎经营的稳健作风，一方面进行大量过于轻率的海外高风险投资，一味追求高额回报；另一方面没有严格落实风险控制和审查制度，再加上银行成员自身的道德风险，将巴林银行这家老牌国际银行推向绝路。

资料来源：李军伟、柏满迎.由巴林银行倒闭谈商业银行操作风险管理[J].金融经济.2007年12月。

第二节　保险机构

一、保险公司的类别

从保险公司经营的业务上进行划分，可分为财产保险公司、人身保险公司、再保险公司。

1. 财产保险公司

财产保险公司是指经营财产保险业务的保险公司。财产保险业务包括财产损失、责任、信用等保险业务；财产保险公司经保险监督管理机构核定，可以经营短期健康保险业务和意外伤害保险业务。

2. 人身保险公司

人身保险公司是指经营人身保险业务的保险公司。人身保险业务包括人寿保险、健康保险和人身意外伤害保险。较具代表性的人身保险公司包括中国人寿保险股份有限公司、平安人寿保险股份有限公司、太平洋人寿保险股份有限公司。其中，中国人寿保险股份有限公司是国内最大的专业寿险公司，是中国寿险行业的中流砥柱。

3. 再保险公司

再保险公司是指专门从事再保险业务、不直接向投保人签发保单的保险公司。就是保险公司的保险公司。保险公司为了分散风险，把一些大的承保单位再分保给另一保险公司。接受这一保单的公司就是再保险公司，一般出现在财险中比较多。

中国再保险（集团）股份有限公司是目前内地最大的再保险公司，也是我国内地唯一的国有再保险公司，在国内再保险市场占有近80%的份额。2007年10月，其改制为中国再保险（集团）股份有限公司，跨入专业化、集团化、国际化经营的全新时期。它由国家财政部和中央汇金投资责任有限公司发起设立，注册资本为人民币361.5亿元，两大股东各持14.5%和85.5%的股权。旗下设立中国财产再保险公司、中国人寿再保险公司、中再资产管理公司、大地财产再保险公司、华泰保险经纪公司和中国保险报6家子公司。

二、保险公司的业务

1. 财产保险业务

财产保险是以财产及其相关利益为保险标的，对因保险事故的发生导致的财产损失，以货币或实物进行补偿的一种保险业务。财产保险业务种类主要包括以下几个方面：

（1）火灾保险。火灾保险简称火险，是指保险人对于保险标的因火灾所导致的损失负责补偿的一种财产保险。我国将这类保险，通常称为财产保险，包括企业财产保险和家庭财产保险和涉外财产保险等。

（2）海上保险。海上保险简称水险，是指保险对于保险标的物因海上危险所导致的损失或赔偿责任提供经济保障的一种保险。在各类险种中，海上保险产生最早，其保险标的随着保险技术的发展而不断变化。

（3）机动车辆保险。机动车辆保险简称汽车保险。汽车保险的内容包括汽车损失保险和汽车责任保险。

（4）航空保险。航空保险是一个统称，在国际保险市场上，其保障范围包括一切与航空有关的风险。其保障对象有财务和人身之分，以财务为保险标的的航空保险，主要有飞机保险与空运货物保险；以责任为保险标的的航空保险则有旅客责任险、飞机第三者责任险和机场责任险等。

（5）工程保险。工程保险是指对进行中的建筑工程项目、安装工程项目及工程运行中的机器设备等面临的风险提供经济保障的一种保险，它在性质上属于综合保险，既有财产保险的保障，又有责任风险的保障。

（6）利润损失保险。利润损失保险是一种附加险。它承保由于火灾等自然灾害或意外事故使被保险人在一定时期内停产、停业或营业受到影响所造成的间接经济损失，包括利润损失和灾后营业中断期间仍需要开支的必要费用等损失。它是依附在火灾或财产基本保单上的一种扩大责任的保险。

（7）农业保险。农业保险是以种植业和养殖业为保险标的，对其生长、哺育、成长过程中因遭受自然灾害或意外事故导致的经济损失提供补偿的一种保险。

2. 人身保险业务

人身保险是以人的身体或生命为保险标的的一种保险。根据保障范围的不同，人身保险可以分为人寿保险、意外伤害保险和健康保险。

（1）人寿保险。人寿保险是以人的寿命为保险标的，当发生保险事故时，保险人对被保险人履行给付保险责任的一种保险。人寿保险包括死亡保险、生存保险、两全保险和年金保险。

（2）意外伤害保险。意外伤害保险是指被保险人在保险有效期内因遭遇非本意的、外来的、突发的意外事故，致使身体蒙受伤害因而残废或死亡时，保险人按照合同约定给付保险金的一种人身保险。该险种既可单独办理，也可作为其他人身合同的一种附加险。

（3）健康保险。健康保险是指对由保险人被保险人因疾病、分娩而造成的经济损失提供经济保障的一种保险。它包括一般的健康保险、医疗费用和失能收入损失的保险。

3. 责任保险业务

责任保险，是指被保险人依法对第三人负责赔偿责任时，由保险人负补偿责任的保险。也就是以被保险人依法应当对第三人承担的损伤赔偿责任为标的的保险。责任保险按其承保的内容不同，分为以下几类。

（1）公众责任保险。公民责任保险承保被保险人在固定场所或地点从事生产、经营或其他活动时，因以外事故而造成他人财产损失或意外伤害时依法应承担的赔偿责任。不同场所的责任保险，可以有不同的内容和条件。主要的险种有场所责任保险、电梯责任保险、承包人责任保险、承运人责任保险、个人责任保险等。

（2）产品责任保险。产品责任保险承保因产品缺陷引起的事故，导致消费者、用户或其他人遭受财产损失或人身伤害，制造者、销售者、修理者依法应承担的赔偿责任。

（3）雇主责任保险。雇主责任保险承保雇主对雇员在受雇期间的人身伤害依法律或劳动（雇佣）合同所应担负的经济赔偿责任。

（4）职业责任保险。职业责任保险承保各种专业技术人员因职业（或工作）上的疏忽或过失造成他人损害所应承担的赔偿责任。主要险种有医疗责任保险、律师责任保险、会计师责任保险、建筑师责任保险、设计师责任保险、兽医责任保险。

（5）环境责任保险。环境责任保险承保被保险人污染环境造成第三者人身或财产损害，而应承担的经济赔偿责任以及依法应由被保险人承担的治理污染的责任，是公民责任保险的一种特殊形态。

（6）第三者责任保险。第三者责任保险如在财产保险中提到的，它通常采用附加承保方式承保。它承保被保险人的运输工具、建筑安装工程等意外事故而造成第三者财产损失或人身伤害而引起的赔偿责任。

4. 再保险业务

再保险是以原保险合同为基础的，故人寿保险的再保险仍不失为人寿保险，财产保险的再保险仍不失为财产保险，但仔细分析再保险合同的内容不难发现，再保险就其性质而言，乃是一种责任保险，即是保险人将自己对投保人所承担的危险担保的责任转嫁给再保险人。再保险基本上可以从两个方面加以分类：一是从责任限制上分类，二是从分类安排上分类。从责任限制上分类，可以分为以下两种。

（1）比例分保。比例分保是指分出公司与分入公司相互订立合同，按照保险金额分担原保险责任的一种分保方法。与此相适应，分出公司应按分入公司承担责任的比例把原保险费付给分入公司。比例分保又可分为成数分保，溢额分保。

（2）非比例分保。非比例分保是以赔偿为基础，所以也称超额损失再保险。它是给分出公司与分入公司双方协议规定一个赔偿限额，凡是规定在限额以内的赔款由分出公司自行赔付，超过这个限额的赔款部分则由分入公司按照协议规定的数额承担赔款的全部或部分责任。分出公司将净保险费收入的一部分付给分入公司，费率不按照原保险费率计算，而是按协议规定计算，非比例分保又可分为超额赔款分保和超额赔付率分保。

三、保险公司的业务经营

1. 保险展业

保险展业也称推销保险单，它是保险展业人员引导具有保险潜在需求的人参加保险的行为，也是为投保人提供投保服务的行为，它是保险经营的起点。

保险展业由保险宣传和销售保险单两种行为构成。前者使不懂保险、不知保险的人们开始对保险有所认识，加深对保险的理解，树立保险保障观念，进而产生购买保险的动机；后者是将潜在的投保需求转化为现实的保单购买，也就是创造投保行为。

展业是一个动态过程。对于任何一笔业务，展业过程包括拜访、宣传、沟通，直到客户投保。对保险经营整体而言，保险展业还应包括保险公司的公众形象、广告效应、工作效率等内容，这些信息直接或间接，有形或无形地起着宣传保险和保险公司，吸引客户投保的作用。保险展业的具体内容包括：①宣传保险及保险公司；②帮助客户加强风险管理；③向客户解释险种、条款，帮助客户选择适当的险种和费率；④动员客户续保。

2. 保险核保

保险核保是指保险人对投保申请进行审核，决定是否接受承保这一风险，并在接受承保风险的情况下，确定保险费率的过程。核保工作的目的，在于辨别投保风险优劣，并使可接受承保的风险品质趋于一致，即对不同风险程度的风险单位进行分类，按不同标准进行承保、制定费率，从而保证承保业务质量，保证保险经营的稳定性。

核保的主要内容包括：①投保人资格的审核，即审核投保人是否具有保险利益；②保险标的的审核；③保险金额的审核；④保险费率的审核和确定；⑤投保人或被保险人的信誉审核。

3. 保险承保

保险承保是指保险人对投保人的保险标的给以保险保障的合同行为。保险承保是保险经营的首要问题，是经营中的基础工作。

4. 保险理赔

保险理赔是指保险人在保险标的发生风险事故后，对被保险人提出的索赔要求进行处理的行为。被保险人发生的经济损失有的属于被保风险引起的，有的则属于非保险风险引起的。即使被保险人的损失是由被保风险引起的，因多种因素和条件制约，被保险人的损失额不一定等于保险人的赔偿或给付额。保险理赔是保险经营中的一项重要内容。

四、保险中介机构

保险中介是指介于保险经营机构之间或保险经营机构与投保人之间，专门从事保险业务咨询与销售、风险管理与安排、价值衡量与评估、损失鉴定与理算等中介服务活动，并从中依法获取佣金或手续费的单位或个人。保险中介人的主体形式多样，主要包括保险代理人、保险经纪人和保险公估人等。此外，其他一些专业领域的单位或个人也可以从事某些特定的保险中介服务，如保险精算师事务所、事故调查机构和律师等。

1993 年 3 月，我国第一家保险中介机构设立。截至 2012 年三季度末，全国共有保险专业中介机构 2579 家。其中，全国性保险专业代理机构 80 家，区域性保险专业代理机构 1735 家，保险经纪机构 436 家，保险公估机构 328 家。

知识链接

保险代理人与保险经纪人的区别

保险代理人与保险经纪人虽然同属保险中介，但具有明显的区别。

1. 委托人不同。保险代理人是受保险人的委托，代表保险人的利益办理保险业务；保险经纪人则是基于投保人的委托，为投保人提供各种咨询服务、进行风险评估、选择保险公司、选择保险产品等。

2. 代理权限不同。保险代理人通常是代理销售保险人授权的保险产品；保险经纪人则接受投保人的委托，为其与保险公司协商投保条件，向投保人提供保险服务。

3. 收入来源不同。保险代理人为保险人代理保险业务，从保险人那里取得佣金收入；保险经纪人为投保人提供保险经济服务，客观上也为保险人带来保险业务，因此保险经纪人既可以从投保人那里取得服务费收入，也可以从保险人那里取得佣金收入。

4. 法律地位不用。保险代理人是保险人的代表，其代理行为均视为保险人的行为，保险人承担由此产生的一切法律后果；保险经济人则是投保人的代表，其疏忽、过失等行为给保险人及有报人造成损失，应独立承担民事法律责任。

选自优保网 http://www.ubao.com/shuyu/142.html

第三节　信托与租赁机构

一、信托机构

信托即信用委托，信托业务是一种以信用为基础的法律行为，一般涉及三方面当事人，即投入信用的委托人，受信于人的受托人，以及受益于人的受益人。信托业务是由委托人依照契约或遗嘱的规定，为自己或第三者（即受益人）的利益，将财产上的权利转给受托人（自然人或法人），受托人按规定条件和范围占有、管理、使用信托财产，并处理其收益。

（一）信托的特点

信托业务也是信用业务，但与一般银行信用相比，有其自身特点。

一是财产所有权的转移性。信托合同一旦签订，财产所有权即转移到受托者手里，但受托者行使这种财产所有权受信托目的的限制。

二是资产核算的他主性。信托是受托人按照委托人的意愿和要求，为了受益人的利益而非自己利益去处理和管理财产，是代人理财。如信托投资公司违反信托目的处分信托财产，必须予以赔偿，否则不能请求给付报酬。

三是收益分配的实际性。受托人按经营的实际效果计算信托收益，根据实际赢利水平进行分配，故受益人的利益通常是不固定的。若发生亏损，只要符合信托合同规定，受托人可不必承担损失。但重大过失招致的损失除外。

（二）主要业务类型

1. 委托业务

信托机构作为受托人，按照约定的条件和目的，为委托人或受益人管理财产、处理与财产管理有关的一切经济事务，主要类型有资金信托、财产信托和其他信托。如资金信托，是信托机构接受委限、利率等发放贷款，并负责到期收回贷款本息。我国规定：信托投资公司接受由其代为确定管理方式的信托资金时，信托期限不少于一年，单笔信托资金不低于人民币 5 万元。

2. 代理业务

代理业务是信托机构接受顾客委托，代为办理财产保管、资金收付、监督合同执行、执行保险、会计事务以及受托代发国债、政策性银行债券、企业债券等各类经济事项。

3. 租赁业务

租赁是出租人将财物出租给承租人使用并按规定收取租金的一种信用形式。信托机构开展的金融租赁业务有以下两类：

（1）信托机构自营租赁业务。指信托机构根据客户申请，用所吸收的资金或经营节余资金购入客户选定的所需设备出租给客户使用，并分期收取租金。

（2）代理租赁业务。信托机构根据委托人要求，用委托人存入的信托资金购入客户选定的所需设备，出租给客户使用，并代委托人分期收取租金；或者将委托人委托出租的设备租给客户使用并收取租金。

4. 咨询业务

金融咨询业务是第二次世界大战后迅速发展起来的金融服务业务。改革开放后，我国各类金融机构也纷纷开展各种形式的金融咨询服务业务。信托机构提供的金融咨询业务包括信用鉴证、资信调查及经济咨询业务。

（1）市场咨询。信托机构根据委托人要求，对某种（或某类）产品市场的产供销情况和趋势以及其他市场信息进行调查，并将信息反馈给委托人的一种咨询业务。

（2）信用咨询。信托机构根据委托人的要求，对有关单位的资金、信用、支付能力等情况进行调查，并将调查信息反馈给委托人的一种咨询业务。

（3）融资咨询。信托机构根据委托人要求，对融资对象的资信、项目、市场、技术、设计及成本效益情况进行调查、分析和预测，并将可行性报告反馈给委托人的一种咨询业务。

（4）技术咨询。信托机构根据委托人的要求，对特定产品、设备、工艺的技术资料和情报进行调查、收集并向委托人反馈的一种咨询业务。

5. 投资基金业务

信托投资公司可以受托经营投资基金业务，即委托人将资金事先存人信托投资机构作为投资基金，委托信托机构向其指定的联营或投资单位进行投资，并对资金的使用情况、投资单位的经营状况及利润分红等进行管理和监督。信托投资公司也可以作为投资基金或者基金管理公司的发起人从事投资基金业务。

6. 公益信托业务

该业务是信托投资公司接受以救贫、救灾、助残或为发展科教文卫事业、保护环境及发展社会公益事业为目的的信托业务。

二、租赁机构

租赁，是一种以一定费用借贷实物的经济行为。在这种经济行为中，出租人将自己所拥有的某种物品交与承租人使用，承租人由此获得在一段时期内使用该物品的权利，但物品的所有权仍保留在出租人手中。承租人为其所获得的使用权需向出租人支付一定的费用（租金）。

（一）租赁的特点

租赁的主要特点包括以下四方面。

（1）租赁一般采用融通设备使用权的租赁方式，以达到融通资产的主要目的。对出租人来说，它是一种金融投资的新手段，对承租人来说，它是一种筹措设备的新方式；

（2）租赁设备的使用限于工商业、公共事业和其他事业，排除个人消费用途；

（3）租金是融通资金的代价，具有贷款本息的性质；

（4）租期内，设备的所有权归出租人，使用权归承租人。

（二）主要业务类型

1. 融资租赁

融资租赁，又称金融租赁，是指租赁公司根据承租人的要求和选择购入设备，以租赁方式租给企业，从而以“融物”代替“融资”。出租人支付全部设备资金，实际上是对企业（承租人）提供了 100%的信贷。在租赁业的通俗解释是“你租我才买，我买你必租”。其中，“你”指承租人，“我”指出租人。

一桩融资租赁交易通常意味着同时存在两份合同，即出租人与承租人签订的租赁合同，出租人与设备出卖人签订的购销合同，两份合同必须同时发生作用。

对于没有资信记录的中小企业，融资租赁是一种有效的融资工具。因为这些企业很难从银行获得急需的贷款，而且通过租赁的方式加速折旧，还可以获得税收方面的额外好处。对于生产制造厂商，融资租赁是一种很好的促销手段；对于银行，融资租赁公司则是帮助降低风险的金融中介。由于租赁物的所有权归属出租人，一旦承租人的经营管理出现问题，租金逾期，出租人可以收回设备以降低风险。

除了资本金，融资租赁公司的资金来源主要有三类：向金融机构借款、进行同业拆借以及发行金融债券。由于其资金渠道受到严格控制，一旦出现租金逾期，设备又无法及时收回，融资租赁公司就很容易发生风险。中国人民银行在 2000 年 7 月颁布的《金融租赁公司管理办法》（以下简称《办法》）中规定：金融租赁公司的最低注册资本金为人民币 5 亿元，经营外汇业务的金融租赁公司应另有不低于 5000 万美元的外汇资本金。《办法》同时还对金融租赁公司的资产负债管理做出了规定：①资本总额不得低于风险资产总额的 10%；②对同一承租人的融资余额（租赁+贷款）最高不得超过金融租赁公司资本总额的 15%；③对承租人提供的流动资金贷款不得超过租赁合同额的 60%；④长期投资总额不得高于资本总额的 30%；⑤租赁资产（含委托租赁、转租赁资产）比重不得低于总资产的 60%；⑥拆入资金余额不得超过资本总额的 100%；⑦对外担保余额不得超过资本总额的 200%；⑧人民银行规定的其他比例。

融资租赁具有以下特点：①出租人对租赁物的维修不负责任；②出租人在租期内分期回收成本、利息和利润，租金总额一般为设备的 130%；③租赁期满时，出租人可以通过收取名义货价的形式，将租赁物件的所有权转让给承租人；④租期内，任何一方不得解约，否则重罚；⑤融资租赁以承租人对设备的长期使用为前提，所以租期一般都确定为 3～5 年，有的长达 10 年以上。

国际会计标准委员会（International Accounting Standard Commit）制定的国际会计标准（TASIT）对融资租赁下的定义是：“融资租赁是指出租人在实质上将属于资产所有权的一切风险和报酬转移给承租人的一种租赁。至于所有权的名义，最终可以转移也可以不转移。”

西方一些国家的政府，为了鼓励企业把资金用于扩大投资，以利于国家经济的发展，规定了投资减税的办法。同时为了鼓励租赁业务的发展，出租人还可以得到设备加速折旧的优待，这就减少了出租人应缴的税额。当然，税务上的优惠，一般只限于本国范围内的租赁交易，外国承租人很难分享。比如美国税法规定，对于国际租赁业务，只有在租赁物件同时为外国承租人和美国服务时，才能分享税务优惠，如果租赁美国的飞机、船只等，一年内必须有一定的时间在美国运转。

融资租赁的主要形式有：①直接购买式：应承租人的要求，直接找厂商购买。②转租式：在国外先进设备不卖时，从国外租赁公司租得设备，然后再转租给国内企业。③杠杆租赁（又称衡平租赁）：指出租人一般只出全部设备总额的20%～40%，其余资金则通过以出租的设备作为抵押，向金融机构贷款解决。贷款人提供信贷时对出租人无追索权，其资金偿还的保障在于设备本身及租赁费。④售后租回式租赁（或称回租，Sale-Leaseback）：这种租赁是企业将其所拥有设备出售给租赁公司，再与租赁公司签订租赁合同，将设备租回来继续使用。其实质是企业获得一笔急需的流动资金。

2. 经营租赁

经营租赁（operating leases）亦称操作性租赁或服务性租赁。是指设备需经租赁公司多次出租（经营），才收回其价值和购买设备费用的利息及利润。

其特点是：①租赁公司既为用户提供设备，又提供设备的维修、保养等服务，同时还承担设备过时风险；②技术服务性强，租赁公司必须具备专门技术人才；③一般是通用设备，承租人不需长期使用，更新较快；④经营租赁的租金要高于融资租赁；⑤租赁期限较短；⑥可经过一定的预告期而中途解约。

3. 综合租赁

综合租赁是指租赁与其他贸易方式相结合的一种租赁方式，主要有以下几种方式：①与补偿贸易相结合的租赁；②与来料加工相结合的租赁；③与包销产品相结合的租赁。

第四节　金融服务机构

一、征信机构

（一）征信机构的种类

征信机构是指依法设立的专门从事征信业务即信用信息服务的机构，它可以是一个独立的法人，也可以是某独立法人的专业部门。征信机构分为信用调查机构、信用信息登记机构、信用评价机构以及信用管理机构四类。

1. 信用调查机构

信用调查机构又可以分为企业信用调查机构和个人信用调查机构，是最基础的业务从事者，也是信用行业发展的起点。信用调查机构主要是接受委托对企业和个人的信用情况进行调查，并将从各方收集到的信用信息进行整理、核对、归类，提供企业信用调查报告和个人信用调查报告的机构。

2. 信用信息登记机构

信用信息登记机构是指通过批量初始化和定期更新相结合的方式，集中采集借款人信用信息形成数据库的机构。核心数据是借款人借、还款的历史信息。信用信息登记机构一般只以原始数据或通过数学和统计学的方法客观反映借款人的信用记录或信用状况，不对借款人进行进一步分析判断。由政府运营的信用信息登记机构称为公共征信机构，由非政府机构运营的称为私营征信机构。公共征信机构和私营征信机构在操作上最主要的差异在于：向前者提供信息是强制性的，而向后者提供信息是自愿的。

3. 信用评价机构

信用评价机构主要包括企业资信评级机构和个人信用评分机构。企业资信评级机构一般在资本市场上运作，一般提供的服务主要有债券评级、金融机构评级、上市公司评级、公用事业单位评级甚至包括国家主权评级等。对于个人信用评分机构而言，征信调查对象主要是消费者。消费者的资信状况可以从多方面反映出来，信息来源广，内容多，需要建立大型数据库，通过动态数据来评估消费者的信用状况。

4. 信用管理机构

信用管理机构含义比较宽泛，是广义的征信行业中除信用信息登记机构、信用调查机构和信用评级机构以外的机构，也可以认为是征信的延伸服务类，主要包括非金融类的商账追收、信用培训、信用咨询以及金融类的信用保险、信用保理、信用担保等机构。

（二）征信机构的运营模式

1. 市场化征信模式

市场化征信模式以美国为代表，指所有征信企业或公司可以依法自由地经营信用调查和信用管理业务，各征信服务机构是民营的。这种纯市场的征信模式已渐渐成为世界各国征信市场上的主流。美国的商业性征信企业、追账公司等是其典型形式。它们都是从赢利目的出发，按市场化方式运作，向社会提供各种以信用为主的有偿服务。

该模式优点是：第一，数据来源广泛，消费者信用调查机构的信息不仅来自银行和相关金融机构，还来自信贷协会和其他各类协会、财务公司或租赁公司、信用卡发行公司和商业零售机构等；第二，能顺应市场发展的规律，通过开展有效的竞争，提高征信企业的服务水平，进而提高全社会的信用水平，使国家的信用体系有序、有效地运转。

2. 政府主导公共征信模式

政府主导公共征信模式以欧洲为代表，指政府出资，由中央银行设立公共信用信息调查（中央信贷登记）机构，并对其实行监管。德国、法国等欧洲国家主要采取这种方式。该模式中数据使用不是商业化的，信用报告不是商品，因此，收费很低。在公共数据比较分散或缺乏的条件下，可以由政府协调社会各方面，强制性地让所监管的所有金融机构参加公共信息登记系统，集中各种力量建立征信数据库。政府建立数据库的目的不在于直接生产征信产品并参与市场竞争，而是出于非营利目的。

3. 由银行协会建立的会员制征信机构与商业性征信机构并存的模式

由银行协会建立的会员制征信机构与商业性征信机构并存的模式是一种混合模式，以日本为代表，对个人征信采用非营利的行业协会的形式（如日本个人信用信息中心），对企业征信则采用商业化运作的形式（如拥有亚洲最大的企业资信数据库，占 70%以上的日本征信市场的帝国数据银行等）。

知识链接

中国人民银行征信中心

一、机构情况和发展定位

2006 年 3 月，经中编办批准，中国人民银行设立中国人民银行征信中心（以下简称征信中心），其作为直属事业单位专门负责企业和个人征信系统（即金融信用信息基础数据库，又称企业和个人信用信息基础数据库）的建设、运行和维护。同时为落实《物权法》关于应收账款质押登记职责规定，征信中心于 2007 年 10 月 1 日建成应收账款质押登记系统并对外提供服务。2008 年 5 月，征信中心正式在上海举行了挂牌仪式，注册地为上海市浦东新区。2013 年 3 月 15 日施行的《征信业管理条例》（简称《条例》），明确了征信系统是由国家设立的金融信用信息基础数据库定位。截至 2014 年 6 月，征信中心在全国 31 个省和 5 个计划单列市设有征信分中心。

征信中心的发展定位是按照征信业监督管理部门的要求，依法履行建设、运行和管理由国家设立的全国统一的企业和个人征信系统的职责，在维护信息主体权益的前提下，为信用交易和银行信用风险管理等活动提供信用信息服务，为社会各行业信用信息提供有效的传播渠道，推动社会信用总量增加、信用风险管理行业发展、公众信用管理能力提高和社会信用体系建设，从而实现社会效益的最大化。

在信息采集方面，立足于满足银行信用风险管理对信用信息的需求，兼顾推动社会信用体系建设，依法面向专业化的授信机构、政府部门、公用事业单位、政府批准的专业征信机构等数据源，有计划地全面采集企业和个人的信贷信息、非信贷信用信息和与信用相关的公共信息。

在征信服务方面，以商业银行信用风险管理需求为核心，兼顾社会信用体系建设需求，加大产品开发力度，加强决策管理，向授信机构、公共管理部门、信息主体和其他主体，提供基于征信系统数据的、以信用报告为核心的数据类、工具类等征信产品。

二、征信中心业务情况

截至 2013 年 11 月底，征信系统收录自然人 8.3 亿多，收录企业及其他组织近 2000 万户。征信系统全面收集企业和个人的信息。其中，以银行信贷信息为核心，还包括社保、公积金、环保、欠税、民事裁决与执行等公共信息。接入了商业银行、农村信用社、信托公司、财务公司、汽车金融公司、小额贷款公司等各类放贷机构。征信系统的信息查询端口遍布全国各地的金融机构网点，信用信息服务网络覆盖全国，形成了以企业和个人信用报告为核心的征信产品体系。征信中心出具的信用报告已经成为国内企业和个人的“经济身份证”。

资料来源：中国人民银行征信中心网站（http://www.pbccrc.org.cn/zxzx/zxgk/gywm.shtml）。

二、信用评级机构

信用评级机构（credit rating agency）是信用管理行业中的重要中介机构，它在经营中要遵循真实性、一致性、独立性、稳健性的基本原则，向资本市场上的授信机构和投资者提供各种基本信息和附加信息，履行管理信用的职能。评级机构组织专业力量收集、整理、分析并提供各种经济实体的财务及资信状况、储备企业或个人资信方面的信息，如欠有恶性债务的记录、破产诉讼的记录、不履行义务的记录、不执行法院判决的记录等。这种信用评级行为逐渐促成了对经济实体及个人的信用约束与监督机制的形成。目前国际上公认的最具权威性的专业信用评级机构有三家，分别是美国标准普尔评级公司（Standard&Poor）、穆迪投资服务公司（Moody）和惠誉国际信用评级有限公司（Fitch）。

（一）信用评级的程序

一般情况下，信用评级主要包括以下程序：

（1）接受委托。包括评估预约、正式接受委托、缴纳评级费用等。

（2）前期准备。包括移送资料、资料整理、组成评估项目组、确定评级方案等。

（3）现场调研。评估项目组根据实地调查制度要求深入现场了解、核实被评对象情况。

（4）分析论证。评估项目组对收集的信息资料进行汇集、整理和分析，形成资信等级初评报告书，经审核后提交信用评级评审委员会评审。

（5）专家评审。包括评审准备、专家评审、确定资信等级、发出信用等级通知书。

（6）信息发布。向被评对象出具信用等级证书，告知评级结果。

（7）跟踪监测。在信用等级有效期内，评估项目组定期或不定期地收集被评对象的财务信息，关注与被评对象相关的变动事项，并建立经常性的联系、沟通和回访工作制度。

（二）信用评级指标体系

信用评级必须依据一整套指标体系，以保证信用评级的客观性、公正性和科学性。信用评级指标体系是信用评级机构和评级人员从事信用评级工作的依据，也是衡量信用评级结果是否客观公正的标尺。一般地，信用评级指标体系应该全面地反映所有影响评级对象资信状况的各项要素，具有全面性；各项指标必须有机配合，形成体系，具有科学性；应区别评级的不同要求，具有针对性；要符合客观事实，具有公正性；必须符合有关法规，具有合法性；便于操作和设计电脑运算程序，具有实用性。

信用评级指标体系作为一个完整的体系来说，应该包括以下六个方面的内容。

1. 信用评级的要素

国际上对形成信用的要素有很多种说法，有 5C 要素、3F 要素、5P 要素等，其中以 5C 要素影响最大。在我国，通常主张信用状况的“五性”分析，包括安全性、收益性、成长性、流动性和生产性。通过“五性”分析，就能对资信状况做出客观的评价。建立信用评级指标体系，首先要明确评级的内容包括哪些方面，一般来说，国际上都围绕 5C 要素展开，国内评级则重视“五性”分析。

2. 信用评级的指标

信用评级要素的具体项目一般以指标表示。指标的选择，必须以能充分体现评级的内容为条件。通过几项主要指标的衡量，就能把企业资信的某一方面情况充分揭示出来。例如，企业的赢利能力可以通过销售利润率、资本金利润率和成本费用利润率等指标加以体现，企业的营运能力可以通过存货周转率、应收账款周转率和营业资产周转率等指标加以体现。

3. 信用评级的标准

要把资信状况划分为不同的级别，这就要对每一项指标划定不同级别的标准，以便参照定位。明确标准是建立信用评级指标体系的关键。标准定得过高，有可能把信用好的企业挤出投资等级；反之，标准定得过低，又有可能把信用不好的企业混入投资等级，两者都对信用评级十分不利。因此，标准的制定必须十分慎重。一般来说，信用评级的标准要根据企业所在行业的总体水平来确定，国际上通常采用全球标准，则信用评级的标准要反映整个世界的水平。目前我国信用评级主要用于国内，评级标准可以只考虑国内企业的总体水平。

4. 信用评级的权重

它指在评级指标体系中各项指标的重要性。信用评级的各项指标在信用评级指标体系中不可能等同看待，有些指标占有重要地位，对企业信用等级起着决定性作用，其权重就应大一些；有些指标的作用可能小一些，其权重就相对要小。

5. 信用评级的等级

它是反映资信等级高低的符号和级别。有的采用 5 级，有的采用 9 级或 10 级，有的采用 4 级。有的用 A、B、C、D、E 或特级、一、二、三、四级表示，有的用 AAA、AA、A、BBB、BB、B、CCC、CC、C 表示，也有的用 prime1、prime2、prime3、not prime 表示。一般来说，长期债务时间长，影响面广，信用波动大，采用级别较宽，通常分为 9 级；短期债务时间短，信用波动小，级别较窄，一般分为 4 级。在国际上还有一种惯例，即一国企业发行外币债券的信用等级要以所在国家主权信用评级为上限，不得超过上限。

6. 信用评级的方法

通常有自我评议、群众评议和专家评议三种。如由独立的专业评估机构进行评级，一般多为专家评议。如由政府机关统一组织评级，也可采用自我评议、群众评议和专家评议相结合的方法。至于评级的具体方法，可以采用定量分析法或定性分析法，也可两者结合运用。在定量分析法中，还有功效系数法、分段计分法、梯级递减法等多种。

知识链接

影子银行体系

影子银行体系，通常也称为影子银行。最早提出影子银行概念的是美国太平洋投资管理公司创始人、执行董事，号称“债券之王”的比尔·格罗斯。格罗斯在其 2007 年《小心“影子银行”系统》中提出：影子银行就是现代金融体系，因为它囊括了第二次世界大战结束后商业银行以外的几乎所有金融创新。

一、影子银行的概念

对于影子银行的概念，目前尚无明确的界定。由于影子银行此前一直游离于市场和政府的监管之外，直至 2007 开始的美国次贷危机中才渐渐受到人们重视，所以有人把影子银行定义为“房地产贷款被加工成有价证券，交易到资本市场，房地产业传统上由银行系统承担的融资功能逐渐被投资所替代，属于银行的证券化活动”。不过，目前比较认可的定义是辛乔利在“影子银行”中的界定，即指那些行使银行功能却不受监管或少受监管的非银行金融机构，包括其工具和产品。

二、影子银行与传统商业银行的区别

1. 资金来源

传统商业银行的资金来源主要是个人与企业的存款，通过发放各类贷款赚取存贷利差。影子银行没有吸收存款的渠道，主要靠短期资金市场，通过短期批发资金市场或发行短期债券筹集资金，然后将筹集到的资金用于中长期投资，如各类抵押贷款支持证券，从手续费和息差中赚取利润。

2. 监管

传统商业银行受美国联邦储备银行监管，业务都在“阳光”下运行，要求账目公开、有充足的资本金，其过度冒险行为会受到严格限制。

由于影子银行在监管体系外运行，因而不需要按照规定详细披露财务状况，不需要考虑资本充足率，在杠杆、衍生品等方面没有严格限制，使其在金融市场上具有冒险的竞争优势。

3. 抵御风险

传统商业银行在关键时刻可以得到联邦储蓄保险公司（FDIC）和中央银行的保护，取得资金方面的支持，能够抵御发放贷款和经营业务带来的各种风险，避免挤兑事件的发生。

影子银行的多数成员无法得到这些保护其借短贷长的先天性缺陷经不起市场出现的任何风浪，一发生挤兑，就会遭到灭顶之灾。

三、中国版影子银行：银信合作，地下钱庄

虽然目前中国尚无房地产贷款证券化的行为出现，但在高度金融监管下，影子银行依然存在，主要体现在银信合作和地下钱庄等金融形式上。银信合作是指银行通过信托理财产品的方式"隐蔽"地为企业提供贷款。具体来说，通过银信合作，银行可以不采用存款向外发放贷款，而通过发行信托理财产品募集资金并向企业贷款。由于信托理财产品属于银行的表外资产而非表内资产，可以少受甚至不受银监部门的监管。

此前的博鳌亚洲论坛2011年年会上，银监会前主席刘明康曾提出，银监会对会造成高杠杆率的影子银行和银信合作高度关注。这些机构提供流动性、提供信贷，就像银行和保险公司一样。它们的工资比银行和保险公司都高，但它们的风险和成本却没有得到很好的计量。

中国社科院金融研究所中国经济评价中心主任、金融重点实验室主任刘煜辉（专栏） 告诉《中国经济周刊》："事实上，国内银行目前存在很多影子银行业务，比如说委托贷款、银信合作、信贷理财产品等，银行起到中介的作用，并不占用银行的资本金。如果监管要求这部分业务由表外转为表内，纳入银行业务的管理，本质上和正常信贷是一样的，并会被计入银行的信贷规模管理额度，从而银行总体信贷投放的结构必须进行调整来适应新规。"

资料来源：谈佳隆. 我国银信合作达1.53万亿"影子银行"广受关注[J]. 中国经济周刊，2011（5）.

本章小结

1. 投资银行的作用包括：媒介资金供需、构造证券市场、优化资源配置以及促进产业集中。

2. 美国的投资银行由从事投资的公司演变而来；在欧洲，其前身是经营海外贸易的公司；在日本则是实施《证券交易法》，证券业务从商业银行中分离出来而产生了专门经营证券的公司。因此，投资银行主要运营模式有分别以美国、欧洲和日本的投资银行为代表的三种类型。

3. 目前投资银行主要有四种类型：独立的投资银行、商人银行、全能型银行和大型跨国财务公司。

4. 投资银行业务包括证券公开发行（承销）、证券交易、证券私募、资产证券化、兼并与收购、风险投资、金融创新、基金管理等。

5. 保险公司的主要业务包括：财产保险、人身保险、责任保险及再保险业务。

6. 信托即信用委托，信托业务是一种以信用为基础的法律行为，一般涉及三方面当事人，即投入信用的委托人、受信于人的受托人以及受益于人的受益人。信托业务是由委托人依照契约或遗嘱的规定，为自己或第三者（即受益人）的利益，将财产上的权利转给受托人（自然人或法人），受托人按规定条件和范围占有、管理、使用信托财产，并处理其收益。信托投资公司的主要业务包括：委托业务、代理业务、租赁业务、咨询业务、投资基金业务和工益信托业务。

7. 租赁是一种以一定费用借贷实物的经济行为。在这种经济行为中，出租人将自己所拥有的某种物品交与承租人使用，承租人由此获得在一段时期内使用该物品的权利，但物品的所有权仍保留在出租人手中。承租人为其所获得的使用权需向出租人支付一定的费用（租金）。租赁公司的主要业务包括：融资租赁、经营租赁和综合租赁。

8. 征信机构是指依法设立的专门从事征信业务即信用信息服务的机构，它可以是一个独立的法人，也可以是某独立法人的专业部门。征信机构分为信用调查机构、信用信息登记机构、信用评价机构以及信用管理机构四类。

9. 信用评级机构是信用管理行业中的重要中介机构，它在经营中要遵循真实性、一致性、独立性、稳健性的基本原则，向资本市场上的授信机构和投资者提供各种基本信息和附加信息，履行管理信用的职能。

课后练习

一、填空题

1. ________是从18世纪欧洲早期的商人银行业务中孕育发展而来。

2. 投资银行的四种类型分为________、________、________和________。

3. 保险公司的主要业务有________、________、________和________。

4. 租赁业中常说的“你租我才买，我买你必租”。其中，“你”指________，“我”指________。

5. 信用评级机构是信用管理行业中的重要中介机构，它在经营中要遵循________、________、________、________的基本原则。

二、不定项选择题

1.（　　）是投资银行最本源、最基础的业务活动，是投资银行的一项传统核心业务。

A. 证券承销　B. 兼并与收购　C. 证券经纪业务
D. 资产管理　E. 保险

2. 关于投资银行的发展模式，以下国家采用综合型模式的是（　　）。

A. 美国　B. 英国　C. 德国
D. 日本　E. 韩国

3. 只作为资金供需双方的媒介，并不介入投资者和筹资者之间的权利义务关系，行使直接融资功能的金融机构是（　　）。

A. 保险公司　B. 信托公司　C. 投资银行
D. 财务公司　E. 租赁公司

4. 现代投资银行的主要业务可以分为（　　）等几类。

A. 证券的承销与交易　B. 项目融资、基金管理和风险投资
C. 企业的兼并与收购　D. 特殊存贷款业务的指定经营
E. 理财顾问、资产证券化和衍生金融业务

5. 下列属于非银行金融机构的是（　　）。

A. 信托公司　B. 合作金融机构　C. 政策性银行
D. 财务公司　E. 中央银行

6. 以被保险人的身体为标的，使被保险人在疾病或意外事故所致伤害时发生的费用或损失获得补偿的人身保险业务称为（　　）。

A. 健康保险　B. 人寿保险　C. 意外伤害保险

D. 年金保险　　E. 分红保险

7. 财产保险中，最基本的一项业务是（　　）。

A. 财产损失保险　　B. 信用保险　　C. 责任保险

D. 人身保险　　E. 分红保险

8.（　　）是一种分摊意外事故损失的财务安排。

A. 分散投资　　B. 信托　　C. 构造组合

D. 保险　　E. 租赁

9. 信托最突出的特征是对信托财产（　　）的分割。

A. 使用权　　B. 租赁权　　C. 所有权

D. 代理权　　E. 经营权

10. 融资租赁一般涉及的相关当事人是（　　）。

A. 委托人　　B. 受托人　　C. 出租人

D. 承租人　　E. 供货商

11. 由大型企业集团内部成员单位出资组建并为各成员单位提供金融服务的非银行金融机构是（　　）。

A. 财务公司　　B. 投资公司　　C. 资产管理公司

D. 基金公司　　E. 保险公司

三、判断分析题

1. 投资银行被称为“银行”，因此也具有银行的一般特征。（　　）

2. 信托行为是指以设定信托为目的的而发生的一种契约行为。（　　）

3. 受托人必须具有完全民事行为能力。（　　）

4. 租赁物件既可以是有形资产，也可以是无形资产。（　　）

5. 信用评级机构是信用管理行业中的重要中介机构，它在经营中要遵循真实性、一致性、独立性和稳健性的基本原则。（　　）

6. 社会经济生活中的所有风险都可以通过保险方式来转移。（　　）

7. 现代租赁业务具有融资功能。（　　）

8. 财务公司，顾名思义就是一个企业管理财务的部门。（　　）

四、名词解释

投资银行　　保险核保　　融资租赁　　征信机构　　信用评级机构

五、简答题

1. 投资银行包括哪些业务？

2. 财产保险公司一般经办哪些业务种类？

3. 人寿保险公司一般经办哪些业务种类？

4. 信托投资公司有哪些主要的信托业务？

5. 信托业务具有哪些特点？

6. 租赁业务有哪些主要形式？

7. 信用评级指标体系包括哪几方面的内容？

六、阅读思考题

2006 年 3 月，经中编办批准，中国人民银行设立中国人民银行征信中心，专门负责企业和个人征信系统（即金融信用信息基础数据库，又称企业和个人信用信息基础数据库）的建设、运行和维护。2008 年 5 月，征信中心正式在上海举行了挂牌仪式，注册地为上海市浦东新区。2013 年 3 月 15 日施行新的《征信业管理条例》，明确了征信系统是由国家设立的金融信用信息基础数据库的定位。近年来国家很重视征信业的发展，在政策上给予扶持，但是，征信业缺乏政策之外的市场，除国家强制要求的征信业务外，个人或企业很少主动登记、查询征信业务。

试分析造成这种局面的原因。

第七章　中央银行和金融监管机构

【学习目标】

1. 理解中央银行产生的必要性及其发展历程
2. 掌握中央银行的性质、基本职能及其体现
3. 熟悉中央银行的主要业务
4. 了解金融监管的基本内容，包括金融监管的机构、对象和模式

中央银行制度是在经济和金融发展的过程中逐步形成的。中央银行的产生具有一定的历史背景和客观必然性。目前世界各国基本上都实行中央银行制度，各国的中央银行或类似于中央银行的机构，均处于金融体系的核心地位。中央银行履行着调控货币供给、调节宏观经济的作用，并与其他金融监管机构共同承担着管理金融的职责。

第一节　中央银行的产生与发展

中央银行是由政府组建的机构，负责控制国家货币供给、信贷条件，监管金融体系，特别是商业银行和其他储蓄机构。

中央银行是一国最高的货币金融管理机构，在各国金融体系中居于主导地位。中央银行是商品经济与国家职能发展到一定阶段的产物，其产生有其客观必要性。

一、中央银行产生的必要性

在中央银行产生之前，各国皆先后设立了私人银行和股份银行，银行业的竞争也日趋激烈。股份银行的数量和规模在不断地扩大，而私人银行由于财力所限，却在竞争中不断地衰落、改组或倒闭，给银行券的发行流通和金融市场的稳定带来了一系列的问题。这样在客观上就要求建立一个全国统一的、具有权威性的金融机构——中央银行来解决这一系列问题。

1. 满足政府融资的需要

从 19 世纪末之前各国最初建立中央银行的目的来看，几乎都是为了解决政府融资问题。随着生产力水平的不断提高和社会的进步，国家职能逐步扩大，政府需要大量的资金强化国家机器，尤其是长期以来的战争频发，国家财政入不敷出，为了弥补财政赤字，政府急需大量资金。但是，由于小型银行规模有限，而且利息较高，客观上要求建立受政府控制并能满足其融资需求和其他金融服务的大银行。在这样的背景下，政府授权那些拥有大量资金和有威信的大银行作为政府的银行以满足政府融资的需要。

2. 银行券统一发行的需要

早期的银行业，每家银行都拥有发行银行券的权力。这样一来就不可避免地会出现以下的问题：一方面，货币发行权的分散性，必然会导致货币供给缺乏弹性，使流通领域经常出现纸币过剩的现象，纸币信誉下降，银行券的挤兑和金融恐慌就必然随之而产生，金融市场出现紊乱；另一方面，货币发行权的分散性，也限制了银行券流通的地域范围，使其流通具有地方性，阻碍了生产和流通的进一步发展。要解决银行券发行权的分散性与流通的地方性问题，客观上要求建立一个全国统一的、财力雄厚的、具有权威性和垄断性的货币发行金融机构——中央银行，统一发行银行券。

3. 统一票据交换和清算的需要

随着银行业的发展和银行业务的不断扩大，银行每天收授票据的数量日益增多，各银行自行轧差进行当日清算已很难做到，银行间的债权债务关系也日趋复杂化。这不仅使得异地结算的矛盾越来越突出，也使得同一地的结算困难重重。因此，客观上就要求建立一个全国统一的、权威性的、公正的清算中心——中央银行，来解决各银行间的票据交换与结算问题。

4. 充当最后贷款人的需要

随着生产的发展和流通的扩大，对贷款的要求不仅数量大，而且期限长，商业银行仅靠自己吸收的存款已经远远不能满足经济发展的需要。同时，若贷款过多或过度集中则会发生流动性过低、偿付能力不足的问题，有可能诱发商业银行的挤兑和破产。因此，客观上需要集中各家银行的一部分现金准备，以支持那些发生支付困难的商业银行。这就要求有一家银行能够充当商业银行的“最后贷款人”（lender of last resort），在资金上支持那些发生支付困难的商业银行，以确保金融的稳定。而只有中央银行才能充当商业银行的“最后贷款人”这一角色。

5. 金融监管的需要

金融业是一个较为特殊的行业，它存在严重的信息不对称和很高的风险，加之金融业越来越激烈的竞争，银行在竞争中大量破产、倒闭很容易造成连锁反应，给经济造成极大的破坏作用。为尽可能避免这种事情的发生，客观上需要有一个代表政府意志的专门机构从事金融机构的管理、协调和监督工作。

二、中央银行产生与发展的历程

中央银行的产生途径主要有两种：一是由实力强劲、信誉卓著的商业银行发展演变而来，如瑞典银行和英格兰银行是最早发展成为中央银行的银行；二是明确地创设中央银行，使其专门履行中央银行的职责，如1914年建立的美国联邦储备体系。

尽管各国在建立中央银行的过程中所走的路径不尽相同，但总体来看，中央银行的产生和发展历经了初创阶段、发展阶段和深化阶段。

1. 初创阶段

中央银行产生于17世纪后半期，而中央银行制度的形成则是在19世纪初期，其间经历了260多年的漫长历史。追溯中央银行的起源，不能不提到世界上历史最为悠久的两家国家银行——瑞典银行和英国的英格兰银行。

瑞典银行成立于1656年，其最初的宗旨是为政府募集财政经费，作为交换的条件则是拥有纸币发行权。1668年，瑞典银行被改组为国家银行。1897年，瑞典政府通过法案，将货币发行权集中于瑞典银行。由此，瑞典银行所发行的货币就成为了法偿货币（legal tender money），而其他银行所发行的货币则被责令逐步收回。于是，瑞典银行就逐步演变为瑞典的中央银行。

英国的英格兰银行在中央银行制度的发展历史上是一个重要的里程碑，被公认为中央银行的鼻祖。英格兰银行成立于1694年。1833年，英国国会通过法案，规定只有英格兰银行发行的纸币才具有无限法偿资格。1844年，国会通过《银行特许条例》，也称《比尔条例》。该条例规定英格兰银行自1844年8月31日后，划分为银行部与发行部，从而奠定了现代中央银行的组织模式。同时该条例还限制其他银行发行纸币的数量，这无形中赋予了英格兰银行半独占货币发行权。1854年，英格兰银行已取得“清算银行”（clearing bank）的地位。而在1847年、1857年、1866年的周期性的金融危机期间，英格兰银行已充当商业银行的“最后贷款人”的角色，并逐步垄断了全国的货币发行权。1928年，英格兰银行终于成为英国唯一的货币发行银行。

到19世纪中叶，英格兰银行已成为中央银行的典范，各国纷纷效仿。从1800—1900年，法国、荷兰、奥地利、挪威、丹麦、比利时、西班牙、俄国、德国、日本等国相继成立了中央银行。

2. 发展阶段

第一次世界大战以后，各主要资本主义国家先后放弃了货币发行的金本位制，结果普遍发生了恶性通货膨胀，金融领域出现了剧烈的波动，各国中央银行纷纷宣布停止或限制兑现、提高贴现率以及禁止黄金输出等措施，从而导致外汇行市下跌，货币制度极端混乱。由此，各国政府和金融界人士都深切感到必须确立和提高中央银行的地位，加强中央银行对货币信用的管制。于是，1920年在比利时首都布鲁塞尔召开了国际金融会议。会议提出，各国中央银行应该摆脱各国政府政治上的控制，实行稳健的金融政策；尚未成立中央银行的国家，应尽快成立中央银行，以改变第一次世界大战后币制、汇率和金融混乱的局面。布鲁塞尔会议大大推进了各国中央银行建立的进程。

自1921—1942年，世界各国纷纷改组或新设立中央银行，中央银行数量达到45家。其中，于20世纪20年代改组或新设立的有27家，30年代的有9家，40年代的有7家。主要有：苏联国家银行（1921）、澳洲联邦银行（1924）、土耳其中央银行（1931）、墨西哥中央银行（1932）、新西兰准备银行（1934）、加拿大银行（1935）、印度准备银行（1935）、阿根廷中央银行（1939）等。因此可以说，20世纪20年代是中央银行制度积极发展的阶段。

3. 深化阶段

在中央银行制度在世界各国日渐普及的同时，中央银行的各项职能也不断明确和完善。20世纪30年代大危机以后，各国开始强调政府对经济的干预作用，而货币与财政政策是政府干预经济的主要工具，中央银行作为货币政策的制定者和实施者，其地位也不断巩固和提高。特别是随着国际形势的变化和世界经济的发展，中央银行的地位、职能和制度特征也发生了较为深刻的变化：一是国有化成为设立中央银行的重要原则；二是国家加强了对中央银行的控制；三是强化了中央银行运用货币政策调控宏观经济的职能；四是各国中央银行加强了国际间的合作。

三、中央银行在中国的发展①

中国的中央银行萌芽于20世纪初，为整理币制，清朝户部于光绪三十年（1904）设立户部银行。中国银行和交通银行由北洋政府控制，都部分承担了中央银行的职责。1927年南京国民政府成立，制定《中央银行条例》，于1928年11月1日在上海成立中央银行，表明中国的中央银行制度已基本确立。中华苏维埃共和国国家银行于1932年2月开业，是中国共产党领导下最早的中央银行，行址设于江西省瑞金县。

1948年12月1日，在华北银行、北海银行和西北农民银行三家银行的基础上，中国人民银行在河北省石家庄市成立，一方面履行中央银行职能，发行货币、操作货币政策；另一方面办理存贷款等一般银行业务。

1982年7月，国务院批转中国人民银行的报告，进一步强调"中国人民银行是我国的中央银行，是国务院领导下统一管理全国金融的国家机关"，以此为起点开始了组建专门的中央银行体制的准备工作。1983年9月17日，国务院颁发《国务院关于中国人民银行专门行使中央银行职能的决定》，明确规定了中国人民银行专门行使中央银行的职能。从1984年1月1日起，中国人民银行开始专门行使中央银行的职能。

1995年3月18日，八届人大三次会议通过《中华人民共和国中国人民银行法》，首次以国家立法形式确立了中国人民银行作为中央银行的地位，标志着中央银行体制走向了法制化轨道，是中央银行制度建设的重要里程碑。

为了加强中央银行的独立性、专业性和权威性，进一步理顺中央银行与政府及各部门之间的关系，按照中央金融工作会议的部署，中国人民银行于1998年对分支机构设置进行了重大调整，撤销省级分行，设立跨省区分行，同时，成立人民银行系统党委，对党的关系实行垂直领导，干部垂直管理。目前，中国人民银行设立了天津、沈阳、上海、南京、济南、武汉、广州、成都、西安9个分行，中国人民银行营业管理部和中国人民银行重庆营业管理部，339个中心支行，1766个县（市）支行。这些分支机构作为中国人民银行的派出机构，根据总行的授权，依法维护本辖区的金融稳定，承办有关业务。

按照党的十六届二中全会审议通过的《关于深化行政管理体制和机构改革的意见》和十届人大一次会议批准的国务院机构改革方案，2003 年将中国人民银行对银行、金融资产管理公司、信托投资公司及其他存款类金融机构的监管职能分离出来，并和中央金融工委的相关职能进行整合，成立中国银行业监督管理委员会。同年12月27日，十届全国人民代表大会常务委员会第六次会议审议通过了修正后的《中华人民共和国中国人民银行法》。中国人民银行新的职能正式表述为"制定和执行货币政策、维护金融稳定、提供金融服务"。同时，明确界定："中国人民银行为国务院组成部门，是中华人民共和国的中央银行，是在国务院领导下制定和执行货币政策、维护金融稳定、提供金融服务的宏观调控部门"。这种职能的变化集中表现为"一个强化、一个转换和两个增加"。"一个强化"，即强化与制定和执行货币政策有关的职能；"一个转换"，即转换实施对金融业宏观调控

① 本部分内容根据中国人民银行网站"中国人民银行历史沿革"一文改写，http://www.pbc.gov.cn/publish/main/531/index.html

和防范与化解系统性金融风险的方式；“两个增加”，即增加反洗钱和管理信贷征信业两项职能。

第二节　中央银行的性质与职能

中央银行不同于普通的商业银行和其他金融机构，其性质决定了其具有特殊的地位、职能和作用。只有正确理解中央银行的性质，才能合理地确定它的经营原则，充分发挥其特有的职能与作用。

一、中央银行的性质

从中央银行的发展历史中可以看出，中央银行虽然是从普通商业银行中演变而来，但是其性质已经有了质的飞跃，中央银行不再是以营利为目的的普通商业银行，而是唯一代表中央政府行使金融管理、监督、调控等职权的金融行政管理机构。这一性质决定了中央银行具有两个显著特点：第一，中央银行是代表国家制定与执行金融政策、进行金融监管的重要的金融行政管理机构；第二，中央银行是国家进行宏观金融调控的重要工具。

由于中央银行代表国家制定与实施金融政策，是国家的金融行政管理机关，因此，它与普通商业银行有着显著的区别。

（1）经营的目的与性质不同。中央银行不以营利为目的，是金融行政管理机构；而普通商业银行和其他金融机构则是以赢利为目的的金融企业。

（2）业务的对象不同。中央银行的业务对象是金融机构和政府，不经营普通商业银行的业务；而普通商业银行和其他金融机构的主要业务对象是一般的信用客户，即企业和个人，经营的是普通信用中介业务。

（3）所起的作用和活动领域不同。中央银行是实现国家宏观经济目标的重要工具，其所起的作用不是一般的信用中介的作用，而是控制信用与调节货币流通，其活动主要在宏观金融领域；普通商业银行和其他金融机构的金融活动主要在微观金融领域，起信用中介的作用。

（4）吸收存款业务的性质不同。中央银行吸收的存款来源于商业银行和其他金融机构，一般不付利息，具有管理与服务的双重性质；普通商业银行和其他金融机构吸收的存款来源于企业和居民个人，需要支付利息，这些存款为其资产运营提供资金。

二、中央银行的职能

中央银行的职能，一般被概括为发行的银行、银行的银行和政府的银行三大类。中央银行正是通过这些职能来影响货币供给量、利率等指标，实现其对金融领域乃至整个经济的调节作用。

（一）发行的银行

所谓发行的银行，是指中央银行垄断货币的发行权而成为全国唯一的现钞发行机构。这是中央银行首要和基本的职能。

中央银行作为发行的银行，其职能主要体现在：首先，中央银行必须根据经济发展和商品流通的需要，及时调整供应货币；其次，中央银行要加强货币流通管理，保证货币流通的正常秩序，即中央银行要依法严格控制货币投放，加强现金管理，做好货币印制、清点、保管、收兑等方面的工作。

（二）银行的银行

所谓银行的银行，是指中央银行面向商业银行和其他金融机构办理金融业务。银行的银行是最能体现中央银行这一特殊金融机构性质的职能之一。这主要体现在：中央银行也像其他银行一样，办理存款、贷款等业务，只不过它的业务对象不是一般的企业和个人，而是商业银行和其他金融机构；中央银行各项业务活动的目的不仅在于为商业银行和其他金融机构提供服务，以提高金融服务的效率，更在于对商业银行和其他金融机构的活动施加有效的影响。

银行的银行这一职能主要体现在以下几方面。

1. 集中存款准备

为了保证存款机构的清偿能力，也为了利于中央银行调节信用规模和控制货币供应量，各国的银行法律一般都要求存款机构必须对其存款保留一定比率的准备金，即法定准备金。这些准备金（包括一部分超额准备金）除一小部分可以库存现金的形式持有外，大部分要交由中央银行保管，即各存款机构在中央银行开立准备金账户，存入准备金。这样做有两个好处：一是便于中央银行了解和掌握各存款机构的准备金状况，为货币政策的制定和实施提供参考依据；二是可使中央银行组织全国的资金清算。在多数国家，存款机构在中央银行的存款是没有利息收入的，但在我国，中央银行对存款机构的存款准备金支付利息。

2. 组织全国范围的资金清算

由于各存款机构都在中央银行设有准备金账户，中央银行就可以通过借记或贷记它们准备金账户来完成存款机构之间的款项支付。它具有安全、快捷、可靠的特点，可以简化商业银行资金清算程序，节约清算费用，加速资金周转，提高清算效率。

3. 充当商业银行最后贷款人

当某一金融机构面临资金困难，而别的金融机构又无力或不愿对其提供援助时，中央银行将扮演最后贷款人的角色。传统上，中央银行对商业银行贷款主要以再贴现方式进行，所以这种贷款又被笼统地称作再贴现贷款，其利率也被称为再贴现利率。通过变更再贴现利率，中央银行可以对整个社会的资金供求状况和利率发生影响。当然，再贴现不是中央银行充当最后贷款人的唯一形式，除此之外，再抵押或直接取得贷款在某些情况下也是商业银行从中央银行融资的形式。

（三）政府的银行

所谓政府的银行，是指中央银行同政府有着密切的联系，为政府提供各种金融服务，代表政府执行金融管理职责，而并非指中央银行一定归政府所有，尽管许多国家的中央银行确实是国有的。政府的银行这一职能主要体现在以下几个方面。

1. 代理国库

国家财政收支一般不另设机构经办具体业务，而是交由中央银行代理，主要包括按国家预算要求代收国库存款、拨付财政支出、向财政部门反映预算收支执行情况等。

2. 代理政府债券发行

中央银行代理政府债券的发行和还本付息。

3. 为政府融通资金

中央银行可以为政府提供资金融通，以弥补政府在特定时间的收支差额。其融资方式有两类，即直接向国家银行财政部提供贷款或透支，以及在证券市场上购买国债。通常，中央银行对财政的直接贷款或透支在期限和数额上都受法律的严格限制，以避免中央银行沦为弥补财政赤字的工具，导致货币发行失控。因此，政府弥补赤字的主要手段是发行国债。中央银行可以在一级市场或二级市场上买入国债。若中央银行在二级市场上购买国债，则资金是间接流向财政。在二级市场买卖国债的行为即是所谓的公开市场业务，它是中央银行调控货币供给的重要方式。

4. 制定和执行金融管理法规

作为国家的最高金融管理当局，中央银行制定并监督执行有关金融行政管理法规，主要包括：制定有关的金融政策和法规；对商业银行及其他金融机构进行监督管理，从而达到预期的货币政策目标，保证宏观经济的良性运行。

5. 管理和经营国家的国际储备资产

中央银行代理政府保管黄金及外汇储备，或代理政府进行黄金外汇的买卖。

6. 充当政府的金融代理人，代办各种金融事务

中央银行代表政府参加国际金融组织，出席国际会议，从事国际金融活动；充当政府顾问，提供有关金融方面的信息和建议等。

阅读与思考

中国人民银行职能[①]

中国人民银行的主要职责包括以下内容。

（一）拟订金融业改革和发展战略规划，承担综合研究并协调解决金融运行中的重大问题、促进金融业协调健康发展的责任，参与评估重大金融并购活动对国家金融安全的影响并提出政策建议，促进金融业有序开放。

（二）起草有关法律和行政法规草案，完善有关金融机构运行规则，发布与履行职责有关的命令和规章。

（三）依法制定和执行货币政策；制定和实施宏观信贷指导政策。

（四）完善金融宏观调控体系，负责防范、化解系统性金融风险，维护国家金融稳定与安全。

（五）负责制定和实施人民币汇率政策，不断完善汇率形成机制，维护国际收支平衡，实施外汇管理，负责对国际金融市场的跟踪监测和风险预警，监测和管理跨境资本流动，持有、管理和经营国家外汇储备和黄金储备。

（六）监督管理银行间同业拆借市场、银行间债券市场、银行间票据市场、银行间外汇市场和黄金市场及上述市场的有关衍生产品交易。

① 摘自中国人民银行网站，http://www.pbc.gov.cn/publish/main/532/index.html。

（七）负责会同金融监管部门制定金融控股公司的监管规则和交叉性金融业务的标准、规范，负责金融控股公司和交叉性金融工具的监测。

（八）承担最后贷款人的责任，负责对因化解金融风险而使用中央银行资金机构的行为进行检查监督。

（九）制定和组织实施金融业综合统计制度，负责数据汇总和宏观经济分析与预测，统一编制全国金融统计数据、报表，并按国家有关规定予以公布。

（十）组织制定金融业信息化发展规划，负责金融标准化的组织管理协调工作，指导金融业信息安全工作。

（十一）发行人民币，管理人民币流通。

（十二）制定全国支付体系发展规划，统筹协调全国支付体系建设，会同有关部门制定支付结算规则，负责全国支付、清算系统的正常运行。

（十三）经理国库。

（十四）承担全国反洗钱工作的组织协调和监督管理的责任，负责涉嫌洗钱及恐怖活动的资金监测。

（十五）管理征信业，推动建立社会信用体系。

（十六）从事与中国人民银行业务有关的国际金融活动。

（十七）按照有关规定从事金融业务活动。

（十八）承办国务院交办的其他事项。

参照上面所述中央银行的职能，对比分析中国人民银行职能与常规中央银行的职能是否有差异。

第三节　中央银行制度的类型与中央银行的结构

一、中央银行制度的类型

中央银行制度随各国具体国情的不同而存在较大差异。根据中央银行组织形式和组织结构的不同，可以将中央银行制度大致分为四种类型。

1. 单一中央银行制度

单一中央银行制度是指在一国国内单独设立中央银行，由中央银行作为发行的银行、银行的银行、政府的银行，全权行使中央银行的职能。根据中央与地方权力划分的不同，单一中央银行制度又可分为一元中央银行制和二元中央银行制。

（1）一元中央银行制，即一国只设立独家中央银行和众多分支机构来行使其职能，是总分行高度集中的中央银行制度。世界上大多数国家的中央银行制度皆属于此类，如英国、法国、日本、瑞士等国家的中央银行制度都属于一元中央银行制。我国自1984年开始也使用这种制度。

（2）二元中央银行制，即一国设立中央和地方两级中央银行机构，中央级机构是最高权力机构，地方级机构也有相应的独立权力，两级机构分别行使各自的职权。这是一种联邦式的、具有相对独立性的两级中央银行制度。美国、德国等国家属于此类中央银行制度。

阅读与思考

美联储

联邦储备系统（Federal Reserve System，Fed），是美国的中央银行体系，由美国国会通过 1913 年的《联邦储备法案》而创设。该系统包括联邦储备系统理事会、联邦公开市场委员会、联邦储备银行、约 3000 家会员银行及 3 个咨询委员会。美国联邦储备系统是以私有形式组织的行使公共目的的政府机构。美国政府虽不拥有美联储的股份，但美联储 94%的利润转交给美国财政部，剩余 6%用于给会员银行发放股息。

联邦储备系统的核心机构是联邦储备委员会（Federal Reserve Board，简称美联储；其全称为 The Board of Governors of The Federal Reserve System，即联邦储备系统管理委员会，也可以称为联邦储备系统理事会），其办公地点位于美国华盛顿特区（Washington D.C.）。该委员会由 7 名成员组成（其中主席和副主席各 1 位，委员 5 名），须由美国总统提名，经美国国会上院之参议院批准方可上任，任期为 14 年（主席和副主席任期为 4 年，可连任）。

联邦公开市场委员会（The Federal Open Market Committee，FOMC）由 12 名成员组成，包括：联邦储备委员会全部成员 7 名，纽约联邦储备银行行长，其他 4 个名额由另外 11 个联邦储备银行行长轮流担任。该委员会设一名主席（通常由联邦储备委员会主席担任），一名副主席（通常由纽约联邦储备银行行长担任），另外其他所有的联邦储备银行行长都可以参加联邦公开市场委员会的讨论会议，但是没有投票权。联邦公开市场委员会的最主要工作是利用公开市场操作，在一定程度上影响市场上货币的储量。另外，它还负责决定货币总量的增长范围（即新投入市场的货币数量），并对联邦储备银行在外汇市场上的活动进行指导。

按照 1913 年国会通过的联邦储备法，在全国划分 12 个储备区（见图 7.1），每区设立一个联邦储备银行分行。联邦储备银行共分为 12 家地区银行，分别设于波士顿、纽约、费城、克利夫兰、里士满、亚特兰大、芝加哥，圣路易斯、明尼阿波利斯、堪萨斯城、达拉斯、旧金山。其中，纽约、芝加哥和旧金山三家联邦储备银行的资产是最大的，占到了总资产的一半。在其他的 25 座大中城市，美国联邦储备银行也设立了分支机构。管理方面，每家联邦储备银行都由 9 名兼职董事组成的董事会来管理。每家区域性储备银行都是一个法人机构，拥有自己的董事会。会员银行是美国的私人银行，除国民银行必须是会员银行外，其余银行是否加入全凭自愿而定。加入联邦储备系统就由该系统为会员银行的私人存款提供担保，但必须缴纳一定数量的存款准备金，对这部分资金，联邦储备系统不付给利息。

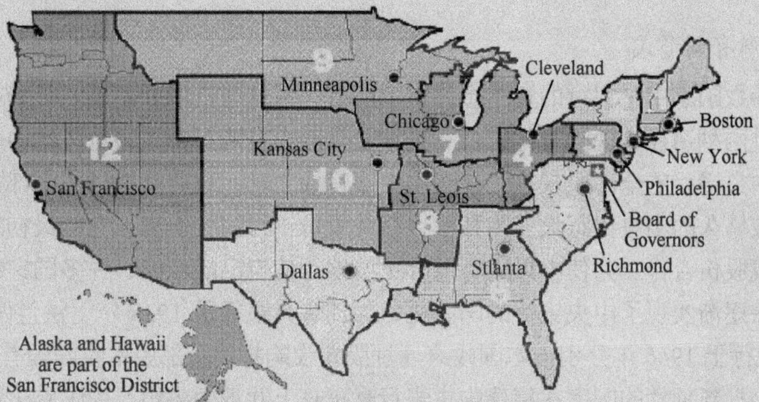

图 7.1　美国联邦储备银行分行分布图

本图摘自联邦储备系统管理委员会网站，http://www.federalreserve.gov/otherfrb.htm。

2. 复合中央银行制度

复合中央银行制度是指在一国之内，不设立专门的中央银行，而是由一家大银行来扮演中央银行和商业银行两个角色，即“一身兼两任”。复合中央银行制度主要存在于苏联和东欧国家。我国在 1984 年以前也实行这种中央银行制度。

3. 准中央银行制度

准中央银行制度是指某些国家或地区没有建立通常意义的中央银行，而只设立类似中央银行的机构，或由政府授权某个或某几个商业银行部分行使中央银行职能的制度。例如，在新加坡，有两个类似于中央银行的机构——金融管理局和货币委员会，由它们配合行使中央银行的职能。中国香港实行的也是准中央银行制度，金融管理局（1993 年 4 月 1 日由香港外汇管理基金和银行监督处合并而成）是香港的金融监督机构，但不拥有发钞权，发钞权掌握在汇丰银行、渣打银行以及中国银行手中。

4. 跨国中央银行制度

跨国中央银行制度是指两个或两个以上的国家设立共同的中央银行。通常是由参加某一货币联盟的国家共同设立。跨国中央银行的主要职责是发行货币，为成员国政府服务，执行共同的货币政策及其有关成员国政府一致决定授权的事项。其特点是跨越国界行使中央银行职能。在全球影响最为深远的是 1998 年 7 月成立的欧洲中央银行，这是一家由欧洲经济货币联盟的成员国共同设立的中央银行，框架结构采用德国中央银行的二元制模式，其主要职能是发行统一的货币——欧元，并制定和实施欧元区的货币制度。

二、中央银行的结构

中央银行的结构是指作为中央银行运行基础的资本金的构成形式，实际上是指中央银行资本的所有制形式。但从中央银行的性质来看，无论其资本的构成形式如何，中央银行的权力机构均由政府指派，并非由股东大会选举产生；它不以营利为目的，利润大部分上缴国库，因此，中央银行的资本结构对其性质和业务活动没有实质性的影响。

概括来看，世界各国中央银行的资本构成主要有以下几种形式。

1. 国家所有制形式

目前大多数国家中央银行的资本金为国家所有，但这些资本并不是一开始就属于国家，它主要是通过两种途径实现国有化的：一是通过政府出资购买中央银行资本中原属于私人的股份而拥有中央银行的全部股权；二是在中央银行成立时，政府就拨付了全部资本金。一般来说，历史较悠久的中央银行大多为私营银行或股份银行演变而来，它们最初的资本金大多为私人投资或股份合作。为使中央银行能够更好地行使自己的职能，许多国家都通过购买私人股份的办法逐渐实现了中央银行的国有化，如加拿大银行于 1938 年、法兰西银行于 1945 年、英格兰银行于 1946 年分别被本国政府通过股权收购将其全部股本收归国有。第二次世界大战以后，一批新独立的国家在筹建中央银行时正赶上欧洲中央银行的国有化浪潮，不少国家都由政府拨款直接建立了自己的中央银行。目前，世界上绝大部分国家的中央银行均实现了资本的国有化。我国的中央银行——中国人民银行的资本全部为国家所有。

2. 公私混合所有制形式

公私混合所有制形式是指中央银行的资本由政府和民间各占有一定比例混合所有。属于这种类型的国家有日本、瑞士、奥地利、比利时、巴基斯坦、土耳其、墨西哥、委内瑞拉、厄瓜多尔等。在这种资本构成类型中，国家的资本大多在50%以上，民间资本（包括企业和个人）一般低于50%。如日本银行，政府持有55%的股份，民间持股为45%；墨西哥中央银行的资本中，国家资本占53%，民间资本占47%；巴基斯坦中央银行的股份中，政府持有51%，民间持有49%。也有一些国家如比利时、委内瑞拉和厄瓜多尔的中央银行，其政府资本与民间资本各占50%。瑞士国家银行的资本构成较为特殊，它虽属于公私混合所有制，但瑞士联邦政府并不持股，而由各州政府和州银行持股，约占资本的58%，其余约42 %的股份由私人持有。

3. 全部资本非国家所有形式

全部资本非国家所有形式的中央银行的全部资本都非国家所有，其全部股份都由银行等金融机构所持有。属于这种情况的主要有美国、意大利等少数国家。美国各联邦储备银行的股本全部为储备区的会员银行集体所有，会员银行必须按实收资本和公积金的6%认购所参加的联邦储备银行的股份，加入时先缴付所认购股份的一半，另一半等待通知随时支付。会员银行按其实缴资本可以享受6%的股息。意大利银行的资本构成也属于这种类型。意大利银行的股份最初是由私人持有，1936年《意大利银行法》规定意大利银行为公法银行，其30亿里拉的资本金分为30万股，分别由储蓄银行、公营信贷银行、国民利益银行和社会保险机构集体持有，股份转让也只能在上述机构之间进行，并需得到意大利银行董事会的许可。

4. 无资本金形式

无资本金形式是指中央银行建立之初根本没有资本，而由国家授权行使中央银行的职能，中央银行运用的资金主要是各金融机构的存款和流通中的货币，自有资金只占很小的比例。目前世界上只有韩国的中央银行——韩国银行是唯一没有资本金的中央银行。1950年韩国银行成立时，原定注册资本为15亿韩元，全部由政府出资。但1962年《韩国银行法》的修改使韩国银行成为“无资本的特殊法人”。该银行每年的净利润按规定留存准备金之后，全部汇入政府的“总收入账户”。会计年度中如发生亏损，首先用提存的准备金弥补，不足部分由政府的支出账户划拨。

5. 多国所有制形式

多国所有制形式是指跨国中央银行的资本不为某一国家所独有，而是由跨国中央银行的成员国所共有。跨国中央银行的资本金是由各成员国按商定的比例认缴的。如西非货币联盟、中非货币联盟、东加勒比海货币管理局等属于这一类型。1998年7月1日在德国法兰克福设立的欧洲中央银行，是一家典型的跨国中央银行，其资本金为50亿欧元，只有其成员国的中央银行才能认购和持有其股份。欧洲中央银行资本认购的数量依据各成员国的国内生产总值（GDP）和人口分别占欧盟的比例为基础来确定，各成员国缴纳资本金的数量不得超过其份额，其认购份额每5年调整一次。

第四节　中央银行的主要业务

中央银行的业务，是中央银行职能的表现，其性质与商业银行截然不同。中央银行虽然也办理存款、贷款、贴现、买卖有价证券等业务，但其经营活动的目的并不是为了追求利润，而是为了实现对金融活动的调节与控制，从而达到使国民经济稳定、健康发展的目的。

一、负债业务

中央银行的负债业务主要包括货币发行业务、集中存款准备金业务、财政性存款业务、其他负债业务等。

1. 货币发行业务

当今世界各国中央银行均享有垄断货币发行的特权，货币发行业务是中央银行独有的负债业务。

中央银行的货币是通过再贴现、贷款、购买证券、收购金银与外汇等方式投入市场，形成流通中的货币，以满足国民经济发展对流通手段和支付手段的需要，促进商品生产的发展和商品流通的扩大。但是投入市场的每张货币都是中央银行对社会公众的负债，而现代中央银行对所发行的货币并不承担兑现义务，因此，这种负债在一般情况下，事实上成为长期的无需清偿的债务。

我国人民币的具体发行是由中国人民银行设置的发行基金保管库（简称发行库）来办理的。所谓发行基金是中国人民银行保管的已印好而尚未进入流通的人民币票券。发行库在中国人民银行总行设总库，下设分库、支库。各商业银行对外营业的基层行处设立业务库。业务库保存的人民币，是作为商业银行办理日常收付业务的备用金。为避免业务库过多存放现金，通常由上级银行和同级中国人民银行为业务库核定库存限额。

人民币发行的具体操作程序是：当商业银行基层行、处现金不足以支付时，可以开出支票，到当地中国人民银行在其存款账户余额内提取现金。于是，人民币从发行库转移到商业银行基层行、处的业务库，意味着这部分人民币进入流通领域。当商业银行基层行、处收入的现金超过其业务库库存限额时，超过的部分应主动送交中国人民银行，该部分人民币进入发行库，意味着退出流通领域，中国人民银行人民币（钞票）发行程序如图 7.2 所示。

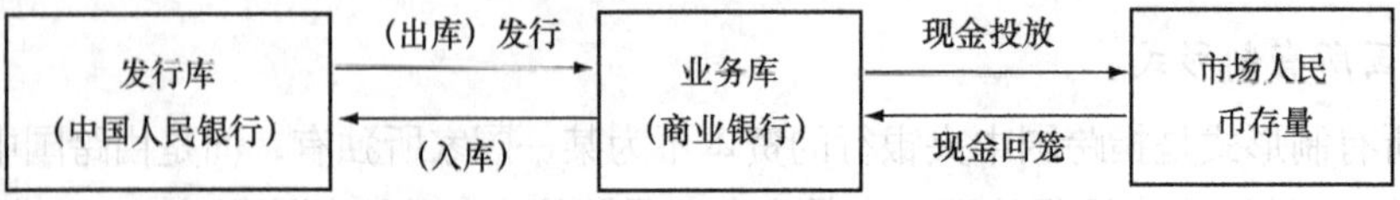

图 7.2　中国人民银行人民币发行程序

2. 集中存款准备金业务

集中存款准备金是中央银行制度形成的重要原因之一。存款准备金本来是各商业银行和其他金融机构为了应付客户随时提现，在其所吸收的存款中按照一定的比例提取的现款。这部分现款一开始是由各商业银行和其他金融机构分散保存的。在正常情况下，每家金融机构所保存的这些现款，数量显得较多，出现了资金的闲置，这与其追求最大赢利的初衷是相悖的。但在非正常的情况下，例如客户集中提现，保存再多的现款也显得不足。这样一来，由中央银行把各商业银行和其他金融机构分散保存的准备金集中起来就显得很有必要，这既可以在一定程度上节省准备金的数量，又可以在特殊的情况下满足客户挤提存款的需要，从而保证了银行业的清偿能力和金融业的稳定。

当然从现实意义上来讲，中央银行集中存款准备金，更为重要的一个目的是为了通过提高或降低存款准备比率达到调节商业银行放款的能力，以实现对整个国民经济货币供给的调节。目前，存款准备金制度已经发展成为中央银行执行货币政策的一种重要手段。

3. 财政性存款业务

中央银行作为政府的银行，一般都由政府赋予代理国库的职责，国家财政的收入与支出都由中央银行代理。由于财政支出一般总要集中到一定的数量再拨付使用，且一般使用单位也是逐渐使用的，因此，收支之间总存在一定的时间差，收大于支的数量形成了一个可观的余额。同时那些依靠国家拨给行政经费的行政事业单位的存款，也都由中央银行办理。这样，金库存款、行政事业单位的存款就构成了财政性存款。财政性存款本质上是国家预算资金或与国家预算直接有关的资金，其数额仅次于商业银行交存中央银行的存款准备金。

4. 其他负债业务

中央银行还可以吸收其他存款，如非银行金融机构存款、外国政府和外国金融机构存款。非银行金融机构在中央银行的存款，同商业银行在中央银行的存款在性质和范围上大致相同。外国政府或外国金融机构在中央银行的存款，构成这些国家政府或金融机构的外汇，这些外汇随时可以用于贸易结算和债务清偿。此外，中央银行还可以通过发行中央银行债券、对外负债和筹措资本等方式获得资金。

二、资产业务

资产业务即中央银行运用其货币资金的业务。中央银行的资产业务主要包括贷款业务、再贴现业务、证券买卖业务、储备资产业务等。

1. 贷款业务

中央银行的贷款主要是指对商业银行和其他金融机构发放的贷款。其发放贷款的目的是为了解决金融机构短期资金周转的困难。一般这种贷款的利率较为优惠，为了抑制金融机构过多地从中央银行借款，各国的中央银行都对金融机构，特别是商业银行的贷款数量制定了最高限额。中央银行对金融机构发放贷款要考虑资产的流动性和安全性，注意贷款期限的长短，以保证资金的灵活周转。

此外，中央银行依照法规向财政提供贷款与透支。不过，对中央银行的这一业务各国中央银行法都有较为严格的规定。我国的银行法明确规定，中国人民银行不得对政府财政透支。同时还规定中国人民银行不得向地方政府、各级政府部门提供贷款。

2. 再贴现业务

再贴现是商业银行由于业务上的需要，将其由贴现所取得的票据，请求中央银行予以贴现的一种经济行为。再贴现业务也叫重贴现业务，即买进商业银行已贴现的票据。

中央银行办理再贴现时，要了解市场资金需求的真实情况，弄清是否有真实的生产与流通的需要，要保证票据的内容、款式与有关手续符合法律规定，确保资金到期回收，以保持中央银行资金的流动性。

再贴现业务是中央银行调节资金供应，实现对国民经济宏观调控的一项重要业务。

3. 证券买卖业务

所谓证券买卖，就是中央银行在金融市场上买卖有价证券的行为。中央银行在公开市场上买卖的有价证券主要是国家债券，包括国库券与公债券，其中尤以国库券为主。当然，偶尔中央银行也以其他类型的有价证券作为自己的买卖对象，但这些有价证券仅仅局限于信誉比较高的公司债券、公司股票和商业票据。我国的银行法规定，中国人民银行可以在公开市场上买卖国债和其他政府债券。

中央银行买卖有价证券的目的，不在于营利，而是为了调剂资金供求，实现银根的松紧适度，确保国民经济的健康发展。一般来说，当银根需要紧缩，减少市场货币供给时，央行卖出证券；反之，当需要放松银根，增加市场货币供给时，央行则买进证券。

4. 储备资产业务

各国中央银行从国家利益考虑，从稳定货币流通出发，从扩大国际交往着想，都要保留一定数量的黄金、白银与外汇储备。从货币发展史来看，黄金、白银与外汇始终是稳定纸币、应付银行券兑现的重要储备，同时也是用于国际支付的国际储备。

三、中间业务

中央银行的中间业务，主要是指中央银行为商业银行和其他金融机构办理资金的划拨清算和资金转移。中央银行的这一业务与其集中存款准备金的业务是紧密相连的。既然中央银行集中了金融机构的存款准备金，则金融机构彼此之间由于交换各种支付凭证所产生的应收应付账款，就可以通过其在中央银行的存款账户进行划拨，从而使中央银行成为全国的资金清算中心。

各国的中央银行都设立专门的票据清算机构来进行票据的清算。参加中央银行票据交换的金融机构，一要遵守票据交换的有关规定；二要在中央银行开立有关账户；三要分摊一定的管理费。

中央银行不仅为金融机构办理票据交换与清算，而且还要在全国范围内办理异地资金的转移。至于异地资金的转移，各国的清算办法差异比较大。一般有两种类型：一是先由各金融机构内部自成联行系统，最后各金融机构的总行通过中央银行的总行办理转账结算；二是将异地票据统一集中传送到中央银行总行办理轧差转账。

第五节　金融监管机构

金融监管有狭义和广义之分。狭义的金融监管是指金融监管当局依据国家法律法规的授权对整个金融业（包括金融机构以及金融机构在金融市场上所有的业务活动）实施的监督管理。广义的金融监管是在上述监管之外，还包括了金融机构内部控制与稽核的自律性监管、同业组织的互律性监管、社会中介组织和舆论的社会性监督等。

一、金融监管机构

金融监管机构即金融监管的主体，是监管的实施者，根据监管主体的法律性质不同，大致有政府监管和行业自律组织两类。其中政府监管主体又可分为两种情况，一种是由官方机构承担监管职责；一种是由民间机构或私人机构接受政府授权从事监管，这类机构实际上带有准官方性质。政府监管机构是凭借国家赋予的行政权力，通过制定法律法规对金融领域实行直接监管，属于正式制度安排。行业自律组织则是金融业自我管理、自我规范、自我约束的民间管理组织，如金融行业公会和各种协会。自律组织制定一系列行为规范，要求其成员共同遵守。行业自律属于非正式的制度安排，不是依靠政府的力量强制实施，行业自律组织成员长期从业是这些行为规范得以推行和维护的基础，因其长期从业，必然会重视自身的声誉。

从国际范围来看，作为金融监管当局的，有的是中央银行，如美国的联邦储备体系；有的是财政部，如奥地利的联邦财政部；有的是专门的监管机构，如德国的联邦银行监管署、法国的银行委员会。中国的金融监管主体是中国银行业监督管理委员会、中国证券监督管理委员会和中国保险监督管理委员会，分别对银行信托业、证券期货业和商业保险业实施监督管理。监管主体是历史和国情的产物，它既没有统一的模式，也不是一成不变的。

二、金融监管对象

金融监管对象即金融监管的客体，由各个国家根据本国金融发展状况来决定，但同时也受国际金融业发展态势的影响。虽然世界各国金融监管的对象不尽相同，但大体上都包括以下几个方面。

1. 金融机构

金融机构有银行金融机构、非银行金融机构、合作金融机构等。银行金融机构一般包括商业银行、政策性银行、外资银行等；非银行金融机构一般有信托投资公司、租赁公司、证券公司、保险公司、企业财务集团公司、邮政储蓄机构、典当行等；合作金融机构一般指各种类型的城、乡信用合作社。

2. 金融业务

一切融通资金的业务都是金融监管的对象。银行金融机构和合作金融机构的业务主要是存款、贷款、贴现、转账结算等；非银行金融机构的业务种类繁多，主要有信托、租赁、证券发行、证券买卖、保险、再保险等业务。除了金融机构开办的上述金融业务以外，彩票市场、基金等也是金融监管的对象。

3. 金融工具

金融工具是金融业务的载体，传统的金融工具是用于融资和办理转账结算的各种凭证，如股票、债券、代收款凭证、代付款凭证、汇票、本票、支票、信用卡等。随着金融业务和金融技术的日益更新，金融工具也不断创新，其衍生工具主要有大额可转让定期存单、可转让支付命令账户、可变利率存款单、可变利率抵押贷款、期货、期权、货币互换、利率互换等。

4. 金融市场

金融市场包括货币市场、资本市场、黄金市场、外汇市场等。在金融市场上，银行短期借贷、银行同业拆借、各种可转让票据的流通、证券发行、股票、债券、黄金、外汇等金融资产的买卖等一切资金融通的行为和金融工具的流通，都是监管的客体。

5. 金融风险

金融业是高风险行业，倘若某一家金融机构资不抵债或资金周转不灵，受损失的不仅是该机构本身，还会影响社会上众多存款者的资金安全，甚至危及整个金融体系。因此，防范和化解信用风险、利率风险、汇率风险、流动性风险、操作风险等各种风险，也是金融监管的内容。可以说，各国金融监管的历史，就是与金融风险斗争的历史。

知识链接

世界主要国家金融监管机构及监管对象参见表 7.1。

表 7.1 世界主要国家金融监管机构及监管对象

国家	机构	成立时间	监管对象
英国	金融服务局	1997 年	各领域的金融活动
挪威	银行保险证券监管委员会	1986 年	银行、证券、保险
丹麦	金融监管局	1988 年 1 月	银行、保险公司、抵押贷款机构、养老基金和社保基金
卢森堡	证券金融监管局	1999 年 1 月	银行、证券
匈牙利	金融监管局	2000 年 4 月	银行、保险、证券、投资基金、养老基金
加拿大	金融机构监管局	1987 年	所有在联邦注册登记的金融机构和加拿大政府的养老计划
澳大利亚	审慎监管局	1998 年 7 月	银行、保险、养老基金、储蓄机构、信用社、住房贷款协会和友好互助协会
韩国	金融监管委员会	1998 年 4 月	各领域的金融活动
日本	金融厅	2000 年 7 月	各领域的金融活动

三、金融监管的模式

由于各国地理条件和自然状况不同、经济结构和发展水平不同以及政治和法律制度的显著差异，所以形成了世界各国金融监管的不同模式。

（一）单一监管模式

高度集中的单一监管模式是指由单一的中央级机构如中央银行或专门的监管机关对金融业进行监督与管理。世界上大多数国家实行这种金融监管模式，属于这一类型的国家既包括一部分发达的资本主义国家，如英国、比利时、卢森堡、瑞士等国；又包括大多数发展中国家，如巴西、泰国、印度等国。

高度集中的单一金融监管体制，使金融监管集中，金融法规统一，金融机构不容易钻空子；它也有助于克服其他体制下的相互扯皮、推卸责任的弊端。但是，这种体制有可能使金融监管部门作风官僚化，易滋生腐败；同时使金融监管机构任务过重，不利于提高金融监管干部的素质，不利于为金融机构提供更好的服务。

（二）多头监管模式

多头监管模式是根据从事金融业务的不同机构主体及其业务范围的不同，由不同的监管机构分别实施监管的模式。根据监管权限在中央和地方的不同划分，又可分为分权多头式和集权多头式两种。

1. 分权多头式监管模式

所谓“分权”是指在中央和地方设立两级中央银行机构，分别行使金融监管权，中央级机构是最高权力或管理机构，地方机构除执行统一的货币政策外，在业务经营管理上具有较大的独立性。所谓“多头”是指在中央一级和地方一级又分别由两个或两个以上的机构负责银行体系的监督管理。世界上实行分权多头监管模式的国家不多，主要存在于实行联邦政治体制的国家，如美国、加拿大等。

这种金融监管体制具有以下优点：适应于地域辽阔、金融机构很多而情况差别又很大的国家；适应于政治经济结构比较分散的联邦制国家；这种体制能较好地提高金融机构监管部门的工作效率；可以防止一国金融权力的过分集中，还可以使金融机构根据自身的不同特点，选择金融监管机构；也可以使金融制度的监管专门化，提高对金融业务机构服务的能力。但是，分权多头监管模式也存在明显不足：监管机构交叉重叠容易造成重复检查和监督；金融法规不统一，使不法的金融机构易钻空子；加剧金融领域的矛盾与混乱；降低货币政策与金融监管的效率。

2. 集权多头式监管模式

所谓“集权”是相对“分权”而言，监管权力集中于中央，但在中央一线又分别由两个或两个以上的机构负责金融业务的监督管理。通常，这种集权多头式监管模式是以财政部和中央银行为主体开展工作。实行这一监管模式的国家较多，代表国家有法国、德国、意大利、比利时、日本、新加坡和中国等。

在集权多头式金融监管模式中，制约金融发展的因素比分权多头监管模式少得多。金融体系的集中统一监管和金融工作的效率是显而易见的。在实行这一监管体制的国家中，人们也习惯和赞成各权力机构相互制约与平衡。各金融机构监管部门之间的协作也是不错的。例如，德国信贷机构联邦监督局同联邦银行之间，日本银行同大藏省银行管理局之间就配合默契，富有成就。但是，这种集权多头式监管模式运行效率的关键在于各金融管理机构之间的合作。在一个不善合作与立法不健全的国家中，这种体制难以有效运行。再者，这种体制也面临着同分权多头式监管模式类似的问题，如重复监管等。

（三）跨国监管模式

跨国监管模式是指在经济合作区域内，对该区域内的金融业实行统一的监督与管理的体制。行使这一职能的机构是跨国中央银行，其代表是跨国的西非货币联盟和中非中央银行。

跨国监管模式具有下列优点：一是跨国中央银行的股本为参加该货币联盟的各国所共有，而不是为某一国所独有；二是它为参加该货币联盟的所有国家执行中央银行职能，而不是单独为某一个国家服务；三是它是临近一些国家自然的地区性联合，有利于经济金融合作；四是同某一发达国家有紧密的经济贸易关系，联盟货币与其货币维持共同的平价；五是成员国将金融管理权交给跨国中央银行，既具有节约和有效的优点，又可避免由于缺乏金融人才和经验而带来的损失；六是具有互助合作、稳定金融、稳定经济的突出优点。但是，跨国金融监管模式运行成功的关键在于成员国的合作。一旦成员国之间出现利益冲突，就会给金融业带来混乱。再者，在合作过程中，该国的金融管理政策也可能会失去独立性。

阅读与思考

中国的金融监管模式

中国当前的金融监管模式属于集权多头式。

2003 年 12 月 17 日，第十届全国人大常委会第六次会议通过《银行业监督管理法》，自 2004 年 2 月 1 日起实行，为中国银行监督管理委员会依法履行监管职责，加强对银行业的监管提供了法律保证。银行业监督管理委员会简称银监会，于 2003 年 3 月设立，并于 2003 年 4 月 28 日起正式履行职责。银监会的成立标志着中国人民银行自新中国成立 50 多年来集货币政策与银行监管于一体时代的结束。银监会监管银行、资产管理公司、信托投资公司及其他存款类金融机构，其主要职能是：①负责制定有关银行业监管的规章制度和办法；②对银行业金融机构实施监管，维护银行业的合法、稳健运行；③审批银行业金融机构及其分支机构的设立、变更、终止及其业务范围；④对银行业金融机构实行现场和非现场监管，依法对违法违规行为进行查处；⑤审查银行业金融机构高级管理人员任职资格；⑥负责编制全国银行数据、报表，并按照国家有关规定予以公布；⑦加强对银行业金融机构风险内控的监管，重视其公司治理机制的建设与完善，促使其有效地防范和化解金融风险。

中国证券监督管理委员会简称证监会，于 1992 年 10 月设立，标志着中国证券市场统一监管体制形成。证监会对证券市场实施监督管理主要履行下列职能：①建立统一的证券期货监管体系，按规定对证券期货监管机构实行垂直管理；②加强对证券期货业的监管，强化对证券期货交易所、上市公司、证券期货经营机构、证券投资基金管理公司、证券期货投资咨询机构和从事证券期货中介业务的其他机构的监管，提高信息披露质量；③加强对证券期货市场金融风险的防范和化解工作；④负责组织拟订有关证券市场的法律、法规草案，研究制定有关证券市场的方针、政策和规章；⑤制订证券市场发展规划和年度计划；⑥指导、协调、监督和检查各地区、各有关部门与证券市场有关的事项；⑦对期货市场试点工作进行指导、规划和协调。

中国保险监督管理委员会简称保监会，于 1998 年 11 月成立。保监会对保险市场实施监督管理主要履行下列职能：①拟订有关商业保险的政策法规和行业发展规划；②依法对保险企业的经营活动进行监督管理和业务指导，维护保险市场秩序，依法查处保险企业违法违规行为，保护被保险人利益；③培育和发展保险市场，推进保险业改革，完善保险市场体系，促进保险企业公平竞争；④建立保险业风险的评价与预警系统，防范和化解保险业风险，促进保险企业稳健经营与业务的健康发展。

阅读上述资料，思考下列问题：

1. 中国金融监管机构的分工，反映了中国金融业的什么变化？
2. 如何处理中国人民银行与各金融监管机构之间的关系？

本章小结

1. 中央银行是代表中央政府行使金融管理、监督、调控等职权的金融行政管理机构。它的目标不是利润最大化，而是维护整个国民经济的稳定和发展。

2. 中央银行在一国金融体系中居于核心的地位，它是发行的银行、银行的银行、政府的银行，行使服务的职能、调节的职能和管理、监督的职能。

3. 中央银行制度是指中央银行的组织形式。中央银行制度可概括为：单一中央银行制度、复合中央银行制度、准中央银行制度和跨国中央银行制度四种类型。

4. 中央银行的资本结构主要是指其资本金的构成形式，包括国家所有制、公私混合所有制、全部资本非国家所有、无资本形式和多国所有制这五种形式。

5. 中央银行的负债业务包括货币发行业务、集中存款准备金业务、财政性存款业务和其他负债业务；中央银行的资产业务包括贷款业务、再贴现业务、证券买卖业务和储备资产业务；中间业务则主要指中央银行为商业银行和其他金融机构办理资金的划拨清算和资产转移。

6. 金融监管主体是监管的实施者，根据监管主体的法律性质不同，大致有政府监管和行业自律组织两类。金融监管的客体是金融监管的对象，主要包括金融机构、金融业务、金融工具、金融市场和金融风险。

7. 当今世界各国金融监管的模式主要有单一监管模式、多头监管模式以及跨国监管模式。

课后练习

一、填空题

1. 成立于1694年的________，被认为是中央银行的鼻祖。

2. 日本的中央银行日本银行是公私混合所有制，其中政府持股比例为________，民间持股比例为________。

3. 中国人民银行现为________制度，但其在________年之前实行复合中央银行制。

4. 中央银行的资产业务包括________、________、________和________。

5. 根据金融监管主体的法律性质不同，大致有________和________组织两类。

二、不定项选择题

1. 在银行业的发展中，出现的（　　）问题，均在客观上要求中央银行的产生。

A. 银行券统一发行问题　　B. 政府融资问题

C. 票据交换和清算问题　　D. 最后贷款人问题

E. 金融监管问题

2. 中央银行产生的途径有（　　）。

A. 从商业银行的演变中产生　　B. 直接创设

C. 政府理财　　D. 货币集中发行

E. 票据交换服务

3. 分散多元的货币发行（　　）。

A. 有利于货币供求湿度　　B. 有利于币值稳定

C. 有利于政府理财　　D. 易使货币发行失控

E. 易使货币发行良存劣汰

4.（　　）等国家使用一元单一中央银行制度。

A. 英国　　B. 法国　　C. 中国

D. 美国　　E. 马尔代夫

5.（　　）是中央银行独有的负债业务。

A. 货币发行业务　　B. 集中存款准备金业务

C. 资金清算业务　　D. 财政性存款业务

E. 其他负债业务

6. 中央银行的贷款对象是（　　）。

A. 工商企业　　B. 商业银行　　C. 投资银行

D. 证券公司　　E. 政府

7. 金融监管的对象包括（　　）。

A. 金融机构　　B. 金融风险　　C. 金融业务

D. 金融工具　　E. 金融市场

8. 由单一的中央级机构如中央银行或专门的监管机构对金融业进行监督与管理的模式是（　　），它也是世界上大多数国家使用的监管模式。

A. 分权多头监管模式　　B. 集权多头监管模式

C. 高度集中的单一监管模式　　D. 集权单头监管模式

E. 跨国监管模式

三、判断分析题

1. 一国的中央银行既是金融管理机构，也是营业机构，也以营利为最终目标。（　　）

2. 中国人民银行是中国的中央银行。（　　）

3. 中国香港地区实行准中央银行制，由金融管理局部分行使中央银行职能。（　　）

4. 由于中央银行可以独占货币发行权并对控制货币供给量负有责任，因此被称为“发行的银行”。（　　）

5. 中央银行集中保管商业银行的准备金，以防范金融风险，因此被认为是“政府的银行”。（　　）

6. 单一中央银行制即一元中央银行制。（　　）

四、名词解释

中央银行　　银行的银行　　政府的银行　　单一中央银行制　　金融监管

五、简答题

1. 试述中央银行产生的客观必然性。

2. 中央银行与一般商业银行有哪些区别？

3. 中央银行的职能是什么？

4. 如何理解中央银行是发行的银行、银行的银行、政府的银行？

5. 中央银行的资本结构有哪几种形式？

6. 中央银行的负债业务、资产业务、中间业务有哪些主要内容？

7. 金融监管的主要内容是什么？

六、阅读思考题

英格兰银行（Bank of England）为历史最悠久的中央银行。根据英格兰银行法，其经营目标为：维护金融体系健全发展，提升金融服务有效性，维持币值稳定。就首要目标而言，最终为强化保障存款户与投资者权益，这与金融机构业务经营良莠密切相关。依据1987年银行法规定，金融监管业务系由英格兰银行辖下之银行监管局掌管。随金融市场进步与发展，银行与金融中介机构的传统分界线，日趋模糊。因此，英国首相布莱尔于1997年5月20日宣布，英国金融监管体系改制，将资金供需与支付清算系统中居枢纽地位的银行体系，及隶属证券投资委员会的各类金融机构，业务整合成单一监管机构，即金融服务总署（Financial Services Authority，FSA）。

FSA有下列九个业务监管机构：建筑融资互助社委员会、互助社委员会、贸易与工业部保险业委员会、投资管理监管组织、个人投资局（主管零售投资业务）、互助社设立登记局（主管信用机构监管）、证券期货管理局（主管证券及衍生性信用商品业务）、证券投资委员会（主管投资业务，包括票据清算与交换）及英格兰银行监管局（主管银行监管，包括批发货币市场）等。法律赋予FSA权力如下：一、对银行、建筑互助社、投资公司、保险公司与互助社之授权与审慎监管；二、对金融市场与清算支付系统之监管；三、解决对影响公司企业、市场及清算支付系统之问题，在某些特殊状况下，如英格兰银行未能贯彻其利率政策，且影响危及经济体系稳定性时，FSA将与英格兰银行协商合作。

FSA掌管所有金融组织，目的在于提升监管效率，保障消费者权益，并改善受监管单位之金融服务。受FSA监管的金融产业，对英国经济重要性如下：金融服务占国内生产毛额70%，约占FTSE 100总值30%，近一百万人服务于金融产业，相当于5%的英国劳动人口。大部分成年人均为金融产业之消费者：80%单位拥有银行或建筑互助社的账户，约70%购买人寿保险或养老年金，超过1/4成年人投资股票或单位信托。

请查阅相关资料，对比英、美两国金融监管体系的差别，并思考对我国当前的金融监管体系的完善有何启示？

第三篇

金融市场篇

第八章　金融市场综述

【学习目标】

1. 掌握金融市场的含义、构成要素
2. 理解金融市场的各项功能
3. 熟悉金融市场的构成和分类
4. 了解20世纪80年代以来金融市场的发展状况

金融市场是进行资金融通、实现资源配置的重要场所，是以货币资金的借贷和金融产品的买卖为代表的金融资产交易关系的总和。金融市场在经济发展中发挥着促进资金融通、优化资源配置、转移和分散风险、降低交易成本和调节经济运行等重要作用。随着科学技术的发展，金融市场呈现出金融资产证券化、投资主体机构化、金融市场国际化、交易品种衍生化等趋势。

第一节　金融市场的含义、要素与功能

金融市场是现代市场经济体系中最重要的组成部分之一，是进行资金融通、实现资源配置的重要场所。金融市场与商品市场、劳务市场、技术市场等一同构成了一国完整的市场经济体系。金融市场为社会资金从盈余部门向短缺部门转移提供了有效途径，促进了储蓄向投资的转化，大大提高了资金融通的效率。一个发达、完善、健全的金融市场对经济的发展有着重要的推动作用。

一、金融市场的含义

金融市场有狭义和广义之分，狭义的金融市场是指用来从事货币资金的借贷和证券、外汇、期货等金融商品买卖、交易的场所；而广义的金融市场是指以货币资金的借贷和金融产品的买卖为代表的金融资产交易关系的总和。它不仅包含有特定交易场所的有形市场，也包括无特定交易场所的无形市场；既包含金融机构之间的资金融通活动，也包含金融机构之外的资金融通活动；既包含以银行贷款为代表的间接融资活动，也包含资金供求双方通过证券的发行、买卖形成的直接融资活动。因此，广义的金融市场实际上是从事货币资金的融通与金融资产的交易所形成的信用、借贷、供求等诸多关系的一个综合体。除此以外，还包含了金融资产在交易过程中所形成的运行机制，其中最重要的是价格机制。在金融市场上，价格机制是其运行的基础，而完善的法律制度和先进的交易手段等则是其顺利运行的保障。

二、金融市场的形成条件

金融市场是商品经济发展到一定阶段的产物，它的发展与完善程度又受到一定的社会制度、文化传统、观念意识等因素的制约。一般来说，金融市场的建立需具备以下几个基本条件。

（1）商品经济较为发达。商品经济和市场经济的发展是金融市场产生和发展的客观经济基础。一方面，发达的商品经济能够推动社会生产力的提高，使社会财富增加，这样才能为金融市场提供更多的货币资金；另一方面，商品经济越发达，就越需要依赖金融市场来聚集资金和融通资金。

（2）信用制度较为完备。拥有一个完备的信用制度是资金流动和融通的前提和保证。完备的信用制度表现在以下几个方面：第一，有一个反应灵敏的市场利率机制；第二，有丰富多样的金融商品（即金融工具）；第三，有由众多金融机构组成的较为完备的金融机构体系。

（3）有健全的法律法规。金融市场属于市场经济体系的一部分，而市场经济离不开法律、法规和制度的约束。健全的法律法规是保证信用活动规范化和标准化的关键，也是金融市场健康发展的关键。

（4）有一定数量的社会闲置资金。金融市场的资金主要来源于居民个人的储蓄和一部分企业暂时闲置的资金。虽然对于每一个企业或个人来说拥有的资金量并不大，但将这些零散的、分散的资金集中到一起，形成的资金总规模是相当可观的。这些闲置资金的存在是金融市场存在和发展的物质基础。

三、金融市场的构成要素

世界各国金融市场的发达程度尽管各不相同，但就市场本身的构成要素来说，都不外乎金融市场主体、金融市场客体、交易组织方式、金融市场价格、金融监管机构、中介服务机构六个要素。

（一）金融市场主体

所谓金融市场主体，即金融市场的交易者。这些交易者或是资金的供给者，或是资金的需求者，或者以双重身份出现。金融市场上的交易者必须是能够独立做出决策并承担利益和风险的经济主体，主要包括居民个人、工商企业、政府部门和金融机构等。但作为资金供给者和需求者，这四类主体的重要性是不一样的。

1. 居民个人

金融市场上大部分资金来源于居民个人的储蓄。居民的家庭收入在扣除消费支出后的结余便形成了储蓄。为了保证资金的安全和获得更多的收益，大部分居民都会选择合适的金融资产进行投资。居民作为金融市场的交易主体，在金融市场上几乎总是以投资者的身份出现的，他们是金融市场资金的净供应者。居民从事金融产品的投资完全是为了追求个人利益，目的是使其资产得到保值和增值。

2. 工商企业

企业（非金融企业）是金融市场上最大的资金需求者，但有时企业也可以是金融市场资金的供应者。企业在创业期间或扩大生产、经营规模时一般都需要大量的资金，筹集这些资金的传统渠道是找银行申请贷款；当银行贷款难以满足企业大额、长期的资金需求时，企业就会通过在证券市场上发行股票、债券来筹集所需的资金。在企业的日常生产经营过程中，当企业所需的短期流动资金不足又难以从银行获得贷款时，也常常通过短期票据市场来融资。因此，一般来说在金融市场上企业是资金的净借入者。但有些企业因生产的季节性或购销差异等原因也会出现暂时的资金闲置现象，企业为获得较高的收益一般不会把大量的资金存在银行，而是将这部分资金用于其他金融资产的投资，通常是购买流动性强、安全性高的短期证券，由此成为金融市场的资金供应者。但企业从金融市场筹集资金的数量比向市场提供的资金数量要大得多。

3. 政府部门

政府作为金融市场的交易活动的参与者，扮演着双重的角色。一方面政府是资金的需求者，为了筹集建设资金或弥补财政赤字，会利用政府的良好信誉，通过在货币市场上发行短期票据或在证券市场上发行政府债券来筹措资金。在大部分情况下，政府在一国的金融市场上居于净借款人的地位。另一方面，政府又是市场的调节者。政府可以通过中央银行参与货币市场上的再贴现活动和证券市场上的证券买卖，从而对金融市场进行干预和调节。例如，通过中央银行在货币或证券市场上买入或卖出债券来调节市场上的货币供应量，从而达到既定的货币政策目标。

4. 金融机构

金融机构是金融市场最重要的参与者之一。金融市场上的金融机构包括银行和非银行金融机构，如商业银行、财务公司、信托投资公司、证券公司、基金公司、保险公司等。金融机构一方面通过吸收存款、发行金融债券和基金单位等方式将居民手中的储蓄和企业暂时闲置的资金集中起来，形成巨额的资金来源；另一方面又通过对企业放款或从事证券投资等方式将资金运用出去，从而促进了储蓄向投资的转化。金融机构在金融市场的活动中具有交易集中、交易金额巨大等特点，因而对金融市场的运行有着重要的影响。

知识链接

QDII 和 QFII、RQFII

合格的境内机构投资者（qualified domestic institutional investors，QDII）是在一国境内设立，经该国有关部门批准从事境外证券市场的股票、债券等有价证券业务的证券投资基金。和 QFII 一样，它也是在货币没有实现完全可自由兑换、资本项目尚未开放的情况下，有限度地允许境内投资者投资境外证券市场的一项过渡性制度安排。

合格的境外机构投资者（qualified foreign institutional investors，QFII）是指允许合格的境外机构投资者，在一定规定和限制下汇入一定额度的外汇资金，并转换为当地货币，通过严格监管的专门账户投资当地证券市场，其资本利得、股息等经批准后可转为外汇汇出的一种市场开放模式。2002 年 12 月 1 日《合格境外机构投资者境内证券投资管理暂行办法》正式实施，标志着我国境内证券市场大门向境外机构投资者正式开放。2006 年 8 月 24 日《合格境外机构投资者境内证券投资管理办法》实施，降低了 QFII 资格门槛，资金锁定期适度放宽。进一步放宽 QFII 限制以利于 A 股市场发展。

人民币合格境外投资者（RMB qualified foreign institutional investors，RQFII），也被称为小QFII，起步金额为 200 亿元人民币。RQFII 境外机构投资人可将批准额度内的外汇结汇投资于境内的证券市场。对 RQFII 放开股市投资，是侧面加速人民币的国际化。

QFII 与 RQFII 的区别在于 QFII 是指外资机构募集美元获批后，再转换为人民币直接投资 A 股；RQFII（小 QFII），是指境外人民币通过在香港的中资证券公司及基金公司投资 A 股。

（二）金融市场客体

金融市场的客体是指金融市场的交易对象或交易的标的物，亦即通常所说的金融工具。金融工具又称信用工具，是一种表示债权、债务关系的凭证，是具有法律效力的契约。通常包括公债、国库券、股票、公司债券、商业票据等直接金融工具，还包括金融机构发行的金融债券、可转让存单、银行本票、银行汇票和银行承兑票据等间接金融工具。

（三）交易组织方式

金融市场组织方式是指市场主体同客体建立联系并得以进行资金供求交易的方式，具体有三种方式：一是集中交易方式，即在固定场所有组织、有制度地进行集中交易，如证券交易所交易；二是分散交易方式，即在各金融机构柜台上买卖双方进行面议的、分散进行交易的方式，如柜台交易；三是无形交易方式，即没有固定场所，甚至不直接接触，主要借助于电脑终端和网络技术来进行交易，如美国的第三市场和第四市场。

（四）金融市场价格

金融市场的价格是金融市场的基本构成要素之一。由于金融商品的交易价格同交易者的实际收益密切相关，自然备受关注。由于不同的金融工具具有不同的价格，并受众多因素的影响，金融市场变得更加复杂。

（五）金融监管机构

金融监管大致包括两个层次的含义：一是指国家或政府对金融市场上各类参与机构和交易活动进行的监管；二是指金融市场上各类机构及行业组织进行的自律性管理。金融监管机构是指专门对金融市场行使监管职能的机构，既包括中央银行和国家专设的其他监管机构，也包括证券交易所和金融系统内各类行业性协会组织等自律性监管机构。

（六）中介服务机构

金融市场除了包括交易双方以外，还包括那些在金融市场上充当交易中介，以及为金融交易提供服务或促使交易完成的组织、机构或个人。中介服务机构与金融市场主体之间有着重要区别，中介服务机构参与金融市场活动，但并非真正意义上的资金供给者或需求者，而是为了赚取佣金或劳务费，包括各种中介机构、各类经纪人、律师事务所和会计师事务所等。

金融市场六要素之间是紧密联系、互相促进、相互影响的。其中金融市场主体与金融市场客体是最基本的要素。

四、金融市场的功能

金融市场具有以下五种功能。

1. 促进资金融通

融通资金是金融市场最基本的功能。金融市场借助市场机制，聚集了众多市场交易主体，创造和提供了各种金融工具，开辟了范围广阔的筹资、投资渠道及形式多样的资产转换途径，最大限度地便利了资金从盈余部门导向赤字部门，从非生产性用途转向生产性用途，从而引导并促进了资金融通。这既推进了经济增长，提高了经济效率，又使资金短缺部门、盈余部门同时获益，从而改善了社会经济福利。

2. 优化资源配置

金融市场最重要的功能是优化资源配置，即借助价格发现机制将资源从低效率部门转向高效率部门，实现社会资源的合理配置和有效利用。在现代经济条件下，社会资源有效配置的前提是货币资金的有效配置，而货币资金总是流向最有发展潜力、能为投资者带来最大利益的部门和企业。金融市场上的交易行为决定了各种金融资产的价格或资产收益率，形成了金融资产的价格发现机制。这种价格发现机制能有效反映经济运行的总体态势和企业、行业、部门的发展前景，是引导货币资金流动和重新配置的先导信号，从而引导着社会资源的优化配置。

3. 转移和分散风险

资金融通、资源配置充斥着无法避免的风险，如资产价格风险、利率风险、汇率风险、信用风险、政治风险、自然灾害风险等。因此，金融运行本身就是风险的转移和重新配置过程，金融机构和金融市场转移和分散风险的功能日益重要。金融市场及其推动的金融创新，为各经济主体转移和分散风险，提供了可供利用的众多工具、机构、机制和市场。金融市场推动了金融资产多元化，便利了风险分散化，组合投资可以分散单一金融资产投资面临的非系统性风险；而远期合约、期货合约、期权合约、互换合约等金融衍生工具已成为管理和控制风险的主要工具。

4. 降低交易成本

搜寻成本和信息成本是交易成本的主要成分。搜寻成本是为寻找合适的交易对手而花费的广告支出等显性成本及等待交易对手而消耗的时间等隐性成本；信息成本是为掌握金融资产预期现金流信息、评估金融资产投资价值所花费的成本。金融市场通过汇聚众多资金供求主体，以及专门从事证券发行、承销业务的金融中介机构，而降低了搜寻成本；通过专业信息类服务机构及价格发现机制，降低了信息成本。在有效金融市场上，金融资产的价格能反映所有市场参与者需要收集的全部信息。

5. 调节经济运行

金融市场是实施和传导宏观经济政策的重要场所，为调节经济运行提供了工具和机制。金融市场为实施公开市场业务等货币政策操作提供了工具和条件，为货币政策传导提供了灵活的市场机制。金融市场中形成的金融资产价格，综合反映了资金供求关系、金融运行状况和经济运行态势，从而为宏观经济决策及其调整提供了灵敏的市场信号和信息反馈。因此，通过转移和配置资金、发现并反映资产价格、传递并反馈宏观政策动向等途径，金融市场能有效调节经济运行。

第二节　金融市场的分类

金融市场是由许多子市场构成的一个庞大的体系。随着金融工具的多样化和交易方式的复杂化，金融市场的组织体系也变得日益复杂。金融市场的组织体系主要是指金融市场的构成及其分类。一个国家的金融市场是由不同层次、不同类型的多个子市场构成的，每个子市场的交易品种不同，交易方式也不同，但它们都是以某一类金融资产作为交易的对象。金融市场的各个子市场如货币市场、资本市场、外汇市场等也不是孤立存在的，它们之间既有分工，又有联系。缺少任何一个子市场，这个金融市场都是不完整的。

一、货币市场和资本市场

按融资期限的长短，金融市场可以划分为货币市场和资本市场。

（1）货币市场又称为短期资金市场，是 1 年期以内的短期金融工具交易所形成的供求关系及其运行机制的总和。货币市场的功能主要是用来满足政府、企业、金融机构及个人短期、临时性的资金需求。在经济生活中，政府、企业、银行等机构都需要短期资金用于周转，因而成为货币市场的交易主体。货币市场使用的金融工具主要有货币头寸、票据、大额可转让定期存单（CDs）、国库券等，它们因偿还期限短、流动性高、安全性好而在某种程度上成为货币的代用品。货币市场一般又可分为同业拆借市场、票据市场、短期国债市场和债券回购市场等。

（2）资本市场又称长期金融市场，是指融资期限在 1 年以上的中长期资金市场。资本市场的功能主要是用来满足政府和企业对长期资本的需求。资本市场上使用的长期性金融工具主要是各类有价证券，包括股票、债券、证券投资基金等。企业可以通过在资本市场上发行股票来充实自身的资本，也可以通过发行债券来满足因生产、经营规模扩大对资金的需求。政府、金融机构也可以通过在资本市场上发行债券来筹集中长期资金。与货币市场的金融工具相比，股票、债券等有价证券的偿还期长或没有偿还期，要想收回本金只能到交易市场去买卖、转让手中持有的证券；而交易市场价格的波动又使得投资者的收益存在着不确定性，因此在资本市场投资具有一定风险性。

知识链接

金融市场有效性的三种形态

有效市场假说认为如果资本市场充分，准确地反映了所有决定证券价格的相关信息，则这个资本市场就是有效的。

1. 弱式有效市场

在弱式有效市场中，证券价格充分反映了历史上一系列交易价格和交易量中所隐含的信息，从而投资者不可能通过分析以往价格获得超额利润。也就是说，使用历史价格信息对未来做出预测将是徒劳的。要想取得超额回报，必须寻求历史价格信息以外的信息。在该市场中，信息从产生到被公开的效率受到损害，即存在“内幕信息”。投资者对信息进行价值判断的效率也受到损害。

推论一：如果弱式有效市场假说成立，则股票价格的技术分析失去作用，基本分析还可能帮助投资者获得超额利润。

2. 半强式有效市场

在半强式有效市场中，证券当前价格完全反映所有公开信息，不仅包括证券价格序列信息，还包括有关公司价值、宏观经济形势和政策方面的信息。如果半强式是有效的，那么仅仅以公开资料为基础的分析将不能提供任何帮助，因为针对当前已公开的资料信息，目前的价格是合适的，未来的价格变化依赖于新的公开信息。在这样的市场中，只有那些利用内幕信息者才能获得非正常的超额回报。

推论二：如果半强式有效假说成立，则在市场中利用技术分析和基本分析都失去作用，利用内幕消息可能获得超额利润。

3. 强式有效市场

在强式有效市场中，证券价格总是能及时充分地反映所有相关信息，包括所有公开的信息和内幕信息，任何人都不可能再通过对公开或内幕信息的分析来获取超额收益。在该市场中，有关证券产品信息的产生、公开、处理是正确的，反馈几乎是同时的，而且有关信息的公开是真实的，信息的处理是正确的，反馈也是准确的。结果，在强式有效市场上，每位投资者都掌握了有关证券产品的所有信息，而且每位投资者所占有的信息都是一样的，每位投资者对该证券产品的价值判断都是一致的。证券价格反映了所有即时信息。在这种市场中，任何企图寻找内幕信息来分析市场的做法都是不明智的。

推论三：在强式有效市场中，没有任何方法能帮助投资者获得超额利润，即使证券投资基金和有内幕消息者也一样。

二、发行市场和流通市场

按交易对象进入市场的顺序，金融市场可以划分为发行市场和流通市场。

（1）发行市场和流通市场主要是对金融市场中的证券市场而言的。发行市场是股票、债券、证券投资基金等有价证券初次发行、上市的市场，也称为初级市场或一级市场。任何证券都是由证券的发行人通过发行市场先将其销售出去，然后才能进入流通市场进行交易和流通。没有证券的发行，也就不会有证券的流通，因此，发行市场的作用是非常重要的。

（2）流通市场又称交易市场或二级市场，是用来进行证券的买卖、转让的市场。证券的持有者在需要资金或觉得卖出证券有利可图时，便可将其持有的证券到流通市场上出售变现；投资者也可以通过在证券的流通市场上购买相关种类的有价证券来参与证券市场的投资活动。通过流通市场上各种证券的买卖、转让，使证券这一类金融工具的流动性得以实现，从而大大地提高了整个社会范围内的资本使用效益。

发行市场与流通市场之间有着密不可分的关系，二者是相互依存、缺一不可的。发行市场是交易市场的基础和前提，有了发行市场的证券供应，才有流通市场的证券交易；证券发行的种类、数量和发行方式在很大程度上决定着流通市场的规模和运行。而交易市场是发行市场得以持续扩大的必要条件，有了交易市场上证券的买卖和转让，才能使整个证券市场充满活力；同时，交易市场的交易价格还制约和影响着发行市场上证券的发行价格，是证券发行时需要考虑的重要参照因素。因此，我们在考察发行市场与流通市场时，不要将二者割裂开来，而要将其视为一个整体来看待。

三、现货市场和期货市场

按交割方式的不同，金融市场可以划分为现货市场和期货市场。

现货市场是指在金融交易成交后限定的营业日（一般为 2 个营业日）内进行交割的市场。由于现货市场每笔交易的交易日与交割日离得很近，因此交易对方不履约的风险较小。

期货市场是指交易的协议虽然已经达成，但交割却要在未来某一特定时间进行的市场。在期货市场上，成交和交割在时间上是分离的，短的相差 1～2 个月，长的可以相差 1 年。由于每笔交易成交以后并不需要立即履行交割义务，而是在一定时间（如 3 个月、6 个月）以后才需按协议完成交割，因此存在着交易的某一方到期不履约的风险。另外，期货市场上普遍采用的是保证金交易的方式，即投资者只需支付一定数量的交易保证金，就可以从事在金额上高出保证金若干倍（一般为 10～20 倍）的交易，这种交易俗称为买空卖空。期货市场的上述特点决定了它与现货市场相比具有较大的投机性和风险性。

除期货市场外，还有一类市场称为期权市场，它实际上是期货市场的发展和延伸。金融期权是近十多年来在国外发展很快的一类衍生金融工具。金融期权交易是指买卖双方按一定价格达成协议，协议规定买方在交付一定数量的期权费之后，即获得在特定的时间内按协议价格买入或卖出一定数量的股票、债券等有价证券或外汇的权利。期权的购买方可以行使这种权利，也可以不行使，但在协议的有效期内如果不行使该权利，到期后期权协议自动失效。

四、票据市场、外汇市场和黄金市场

按照交易标的物性质，金融市场可分为票据市场、外汇市场和黄金市场。

票据市场是指在商品交易和资金往来过程中产生的以汇票、本票和支票的发行、担保、承兑、贴现、再贴现来实现短期资金融通的市场。

外汇市场是外汇资产的交易市场，有广义、狭义之分。狭义的外汇市场是指银行同业之间的外汇交易市场，包括外汇银行之间、中央银行与外汇银行之间、各国中央银行之间交易外汇的市场，又称外汇批发市场，它占外汇交易总额的 90%以上。广义的外汇市场是外汇银行之间、外汇银行与外汇经纪人之间、外汇银行与客户（如进出口商、个人）之间交易外汇的市场，其中，外汇银行与客户之间的外汇市场又被称为外汇零售市场。外汇交易方式包括即期交易、远期交易、掉期交易、套利交易、期货交易、期权交易等。目前，伦敦外汇市场、纽约外汇市场、东京外汇市场是全球三大外汇交易中心。

黄金市场是以黄金及其衍生品为交易标的物的市场。黄金既是工业投入品、保值性资产，又是各国的储备资产和国际间最后的支付手段。因此，黄金市场是一种特殊金融市场。按各国管制程度和市场参与者的不同，黄金市场可分为三类：①自由黄金市场，黄金可以自由输出、输入，居民和非居民均可自由买卖黄金，如瑞士的苏黎世黄金市场；②管制的黄金市场，黄金输出、输入受到限制，黄金的自由交易仅限非居民，如伦敦黄金市场；③国内的黄金市场，黄金输出、输入被禁止，黄金的自由交易仅限居民，如巴黎黄金市场。黄金主要有现货交易、期货交易两种方式。伦敦、苏黎世黄金市场以现货交易为主，又称欧洲型市场；纽约、芝加哥、中国香港黄金市场以期货交易为主，又称美国型市场。

五、债务证券市场、资本证券市场和衍生证券市场

根据金融资产的性质和基本类型，金融市场可划分为债务证券（或债券）市场、资本证券（或股权）市场、衍生证券（或衍生工具）市场。

债务证券是一种承诺在某一特定时期定期支付本息的债务性凭证。由于它承诺未来支付的利息数额基本固定，故又被称为固定收益证券。根据偿还期不同，债务证券可分为长期（期限不低于 1 年）债务证券、短期（期限为 1 年以下）债务证券。

资本证券是对公司未来收益和资产的要求权。资本证券因通常可定期取得红利，且没有到期期限，而被视为长期证券。其中，普通股代表对公司的剩余索取权，且具有有限责任的

特征（即普通股股东对公司承担的责任以其出资额为限）；优先股因可获得发行公司根据赢利水平支付的（或有）固定回报，也被归为固定收益证券。

衍生证券，又称衍生工具、金融衍生工具或衍生品，是自身价值决定于固定收益证券、资本证券、外汇或商品等一种或几种基础资产价格的金融工具，其主要职能是管理与基础资产相关的风险暴露。最常见的衍生工具是远期合约、期货合约、期权合约和互换协议等。

六、有形市场和无形市场

按照市场组织形态，金融市场可划分为有形市场和无形市场。

有形市场是在固定交易场所、有严格交易规则的集中交易市场，一般是指证券交易所、期货交易所、票据交换所等组织严密的特定交易市场。

无形市场是无固定交易场所的金融市场的总称，又称场外市场。早期场外交易大多在咖啡店或银行柜台进行，此类无形市场被称为店头市场、柜台市场。随着信用制度的完善和通信、计算机技术的快速发展，现代金融交易日益通过电话、电报、电传、电脑网络及其他通信工具进行，出现了有形市场无形化的总体趋势。例如，全球外汇市场、部分股票市场实为全球范围内连接证券商和其他客户的计算机和远程通信系统。

知识链接

证券交易所的功能以及场外交易

证券交易所是由证券管理部门批准的，为证券的集中交易提供固定场所和有关设施，并制定各项规则以形成公正合理的价格和有条不紊的秩序的正式组织。具体而言：

证券交易所的第一个功能是提供买卖证券的交易席位和有关交易设施。

在美国，交易席位可分为四种类型：

第一类是佣金经纪人（commission brokers），即经纪公司在交易所场内的代理人，他们接受经纪公司客户的指令并且负责在交易所内执行这些指令，经纪公司依据它们的服务向客户收取佣金。

第二类是特种会员（specialists），他身兼经纪人和自营商两个角色。当佣金经纪人无法立即执行客户的买卖委托时，他们就将这些委托转托给负责该证券的特种会员，以便在条件合适时执行，因而特种会员也被称为经纪人的经纪人；同时，当公众不愿要价或出价时，特种会员为了保证市场的连续、有序、公平，就得以自己名义发出要价或出价，由此可能带来的损失通过在资金和税收上享有优势予以补偿，但也受到相应的职业通行准则的约束。特种会员还作为证券交易所指定股票的交易商以维持一个连续的市场。

第三类是场内经纪人（floor brokers），通常在交易所内自由行动，当进入市场的指令过多，他们将协助佣金经纪人以防止指令积压。

第四类是场内交易者（floor traders），他们只为自己作交易，是在交易所内寻求获利机会的投机者。

证券按交易所的第二个功能是制定有关场内买卖证券的上市、交易、清算、交割、过户等各项规则。①上市——挂牌与摘牌：上市（listing）是赋予某个证券在证券交易所内进行交易的资格，上市股票的发行公司必须向交易所提交申请，经审查满足交易所对股票上市的基本要求，方能在交易所桂牌上市交易，但获得上市资格并不等于一劳永逸，证券交易所为了保证上市股票的质量会对其进行定期和不定期的复核，不符合规则者可暂停上市或予以摘牌；②公开竞价与成交：上市股票的交易一般采取公开竞价法，又称双边拍卖法，是买卖双方按价格优先和时间优先的原则进行集中竞价。在不同价位，买方最高申报价格和卖方最低申报价格优先成交；在同一价位，指令先到者优先成交。而在申报竞价时有口头唱报竞价、计算机终端申报竞价和专柜书面竞价等形式。③交割、清算与过户：股票买卖成交后，就进入交割过户阶段，交割一般可分为证券商之间的交割和证券商与委托客户的交割，前者在证交所的结（清）算部进行，通常采用余额交割制，后者则在成交后完成。

证券交易所的第三个功能是管理交易所的成员，执行场内交易的各项规则，对违纪现象做出相应的处理等。

证券交易所的第四个功能是编制和公布有关证券交易的资料，这些资料必须为投资者、监管者和公众提供真实、准确、全面的信息。

资料来源：王曙光，《金融伦理学》，北京大学出版社，2011 年 8 月

第三节　20 世纪 80 年代以来金融市场的发展

科学技术的高速发展，掀起了金融领域从产品创新到技术服务创新的浪潮。金融市场的交易规模不断扩大，新的金融产品不断涌现，信息手段和交易手段也日益现代化，这些都直接推动了金融市场和全球经济的发展。从全球的角度来看，20 世纪 80 年代以来金融市场的发展呈现以下几种趋势。

一、金融资产证券化

所谓资产证券化，是指把一些流动性较差的金融资产，如金融机构的一些长期放款或企业的应收账款等，由商业银行或投资银行将其进行适当的组合，并以这些资产作抵押来发行证券，通过这些证券的上市交易来实现原有债权的流动化。资产证券化的实质就是把原来不具有流动性的资产通过证券化将其转变为具有流动性的资产。资产证券化最早起源于美国，最初出现的是住宅抵押贷款的证券化，随后又应用到汽车贷款等领域，商业银行纷纷通过对其债权实行证券化来增强其资产的流动性。从 20 世纪 80 年代末期开始，资产证券化的发展已成为国际金融市场的一个显著特点。

目前，西方国家资产的证券化已深入金融活动的各个方面，不仅表现在银行贷款的证券化上，而且在所有金融活动中机构和个人以证券形式持有的资产在全部金融资产中所占的比例越来越大，传统的银行信贷业务正逐步向投资银行业务和证券业务转向。今后，作为金融机构、企业和居民手中最重要的一种金融资产，证券在经济活动中的作用将越来越大。

二、投资主体机构化

投资主体机构化是指在金融市场的投资主体中，各类机构投资者占有的比重越来越大。这些机构投资者主要包括投资基金、信托基金、养老基金、保险基金以及各类金融机构、工商企业和各类公益基金等。从 20 世纪 80 年代以来，随着世界各国经济的发展、福利及养老制度的不断完善、金融市场规模和投资品种的不断扩大，金融市场的投资主体发生了结构性的变化，以投资基金、养老基金、保险基金为代表的机构投资者获得了长足的发展，并已逐渐成为金融市场上投资的主导力量。机构投资者实力的不断壮大使其在金融市场上的影响力日益增强。根据 2009 年“The Conference Board”对金融危机后市场现状所作的调查显示，

仅养老基金、互惠基金、保险基金和各类捐赠式基金持有的股权[①]总额就占到美国全部股市的一半多（50.6%）。美国三大证券交易所每天的交易活动中，个体散户日均成交量仅占总体成交的11%，互惠基金、保险基金和各类资产管理公司完成的成交量占总成交量的17%，对冲基金占15%，做市商、投行自营业务和高频交易占总比的56%。其中超过10 000股的大单中，机构与机构、做市商与做市商、机构与做市商作为交易对手的比例高达95.9%。可见投资主体机构化已成为当今各国金融市场一个不可逆转的发展趋势。

三、金融市场国际化

金融市场国际化已成为当今全球金融领域的一个重要的发展趋势。自20世纪70年代末期以来，在以美国为代表的西方国家兴起了金融自由化的浪潮，各国政府纷纷放宽对金融业的限制。随着国际信贷、外汇和利率等方面的管制的放松，国际间的资本流动大大增加，不同金融市场间的利率开始趋同。同时，由于计算机技术和通信技术的迅猛发展，先进的卫星和电脑网络将遍布于全球各地的金融市场联结成为一个整体，极大地推动了无形金融市场的发展。目前，国际金融市场正在成为一个你中有我、我中有你、相互之间密切联系的一体化的市场，在全球任何一个主要的金融市场上都可以进行某一相同品种的金融产品的买卖，并且不同市场对同一金融产品的交易价格几乎都是相同的。通过采用先进的通信和交易手段，可以消除不同金融市场之间因存在时差给投资者带来的不便。目前在伦敦、纽约、东京、新加坡、悉尼等全球重要的金融市场已经可以实现24小时不间断的金融交易，世界上任何一个局部市场上某种金融产品的价格发生波动或者传出某一方面的信息，在几分钟、甚至几秒钟内就会传递到全球的其他市场上，其影响是全球性的。

金融市场的国际化趋势还表现在跨国融资方面。近年来，越来越多的企业或金融机构通过到境外市场发行股票或债券来筹集资金，美国等发达国家的证券交易所每年都有大量的外国公司股票上市，各国政府和金融机构通过发行国际债券筹资的数量也不断增加。这种趋势今后还将持续下去。

四、交易品种衍生化

在当今西方国家的金融市场上，金融衍生产品的交易已占有重要的地位。金融衍生产品是金融市场不断发展和创新的产物。20世纪80年代以来西方国家的金融自由化极大地推动了金融衍生工具的发展，而新技术革命为金融衍生产品的产生与发展提供了物质基础和手段。金融衍生产品最初是被用作避免金融风险的工具，但随着金融衍生产品市场交易规模的不断扩大和交易品种的不断增多，金融衍生产品已成为当今金融市场上不可缺少的一类投资工具。在过去的十多年中，金融衍生产品在世界主要发达国家金融市场上的交易量呈爆炸性增长的态势，不仅投资银行、商业银行、证券公司、保险公司、基金管理公司等金融机构以及工商企业的财务部门参与衍生金融产品的交易，而且许多个人投资者也都参与到外汇期货、股票价格指数期货、股票期权等金融衍生产品的投资活动中。随着金融创新的不断发展，金融市场将会推出更多的金融衍生产品，金融衍生产品的交易额在金融市场交易总额中所占的比重也呈现出不断上升的趋势。

① 美国股市主要机构投资者包括养老基金、捐赠基金、慈善基金、保险基金、商业银行、主权基金、投资公司、对冲基金、互惠基金等。

知识链接

美国次级债危机

次级债危机又称次贷危机，次级房贷危机。这是因一场次级抵押贷款机构破产、投资基金关闭、股市剧烈震荡而引发的风暴，导致全球主要金融市场出现流动性不足的危机。其从2006年春开始于美国逐步显现，于2007年8月席卷美国、欧盟和日本等世界主要金融市场，并一直持续至今。

次级抵押贷款是指一些贷款机构向信用程度较差和收入不高的贷款人提供贷款。美国次级抵押贷款市场通常采取固定利率和浮动利率相结合的还款方式，即贷款购房者在购房后的前几年以固定利率偿还贷款，以后则以浮动利率偿还贷款。而由购房需要而产生的次级抵押贷款仅仅是一个开端。次级抵押贷款公司以及相关的机构会将这些贷款进一步作为自身抵押资产，向投资银行融资，而投资银行又通过资产证券化的过程利用这些贷款资产向保险公司等融资，这就出现了一个金融衍生品链条，将次级抵押贷款机构、投资银行、保险公司、基金公司等连接起来。2006年之前的五年中，美国房地产繁荣，而且利率水平较低，使得次级抵押贷款市场迅速发展，并带动了一系列金融衍生品的出现。但随着2006年美国利率水平的上升，购房者的还贷压力不断增大，同时由于住房市场持续降温，使得购房者通过出售或者抵押住房融资贷款的方式难以实现，很多的购房者无力偿还贷款，而次级贷款机构即使收回住房也无法弥补自身的损失，于是次级贷款机构出现大面积亏损。这一危机通过前面所提到的金融衍生品链条迅速波及投资银行、保险公司、基金公司等金融机构，造成了大面积的亏损和倒闭。

回顾次贷危机爆发的过程，发达的次贷市场以及大量的金融衍生品无疑是重要的因素，而美国对于金融创新的监管失责也是爆发原因之一。其背后反映出金融文化的欠缺，即便是在美国这样金融市场相对完善的国家，金融机构为了追求高利润，大量进行高杠杆、高风险的投资，最终也会带来极其恶劣的后果。

资料来源：王曙光，《金融伦理学》，北京大学出版社，2011年8月

本章小结

1. 金融市场是进行资金融通、实现资源配置的重要场所，是以货币资金的借贷和金融产品的买卖为代表的金融资产交易关系的总和。金融市场通过价格机制和利率机制来调节资金和各种金融资产的供求，实现资金在各个经济部门的重新组合和优化配置。

2. 金融市场的构成要素主要包括金融市场主体、金融市场客体、交易组织方式、金融市场价格、金融监管机构、中介服务机构6个要素。

3. 金融市场在经济发展中发挥着促进资金融通、优化资源配置、转移和分散风险、降低交易成本和调节经济运行等重要作用。

4. 金融市场有多种分类方法，一般按融资期限的长短将其分为货币市场和资本市场；按交易对象进入市场的顺序将其分为发行市场和流通市场；按交割方式将其分为现货市场和期货市场等。

5. 20世纪80年代以来金融市场的发展趋势是：金融资产证券化、投资主体机构化、金融市场国际化、交易品种衍生化。

课后练习

一、填空题

1. 从本质上说，金融市场的交易对象是________，需要借助________来进行交易。

2. 衍生金融工具是在________基础上派生出来的各种金融合约及其组合形式的总称。

3. 按照交易对象进入市场的顺序，可将金融市场划分为________和________。

4. 狭义的外汇市场是指银行同业之间的外汇交易市场，又称________。

二、不定项选择题

1. 金融市场的参与者包括（　　）。

A. 居民个人　　B. 商业性金融机构　　C. 政府

D. 企业　　E. 中央银行

2. 金融市场具有（　　）等功能。

A. 促进资金融通　　B. 优化资源配置　　C. 转移和分散风险

D. 降低交易成本　　E. 调节经济运行

3. 短期金融市场又称为（　　）。

A. 货币市场　　B. 资本市场　　C. 资金市场

D. 初级市场　　E. 次级市场

4. 按金融交易的交割期限可以把金融市场划分为（　　）。

A. 现货市场　　B. 货币市场　　C. 长期存贷市场

D. 证券市场　　E. 期货市场

5. 现货市场的实际交割一般在成交后（　　）内进行。

A. 2日　　B. 5日　　C. 1周

D. 1月　　E. 3日

6. 下列属于所有权凭证的金融工具是（　　）。

A. 商业票据　　B. 大额可转让定期存单　　C. 股票

D. 回购协议　　E. 国库券

7. 货币市场交易与资本市场交易相比较，具有（　　）的特点。

A. 期限短　　B. 流动性大　　C. 收益率高

D. 手续费多　　E. 风险大

8. 货币市场的主要交易对象有（　　）。

A. 商业票据　　B. 大额可转让定期存单　　C. 同业拆借

D. 长期政府债券　　E. 银行承兑汇票

9. 同业拆借市场是金融机构之间为（　　）而相互融通的市场。

A. 减少风险　　B. 调剂短期资金余缺　　C. 提高流动性

D. 增加收入　　E. 互帮互助

10. 资本市场主要由（　　）市场构成。

A. 政府债券市场　　B. 公司债券市场　　C. 股票市场

D. 商业票据市场　　E. 承兑汇票市场

三、判断分析题

1. 金融市场是统一市场体系的一个重要组成部分，属于产品市场。（　　）

2. 金融市场的风险分散或转移，仅对个别风险而言。（　　）

3. 资本市场的金融工具主要包括回购协议、债券、基金、股票等。（　　）

4. 一般情况下银行承兑汇票的价格要高于商业汇票。（　　）

四、名词解释

金融市场　　期货市场　　票据市场　　资产证券化

五、简答题

1. 金融市场由哪些要素构成？
2. 简述金融市场的交易主体。
3. 简述金融市场的功能。
4. 当今金融市场的发展趋势是什么？

六、阅读思考题

纽约是世界最重要的国际金融中心之一。第二次世界大战以后，纽约金融市场在国际金融领域中的地位进一步加强。美国凭借其在战争时期膨胀起来的强大经济和金融实力，建立了以美元为中心的资本主义货币体系，使美元成为世界最主要的储备货币和国际清算货币。西方资本主义国家和发展中国家的外汇储备中大部分是美元资产，存放在美国，由纽约联邦储备银行代为保管。一些外国官方机构持有的部分黄金也存放在纽约联邦储备银行。纽约联邦储备银行作为贯彻执行美国货币政策及外汇政策的主要机构，在金融市场的活动直接影响到市场利率和汇率的变化，对国际市场利率和汇率的变化有着重要影响。世界各地的美元买卖，包括欧洲美元、亚洲美元市场的交易，都必须在美国，特别是在纽约的商业银行账户上办理收付、清算和划拨，因此纽约成为世界美元交易的清算中心。此外，美国外汇管制较松，资金调动比较自由。在纽约，不仅有许多大银行，而且商业银行、储蓄银行、投资银行、证券交易所及保险公司等金融机构云集，许多外国银行也在纽约设有分支机构，1983 年世界最大的100家银行在纽约设有分支机构的就有95家。这些都为纽约金融市场的进一步发展创造了条件，加强了它在国际金融领域中的地位。

纽约金融市场按交易对象划分，主要包括外汇市场、货币市场和资本市场。纽约外汇市场是美国的、也是世界上最主要的外汇市场之一。纽约外汇市场并无固定的交易场所，所有的外汇交易都是通过电话、电报和电传等通信设备，在纽约的商业银行与外汇市场经纪人之间进行。这种联络就组成了纽约银行间的外汇市场。此外，各大商业银行都有自己的通信系统，与该行在世界各地的分行外汇部门保持联系，又构成了世界性的外汇市场。由于世界各地时差关系，各外汇市场开市时间不同，纽约大银行与世界各地外汇市场可以昼夜24小时保持联系。因此它在国际间的套汇活动几乎可以立即完成。

纽约货币市场即纽约短期资金的借贷市场，是资本主义世界主要货币市场中交易量最大的一个。除纽约市金融机构、工商业和私人在这里进行交易外，每天还有大量短期资金从美国和世界各地涌入流出。和外汇市场一样，纽约货币市场也没有一个固定的场所，交易都是供求双方直接或通过经纪人进行的。在纽约货币市场的交易，按交易对象可分为：联邦基金市场、政府库券市场、银行可转让定期存单市场、银行承兑汇票市场和商业票据市场等。

纽约资本市场是世界最大的经营中、长期借贷资金的资本市场，可分为债券市场和股票市场。纽约债券市场交易的主要对象是：政府债券、公司债券、外国债券。纽约股票市场是纽约资本市场的一个组成部分。在美国，有 10 多家证券交易所按证券交易法注册，被列为全国性的交易所。其中纽约证券交易所、NASDAQ 和美国证券交易所最大，它们都设在纽约。

对比纽约，上海在建立国际金融中心的过程中还有哪些方面需要提高？

第九章　货币市场

【学习目标】

1. 理解大额可转让定期存单的交易原理和基本要素
2. 掌握同业拆借市场、商业票据市场、大额可转让定期存单、国库券和回购协议的含义和特点
3. 熟悉大额可转让定期存单的种类
4. 了解同业拆借市场、商业票据市场、大额可转让定期存单市场、国库券市场和证券回购市场的经济意义

货币市场是指以期限在一年以内的金融工具为媒介进行短期资金融通的市场。由于这个市场的特点类似于货币，于是，这个交易此类金融工具的市场被形象地称为“货币市场”。货币市场一般包括同业拆借市场、商业票据市场、大额可转让定期存单市场、国库券市场、证券市场等。

第一节　同业拆借市场与商业票据市场

银行等金融机构由于进行存贷款和票据清算业务活动，总会有一些机构发生头寸不足，而另一部分机构则可能出现头寸多余的情况。为了相互支持对方业务的正常开展，并使多余资金产生短期收益，需要进行短期资金融通，这种融通在金融术语上称为拆借。

一、同业拆借市场

同业拆借市场是金融机构（主要是商业银行）之间进行短期、临时性资金融通的场所。它原本是金融机构之间进行临时性资金“头寸”调剂的市场，期限非常短，多为“隔夜拆借”，即今日借入，明日偿还。但目前同业拆借市场上的资金融通已不仅限于弥补或调剂资金头寸，它已经成为商业银行和其他金融机构解决其经营中资金流动性不足和有效运用资金、减少资金闲置的重要场所，成为商业银行协调流动性和赢利性关系的有效方法之一。

同业拆借必须以向中央银行缴存法定存款准备金为前提条件，如果商业银行不按中央银行规定的比率足额缴存法定准备金的话，将会被处以罚款。因此同业拆借市场上的资金主要是来源于各商业银行上缴中央银行法定存款保证金后的超额存款保证金。

阅读材料

伦敦同业拆借市场和 LIBOR

伦敦同业拆借市场是典型的规模很大的同业拆借市场，它的形成主要产生于各银行轧平票据交换的差额时，头寸不足的银行与头寸多余的银行相互拆入、拆出资金的行为。伦敦同业拆借市场最著名的是伦敦同业拆借利率（LIBOR），它是伦敦金融市场上银行间相互拆借欧元、英镑、美元、日

元等货币时的利率，现在已成为了国际金融市场的一种主要基础利率。LIBOR 由英国银行家协会根据其选定的报价银行在伦敦市场报出的银行同业拆借利率，进行取样并平均计算成为指标利率，在每个营业日的上午 11 时左右对外报出，分为存款利率和贷款利率两种报价。资金拆借的期限为 1 个月、3 个月、6 个月和 1 年等几个档次。自 20 世纪 60 年代初，该利率即成为伦敦金融市场借贷活动的基本利率。20 世纪 80 年代以后，有超过 20%的国际银行间借贷业务和超过 30%的外汇交易在伦敦市场进行，LIBOR 在国际金融市场上的地位也显得越来越重要，被广泛用于互换、贷款、结构性债券、外汇交易和其他固定收益证券产品合约，是国际金融市场著名的基准利率。

（一）同业拆借市场的特点

同业拆借市场具有以下几个特点。

1. 监管机构对进入市场的交易主体有严格的限制

同业拆借市场的一个显著特点是：有关的法规对进入该市场的交易主体即进行资金融通的双方有着严格的限制，只有具有准入资格的金融机构才能进入这个市场从事融资活动；非金融机构、包括政府部门、工商企业及个人不得进入同业拆借市场。有些国家在一些特定的时期对进入该市场的金融机构也有一定的限制，例如有的国家只允许存款性的金融机构如商业银行进入，而不允许证券、信托、保险等非银行金融机构进入。

2. 融资期限较短

同业拆借市场的资金拆借最初多为隔夜拆借（1 日）或几日的资金临时调剂，目的是解决临时性的资金头寸不足问题或对多余头寸进行融通。然而发展到今天，同业拆借市场已成为各金融机构弥补短期资金不足和进行短期资金运用的场所。目前，同业拆借市场的期限一般为 1～7 天，也可以是 1 个月、3 个月和 6 个月，最长期限为 1 年。同业拆借市场也从临时性的资金调剂市场变成了参与者以银行业为主的短期的融资市场。

3. 交易金额较大

同业拆借市场的交易金额较大，一般少则上百万元，多则几千万元，而且多数情况下不需要担保或抵押，完全是一种信用交易，交易双方都以自己的信用作为担保，严格按协议的规定执行。这主要是因为同业拆借市场的参与者都是银行或其他金融机构，信誉较高，自律性较强，并且金融监管部门对同业拆借市场的监管也较为严格。

4. 拆借利率由交易双方议定

同业拆借市场的利率一般采用随行就市、由交易双方议定的方法，可由双方协商、讨价还价，最后议价成交。拆入方或拆出方可以同时向几家同行询价，选择其中最优惠的价格成交。通常同业拆借利率低于中央银行同期的贴现利率而高于同期的银行存款利率。同业拆借市场的利率是一种市场化程度较高的利率，能够比较真实地反映市场资金供求状况的及变化（见图 9.1）。

5. 交易手段比较先进

同业拆借市场发展到今天，其交易手段越来越先进，交易手续比较简便，成交较为快捷。同业拆借市场以无形市场为主，其交易主要通过成交单、电话、电报、传真、合同书、信件等方式来进行。交易双方达成协议后，就可以通过各自在中央银行开立的存款账户进行划账清算。随着计算机、网络和通信技术的迅速发展，同业拆借市场的融资活动已经可以通过网上交易的方式来完成。

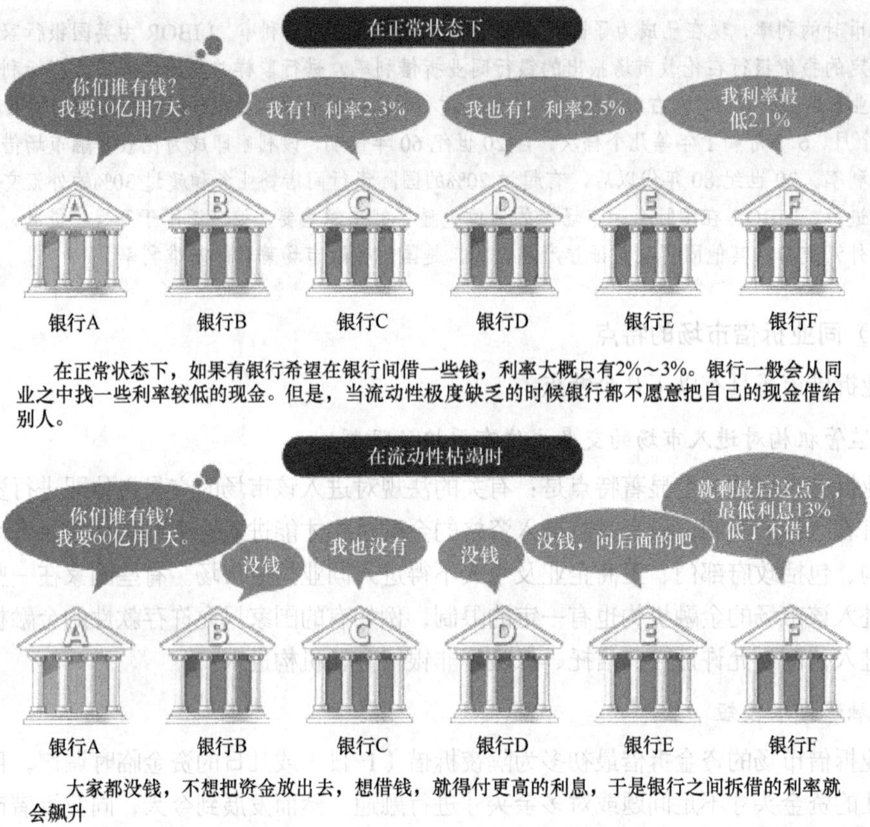

图 9.1　同业拆借市场利率的确定

（二）同业拆借市场的经济意义

1．增强金融机构经营的流动性

金融机构可以通过同业拆借市场获得短期的资金来源，弥补短期资金的缺口及流动性的不足，从而不仅可以满足流动性的需要，保证经营安全，还可以避免或减少为弥补流动性不足被迫低价出售营利性资产而遭受损失，间接提高了金融机构的营利性。

2．提高金融机构经营的营利性

通过同业拆借市场，金融机构一方面可以减少超额准备金的持有量，增加营利性资产的比重；另一方面，也可以将暂时盈余的资金头寸及时贷放出去，减少资金闲置，增加赢利。因此，金融机构可以在保持流动性的前提下充分有效地运用资金头寸，尽可能地减少资金的闲置和浪费，从而最大限度地提高赢利水平。

3．及时反映资金供求变化和市场利率水平

同业拆借市场上的交易量和价格，能够及时反映金融机构的头寸或银根的松紧程度以及整个金融机构体系短期资金的供求状况。同业拆借市场的利率，可以反映整个金融市场的利率水平和变化趋势。例如，美国直接将同业拆借利率作为货币政策的中间目标；而有些国家将同业拆借市场利率作为基础利率，各金融机构的存放利率及其他利率都是以此为基础加上一定的百分点。

4. 有助于中央银行货币政策的实施

一方面同业拆借市场利率可以成为中央银行调整货币政策的依据。同业拆借市场利率能够反映资金的供求状况和市场利率的水平，因而也能反映金融机构进一步扩张或收缩信贷规模的供求状况和市场能力，因此中央银行完全可以以此为重要依据，根据当时的货币政策目标，及时调整货币政策的实施力度。另一方面，同业拆借市场及利率的变化，可以作为中央银行货币政策的重要传导机制。当中央银行实施紧缩的货币政策时，可以通过各种货币政策工具操作，如调高存款准备金率，促使同业拆借市场银根紧缩，利率上扬，进而带动其他市场利率上升，由此抑制信贷需求，防止通货膨胀；反之，中央银行可以采取相反的操作，通过同业拆借市场的传导达到最终目标。图 9.2 为 2013 年上海银行间同业拆借隔夜利率。

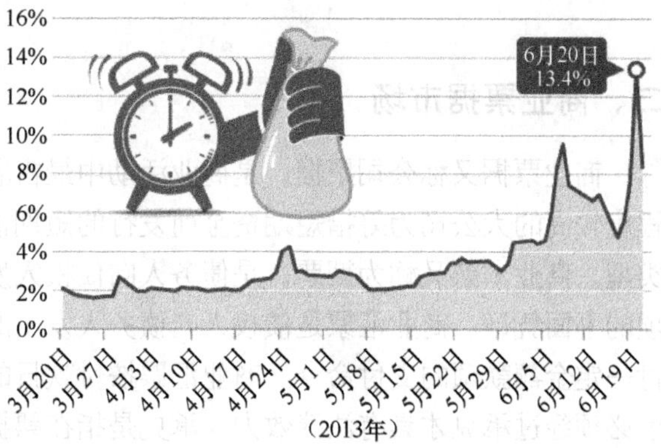

图 9.2　2013 年上海银行间同业拆借市场利率（隔夜）

阅读材料

2013 年两次“钱荒”的比较分析

2013 年 6 月“钱荒”的成因当中，跨境资金流出是一个很大的原因，而对于当时央行持续“无作为”的举动，我们倾向于认为是一次对银行资金池理财产品等表外业务无序扩张及期限错配风险的警示;但在同年 12 月“钱荒”成因当中，跨境资金流动的因素则要小很多，我们认为同年 12 月出现资金大幅外流的可能性不大，主要原因还是存在于内部性的因素：一方面可能来自财政存款的投放远低于预期，另一方面来自央行偏紧的公开市场操作。并且同业业务的无序扩张放大了银行资产负债表的期限错配风险，加剧了资金面的紧张程度。而这次央行“坐山观火”直至最近才“出手”的原因，我们认为这次则是针对银行同业业务过度扩张且缺乏规范的“警示”，以及希望能够倒逼银行等金融机构去杠杆。

不同于同年 6 月“钱荒”主要集中于短期资金的紧缺（1 周以内，尤其是隔夜），而当前的“钱荒”则集中于 1 周至 1 个月的相对长期资金，这可能意味着这次央行通过 SLO 注入资金的效果会打上折扣。如最近几天虽然央行通过 SLO 注入 3000 亿元资金，却并未能遏制银行间资金利率上行势头。

6 月“钱荒”在央行通过 SLF 注入资金后得到有效缓解，本次“钱荒”在央行已经通过 SLO 方式注入资金，后续仍有可能继续公开市场操作注入资金，未来能否同样得到有效缓解呢?我们认为仍旧存在较大不确定性。

短期来看，同年 6 月 25 日面临存款准备金上缴，且又临近圣诞元旦，均对短期资金面形成不利影响，若央行继续实施 SLO 或其他公开市场操作（重启逆回购的可能性依然相对较小），利率上行势头可能会有所缓解，但短期出现显著下降的可能性也不会太大。

中期来看，还将面临春节前的资金压力，且美联储退出 QE 的行为也可能在外汇占款上有所显现，这些因素均会对中期资金面构成压力。预计届时央行将会加大资金注入力度，以稳定利率上升势头。

中长期来看，明年利率波动的不确定性加大，目前来看，最大抑制力量可能来自美联储持续削减购债规模导致我国资金出现外流的风险，以及金融机构去杠杆、央行仍维持偏紧政策的风险。因此，2014 年“钱荒”能否再度来袭，仍具有很大不确定性，但 2014 年的利率中枢很可能较 2013 年会有所抬升。

资料来源：中国证券网，方正证券 汤云飞，王坤，范阳阳，2013.12.23.

二、商业票据市场

商业票据又称公司票据，是商业活动中最古老的一种信用方式。商业票据一般是由信誉程度较高的大公司为筹措短期资金而发行的短期债务凭证，主要有商业本票和商业汇票两种类型。商业本票又称为期票，是债务人向债权人发出的，承诺在一定时间内向其支付一定款项的书面凭证。商业汇票是债权人向债务人发出的，要求债务人向指定的收款人或持票人支付一定金额款项的支付命令。商业汇票按付款日的不同又分为即期汇票和远期汇票，远期汇票必须经过承兑才具有法律效力。承兑是指在票据到期前，由付款人在票据上做出承认付款的文字记载及签名的一种手续。

商业票据的期限一般为30～60天，最长不超过270天。利率水平一般略高于国库券的利率。商业票据经过背书可以流通转让。所谓背书是指票据的收款人或持票人在转让票据时在票据背面签名的行为。经过背书的票据可以充当流通手段和支付手段，用来购买商品或偿还债务。

1. 商业票据市场的特点

20 世纪 60 年代，由于一些西方国家信贷紧缩，大公司向银行借款成本迅速增加，从而转向商业票据市场融资，商业票据进而成为货币市场上重要的融资工具。商业票据不仅为投资者提供了新的投资品种，而且使投资者可以享受比银行存款高的利息收入，还可以在商业票据到期前在二级市场上转让已收回现款。与银行借款相比，商业票据具有以下特点：

（1）采用信用发行的方式。商业票据发行无须抵押，一些大企业发行也无须银行信用支持。这种简捷方便的发行方式也符合货币市场的短期性特征。

（2）资金成本较低。一些信誉卓越的大机构发行商业票据的利率，甚至可以低至银行同业拆借利率，这是因为有的发行机构的信用可能比一般的小银行的信用更好，加上是直接将商业汇票出售给投资者，节省了银行从中赚取的利润。而商业银行在贷款时一般要求借款人在该行保持一定的补偿性余额，使得借款的实际利率较高。

（3）融资灵活性强。利用商业票据进行融资时，根据发行者与承销机构的协议，发行者可以在约定的某段时期内，不限次数及不定期地发行商业票据，以配合短期资金的灵活需要。

（4）有利于提高发行公司的信誉。商业票据在货币市场上是一种标志信誉的工具，公司发行商业票据实际上达到了免费宣传和提高公司信用和形象的效果，使得公司在银行借款时可以争取到比较有利的借贷条件，从长远来看也有利于公司降低资金成本。

2. 商业票据市场的经济意义

商业票据对发行者和投资者而言都是理想的金融工具。

（1）从发行者角度看，商业票据采用信用方式发行，简捷方便。而且具有融资成本低，融资灵活性强，有利于提高发行公司信用的优点。

（2）从投资者角度看，投资商业票据虽然有一定的风险，但可以获得高于银行利息的收益，同时又可以享受比定期存款更好的流动性，因而广受投资者欢迎。

第二节　银行承兑汇票市场与大额可转让定期存单市场

一、银行承兑汇票市场

银行承兑汇票（见图 9.3）是在国内商品交易和国际贸易中广泛使用的一种重要的结算工具。它是指银行应进口商（或债务人）的请求，由进口商（或债务人）开出的、由银行在汇票上签字盖章，承诺在汇票到期日付款的远期汇票。银行承兑汇票实质上是商业票据的一种，并非银行票据。但由于银行承兑汇票是用银行信用代替了原有的商业信用，这样就使其在安全性和流动性方面都大大高于一般的商业票据，因此成为票据市场上一种优良的信用工具。

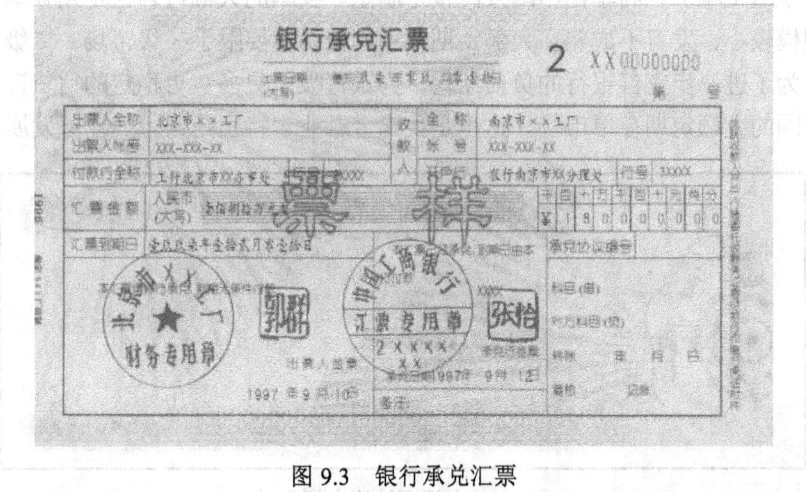

图 9.3　银行承兑汇票

银行承兑汇票的期限一般为 30～180 天，以 90 天的最为常见。银行承兑汇票可以在票据市场上买卖和转让。银行承兑汇票的持有人多数情况下不会将汇票持有至到期日才收回欠款，而是在票据市场上将其转让或向承兑银行办理票据贴现，以此来融通短期资金，加速资金的周转。

由于银行承兑汇票一般都以真实的商品买卖作为基础，又有付款人和银行对付款的双重保证，因此具有很高的安全性，在某些情况下可以代替货币来使用。目前，银行承兑汇票不仅成为货币市场上一种非常重要的金融工具，而且在商品交易市场上也是一种很受欢迎的、重要的支付手段。

二、大额可转让定期存单市场

银行大额可转让定期存单（CDs）是银行和其他金融机构为防止存款流失和满足市场投资者对短期投资工具的需求而发行的固定面额、固定期限、可以流通转让的大额存款凭证。由于这种存单是不记名的，可在二级市场上自由转让，因此称为大额可转让定期存单。

1. 大额可转让定期存单的产生和在我国的发展

大额可转让定期存单于 1961 年诞生于美国，由花旗银行首创，并很快得到推广。由于在

20 世纪 50 年代末期，美国的商业银行受联邦储备委员会 Q 条例的约束，活期存款不能支付利息，定期存款的利率也有上限的限制，致使许多存款人纷纷将手中暂时闲置的资金投向国库券和其他短期高息票据，导致银行存款的大量流失。为扭转这种局面，一些银行纷纷尝试推出新的货币市场工具以开辟新的资金来源。1961 年 2 月，花旗银行向一些大公司和其他客户推出了大额可转让定期存单，并允许存单的持有人在存单到期前进行转让，解决了活期存款无收益、定期存款不能流通的问题，因而吸引了大批客户，大额可转让定期存单由此也逐渐成为美国货币市场上重要的融资工具。

我国商业银行于 1986 年才开始发行大额可转让定期存单（见图 9.4）。中国人民银行 1996 年颁布的《大额可转让定期存单管理办法》规定，我国商业银行对城乡居民个人发行的大额可转让定期存单，面额为 1 万元、2 万元、5 万元；对企业、事业单位发行的大额可转让定期存单，面额为 50 万元、100 万元、500 万元。大额可转让定期存单的期限为 3 个月、6 个月、12 个月（1 年），利率由中国人民银行制定。我国的大额可转让定期存单市场发展起步较晚，规模较小，发育不成熟。大额定期存单的交易主要限于一级市场，二级市场的交易极其清淡。为了进一步完善银行的负债结构，为银行吸引更多、更稳定的信贷资金，有必要加速培育我国的大额定期存单市场。这也是我国金融业、特别是银行业业务发展的需要。

图 9.4　大额可转让定期存单

阅读材料

“Q 条例”

所谓“Q 条例”，即第 Q 项条例。美联储按照字母顺序排出了一系列条例，如第一项为 A 项条例。对存款利率进行管制的规则正好是 Q 项。该条例规定，银行对于活期存款不得公开支付利息，并对储蓄存款和定期存款的利率设定最高限度。后来，“Q 条例”变成对存款利率进行管制的代名词。

1929 年之后美国经历了一场经济大萧条。金融市场随之也开始了一个管制时期，并同时颁布了“Q 条例”，为存款利率规定了上限机制。“Q 条例”的实施，对 20 世纪 30 年代维持和恢复金融秩序，40—50 年代初美国政府低成本筹措战争资金以及战后美国经济的迅速恢复，起了一定积极作用。

弊端

到 20 世纪 50 年代中后期，特别是进入 60 年代之后，这一条例的弊端暴露出来。依据当时的情形，美国通货膨胀率曾一度高达 20%，而“Q 条例”执行的结果是银行存款利率上限受到管制。这一方面使银行存款对投资者的吸引力急剧下降；另一方面，银行的吸存能力受到很大影响，以致存款性金融机构的生存岌岌可危。

于是，商业银行不得不开始进行金融创新，货币市场基金也应运而生。这种基金规避掉银行存款的许多限制，又保留了银行存款的许多特性。客户可以通过投资这种基金获得远远高于"Q条例"所规定的最高存款利率的收益，因而货币市场基金至今在发达国家仍占有最大比重。

废除

20世纪80年代以后，人们发现"Q条例"已经形同虚设，因为包括货币市场基金在内的多种金融工具在保留银行存款特点的同时，已经成功地绕开了最高存款利率的限制。更为关键的是，这种"绕行"并没有影响经济秩序。因此人们认为，严格的金融管制只能降低金融运行的效率，市场开始对金融管制政策"逼宫"。

1980年，美国国会通过了《解除存款机构管制与货币管理法案》，揭开了利率市场化的序幕。此后的6年中，美国分阶段废除了"Q条例"，并于1986年3月实现了利率市场化。

应该说，在美国利率市场化的过程中，包括货币市场基金在内的多种货币市场工具功不可没。从美国的经验看，金融创新推动了金融监管体制的变革，并对宏观经济的发展起到了较好的推动作用。

2. 大额可转让定期存单的特点

与普通商业银行定期存款相比，大额可转让定期存单具有以下几个显著的特点：

（1）不记名，可以流通转让。大额可转让定期存单一般是不记名的，在到期前不能提前支取，但是持有者可以在二级市场上转让、变现。而普通商业银行定期存款是记名的，没有二级市场，不能流通转让，存款人若在存款到期前急需资金，可到银行提取支取，但提前支取要损失部分利息收入。

（2）金额大且固定。大额可转让定期存单的金额由发行银行根据市场需求来确定，每笔存单的金额都比较大且金额比较固定。我国香港地区最低面额为10万港元，美国最低面额为10万美元，日本最低面额为1亿日元。而普通商业银行定期存款金额有大有小，由存款人自己选择。

（3）期限短。大额可转让定期存单期限短，一般在1年以内，以1个月、3个月、6个月、9个月的期限为多。而普通商业银行定期存单期限大多超过1年。

（4）利率一般低于同期银行存款定期利率，多为固定利率，但个别的也有浮动。大额可转让定期存单兼顾了活期存款流动性和定期存款收益性的特点，其利率比普通定期存单略低。大额可转让定期存单的利率在存款期内随市场利率的变化而调整，既有固定利率，也有浮动利率。而传统的定期存款一般为固定利率，利率在整个存款期限内是固定不变的。

3. 大额可转让定期存单的种类

大额可转让定期存单有多种存在形式，一般可根据利率或发行人的不同进行分类。

根据利率不同，大额可转让定期存单可分为固定利率存单和浮动利率存单。

（1）固定利率存单。市场上的存单以固定利率存单为主。固定利率存单的面额、存期、票面利率固定，利息到期支付，计息天数1年按360天计算。

（2）浮动利率存单。浮动利率存单是以货币市场上某一时间相同期限放款或票据的利率为基数，加上预先确定的浮动幅度来确定利率的。利息分期支付，上下浮动幅度根据货币市场利率波动及发行者资信的不同而确定。

根据发行人不同，大额可转让定期存单可以分为国内存单、欧洲存单、外国存单和储蓄机构存单。

（1）国内存单。国内存单是各国银行在本国货币市场上所发行的以本国货币为面值的大额可转让定期存单。这类存单一般不记名，以利于转让。对于存单的利息是否征税，各国规定不一。

（2）欧洲存单。欧洲存单是由美国的银行在国外的分支机构或外国银行在美国境外所发行的以美元为面值的大额可转让定期存单，最早由花旗银行伦敦分行于 1966 年在伦敦发行。与国内存单相比，发行欧洲存单不许提取存款准备金，也无需缴纳存款保险费，对于发行银行来说，发行欧洲存单的成本更低。美国的银行曾经是欧洲存单最大的发行人，不少日本的银行、英国的银行和加拿大的银行也加入了欧洲存单市场，它们发行欧洲存单的数量也不断上升。这类存单有固定的期限，一般为 3～6 个月，最长期限可达 5 年，实行固定利率，超过 1 年期按年支付利息。

（3）外国存单。外国存单是外国银行在存单货币所在国发行的存单。如美国的扬基存单，是外国银行在美国发行的以美元为面值的大额可转让定期存单。外国存单的利率一般高于国内存单。

（4）储蓄机构存单。储蓄机构存单是指由一些非银行金融机构发行的大额可转让定期存单。这类存单往往难以转让，二级市场规模很小。

4. 大额可转让定期存单的市场的经济意义

（1）从发行人的角度看，有利于流动性管理。商业银行等存款类金融机构是大额可转让定期存单市场的主要筹资者。商业银行通过发行大额可转让定期存单可以主动、灵活地以较低成本吸收数额庞大、期限稳定的资金，进而改变了其经营理念。在大额可转让定期存单市场出现以前，商业银行通常认为其对于负债是无能为力的，存款人是否到银行存款、存多少钱取决于存款人的经济行为，商业银行处于被动地位，因而其流动性的保持主要依赖于持有数额巨大的流动性资产，但这会影响其赢利性。大额可转让定期存单市场诞生后，商业银行发现通过主动发行大额可转让定期存单增加负债也是其获取资金、满足流动性的一个良好途径，而不必再持有大量的、收益较低的流动性资产。于是，大额可转让定期存单市场便成为商业银行调整流动性的重要场所，商业银行的经营管理策略也在资产管理的基础上引入了负债管理的理念。

（2）从投资人的角度看，有利于提高收益水平。大额可转让定期存单市场的投资者种类众多，非金融性企业、非银行性金融机构、商业银行、甚至富裕的个人都是这个市场的积极参与者。大额可转让定期存单到期前可随时转让流通，具有与活期存款近似的流动性，但与此同时又拥有定期存款的收益水平，这种特性极好地满足了大宗短期闲置资金拥有者对流动性和收益性的双重要求，成为闲置资金的重要运用方法。

第三节　国库券市场与证券回购市场

一、国库券市场

国库券市场，是指期限在 1 年以内的政府债券流通和交易的场所。国库券是一国财政部发行的、期限在 1 年及 1 年以下的短期政府债券。在国外，习惯将期限在 1 年以上的政府中长期债券称为公债，期限在 1 年以内的政府短期债券称为国库券。而在我国，习惯上将两者统称为国库券。

1950 年我国发行了最早的国家债券——“人民胜利折实公债”。此后中央财政部于 1954—1958 年又发行了“国家经济建设公债”。到了 1958 年，国家的经济秩序由于“大跃进”“浮夸风”被打乱，国债被迫暂停，直到 1981 年国家恢复国债的发行。到 1994 年，我国首次尝试设计、发行了半年期和 1 年期短期国债，这标志着我国真正意义的国库券市场的首次出现（见图 9.5）。

图 9.5　国库券图样

（一）国库券市场的特点

与其他货币市场工具相比，国库券具有以下几方面的特点。

（1）安全性高。国库券由财政部发行，是政府的直接债务，一般不存在违约风险。而其他货币工具如银行承兑汇票、大额可转让定期存单等，即使信用等级较高，但或多或少都存在一定的风险。国库券的高安全性对投资者具有很强的吸引力。

（2）流动性强。国库券具有发达的二级市场，市场流动性很强。其持有者需要资金时，能在交易成本较低和价格风险较小的情况下迅速变现，或者以此为质押品获取银行贷款进行回购交易等。

（3）收入免税。政府为增强国库券的吸引力，通常给予购买者税收等方面的优惠，如豁免收入税。这样国库券的实际收益率要高于同等利率水平的其他金融工具。税率越高，国库券免税的优劣越明显。

（4）面额低。1981—1991 年，财政部共发行小面值国库券有 24 个券种计 26 个版别，其中壹元券 1 种两个版别、伍元券 10 种 11 个版别、拾元券 11 种、贰拾元券两种，共计面额 207 元。随着 20 世纪 80 年代居民生活水平的不断提高，从 1992 年起增发了伍佰元、壹仟元大面额券种，停发了贰拾元以下券种，从此小面额国库券退出了国债发行的历史舞台。

（二）国库券市场的经济意义

（1）从中央银行的角度看，为中央银行实施公开市场业务操作提供理想的对象。国库券作为中央银行公开市场操作的主要工具之一，通过国库券的直接交易或回购交易等方式向银行体系吞吐基础货币进而调控货币供应量，实现其货币政策目标。

（2）从资金需求的角度看，满足中央政府对短期资金的需求。作为市场经济运行的基本规则，中央政府若出现财政赤字，或急需短期资金，只能在金融市场上发行各种政府债券，而不能直接向中央银行透支，国库券市场就称为财政部筹集短期资金的一种重要手段。

（3）从资金供给的角度看，为广大金融市场投资者提供了一种无风险的投资工具。国库券独有优势常常被市场投资者看作是无风险的投资工具，其利率也成为无风险利率，其他金融市场工具的利率均在此基础上根据各自不同的风险特征和流动性状况加上不同分风险补偿而构成。商业银行是国库券的主要持有者，它们一般将临时多余的头寸投资于国库券，作为二级准备，既保证了头寸的收益，又有利于资产的流动性管理。

二、证券回购市场

（一）回购协议的含义和交易原理

证券回购市场自 20 世纪 60 年代末产生以来，作为一种使用灵活、低风险的货币市场融资工具，受到金融机构和各类投资者的欢迎。目前，证券回购市场已成为货币市场中最具流动性的市场之一。

回购协议是指证券持有人在卖出一定量证券的同时，与证券买入方签订协议，双方约定在将来的某一日期由证券出售方按约定的价格将其出售的证券如数赎回。从表面上看，回购协议是一种证券，但实际上是以证券为质押品而进行的一笔短期资金融通。证券的卖方以一定数量的证券进行质押借款，条件是一定时期内再赎回证券，且回购价格高于卖出价格，两者的差额即为借款的利息。作为质押品的证券主要是国库券、政府债券或其他有担保的债券；也可以是商业票据、大额可转让定期存单等其他货币市场工具。

证券回购实际上由两笔方向完全相反的交易组成。交易开始日证券从卖方转移到买方手中，资金从买方转移到卖方手中。到交易结束日，证券和资金都将发生相反方向的变化。从证券出售者（资金借入者）的角度来看，是卖出证券后再重新买进证券的过程，称为正回购。而对于证券购买者（投资者）来说，则是先买入证券后在卖出证券的过程，称为逆回购。具体交易过程如图 9.6 所示。

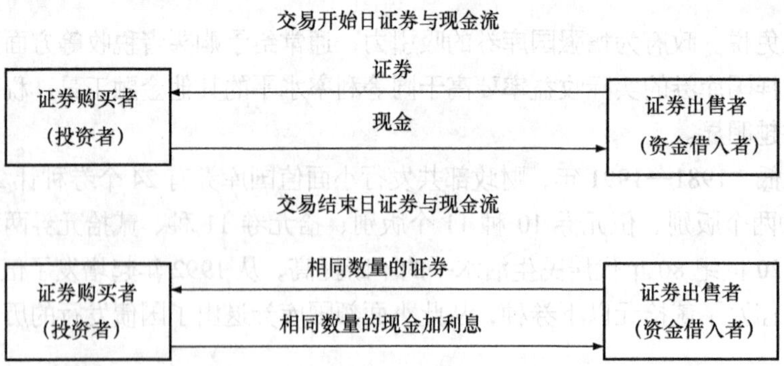

图 9.6　证券回购中的证券与现金流

从图 9.6 中可以看出，回购时同一组交易是主体间两笔方向完全相反的交易组合。这两笔交易一笔是资金的借贷，另一笔是证券的买卖。由于在交易开始日就已经确定了结束日证券买回的价格，或资金的偿还额（本金加利息），所以实际上它是一笔即期交易与远期交易的结合。

（二）回购协议的基本要素

证券回购的基本要素包括证券回购的种类和定价、证券回购的期限和证券回购的利率。

1. 证券回购的种类和定价

在证券回购中使用的证券，即标的物的种类很多，政府证券（包括国库券和中长期债券）、商业票据、大额可转让定期存单、银行承兑汇票、抵押担保贷款等都可以用于证券回购的交易之中。

证券回购中证券的定价方法有两种：一种是净价定价法，也称清洁定价，它仅考虑证券市场价格，不考虑证券回购交易期间证券的利息；另一种是总价定价法，也称肮脏定价，是在证券价格的确定中考虑到了证券回购期间的利息，这与西方各国证券现货市场上的交易规则相同。这两种定价方法均以交易开始日证券市场价格为基础，只是对证券回购交易期间证券利息的处理不同。

2. 证券回购的期限

证券回购的交易期限可长可短。最短的为隔夜回购，也有期限为几天的证券回购。较长期限，如1～3个月期限的证券回购称为定期证券回购。证券期限不确定的为开放式证券回购。开放式证券回购协议每天经交易双方同意后进行展期，利率根据隔夜证券回购利率每天重新确定一次。

3. 证券回购的利率

证券回购的利率可由回购交易中借款人（证券出售者）向贷款人（证券购买者）所支付的报酬比例计算，其公式为

$$RR = \frac{RP - PP}{PP} \times \frac{360}{T} \times 100\% \tag{9.1}$$

式中，RR 为交易双方协议确定的回购利率；RP 为证券回购价格；PP 为证券出售价格；T 为证券回购的期限。一般证券回购利率由交易双方确定，回购利率的确定取决于多种因素，主要包括：

（1）用于回购证券的质地。证券的质地越好，流动性越强，回购利率越低；反之则越高。

（2）回购期限的长短。一般回购期限越长，不确定因素越多，回购利率越高；反之则越低。

（3）交割方式。如果采用实物交割，回购利率较低；如果采用其他交割方式则利率较高。

（4）货币市场其他子市场的利率水平。回购协议作为一种重要的货币市场工具，其利率的变动与其他货币市场利率紧密相关。回购利率不可能脱离其他子市场的利率单独确定，否则就会失去吸引力。

在期限相同时，证券回购市场利率与其他货币市场利率之间的大小关系如下：

国库券利率＜证券回购利率＜银行承兑汇票利率＜大额可转让定期存单利率＜同业拆借利率

（三）证券回购市场的经济意义

证券回购市场的发展改变了商业银行的对于资产管理的理念，不仅增强了各种金融工具的流动性和资产组合的灵活性，而且大大提高了资金的适用效率，同时也丰富了中央银行公

开市场操作的手段。证券回购市场对有关各方均具有重要的经济意义。

（1）从资金借入方（卖方）的角度看，方便融资，规避损失。①方便融资。通过证券回购市场融资更加方便、灵活。②规避损失。通过约定回购价格可以免受回购时因证券市场价格上升造成的经济损失，降低了市场风险。

（2）从资金借出方（买方）的角度看，可以获取收益，降低风险，规避损失。①获取收益。证券回购市场为短期闲置资金的运用提供了机会。②降低了资金运用的风险。回购业务资金借入方掌握了质押品，可以减少债务人无法按期还款的风险。③规避损失。可以免除资金借出方在卖出时由于证券市场价格下降所导致的损失。

（3）从中央银行的角度看，丰富中央银行公开市场业务操作的手段。证券回购市场的发展使中央银行在进行公开市场操作时，可以有更多的选择，不再局限于买卖证券，丰富了中央银行公开市场业务操作的手段。

本章小结

1. 同业拆借市场是金融机构（主要是商业银行）之间进行短期、临时性资金融通的场所。同业拆借市场利率称为货币市场的基准利率，拆借市场也称为中央银行货币政策操作的重要场所。

2. 商业票据又称公司票据，是商业活动中最古老的一种信用方式。商业票据一般是由信誉程度较高的大公司为筹措短期资金而发行的短期债务凭证，主要有商业本票和商业汇票两种类型。

3. 银行承兑汇票是在国内商品交易和国际贸易中广泛使用的一种重要的结算工具。它是指银行应进口商（或债务人）的请求，由进口商（或债务人）开出的、由银行在汇票上签字盖章，承诺在汇票到期日付款的远期汇票。

4. 银行大额可转让定期存单（CDs）是银行和其他金融机构为防止存款流失和满足市场投资者对短期投资工具的需求，而发行的固定面额、固定期限、可以流通转让的大额存款凭证。根据利率不同，大额可转让定期存单可分为固定利率存单和浮动利率存单。根据发行人不同，大额可转让定期存单可以分为国内存单、欧洲存单、外国存单和储蓄机构存单。

5. 国库券是一国财政部发行的、期限在1年及1年以下的短期政府债券。国库券具有安全性高、流动性强、收入免税和面额低等特点。

6. 回购协议是指证券持有人在卖出一定量证券的同时，与证券买入方签订协议，双方约定在将来的某一日期由证券出售方按约定的价格将其出售的证券如数赎回。从表面上看，回购协议是一种证券，但实际上是以证券为质押品而进行的一笔短期资金融通。

课后练习

一、填空题

1. 同业拆借期限非常短，最初多为________。

2. 商业票据分为________和________。

3. 根据利率不同，大额可转让定期存单可分为________和________。

4. 国库券具有________、________、________和________的特点。

5. 一般回购期限越长，不确定因素越多，回购利率越________。

二、不定项选择题

1. 下列描述属于货币市场特点的是（　　）。

A. 交易期限短　　B. 资金借贷量大

C. 交易工具收益较高而流动性差　　D. 风险相对较低

E. 流动性强

2. 以下不属于货币市场范畴的是（　　）。

A. 同业拆借市场　　B. 股票市场

C. 短期政府债券市场　　D. 大额可转让定期存单市场

E. 回购协议市场

3. 以下可以称作短期政府债券的是（　　）。

A. 国库券　　B. 公债　　C. 5 年期国债

D. 央行票据　　E. 3 年期国债

4. 政府发行短期债券的主要目的是（　　）。

A. 满足政府短期资金周转的需要　　B. 获取投资收益

C. 作为流动资产的二级准备　　D. 当作投资组合中一项重要的无风险资产

E. 为中央银行的公开市场业务提供操作工具

5. 从本质上说，回购协议是一种（　　）协议。

A. 担保贷款　　B. 信用贷款　　C. 抵押贷款

D. 质押贷款　　E. 贴现放款

6. 下面各项与正回购方所代表的意思一致的是（　　）。

A. 资金需求方　　B. 资金供给方　　C. 融出证券方

D. 融入证券方　　E. 以上都不对

7. 决定回购利率的因素主要包括（　　）。

A. 回购证券的流动性　　B. 货币市场整体利率水平

C. 回购期限的长短　　D. 交割方式

E. 证券价值

8. 货币市场各子市场的利率具有互相制约的作用，其中对回购协议市场利率影响最大的是（　　）。

A. 国库券市场　　B. 票据市场　　C. 同业拆借市场

D. CD 市场　　E. 证券市场

9. 同业拆借市场利率常被当作（　　），对整个经济活动和宏观调控具有特殊的意义。

A. 基准利率　　B. 公定利率　　C. 浮动利率

D. 市场利率　　E. 官方利率

10. 与传统的定期存单相比，大额可转让定期存单所不同的是（　　）。

A. 它可以在二级市场流通转让　　B. 其面额一般是固定的

C. 它在未到期前不能领取本息　　D. 其利率既有固定利率，也有浮动利率

三、判断分析题

1. 商业银行参与同业拆借市场既可以作为资金的供给者，又可以资金的需求者，决定其最终参与身份的是商业银行的法定存款准备金状况。(　　)

2. 国库券的投资收益免税。(　　)

3. 商业票据一般采用信用发行方式。(　　)

4. 回购协议是一种质押贷款。(　　)

5. 回购协议的资金需求方就是融出证券的一方，也是回购协议到期时必须支付一定货币将证券回购的一方。(　　)

6. 政府既是货币市场上重要的资金需求者和交易主体，又是重要的监管者和调节者。(　　)

7. 在银行同业拆借市场上，日拆常以信用度较高的金融工具为抵押品。(　　)

8. 在商业票据贴现市场上，各种贴现形式，表面上是票据的转让与再转让，实际上是资金的融通。(　　)

9. 由于回购协议的标的物是高质量的有价证券，市场利率的波动幅度较小，因此回购交易是无风险交易。(　　)

10. 通常，资产的流动性与赢利性是负相关的。(　　)

四、名词解释

商业票据　　银行承兑汇票　　大额可转让定期存单　　国库券　　回购协议

五、简答题

1. 同业拆借市场的特点有哪些？

2. 大额可转让定期存单（CDs）的主要优点是什么？

3. 商业票据市场的特点是什么？

4. 简述回购协议的交易原理。

5. 证券回购利率由哪些因素决定？

第十章 资本市场

【学习目标】

1. 理解资本市场的有关概念及其特征
2. 掌握资本市场的相关分类
3. 熟悉债券及证券投资基金的交易
4. 了解企业利用股票进行筹资的利弊，并熟知各类股票价格指数

在发达的市场经济国家，中长期资金的融通主要通过资本市场来实现。股票、债券等有价证券是资本市场上最活跃和最重要的融资工具和金融资产，资本市场是金融市场最重要的一个组成部分。严格地说，资本市场应该包括长期资金借贷市场和证券市场两个部分，但由于证券市场在整个金融市场中的地位越来越重要，通过证券市场筹资的比例不断提高，因此人们在一般情况下将证券市场就直接称为资本市场。资本市场的功能包括筹资、定价、资本配置和分散风险等。

第一节 股票市场

股票（见图 10.1）是证券市场上最重要的投资工具之一，它是股份有限公司发行的，用以证明投资者的股东身份和权益，并据此领取股息或红利的凭证。

图 10.1 股票早期图样

一、股票的特征

相对其他票据，股票具有以下特性：

（1）不可返还性。股票是一种无返还期限的所有权证书，投资人一旦购买了某个公司的

股票，就不能向发行股票的公司要求退股并索取购买股票的资金，同时也没有到期还本的可能。从理论上说，股票代表着股东对股份公司的永久性投资，这实际上反映了股东与股份公司之间比较稳定的经济关系。股票的持有者只能通过出售股票的方法将其股份转让给其他的投资者。

（2）收益性。收益性是指股票可以为其持有人带来收益的特性。投资者购买股票的目的是获取较高的收益。投资股票的收益主要来自于两个方面：一方面来自从股份公司领取的股息和红利，股息和红利的多少取决于股份公司的经营状况和赢利水平；另一方面，来自股票流通市场，股票的投资者可以在股票市场上通过低买高卖获得差价收入，这种差价收入被称为资本利得。

（3）流动性。流动性是指股票可以自由地交易、转让的特性。投资人在购买公司的股票后，虽不能退还股本，但可以将股票拿到股票交易市场上去转让。股票的持有人可以根据自己的需要和市场的情况随时卖出股票收回现金，或将股票作为抵押品向银行贷款。由于股票有较强的变现能力，因此被视为流动性仅次于现金资产、短期票据和债券的金融资产。

（4）风险性。股票的风险性是指其预期收益的不确定性及出现经济损失的可能性。股票与其他有价证券相比有着较大的风险性，这是因为购买股票的本金是不能返还的，同时股息收入的多少也是不确定的、无保证的，股票收益的高低要看公司经营状况的好坏。另外，股票的价格也受到政治、经济等多方面因素的影响，经常变化无常。如果股价下跌，股票的持有者就会因股票贬值而蒙受损失。因此，投资者在购买股票之前对投资的风险应有清醒的认识。

（5）参与性。参与性是指股票的持有人有权参与股份公司重大决策的特性。股票的持有人作为股份有限公司的股东，有权出席公司的股东大会并有投票权，可以通过选举公司的董事会等来实现其对公司管理与决策的参与权。不过，股东参与公司重大决策的权利大小取决于其持有该公司股票数量的多少。

二、股票的分类

股票的种类很多，分类方法也不尽相同。常见的分类方法有以下几种。

（一）普通股和优先股

按照股东享有的权益和承担的风险不同，股票可以分为普通股和优先股。

1. 普通股

普通股股票是最常见的一种股票，也是股份有限公司最基本、最重要的股票。股份有限公司可以不发行优先股，但必须发行普通股。普通股股票具备股票的一般特征，其持有者享有股东的基本权利并承担相应的义务。普通股的股利完全随公司赢利的多少而变化，在公司赢利和公司剩余财产的分配顺序上列在债权人和优先股股东之后，因此普通股股东承担的风险较大。普通股的股东享有的权利主要有以下几个方面：

（1）投票表决权。普通股的股东有权参加股东大会并可按其持股数量的多少行使投票表决权。通过投票表决，股东间接参与了公司的经营管理与决策，因此这种权利也可称为参与决策权。

（2）收益分配权。普通股的股东可以享有参与公司收益分配的权利，但普通股在公司赢利分配的顺序上位于优先股之后。普通股股东获得的股利多少完全取决于公司的赢利状况及其分配政策。一般来说，公司赢利多，股利就高；公司赢利少，股利就低甚至没有股利。但如果公司在一段时间内获高额利润，则普通股的股东也可获得高于优先股股东的高额股利。

（3）优先认股权。优先认股权是指当股份有限公司增发新股时，普通股的原有股东可以按其原来持有该公司股票的比例获得优先认购新股的权利。这样可以保持公司原有股东在增发新股后持有的股份在公司股份总额中的比例和收益基本不变。

（4）剩余财产分配权。当公司因经营不善等原因破产或解散清算时，普通股的股东有权利按其持股比例获得公司的剩余财产；但在剩余财产的分配时，普通股的股东必须排在债权人和优先股的股东之后。

2. 优先股

相对于普通股而言，优先股是指其股东可以在某些方面享有优先权利的股票。由于优先股的股息是预先确定的，基本上属于固定收益证券，因此它既是股票的一种，又有些类似于债券，是介于股票和债券之间的一种折中型证券。优先股股东所享有的优先权利主要表现在以下两个方面：

（1）获取股息优先。按照股份公司分配股息的顺序，首先是优先股，其次才是普通股，而且一般来说，无论公司的经营状况好坏和赢利多少，优先股的股东都可以按照预先确定的股息率领取股息；即使由于公司赢利水平下降导致普通股的股息减少或不分配股息，也不能影响优先股股息的分配。

（2）分配公司剩余财产优先。当公司解散或因经营不善破产清算时，优先股的股东有先于普通股的股东参加公司剩余财产分配的权利，但其分配顺序要排在债权人后面。

（二）记名股票和不记名股票

按照股票和股东名册上是否记载股东姓名，股票可以分为记名股票和不记名股票。

1. 记名股票

记名股票是指在股票票面和股份公司的股东名册上记载股东姓名的股票。我国的《公司法》规定，股份有限公司向发起人、国家授权投资的机构、法人发行的股票，应当是记名股票，并应当记载该发起人、机构或者法人的名称。对社会公众发行的股票，可以是记名股票，也可以是不记名股票。发行记名股票的公司应当备有股东名册，并详细记载以下内容：股东的姓名或名称、股东的住所、各股东所持股份数、各股东所持股票的编号等。

2. 不记名股票

不记名股票是指在股票票面和公司股东名册上均不记载股东姓名的股票。不记名股票也称无记名股票，它与记名股票比较，在股东权利等方面没有什么本质的差别，只是股票的记载方式不同。我国的《公司法》规定，股份有限公司发行不记名股票时，只需记载其股票数量、股票编号及发行日期。

（三）有面额股票和无面额股票

按照股票是否记载面额，股票可以分为有面额股票和无面额股票。

1. 有面额股票

有面额股票是指在股票票面上记载有一定金额的股票。股票上记载的这一金额也称为票面金额或票面价值。有面额股票其面额的主要作用是股份公司发行股票时作为确定发行价格的依据。我国《公司法》规定，股份公司股票的发行价格可以等于面额，也可以高于面额，但不得低于面额。

2. 无面额股票

无面额股票是指在股票票面上不记载固定金额的股票。这种股票并非没有价值，而是不在票面上注明具体的面值，其价值随股份公司资产的增减而增减。无面额股票与有面额股票没有本质上的区别，仅在价值的表现形式上有差别，两者的股东享有的权利是相同的。

三、企业利用股票筹资的利弊分析

目前我国企业筹资方式主要有三种：股权筹资、债券筹资、混合式筹资。其中企业股权筹资有普通股筹资和优先股筹资两种方式，以普通股筹资为主要筹资方式，所以本章以普通股为核心分析企业利用股票筹资的利弊。

企业利用股票筹资具有以下几个优点。

（1）普通股筹资没有固定的支付负担。企业有赢利，可以根据适合企业的股利政策，适当支付股利（多支付或少支付都可以）或不支付股利；企业如果没有赢利，就不必支付股利。与利息相比，它不具有强制性。

（2）股票作为公司的资本金没有固定的到期日，是公司的永久性资金来源，投资者永远不会像债权人那样要求“偿还”，是公司的一笔无限期贷款。因此，它对于保证公司对资金的最低需求，促进公司长期持续稳定经营具有重要意义。

（3）股票筹资可以提高企业的信誉，同时也增强了企业的举债能力。普通股股本及由此产生的盈余公积金和股本公积金等，这些自有资金的增加，是企业筹措债务的基础，可为债权人提供较大的损失保障。因此，股票筹资不仅可以增加企业的信用价值，也为使用更多的债务资金提供了强有力的支持。

（4）筹资限制较少，更易吸收资金。利用优先股或债券筹资，会有许多影响企业经营灵活性的限制，而利用普通股筹资则没有这些限制。同时，普通股的预期收益较高，可在一定程度上抵消通货膨胀的影响，因为在通货膨胀时期，随着不动产等的价值上升股票价格也会上升，所以企业利用股票筹资更容易吸引资金。

（5）能激励员工的积极性。这是股票筹资的一大优势。通过员工认购企业股份，使其成为企业的股东，这样就会使员工更加有主人翁的责任感，会把自身利益与企业前途紧密结合起来。因此利用股票筹资也有助于提高企业职工的工作效率，调动其积极性。

企业利用股票筹资有以下几个缺点。

（1）股票筹资的资金成本较高。一般来说，普通股筹资的成本要大于债券筹资。因为投资普通股风险较高，投资者相应要求较高的报酬，并且股利应从所得税后的净利润中支付。此外，普通股的发行成本也较高，一般情况下，发行费用从高到底的排列顺序是普通股、优先股、企业债券、长期借款等。

（2）普通股筹资会分散控制权，引起股票价格下跌。利用普通股筹资，会增加企业的股东数量，所以可能将企业的部分控制权转移给新股东，稀释企业原股东的控制权。但是对于优先股而言，因为大多数优先股附有回收条款，使其使用资金更有弹性，当财务状况较差时发行，而财务状况转强时收回，具有一定主动性和灵活性，也可以控制公司的资本结构，可以保护普通股股东的控制权。

（3）可能会引起股票价格下跌。新股东对企业已积累的盈余具有分享权，会降低普通股每股净收益，从而可能引起普通股股价下跌。而优先股要求支付固定股利，但又不能在税前扣除，当公司赢利下降时，优先股股利可能会成为公司较重的财务负担，有时不得不延期支付，从而影响公司的形象，也可能引起股票价格的下跌。

此外，利用股票筹资，企业还负有严格的信息披露义务，这主要是为了对投资者负责。

四、股票价格指数

股票价格指数简称股价指数，是指用来反映股票市场总的价格水平变化的一种专用经济指标。它是由证券交易所或金融服务机构编制的表明股票价格在各个时期变动程度的相对数，是一种供参考的指示数字。其单位一般用“点”来表示，每上升或下降一个单位称为 1 点。目前世界上有影响的股价指数有美国的道琼斯股票价格指数、标准普尔股票价格指数、纽约证券交易所股票价格指数，英国的伦敦金融时报指数，法国的巴黎 CAC 指数，瑞士的苏黎世 SMI 指数，日本的日经指数，中国香港的恒生指数等。目前我国主要的股票价格指数有上证综合指数、深圳综合指数、深圳成分指数等。

（一）股票价格指数的编制步骤

股票价格指数通常是选取有代表性的一组股票，把他们的价格进行加权平均，通过一定的计算得到，其编制步聚如下。

（1）选择样本股票。根据上市公司的行业分布、经济实力、市场影响力、股票等级、资信等级等因素，选择适当数量的有代表性的股票。这些样本股票必须具有典型性和普遍性。

（2）确定对比基期。通常选取某一有代表性或股价相对稳定的日期为基期，因此基期应有较好的均衡性和代表性。

（3）选择科学的方法和先进的手段计算出指数值。科学的计算方法必须具有高度的适应性，能对不断变化的股市行情做出相应的调整和修正，使股票指数具有较好的敏感性。同时，采样的时间间隔取决于股价指数的编制周期。以往的股价指数多使用每一交易日的收盘价。近年来，股价指数的编制周期缩短，采样频率由一天一次变为全天随时连续采样。采样价格也从单一的收盘价发展为每时每刻的最新成交价或一定时间周期内的平均价。一般来说，编制周期越短，股价指数的灵敏性越强，越能及时地体现股价的涨落变化。

股票价格指数的计算方法很多，但一般以发行量（或成交量）为权数进行加权综合，多数是以报告期发行量为权数，计算公式为

$$I_p = \frac{\sum p_1 q_1}{\sum p_0 q_1}$$

式中，I_p 表示股票价格指数，p 表示样本股票价格，q 表示股票发行量或成交量，0 表示样本股票基期即基准日，1 表示样本股票报告期即交易日。

（二）我国的主要股票价格指数

1. 上证系列指数（见表 10.1）

（1）上证综合指数是上海证券交易所于 1991 年 7 月 15 日开始发布的股票价格指数，是上海第一只反映市场整体走势的旗舰型指数，也是中国资本市场影响力最大的指数，包含 A 股、B 股等上海证券交易所全部上市股票，以总股本为权重加权计算，代表中国资本市场 20 年发展历程，是中国资本市场的象征。上证综合指数以 1990 年 12 月 9 日为基期（100%），1991 年 7 月 15 日的第一个上证指数为 133.14 点（133.14%）。

（2）上证 180 指数选择总市值和成交金额排名靠前的股票，按照一定比例分配和选取 180 只固定样本，以自由流通股本为权重加权计算。这些上市公司核心竞争力强、资产规模大、经营业绩好、知名度高，是上海证券市场上最具代表性的大型蓝筹股票指数，是投资评价尺度和金融衍生产品标的的基础指数，于 2002 年 7 月发布。

（3）上证 50 指数是在上证 180 指数的样本股中挑选规模最大、流动性最好的 50 只股票，反映最具市场影响力的一批龙头企业的状况，于 2004 年 1 月发布。

（4）上证 380 指数，代表了上海市场成长性好、赢利能力强的新兴蓝筹企业，它是在上证 180 指数之外的公司中，剔除亏损及近 5 年未分红送股公司，按一定比例分配样本，在行业内选取规模、流动性、成长性和赢利能力综合排名靠前的 380 只样本股计算形成的股票价格指数。

上证 50、上证 180 指数集中于金融、能源、原材料和工业等传统行业，上证 380 指数则广泛分布于节能环保、新一代信息技术、生物、高端装备、新能源、新材料等新兴产业和消费领域，凸显了我国经济结构调整的方向。

（5）上证国债指数以所有剩余期限在一年以上的固定利率国债为样本，按照发行量加权计算，以反映债券市场的整体变动状况。

（6）上证基金指数样本为所有在上交所上市证券投资基金，反映基金价格的整体变动状况。

表 10.1　上证体系指数中的重点指数　　2014-04-10

指数名称	指数代码	基准日期	基准点数	成份股数量	成份股总股本数（亿股）	相关收益指数
上证 180	000010	2002-06-28	3299.06	180	18 753.93	上证 180 全收益　上证 180 净收益
上证 50	000016	2003-12-31	1000	50	12 927.11	上证 50 全收益　上证 50 净收益
上证 380	000009	2003-12-31	1000	380	4363.84	上证 380 全收益　上证 380 净收益
上证 100	000132	2003-12-31	1000	100	850.59	上证 100 全收益　上证 100 净收益
上证 150	000133	2003-12-31	1000	150	687.4	上证 150 全收益　上证 150 净收益
上证指数	000001	1990-12-19	100	1001	26 029.91	
国债指数	000012	2002-12-31	100	135	56542.3	

摘自：上海证券交易所 http://www.sse.com.cn。

2. 深证股票价格指数（见表 10.2）

（1）深证综合股票指数是由深圳证券交易所编制的股票指数，以 1991 年 4 月 3 日为基期。该股票指数的样本包括所有在深圳证券交易所挂牌上市的股票，权数为股票的总股本，其计算方法与上证综合指数相同。由于以所有挂牌的上市公司为样本，其代表性非常广泛，且它与深圳股市的行情同步发布，因此深证综合指数是股民和证券从业人员判断深圳股市股票价格变化趋势必不可少的参考依据。

表 10.2　深证股票价格指数　2014-04-10

指数代码	指数简称	基日	基日指数	起始计算日
399001	深证成份指数	1994-07-20	1000	1995-01-23
399106	深证综合指数	1991-04-03	100	1991-04-04
399004	深证 100 指数	2002-12-31	1000	2003-01-02
399005	中小板指数 P	2005-06-07	1000	2006-01-24
399006	创业板指数 P	2010-05-31	1000	2010-06-01

摘自：深圳证券交易所 http://www.szse.cn。

（2）深证成分股票指数也是由深圳证券交易所编制，从深圳证券交易所上市的公司中选出 40 只股票作为成分股，以成分股的可流通股数为权数，采用加权平均法编制而成。这些样本股具有交易活跃、代表性好等特点。该指数以 1994 年 7 月 20 日为基准日，于 1995 年开始发布。

知识链接

世界知名股票价格指数

1. 道·琼斯股票指数

美国的道·琼斯股票指数是国际历史上最为悠久的股票指数，它的全称为股票价格平均数。它是在 1884 年由道·琼斯公司的创始人查理斯·道开始编制的。现在的道·琼斯股票价格平均指数以 1928 年 10 月 1 日为基期。目前，道·琼斯股票价格平均指数共分四组，分别是工业股票价格平均指数、运输业股票价格平均指数、公用事业股票价格平均指数和平均价格综合指数。道·琼斯股票价格平均指数是目前世界上影响最大、最有权威性的一种股票价格指数。

2. 标准·普尔股票价格指数

除了道·琼斯股票价格指数外，标准·普尔股票价格指数在美国也很有影响，它是美国最大的证券研究机构即标准·普尔公司编制的股票价格指数。该公司于 1923 年开始编制发表股票价格指数。标准·普尔公司股票价格指数以 1941—1943 年抽样股票的平均市价为基期，以上市股票数为权数，按基期进行加权计算，其基点数为 10。

3. 纽约证券交易所股票价格指数

纽约证券交易所股票价格指数是由纽约证券交易所编制的股票价格指数。纽约股票价格指数是以 1965 年 12 月 31 日确定的 50 点为基数，采用的是综合指数形式。纽约证券交易所每半个小时公布一次指数的变动情况。虽然纽约证券交易所编制股票价格指数的时间不长，但它可以全面及时地反映其股票市场活动的综合状况，较为受投资者欢迎。

4. 日经道·琼斯股价指数（日经平均股价）

日经道·琼斯股价指数系由日本经济新闻社编制并公布的反映日本股票市场价格变动的股票价格平均数。该指数从 1950 年 9 月开始编制。

5.《金融时报》股票价格指数

《金融时报》股票价格指数的全称是“伦敦《金融时报》工商业普通股股票价格指数”，是由英国《金融时报》公布发表的。该股票价格指数包括在英国工商业中挑选出来的具有代表性的 30 家公开挂牌的普通股股票。它以 1935 年 7 月 1 日作为基期，其基点为 100 点。

6. 香港恒生指数

香港恒生指数是香港股票市场上历史最久、影响最大的股票价格指数，由香港恒生银行于

1969 年 11 月 24 日开始发表。恒生股票价格指数分为金融业股票、公用事业股票、地产业股票和其他工商业（包括航空和酒店）股票四大类，其编制是以 1964 年 7 月 31 日为基期，基点确定为 100 点。

7. 瑞士市场指数

瑞士市场指数（Swiss Market Index，SMI）是显示瑞士股市（SWI）的主要指标，是由 20 家在巴塞尔、日内瓦和苏黎世证券交易所上市的瑞士大企业的 24 只证券（无记名股票和参与凭证）组成，并由成分证券的市值加权而得。SMI 是在欧洲证券交易所交易指数期权的基础。

8. 法国的巴黎 CAC 指数

法国的巴黎 CAC 指数是法国重要的股价指数，由 40 只法国股票构成。CAC 40 由巴黎证券交易所（PSE）以其前 40 大上市公司的股价来编制，基期为 1987 年底。该指数从 1988 年 6 月 5 日开始发布，反映法国证券市场的价格波动。较新的 CAC-General 指数由 100 只法国股票构成，使用更广泛，但 CAC40 指数仍被视为基准指数。

第二节　债券市场

债券（见图 10.2）是发行人依照法定程序发行，并约定在一定期限内还本付息的书面债务凭证。从法律的角度看，债券的发行人是借入资金的经济主体，债券的投资者是出借资金的经济主体，债券反映的是发行人与投资者之间的债权债务关系。如今在世界范围内，债券已成为证券市场上筹措资金的重要手段。

图 10.2　债券早期图样

一、债券的特征和要素

1. 债券的特征

相对其他票据，债券有以下几个特征。

（1）偿还性。偿还性是指债券有规定的偿还期限，发行人必须按期向债权人支付利息和偿还本金。债券的偿还性使得资金的筹措者不能无限期地占用债券购买者的资金，这一特点与股票的不返还性有着很大的区别。由于大部分债券的利率和期限都有明确的规定，因此对于投资者来说，购买债券的投资方式与银行定期存款有些相似。

（2）收益性。收益性是指债券能为其投资者带来一定的收入，这种收入主要表现为利息，其次为二级市场的价差收益。债券的票面利率一般高于银行的同期存款利率，再加上投资者可以在债券的交易市场上以低价买入、高价卖出债券，可以使得债券的实际收益率高于其票面利率。相对于股票和其他证券投资工具来说，债券的收益是较稳定的。

（3）流动性。流动性是指债券的持有人可以在自己需要资金时，能方便、及时地出售手中的债券并收回资金，或者能够根据价格的波动灵活地买入或卖出债券的方便程度。债券市场的发达程度、债券的种类、债券发行人的资信度、期限的长短、利息支付方式等因素都会对债券的流动性产生影响。

（4）安全性。债券的安全性主要是通过债券收益和债券价格的稳定性体现出来的。与股票等投资工具相比较，债券的利息收入较为固定，其本金一般是可以按期收回的，投资的风险较小。而且债券的风险可以通过信用评级机构在债券发行前后对发行人进行信用评级来预测，也可通过金融监管部门加强对发行人的监管来对避免或降低风险。

2. 债券的要素

债券作为一种代表债权债务关系的凭证，必须具备法律规定的格式和内容，否则将不具有法律效力。通常债券票面上的基本要素有以下四个：

（1）发行人的名称。债券上必须载明债券发行人即债务主体的名称。通过明确债务主体，可以为债权人到期追索本金和利息提供依据，同时也有利于投资者根据债务人的信用情况对不同的债券进行选择。

（2）票面价值。债券的票面价值也称票面金额或面值，它代表投资者购买债券的本金数额，是到期偿还本金和计算利息的基本依据。

（3）偿还期限和偿还方式。债券的偿还期限是指从债券的发行日起至还清本息之日止的时间。不同的债券有着不同的偿还期限，短的只有几个月，长的可达十几年甚至几十年。债券的偿还方式是指对债券本金的具体偿还时间和方法做出的安排，大部分债券都是到期一次性归还本金，但也有部分债券采用提前、分次偿还或展期偿还等方式。

（4）利率与付息方式。债券利率是债券利息与债券票面价值的比率，一般指年利率，用百分数来表示。债券利息对于投资者来说是投资债券的收益，利率高则收益也高，利率低则收益也低；而对于债券的发行人来说，债券利息是其筹资的成本，利率高则利息负担就重，反之利息负担就轻。

债券可以采用固定利率计息，即每一个计息期（一般为 6 个月或 1 年）采用的利率是相同的，也可以采用浮动利率计息，即每一个计息期所采用的利率是可以上下浮动的。除此以外，利息的计算还可以采用单利和复利两种形式，我国发行的债券中绝大部分按单利计息。债券的付息方式也有多种，可以分次支付，也可以到期一次性支付；对于贴现债券来说，还可以用贴现的方式来支付利息。

二、债券的分类

债券的种类非常多，分类的标准也各不相同。例如，按发行主体的不同，债券可以分为政府债券、金融债券、公司债券和国际债券；按期限长短的不同，债券可以分为短期债券、中期债券和长期债券；按计息方式的不同，债券可以分为单利债券、复利债券和贴现债券；按利率是否固定，债券可分为固定利率债券和浮动利率债券；按发行方式的不同，债券又可以分为私募债券和公募债券。以下按不同的发行主体对债券分别做一介绍。

（一）政府债券

政府债券是一国政府或政府的有关机构为筹集经济建设或公共事业所需的资金而发行的债券。政府债券一般又可分为中央政府债券和地方政府债券。中央政府债券也称为国债，是政府以国家的信用作为担保来筹集资金的一种方式，其还款来源为中央政府的税收，所筹资金一般用于专项建设或弥补财政赤字。地方政府债券是地方政府为发展地方经济，兴办地方性的交通、文教、卫生等事业而发行的债券，它以地方政府的税收为还款来源。政府债券具有安全性高、流动性好、收益稳定以及可享受免税待遇等优点，常被养老基金、保险基金、社保基金、证券投资基金等作为投资的首选对象，并且常常被用作银行贷款的抵押品。

（二）金融债券

金融债券是指银行或其他非银行金融机构凭借自身的信用，为筹集资金向投资者发行的债券。银行和其他金融机构发行债券的目的有两个：一是为某一专门的项目筹资，二是改变自身的资产负债结构。金融机构有着雄厚的资金实力，信誉度较高，故金融债券的安全性仅次于政府债券而高于一般的公司债券；加上金融债券的利率一般都高于同期的定期存款利率，收益较稳定，流动性较强，在证券市场上流通转让很方便，因此金融债券与政府债券一样受到投资者的欢迎。金融债券以中期的较为多见，一般期限在5～10年。它的发行一般要经过本国中央银行或证券管理部门的审核批准。

（三）公司债券

公司债券是指企业、公司为扩大生产、经营规模或开发新产品筹集所需的资金而向投资者发行的债券。公司债券利息的支付与股票的分红派息不同，不管公司是否赢利，到期必须支付；债券的本金到期也必须归还。与股票相比较，公司债券的收益稳定，风险相对较小。但不同公司的经营状况差别很大，信用程度的高低也各不相同，因此，公司债券的风险性相对于政府债券和金融债券来说要高一些。各国的中央银行和证券监督管理部门对发行公司债券的审批也较为严格。

（四）国际债券

国际债券是指一国的借款人在本国以外的国际金融市场上向外国投资者发行的以外国的货币为债券面值的债券。国际债券的发行人主要是各国政府、政府机构、银行或其他金融机构、大公司和一些国际组织等，它的购买者主要是各国的银行或其他金融机构、各类基金、工商财团及个人。国际债券是一种跨国发行的债券，它的发行一般涉及两个或两个以上的国家。国际债券又可分为外国债券和欧洲债券两类。

1. 外国债券

外国债券是指某一国的借款人在本国以外的另一个国家发行的以该国货币为计价单位的债券。如英国的债券发行人在美国证券市场发行的以美元为计价单位的债券就属于外国债券。外国债券的特点是债券的发行人属于一个国家，而债券的发行市场和债券使用的计价货币属于另一个国家。有些国家将在该国发行的外国债券赋予特别的名称，例如在美国发行的以美元为面值的外国债券被称为“扬基债券”，而在日本发行的以日元为面值的外国债券被称为“武士债券”。

2. 欧洲债券

欧洲债券是指借款人在本国以外的国际金融市场上发行的不以发行市场所在国的货币作为计价单位的债券。例如，中国的机构在新加坡证券市场发行的以美元为计价单位的债券就属于欧洲债券。欧洲债券的最大特点是债券的发行人、发行地点和债券面值所使用的货币可以分属三个不同的国家。在这里，“欧洲”已经不再是一个地域的概念。由于欧洲债券不以发行市场所在国的货币作为面值，所以也称为“无国籍债券”。欧洲债券是从20世纪60年代起随着欧洲货币市场的形成而产生和发展起来的。它在发行监管方面受到的限制比外国债券宽松得多，在税收方面还可以享受一些豁免的优惠，因此近20年来发展很快。目前，发行欧洲债券已成为各国政府、企业和金融机构在国际资本市场上筹集资金的一个重要手段。

三、债券的交易

（一）债券交易规则

我国债券交易须到证券交易所和各类证券公司（或证券业务部）等指定的专营证券业务的金融机构进行。债券交易市场主要分为证券交易所交易市场（场内交易）和证券公司柜台交易市场（场外交易）。各国证券主管机构及证券交易所对债券交易都制定严格的债券交易规则。

（1）交易原则。债券交易通常遵循价格优先，时间优先原则。价格优先就是证券公司按照交易最有利于投资委托人的价格买进或卖出债券。时间优先就是要求在相同的价格申报时，应该与最早提出该价格的一方成交。

（2）交易时间。交易所有严格的交易时间。上交所债券交易时间通常为：每周一—周五。每日前市上午：9点半—11点半，后市下午：1点—3点。法定假日闭市。

（3）交易单位。债券交易单位为“手”，人民币1000元面值债券为“1手”。委托人委托买卖债券的数额，应是以一个交易单位为起点或其倍数的整数委托，单笔申报最大数量不超过1万手。

（4）价位。计价单位为每百元面值债券的价格，申报价格最小变动单位为0.01元人民币。

（5）报价。现代证券交易多采用电脑报价方式，传统的交易所会用口头叫价方式并结合手势作为补充。

（6）大宗交易界定。上交所债券大宗交易界定为：①债券在100万元面值以上，为大宗交易；②大宗交易于每日闭市前1个小时在本所指定的地点进行，如部分成交后所余金额低于大宗交易的起点金额数，则于次日转为一般交易。

（7）价格决定。债券现货交易开盘价，为当日该债券集合竞价中产生的价格；集合竞价不能产生开盘价的，连续竞价中的第一笔成交价为开盘价。债券现货交易收盘价为当日该债券最后一笔成交前一分钟所有成交价的加权平均价（含最后一笔成交）。当日无成交的，以前一交易日的收盘价为当日收盘价。

（二）证券交易所的交易程序

债券交易市场包括场内交易市场和场外交易市场两部分。

1. 场内债券交易

场内交易也叫交易所交易，证券交易所是市场的核心，在证券交易所内部，其交易程序都要经证券交易所立法规定，其具体步骤明确而严格。债券的交易程序有五个步骤：开户、委托、成交、清算和交割以及过户。

（1）开户。债券投资者要进入证券交易所参与债券交易，首先必须选择一家可靠的证券经纪公司，并在该公司办理开户手续。债券投资者在办理开户手续时，首先要订立开户合同。开户合同包括委托人的姓名、住址、年龄、职业、身份证号码等基本信息，可接受证券交易所的相关规定，委托人与证券公司之间的权利和义务及合同的有效期限等内容。其次是开立账户。在上证交易所允许开设的账户有现金账户和证券账户。现金账户只能用来买进债券并通过该账户支付买进债券的价款，证券账户只能用来交割债券。

（2）委托。投资者在证券公司开立账户后，要想真正上市交易，还必须与证券公司办理证券交易委托关系，这是一般投资者进入证券交易所的必经程序，也是债券交易的必经程序。

（3）成交。债券成交是要使买卖双方在价格和数量上达成一致，需要遵循的是“两先”原则，即价格优先，时间优先。价格优先就是证券公司按照交易最有利于投资委托人的利益的价格买进或卖出债券；时间优先就是要求在相同的价格申报时，应该与最早提出该价格的一方成交。

（4）清算和交割。债券交易成立以后就必须进行券款的交付，这就是债券的清算和交割。债券的清算是指对同一证券公司在同一交割日对同一种国债券的买和卖相互抵消，确定出应当交割的债券数量和应当交割的价款数额，然后按照“净额交收”原则办理债券和价款的交割。债券的交割就是将债券由卖方交给买方，将价款由买方交给卖方。在证券交易所交易的债券，按照交割日期的不同，可分为当日交割、普通日交割和约定日交割三种。如上海证券交易所规定，当日交割是在买卖成交当天办理券款交割手续；普通交割日是买卖成交后的第四个营业日办理券款交割手续；约定交割日是买卖成交后的 15 日内，买卖双方约定某一日进行券款交割。

（5）过户。债券成交并办理了交割手续后，最后一道程序是完成债券的过户。过户是指将债券的所有权从一个所有者名下转移到另一个所有者名下。

2. *场外债券交易*

场外债券交易就是证券交易所以外的证券公司柜台进行的债券交易，场外交易又包括自营买卖和代理买卖两种。

（1）自营买卖债券。场外自营买卖债券就是由投资者个人作为债券买卖的一方，由证券公司作为债券买卖的一方，其交易价格由证券公司自己挂牌。

（2）代理买卖债券。场外代理买卖就是投资者个人委托证券公司代其买卖债券，证券公司仅作为中介而不参与买卖业务，其交易价格由委托买卖双方分别挂牌，达成一致后形成。

第三节　证券投资基金市场

证券投资基金是一种面向社会大众，通过发行基金单位将零散的、众多的社会资金集中到一起，再由专业人员进行管理和运用，从事股票、债券等方面的组合投资，并按投资者的出资比例进行收益分配的一种组合投资制度。它体现的是一种投资者（委托人）与基金管理人（受托人）之间的一种委托与受托的关系。

证券投资基金作为一种大众化的信托投资工具，其资金主要来源于社会大众手中的闲置资金。从出资人的情况来看，证券投资基金的出资人既可以是个人，又可以是机构。其中，机构投资者主要包括投资银行、保险公司、社会保险基金、各种基金会基金等。从资金的运用来看，证券投资基金的投资范围较为广泛，可以投资于股票、债券等有价证券，也可以投资于货币市场金融工具、外汇、衍生投资工具等领域，但它一般不涉足金融领域以外的实业投资。证券投资基金一般都具有相当的资金规模，因此，它可以按照投资组合的方式进行分散投资，以减少投资的风险。

证券投资基金在国外已有100多年的历史，由于其在各国发展的模式不尽相同，各国对证券投资基金的称谓也不相同，如美国称之为“共同基金”，英国和中国香港称之为“单位信托基金”，日本和中国台湾则称之为“证券信托投资基金”等。随着全球金融业的发展，各种各样名目繁多的基金不断涌现，基金资产的规模不断扩大，基金行业已经同银行业、证券业、保险业一道成为现代金融体系的四大支柱产业。

一、证券投资基金的特征

证券投资基金具有以下特征。

1. 集合投资、规模经营

证券投资基金最重要的功能就是将众多中小投资者的资金集中起来，形成一笔数量可观的资金，由专业的投资人员将其投资于股票、债券等金融工具，以谋求资产的增值。证券投资基金对投资者出资的最低限额要求不高，投资者可以根据自己的经济能力来决定购买的数量。对于中小投资者来说，通过购买证券投资基金可以使他们进入一些因其资金少而不能进入的投资领域；而对于基金来说，由于其资金规模大，因此在投资活动中可以实现规模效应，从而降低单位资金的运营成本。例如，基金在投资股票时，由于其买卖数量比单个的投资者要大得多，券商在佣金方面一般都会给予一定的优惠，因而可以降低投资成本。

2. 组合投资、分散风险

以科学的组合投资方法来降低风险、提高收益是证券投资基金的另一大特点。在投资活动中，风险和收益总是并存的，因此，“不要将所有的鸡蛋都放在一个篮子里”就成为金融、证券投资领域的一句箴言。但是，要实现多样化投资需要一定的资金实力，对于中小投资者而言，由于他们的资金有限，很难做到这一点。而购买证券投资基金则可以帮助中小投资者克服其投资品种单一、风险集中的弊端。证券投资基金凭借其巨大的资金规模，可以同时在几十种乃至上百种不同的有价证券上进行科学的、分散的组合投资，从而将风险降低到最小的程度。中小投资者通过购买基金可以用较少的资金获得较好的分散投资、降低风险的效果。

3. 专业管理、专家理财

证券投资基金的实际运营是由专门的基金管理公司负责的。基金管理公司是专门从事基金投资管理的机构，它聘用专门的证券分析和投资管理人员来从事基金的投资管理。这些专业人员都经过专门的训练，具有丰富的金融、证券投资的经验，能够运用先进的技术手段对市场上的各种信息进行分析、研究，并在此基础上做出正确的投资决策。对于那些缺乏专业投资技能、对市场不熟悉、信息不灵通的中小投资者来说，投资于基金实际上是利用专家们在市场信息、投资经验、操作技巧等方面的优势来提高自己的投资成功率，从而可以减少因盲目投资而带来的损失，增加收益。

二、证券投资基金的种类

（一）封闭式基金和开放式基金

按照基金单位的发行有无规模的限制以及是否可以赎回，证券投资基金可以分为封闭式基金和开放式基金。

1. 封闭式基金

封闭式基金是指在发行前确定基金单位的发行总额，发行后在一定的时间内（存续期或封闭期）基金单位的总额固定不变的一类基金。这类基金在发行期满或认购结束后就会将基金总额封闭起来，除非经特殊批准，基金单位的总额将不再增加或减少。在发行结束后，封闭式基金一般都可以在证券交易所买卖和转让。

封闭式基金是有期限的，该期限就是封闭式基金的存续期（封闭期），一般在 10～15 年。由于在封闭期内其基金总额不变，它通过发行基金单位筹集来的资金可以用来进行长期投资。封闭式基金的存续期满后需要清盘和解散，基金的管理人应组织清算小组对基金资产进行清点、核实，并将清产核资后的净资产按投资者的出资比例对其进行公正合理的分配。

2. 开放式基金

开放式基金是指基金单位的发行总额不固定，基金单位的数量可以随投资者的购买或赎回经常发生增减变化的一类基金。开放式基金其基金单位的发行没有规模的限制，投资者申购的数量多就多发行，投资者申购的数量少就少发行，但事先都会确定一个最低的发行额度。开放式基金一般不能上市交易，但持有开放式基金的投资者在不想继续持有时，可以到指定的场所办理基金的赎回，即由基金的发行人收回投资者手中的基金单位，按赎回当天该基金的净值，扣除手续费后将资金支付给基金的原持有者。由于投资者经常会因各种原因办理基金的赎回，因此开放式基金的管理人一般不能将所筹资金全部都用于投资，特别是长期投资，而要留出一定比例的现金资产用于基金的赎回。这虽然会影响基金的赢利水平，但对于基金的管理者而言也是不得已的。

开放式基金没有固定的存续期限，投资者可以通过基金销售的代理机构购买或赎回基金单位。但如果在短时间内出现大量赎回的情况，有可能会导致基金的清盘。

（二）股票基金、债券基金、货币市场基金和混合基金

按照投资对象不同，正确投资基金可以分为股票、债券、货币市场和混合基金。

1. 股票基金

股票基金是所有基金中历史最为悠久、也是各国广泛采用的一种基金。它是以股票为主要投资对象的基金，包括普通股和优先股基金。根据中国证监会对基金类别的分类标准，基金资产 60%以上投资于股票的投资基金为股票基金。其特点是变现性和流动性较强，且风险性较低。

股票基金的投资目标侧重于追求资本利得和长期资本增值，它是最重要的基金品种。它的优点是资本的成长潜力较大，投资者不仅可以获得资本利得，还可以通过股票基金将较少

的资金投资于各类股票，从而实现在降低风险的同时保持较高收益的投资目标。由于股票投资基金聚集了巨额资金，几只甚至一只大规模的基金就可以引发股市动荡，所以各国政府对股票基金的监管都十分严格，不同程度地规定了基金购买某一家上市公司的股票总额不得超过基金资产净值的一定比例，以防止基金过度投机和操纵股市。

2. 债券基金

债券基金主要以债券为投资对象的基金，包括政府、市政、企业等各类债券。根据中国证监会对基金类别的分类标准，基金资产 80%以上投资于债券的投资基金为债券基金。债券基金的收益会受到市场利率的影响，当市场利率下调时，其收益会上升，反之则下降。此外，汇率也会影响基金的收益。

3. 货币市场基金

货币市场基金以货币市场工具为投资对象的基金，包括银行存单、存款证、银行票据、商业票据和各种短期国债等货币市场工具。根据中国证监会对基金类别的分类标准，仅投资于货币市场工具的为货币市场基金。货币市场基金具有资本安全性高、购买限额低、流动性强、收益较高的优点，而且管理费用低，有些甚至不收取赎回费用。因此，货币市场基金被认为是低风险的投资工具。

4. 混合基金

混合基金同时以股票、债券等为投资对象的基金。该基金通过在不同资产类别上的投资实现收益和风险之间的平衡。根据中国证监会对基金类别的分类标准，投资于股票、债券和货币市场工具，但股票投资和债券投资的比例不符合股票基金、债券基金规定的投资基金为混合基金。

（三）证券投资基金的几种特殊类型

1. 对冲基金

对冲基金也称避险基金或套利基金，是指在金融市场上对某一商品及其衍生工具同时进行买与卖的基金。它是投资基金的一种形式，意为“风险对冲过的基金”。该基金技术性非常强，需要通过精确测算来确定投资组合中各投资对象的比例。对冲基金采用各种交易手段（如卖空、杠杆操作、程序交易、互换交易、套利交易、衍生品种等）进行对冲、换位、套头、套期来赚取巨额利润。如在购入一种股票后，同时购入这种股票的一定价位和时效的看跌期权，在股票价格跌破期权约定的价格时，看跌期权的持有者可以将手中持有的股票以期权约定的价格卖出，从而使股票价格下跌的风险得到对冲。因此，这是一种收益稳定、风险低的基金。

2. 指数基金

指数基金是 20 世纪 70 年代才出现的新的基金品种，它是通过购买一部分或全部的指数所包含的股票，来编制指数基金的投资组合，以期获得与市场平均收益相接近的投资回报的基金。多数情况下，指数基金的投资风险通过分散投资得到了较大程度的降低，同时收益随着即期的价格指数上下波动，因此这也是一种收益稳定、风险低的基金，非常适合稳健型的投资者，特别适于社保基金等数额较大、风险承受能力较低的资金投资。同时，对于投资者尤其是机构投资者而言，指数基金是避险套利的重要工具。

3. 交易型开放式指数基金

交易型开放式指数基金（ETF）是一种在交易所上市交易的、基金份额可变的一种开放式基金，又称交易所交易基金。ETF 一般采用被动式投资策略跟踪某一"标的指数"，因此具有指数基金的特点。ETF 交易手续与股票相同，其最早产生于加拿大，但发展和成熟主要是在美国。

ETF 管理的资产是一揽子股票组合，该组合中的股票种类与某一特定指数，每只股票的数量与该指数的成份股构成比例一致，ETF 交易价格取决于它拥有的一揽子股票的价值。ETF 结合了封闭式基金与开放式基金的运作特点，因此它既可以像封闭式基金那样在交易所二级市场买卖，又可以像开放式基金那样申购、赎回。不同的是，ETF 的申购使用一篮子股票换取 ETF 份额，赎回时换回的是一篮子股票而不是现金。套利机制的存在，可使 ETF 避免封闭式基金普遍存在的折价问题。

三、证券投资基金的交易

证券投资基金的交易包括封闭式基金的交易和开放式基金的申购、赎回。

（一）封闭式基金的交易

1. 封闭式基金的交易方式

基金交易方式因基金性质不同而不同。封闭式基金因有封闭期规定，在封闭期内基金规模稳定不变，既不接受投资者的申购也不接受投资者的赎回，因此，为满足投资者的变现需要，封闭式基金成立后通常申请在证券交易所挂牌。封闭式基金交易方式类似股票，必须开立证券账户或是基金账户，同时必须有资金账户，在投资者之间转手交易。

2. 封闭式基金的交易规则

（1）交易原则。基金单位的买卖遵循"公开、公平、公正"的"三公"原则和"价格优先、时间优先"的原则。

（2）价位。封闭式基金的报价单位为每份基金价格。基金的申报价格最小变动单位 0.001 元人民币，买入与卖出封闭式基金份额申报数量应当为 100 或其整数倍，单笔最大数量应低于 100 万份。

（3）以标准手数为单位进行集中无纸化交易，电脑自动撮合，跟踪过户。基金单位的价格以基金单位资产净值为基础，受市场供求关系的影响而波动，行情即时揭示。

（4）交易时间。封闭式基金的交易时间是每周一——周五（法定公众节假日除外）9：30—11：30、13：00—15：00。

（5）涨跌幅限制。封闭式基金交易实行与对 A 股交易同样的 10%的涨跌幅限制。达成交易后，相应的基金交割与资金交收在交易日的下一个营业日（T+1 日）完成。

（二）开放式基金的申购、赎回

投资者在开放式基金募集期内，投资者申请购买基金单位的过程称为认购。通常认购价为基金单位面值（1 元）加上一定的销售费用。一般而言，认购期购买基金的费率要比申购期优惠。只有当开放式基金宣布成立后，经过规定的日期，基金才能进入日常的申购和赎回。

开放式基金在基金存续期内其规模是变动的，投资者在开放式基金合同生效后，申请购买基金份额的行为通常被称为基金的申购。基金份额持有人要求基金管理人购回其所持有的开放式基金份额的行为称为开放式基金的赎回。投资者可至基金管理公司或其代理机构的营业网点进行基金的买卖，办理基金单位的随时申购与赎回。

认购期购买的基金份额一般要经过封闭期才能赎回，申购的基金份额要在申购成功后的第二个工作日赎回。此外，认购申报可以更改或撤销，但投资者在份额发售期内已经正式受理的认购申请不能撤销。在当日提交的申购申请，投资者可以在当日 15：00 前提交撤销申请进行撤销，15：00 之后则无法撤销。

开放式基金申购、赎回需要遵循以下几个原则。

（1）“未知价”交易原则。投资者在申购、赎回基金份额时并不能即时获知买卖的成交价格。开放式基金申购和赎回的价格是建立在每份基金净值基础上的，以基金净值再加上或减去必要的费用，就构成了开放式基金的申购和赎回价格，这一点与股票、封闭式基金等金融产品的“已知价”原则进行买卖不同。基金的申购价格，是指基金申购申请日当天每份基金单位净资产值再加上一定比例的申购费所形成的价格，它是投资者申购每份基金时所要付出的实际金额。基金的赎回价格，是指基金赎回申请日当天每份基金单位净资产值再减去一定比例的赎回费所形成的价格，它是投资者赎回每份基金时可实际得到的金额。

（2）金额申购、份额赎回原则。即申购以金额申请，赎回以份额申请。基金管理人不得在基金合同约定之外的日期或者时间办理基金份额的申购、赎回或者转换。投资人在基金合同约定之外的日期和时间提出申购、赎回或者转换申请的，其基金份额申购、赎回价格为下次办理基金份额申购、赎回时间所在开放日的价格。

（3）基金认购限制。在首次募集期内，认购份额超过规定的上限时，则投资者只能按比例进行公平分摊，无法足额认购。另外，根据有关法律和基金契约的规定，对单一投资者持有基金的总份额还有一定的限制，不得超过本基金总份额的 10%。

（4）巨额赎回原则。根据《开放式证券投资基金试点办法》的规定，开放式基金单个开放日中，基金净赎回申请超过基金总份额的 10%时，将被视为巨额赎回。巨额赎回申请发生时，基金管理人在当日接受赎回比例不低于基金总份额 10%的前提下，可以对其余赎回申请延期办理。被拒绝赎回的部分可延迟至下一个开放日办理，并以该开放日当日的基金资产净值为依据计算赎回金额。同时，发生巨额赎回并延期支付时，基金管理人应当在规定的时间内通知基金投资人，说明有关处理方法，同时在指定媒体及其他相关媒体上公告。通知和公告的时间，最长不得超过 3 个证券交易日。

知识链接

基金的定额定投

基金定期定额投资，就是每隔一段时间以固定的金额投资于同一只开放式基金，也即投资者在有关销售机构约定每期的扣款时间、扣款金额及扣款方式，由销售机构在约定的扣款日从投资者指定银行账户内自动完成扣款和基金的申购，类似于银行的零存整取方式。由于这种方法每次投入的金额一般较小，投资者可以通过一次约定，就能让钱长期自动地工作，因此又被称为“懒人投资法”。

基金定期定额投资的特点：

第一，平均投资成本，分散风险。资金是分期投入的，投资的成本有高有低，长期平均下来比较低，所以最大限度地分散了投资风险。

第二，定期投资，积少成多。投资者可能每隔一段时间都会有一些闲散资金，通过定期定额投资计划购买标的进行投资增值可以“聚沙成丘”，在不知不觉中积攒一笔不小的财富，比较适合风险承受能力低的工薪阶层、刚工作的年轻人以及具有特定理财目标需要的中年人（如子女教育基金、退休金计划）。

第三，适合长期投资理财计划。投资的要诀就是“低买高卖”，但却很少有人在投资时掌握到最佳的买卖点获利，为避免这种人为的主观判断失误，投资者可通过“定投计划”来投资市场，不必在乎进场时点，不必在意市场价格，无需为其短期波动而改变长期投资决策。同时由于定期定额是分批投资，当股市在盘整或是下跌的时候，定期定额是分批承接，因此反而可以越买越便宜，股市回升后的投资报酬率也胜过单笔投资。对于中国股市而言，长期看应是震荡上升的趋势，因此定期定额非常适合长期投资理财计划。

第四，复利效果，长期可观。“定投计划”收益为复利效应，本金所产生的利息加入本金继续衍生收益，通过利滚利，随着时间的推移，复利效果越明显。定投的复利效果需要较长时间才能充分展现，因此不宜因市场短线波动而随便终止。只要长线前景佳，市场短期下跌反而是累积更多便宜单位数的时机，一旦市场反弹，长期累积的单位数就可一次获利。

第五，自动扣款，手续简便。只需去基金代销机构办理一次性的手续，今后每期的扣款申购均自动进行。

索罗斯与量子基金

乔治·索罗斯是匈牙利出生的美国籍犹太裔商人，索罗斯是金融界的怪才、鬼才、奇才，他在国际金融界掀起的索罗斯旋风几乎席卷世界各地，所引起的金融危机令各国金融界闻之色变。

量子基金是全球著名的大规模对冲基金，是乔治·索罗斯旗下经营的五个对冲基金之一。量子基金是高风险基金，主要借款在世界范围内投资于股票、债券、外汇和商品。

量子基金虽只有60亿美元的资产，但由于其在需要时可通过杠杆融资等手段取得相当于几百亿甚至上千亿资金的投资效应，因而成为国际金融市场中一股举足轻重的力量。量子基金成为国际金融界的焦点，是由于索罗斯凭借该基金在20世纪90年代所发动的几次大规模货币狙击战。90年代初为配合欧共体内部的联系汇率，英镑汇率被人为固定在一个较高水平，引发国际货币投机者的攻击，量子基金率先发难，在1992年8—9月，短短1个月内英镑汇率下挫20%，而量子基金在此英镑危机中获取了15亿美元的暴利。从古老的英格兰，南美洲的墨西哥，到东南亚新兴的工业国，甚至连经济巨兽日本，都未能幸免，在索罗斯旋风中败北。在过去30多年的历史中，量子基金的平均回报率高达30%以上，量子基金的辉煌也在于此。

但是自1998年以来，投资失误使量子基金遭到重大损失。先是索罗斯对1998年俄罗斯债务危机及对日元汇率走势的错误判断使量子基金遭受重大损失，之后投资于美国股市网络股也大幅下跌。至此，索罗斯的量子基金损失总数达近50亿美元，量子基金元气大伤。2000年4月28日，索罗斯不得不宣布关闭旗下两大基金“量子基金”和“配额基金”，同时索罗斯宣布将基金的部分资产转入新成立的“量子捐助基金”继续运作。他强调“量子捐助基金”将改变投资策略，主要从事低风险、低回报的套利交易。

本章小结

1. 资本市场是以股票、债券、证券投资基金等金融工具作为交易对象的、融资期限在一年以上的长期资金市场，人们通常所说的资本市场主要是指证券市场。目前，资产的证券化已成为全球金融业发展的一种趋势，证券市场在国民经济中的地位和作用越来越重要。

2. 证券市场按交易对象的不同，证券市场又可分为股票市场、债券市场、证券投资基金市场等。

3. 股票是股份公司发行的代表股东身份和权益的一种所有权凭证，它体现的是股东与股份公司之间的一种所有权关系。

4. 债券是一种约定在一定期限内偿还本金和利息的书面债务凭证，它体现的是债权人与债务人之间的一种债权债务关系。

5. 证券投资基金是一种以集合投资、专家理财为主要特点的大众化的信托投资工具，它体现的是一种投资者与基金管理者之间的一种委托与受托的关系。

课后练习

一、填空题

1. 股票的特性是__________、__________、__________、__________和__________。

2. 在日本发行的以日元为面值的外国债券被称为__________。

3. ETF 的申购使用一篮子股票换取 ETF 份额，赎回时换回的是__________。

4. 基金的申报价格最小变动单位是__________，债券的申报价格最小变动单位是__________。

5. 根据有关法律和基金契约的规定，对单一投资者持有基金的总份额还有一定的限制，不得超过本基金总份额的__________。

二、不定项选择题

1. 记名股票和不记名股票的区别在于（　　）。

A. 股东义务的差异　　B. 股东权利的差异

C. 记载方式的差异　　D. 股东属性的差异

E. 适用法律差异

2. 不属于证券投资基金与股票、债券区别的是（　　）。

A. 所筹集基金的投向不同　　B. 投资主体不同

C. 反映的经济关系不同　　D. 风险水平不同

E. 适用法律不同

3. 1984 年 11 月，（　　）在东京公开发行 200 亿日元债券标志着中国正式进入国际债券市场。

A. 中国建设银行　　B. 中国信托商业银行

C. 中国农业银行　　D. 中国银行

E. 交通银行

4. 证券投资基金的资金主要投向（　　）。

A. 有价证券　　B. 金银　　C. 邮票

D. 珠宝　　E. 石油

5. 对股票指数进行对冲交易时，买进一定比例的指数期货的买入期权，同时卖出一定比例的指数期货，为了使预期的现金流为零，往往还会（　　）一定比例的现金。在指数上升时，手持的期权（　　）和（　　）现金的（　　）可以弥补售出指数期货的损失；而在指数下降时，售出的指数期货的赢利大于期权的损失。

A. 借出　收入　出借　收入　　B. 借入　收入　出借　收入

C. 借出　支出　借入　支出　　D. 借入　支出　借入　支出

E. 以上都不对

6. 证券发行市场和交易市场上的主要投资者是（　　）。

A. 政府　B. 各类金融机构　C. 个人投资者

D. 企业　E. 银行

7. “证券市场是经济的晴雨表”是因为（　　）。

A. 证券市场走势滞后于经济周期　B. 证券市场走势比经济周期提前

C. 证券价格指数能事后反映　D. 证券价格指数与经济周期同步

E. 证券市场走势与经济周期完全同步

8. 有利于提高发行者知名度的发行方式是（　　）。

A. 私募发行　B. 间接发行　C. 发起设立

D. 公募发行　E. 直接发行

9. 下列描述属于资本市场特点的是（　　）。

A. 金融工具期限长　B. 为解决长期投资性资金的供求需要

C. 资金借贷量大　D. 流动性强

E. 交易工具具有一定的风险性和投机性

三、判断分析题

1. 优先股与普通股一样，没有确定的到期日。（　　）
2. 股票价格指数都是以发行量为权数进行编制的。（　　）
3. 证券市场上，基金风险最大，债券次之，股票的风险最小。（　　）
4. 企业转制功能不属于证券市场的基本功能。（　　）
5. 股份有限公司进行破产清算时，资产清偿的先后顺序是优先股股东、债权人、普通股股东。（　　）
6. 资本市场通过间接融资方式可以筹集巨额的长期资金。（　　）
7. 证券经纪人必须是交易所会员，而证券商则不一定。（　　）
8. 通常称为“买空卖空”的交易指的是期货交易。（　　）
9. 证券发行在证券交易所内进行。（　　）
10. 一般来说，股票的筹资成本要高于债券。（　　）

四、名词解释

股票　股票价格指数　金融债券　对冲基金　封闭式基金

五、简答题

1. 普通股和优先股的股东在权益上有什么不同？
2. 债券与股票相比有哪些特点？
3. 证券投资基金对于投资者来说有哪些优点？
4. 封闭式基金与开放式基金有哪些区别？
5. 简析开放式基金的认购和申购的差异。

六、思考题

企业利用股票筹资的利弊有哪些？除此之外，企业还可以通过哪些方式拓宽资金渠道？

第四篇

货币均衡调控篇

第十一章　货币需求与货币供给

【学习目标】

1. 理解货币流通规律
2. 掌握货币需求及影响因素、货币供给及形成机制
3. 熟悉货币供给的影响因素及货币需求理论的发展
4. 了解货币供给理论的发展

货币需求是受制于交易量、收入、财富、利率等众多经济因素的货币需求量。货币需求的理论则是对决定货币需求的多种因素进行研究的学说，它构成了现代货币政策选择的出发点。而货币供给则是由中央银行提供的基础货币经商业银行体系的运作后，数倍放大形成现实流通中的货币供给量。在货币供给形成的过程中，商业银行存款创造是核心环节。中央银行视货币政策操作的需要，可以通过对基础货币和商业银行货币行为的调节，进而实现对流通中货币供应量的调控。

第一节　货币需求

一、货币需求的含义

在商品经济社会，大多数人都是希望货币越多越好，因为它可以使你购买到很多你所需要的商品。但经济学上的货币需求并不是从这个角度上说的。在经济学上，"需求"这个词不是指在资产（或商品）免费供应的前提下，你需要多少，而是指一种资产相对于你所需要的其他资产的需求，即在资产数量既定的情况下，如果持有较多的货币，就只能持有较少的其他资产，这时你愿意持有多少货币？

当人们在选择不同的资产作为财富的保有方式时，必然会考虑各种资产的特性。由于各人对不同资产的偏好是不同的，所以人们保有财富的方式也是不同的，表现在持有各种资产的数量和比例结构是不同的，而且处在不断变化之中，因此，整个社会的货币需求在量上是不稳定的。一般来说，通货和活期存款是最基本意义上的货币，因此，凡是以通货和活期存款形式保有资产的行为，被称为对货币的需求。

我们先来看简单的货币需求量的计算方法。假设一个人把他所有的收入都以货币形式保存，只限于把货币用于预期的交易，并且只采用最机械、最规则的方法，在两次收入的间隔期内把这些货币都用完。如果他每月能得到 1000 元的收入，并均匀地把这些收入用于每一天的日常生活，到月末正好用完最后一分钱，那么他的平均货币需求量的计算方法是

平均货币需求量=（月初的货币收入+月末的货币量）÷2

=（1000+0）÷2=500（元）

这种计算方法虽然简单，但在实际生活中并不典型。首先，他没有考虑效用最大化原则，没有将月初时手中较多的货币用于投资增值，而是闲置在手中；其次，任何有理智的人，都不会将每月的收入都用完，而会积累一部分用于防病养老、防意外或购买大额消费品等，除非他的收入仅够每月的日常支出；最后，他没有考虑过生活中常常会发生一些意外的货币需求，会打乱正常的货币使用计划，如学期开始需要交付一笔学费，生病住院需要一笔预付保证金等，使每月的支出并不是那么有规律。因此，我们需要观察那些精心计划持有货币数量的人们是如何决定货币需求量的。

二、影响货币需求的因素

在商品货币经济条件下，决定和影响货币需求量的因素是多种多样的，概括起来主要有以下几方面。

（1）收入状况。收入状况是决定货币需求量的主要因素之一。一般地，货币需求量与收入量是成正比的，当收入增加时，对货币的需求量也会增加；收入减少时，对货币的需求量也会减少。同时，除了收入量外，取得收入的时间间隔也会影响对货币的需求，如果人们取得收入的时间间隔延长，对货币的需求量就会增大；相反，如果间隔时间缩短，则对货币的需求量就会减少。如在工资总额确定的情况下，每月发放一次工资所需的货币量，要比每月发放两次工资所需的货币量来得大。

（2）信用状况。信用发达程度与货币需求量成反比。在一个社会信用发达、信用制度健全的国家，人们需要货币的时候很容易取得现金或贷款，那么，整个社会所需的货币量可以较少一点；相反，在信用不发达、信用制度不健全，人们取得现金或贷款不容易或很麻烦的国家，人们手头就需要较多地留一些货币，这就增加了社会货币需求量。

（3）消费倾向。消费倾向是指人们收入中消费所占的比重。如果收入 1000 元，其中 700 元用于消费，消费倾向为 700/1000=0.7。在一般情况下，消费倾向与货币需求量成正比，社会消费倾向越大，货币需求量就越大，反之则越小。

（4）货币流通速度。货币需求量与货币流通速度成反比。当其他条件不变时，货币流通速度越快，货币需求量就越少；货币流通速度越慢，货币需求量就越多。

（5）社会商品可供量。一般来说，货币需求量与社会商品可供量成正比。商品可供量增加，货币需求量也增加；商品可供量减少，货币需求量也减少。

（6）市场物价水平。货币需求量与市场物价成正比。市场物价水平越高，所需的货币量就越多；市场物价水平越低，所需的货币量就越少。

（7）市场利率水平。货币需求量与市场利率水平成反比。市场利率上升，人们就会选择储蓄或投资有价证券，减少现金的持有量，减少货币需求量；市场利率下降，人们会减少储蓄和投资，而增加货币的持有量。

（8）心理预期和偏好。预期是一种主观意识，这种意识因人而异，而且会受到各种因素的影响。预期包括对市场利率变动的预期、对物价的预期和对投资利润率的预期。人们对市场利率上升的预期，会增加货币需求，因为利率上升，一方面意味着有价证券价格会下跌，有价证券投资收益将减少；另一方面为了能在未来低价买进有价证券，现在就必须保持较多的货币。预期物价将上涨，就会减少对货币的需求；预期投资利润率将上升，也会减少对货币的需求。人们的偏好也是因人而异的，有的人偏好货币，就会增加对货币的需求，有的人偏好其他金融资产，就会减少对货币的需求。

三、货币流通规律

货币流通规律就是一定时期流通中货币必要量的规律。由于货币流通是由商品流通决定的，因此货币流通规律是研究商品流通与货币流通关系的规律。

1. *决定货币必要量的因素*

决定货币必要量的因素包括商品数量、商品价格和货币流通速度。

商品数量对货币必要量的影响是：需要进行交换的商品数量越大，所需要的货币数量就越大；反之则越小。因此，商品数量与货币必要量成正比例的变化。

商品价格对货币必要量的影响是：需要进行交换的商品价格越高，所需要的货币数量就越大；反之则越小。因此，商品价格与货币必要量成正比例的变化。商品价格乘商品数量就等于商品价格总额。商品价格总额是计算货币必要量的基础。

货币流通速度对货币必要量的影响是：货币流通速度越快，所需要的货币数量就越小；反之则越大。因此，货币流通速度与货币必要量成反比例的变化，这是因为货币流通与商品流通的情况是不同的。商品流通是商品从生产领域进入流通领域，经过流通领域后就进入消费领域，新的商品不断加入流通，又不断退出流通。而货币流通则不同，货币经过一次流通后并不退出流通领域，而是可以继续留在流通领域，不断地为下一次商品交换服务。由于一定时期内需要交换的商品，并不都是同时进行交换的，而是在时间上相继发生的。因此，在一定时期内，一元货币可以反复充当商品交换的媒介。这样，流通中所需要的货币量就可以大大小于商品价格总额。一定时期内货币在实现商品交换中的流通次数，就称为货币流通速度。在有众多的货币进行流通的情况下，每一元货币的流通速度是不同的，在计算货币必要量时，应以平均的货币流通速度为依据。

2. *货币流通规律的公式*

根据对决定货币必要量的分析，一定时期内流通中所必要的货币量可以用公式表示为

$$\text{一定时期流通中的货币必要量}=\frac{\text{商品价格总量（或商品总量）}\times\text{商品价格水平}}{\text{同单位货币的平均流通速度（次数）}}$$

公式表明，一定时期流通中的货币必要量是由商品数量的多少、价格的高低以及货币流通的快慢三个因素共同决定的。在现实生活中这三个因素是不断变化的，因此，我们在计算一定时期流通中的货币必要量时，必须对三个因素的变动情况进行周密的调查和进行综合分析，才能得出正确的结论来。所以这个公式看似简单，实则具体运用不易，需要解决许多计算中的具体问题。

货币流通分为现金流通和非现金流通（银行转账结算）两种形式。这两种形式在本质上是相同的，都在商品交换中发挥着货币的职能，构成统一的货币流通。同时，两种形式的货币流通可以相互转化，如以现金存入银行，就由现金转化成了非现金；向银行提取现金，就由非现金转化成了现金。因此，货币流通规律不仅适用于现金，同时也适用于非现金（银行存款）。无论是现金还是非现金，其中任何一种出了问题，都会影响到货币流通的稳定。

货币流通不仅是货币发挥流通手段职能，而且还包括货币发挥支付手段职能。货币的支付手段职能是和商品的赊销相联系的，是以价值的独立形式进行单方面转移的，它和商品运动在时间上分离，基于以上的理解，货币流通在加进支付手段因素后，货币必要量的公式为

$$\text{一定时期流通中的货币必要量}=\frac{\text{商品价格总额}-\text{赊销商品价格总额}+\text{到期支付总额}-\text{相互抵消的支付总额}}{\text{商品价格总额（即商品总量}\times\text{商品价格水平）}}$$

货币流通规律公式计算的都是货币流通必要量，是客观性质的量，不取决于人们的主观意志。一个国家的政府可以决定把多少货币投入流通，但不能改变货币的客观需要量。因此，它和货币流通量是两个不同的概念，不能混淆。货币流通量是指市场上实际存在的货币数量，包括各单位的库存现金和居民手持现金。在纸币流通制度下，纸币不能自发调节货币流通量，依靠人为的措施而增加或减少货币流通量。在现实生活中，货币流通量是执行国家经济政策、国民经济计划和货币发行指令的结果，它的数量是否过多或过少，必须以货币需要量作为检验的客观标准。因此，如何组织和调节货币流通量并使之与货币需要量相一致，以保证货币流通的正常稳定，为经济运行和发展创造一个良好的环境，就成为对宏观经济进行调控的重要方面，也是我们研究货币流通规律的目的所在。

3. 纸币流通规律

纸币是由国家发行并强制进行流通的。纸币本身没有内在价值，是用来代表金属货币发挥流通手段和支付手段职能的，因而是货币符号。纸币的价值只有在流通中才能体现出来。因此，纸币一旦被发行出来，无论发行多少，过多的纸币不会自动退出流通而形成贮藏。

既然纸币是金属货币的代表，是价值符号或货币符号，它既不能和金银兑现，又不能自动发挥贮藏手段职能，不能自发地和流通中所必要的货币量相适应，因此，无论纸币发行数额多大，都只能代表流通中所必要的金属货币的价值和金属货币量。由于纸币所代表的金属货币的价值等于流通中所必要的金属货币的价值，单位纸币所代表的金属货币的价值（或量）的公式则为

$$\text{单位纸币所代表的金属货币的价值（或量）}=\frac{\text{流通中所必要的金属货币的价值（或量）}}{\text{流通中的纸币总量}}$$

由此可见，纸币流通规律实际上是金属货币流通规律的特殊表现形式。该公式表明，纸币虽然可以按照人们的主观意志发行，但它所代表的金属货币价值（或量）完全受客观规律所制约。当制约着流通中的货币必要量的宏观经济条件不变时，过多的纸币发行必然引起单位纸币实际代表的金属货币的价值（或量）低于其名义所代表的价值（或量），这就是纸币贬值。当流通中的货币必要量不变时，纸币发行越多，单位纸币贬值的程度就越大。纸币贬值的结果反映在物价上就是物价上涨。

第二节　货币供给

货币供给是指一国经济中货币投入、创造和扩张（收缩）的全过程，它是一个动态概念。

货币供给量是指在某一个时点上，一国经济中用于各种交易的货币总量，包括现金、存款、商业票据、可流通转让的金融债券、政府债券等。也可以理解为，凡是中央银行和金融机构以外各经济部门、企业和个人都可用于交易的货币，都是货币供应量的组成部分。

一、货币供给的形成机制

货币供给机制是指在经济运行中，货币从哪里来，通过什么途径进入流通，形成连续不断的货币运动的功能。在现代货币制度下，一国的货币供给机制是由两个层次构成的：第一个层次是中央银行提供的基础货币和对货币供给的宏观调控；第二个层次是商业银行存款货币创造。

（一）中央银行与基础货币

1. 基础货币"质"的规定性

基础货币也称"高能货币""强力货币"或"货币基数"。把基础货币通俗地定义为金融体系能够以其为基础创造出更多货币的货币。

从"质"的角度看，基础货币具有以下显著特点：①它是中央银行的负债；②持有者能够自主运用，是所有货币中最活跃的部分，具有很强的流动性；③它能够产生出倍数于它本身量的货币，具有多倍的伸缩功能，即派生性；④它的变化对于货币供给变化起着主要决定作用，具有较高的相关度；⑤中央银行能够控制它，并且通过对它的控制来控制整个货币供给量，即可控性。

2. 基础货币"量"的规定性

基础货币一般包括现金和商业银行的准备金两部分。现金的计算口径略有差别，有的是指整个商业银行体系以外社会公众持有的现金，有的则指中央银行体系以外社会公众与商业银行持有的现金。商业银行的准备金，有的学者认为仅指商业银行上缴的法定存款准备金，而有的学者认为不仅包括法定存款准备金而且包括超额准备金。根据学者们的不同意见，我们可以将基础货币的计算口径由窄到宽作如下排列。

基础货币=银行准备金

基础货币=社会公众手持的现金+商业银行的法定存款准备金

基础货币=社会公众手持的现金+商业银行的库存的现金+商业银行的法定存款准备金

基础货币=社会公众手持的现金+商业银行的库存的现金+商业银行的法定存款准备金+超额准备金

通过上述对基础货币质和量的分析，我们可以得出，基础货币的完整定义应该是指创造存款的商业银行和金融机构在中央银行的存款准备金与流通与银行体系之外的通过这两者的综合。前者包括商业银行在中央银行的法定存款准备金以及超额存款准备金，用 R 表示，C 表示流通于银行体系之外的现金通货。基础货币"量"的组成通常用公式表示为

$$B=R+C \qquad (11.1)$$

3. 基础货币的投放渠道

基础货币的投放渠道主要有以下三种。

（1）再贴现及再贷款。中央银行对商业银行的资产业务是中央银行进行基础货币投放的最主要渠道，其主要形式是再贴现和再贷款。无论哪种业务都相应增加了其负债——商业银行在中央银行的准备金存款，从而使基础货币等额增加。若中央银行收回贷款或较少对商业银行的票据再贴现，则会导致其基础货币相应减少。

（2）购买政府债券及对财政贷款。无论中央银行直接对财政贷款或直接买入国债，抑或是通过公开市场业务使持有的国债资产增加，都使中央银行扩大了对财政的资产业务，并同时使财政金库存款相应增加。财政金库存款支用时，在中央银行的财政金库存款减少，商业银行的准备金存款相应增加。也就是说中央银行对财政的资产业务成为商业银行存款准备金增加的来源，从而增加了基础货币的投放。

（3）购买外汇或黄金。中央银行通过收购外汇、黄金，增加外汇储备，形成中央银行的资产。如果是向居民、企业直接收购，则要么是通货投放增加，要么是居民或企业在商业银行的存款增加，从而使商业银行在中央银行的存款准备金增多；如果直接向商业银行收购外汇、黄金，则会直接引起商业银行的准备金存款增加。以上各种情况都意味着基础货币的增加。相反，如果中央银行出售外汇、黄金，则会引起基础货币的相应减少。

（二）商业银行与派生存款

商业银行是具体经营货币信用的金融机构，从其存贷业务角度看，要通过吸收存款，获取资金来源，才能发放信贷资金，保持负债与资产的平衡关系。虽然商业银行没有货币发行权，不具备信用创造的功能，却具备在中央银行再贷款发出货币的基础上创造派生存款，扩张信用，增加货币供应量的能力。商业银行的存款分为原始存款和派生存款。商业银行吸收原始存款，形成负债，再运用这部分资金发放贷款，由贷款派生出的存款，又可被银行贷出，再派生出另一笔存款。这样一存一贷反复进行，派生出大量存款，随之增加大量贷款，扩张了信用的规模，进而增加了流通中的货币供应量，最终完成商业银行的信用扩张。派生存款的过程详见前述第五章第三节。

（三）货币乘数

1. 货币乘数的定义

货币乘数是指货币供给量相对基础货币的倍数。货币供给的基本模式可以表示为

$$M_s=mB \tag{11.2}$$

式中，M_s 为货币供给量，m 为货币乘数，B 为基础货币。基础货币和货币供给的关系如图 11.1 所示。

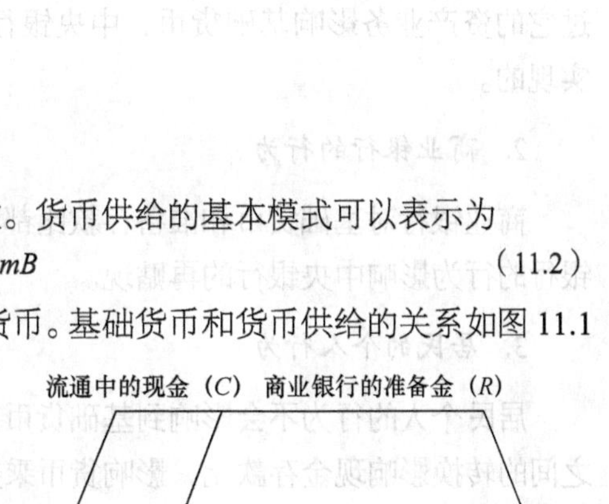

图 11.1 基础货币与货币供给的关系

货币供给和基础货币之间的倍数关系主要是由于银行准备金 R 的多倍存款创造作用。但货币乘数是小于存款派生倍数的。因为基础货币由通货和准备金两部分构成，虽然存在着存款的多倍扩张，但通货不存在类似的扩张。这样，如果基础货币增量中的一部分为通货，则这部分就不会产生多倍扩张效应。

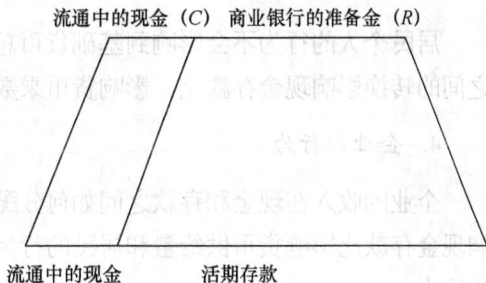

2. 货币乘数的推导

若以包括通货和活期存款的货币存量 M 为对象；c 表示通货比率，即流通中的现金（C）与活期存款（D）的比率；r_d 表示活期存款的法定准备金比率；r_t 表示定期存款的法定准备金比率；t 表示定期存款（T）对活期存款的法定准备金比率；e 表示商业银行的超额准备金比率，则将上述货币供给的基本模式加以变形即可得

$$m=\frac{M_s}{B} \tag{11.3}$$

这里的 M_s 用 M_1 代替，由于：

$$M_1=D+C \tag{11.4}$$

$$B=R+C \tag{11.5}$$

式中，R 指商业银行的准备金，既包括商业银行的法定准备金又包括超额准备金（E），既包括商业银行的库存现金又包括商业银行在中央银行的准备金存款。即

$$R=r_dD+r_tT+E \tag{11.6}$$

将式（11.4）、式（11.5）和式（11.6）代入式（11.3），并将分子、分母都除以 D 得到式（11.7）。

$$m=\frac{M}{B}=\frac{D+C}{R+C}=\frac{1+c}{r_d+r_t t+e+c} \tag{11.7}$$

二、货币供给的决定因素

货币供给受中央银行、商业银行、个人企业和行为多种因素的影响。

1. 中央银行的行为

中央银行是通过变动基础货币和影响货币乘数对货币供给量进行调控的，中央银行通过它的资产业务影响基础货币，中央银行对货币乘数的影响是通过调整法定存款准备率来实现的。

2. 商业银行的行为

商业银行对基础货币和准备存款比都有影响。一是商业银行变动超额准备率，二是商业银行的行为影响中央银行的再贴现。

3. 居民的个人行为

居民个人的行为不会影响到基础货币总量的变化，但却可以通过收入在手持现金和存款之间的转换影响现金存款比，影响货币乘数。

4. 企业的行为

企业的收入在现金和存款之间如何分配也会受到上述几个因素的影响，所有企业通过影响现金存款比影响货币供给量和居民的行为相同。但企业影响货币供给的更重要的行为是贷款行为。

三、货币供给量的统计

（一）货币层次划分的依据

货币供给量，按照不同的标准可划分为若干不同的层次。各国中央银行在对货币划分层次时，都以流动性作为划分的依据和标准。所谓流动性，是指金融资产能够及时转变为现实购买力，而使持有人不蒙受损失的能力。流动性越强的金融资产，现实购买力也越强。例如现金就是流动性最强的金融资产，具有直接的现实购买力；定期存款则需要经过提现或者转成活期支票存款才有现实购买力，故流动性较弱。流动性程度不同的金融资产在流通中周转的便利程度不同，形成的购买力强弱不同，从而对商品流通和其他各种经济活动的影响程度也就不同。因此，按流动性的强弱对不同形式、不同特性的货币划分不同的层次，是科学计量货币数量、客观分析货币流通状况、正确制定实施货币政策、及时有效地进行宏观调控的必要措施。

（二）国际货币基金组织的货币层次划分

按国际货币基金组织的口径，一般情况下，可以将货币层次作以下划分。

1. 现钞

现钞（M0）不包括商业银行的库存现金，而是指流通于银行体系以外的现钞，即居民手中的现钞和企业单位的备用金。由于这部分货币可随时作为流通手段和支付手段，因而具有最强的购买力。

2. 狭义货币

由现钞（M0）加上商业银行活期存款构成。由于活期存款随时可以签发支票而成为直接的支付手段，所以它是同现金一样最具有流动性的货币。各种统计口径中的“货币”，通常是指狭义货币（M1）。M1 作为现实的购买力，对社会经济生活有着最广泛而直接的影响，因此，许多国家都把控制货币供应量的主要措施放在这一层，使之成为政策调控的主要对象。

3. 广义货币

广义货币（M2）由 M1 加准货币构成。所谓准货币，一般是指由银行的定期存款、储蓄存款、外币存款以及各种短期信用工具，如银行承兑汇票、短期国库券等构成。准货币本身虽非真正的货币，但由于它们在经过一定的手续后，能比较容易地转化为现实的货币，加大流通中的货币供应量，故又称之为亚货币或近似货币。显而易见，广义货币相对于狭义货币来说，范围扩大了，它包括了一切可能成为现实购买力的货币形式。M2 层次的确立，对研究货币流通整体状况具有重要意义。特别是对金融制度发达国家货币供应的计量以及对货币流通未来趋势的预测均有独特的作用。近年来，许多经济和金融发达国家，就出现了把货币供应量调控的重点从 M1 向 M2 转移的趋势。

（三）我国货币层次的划分

我国从 1994 年开始划分货币层次，并按照货币层次进行货币量统计，目前我国货币划分为三个层次，具体内容如下：

M0=流通中现金

M1=M0+可开支票的活期存款

M2=M1+企业单位定期存款+城乡居民储蓄存款+证券公司的客户保证金存款+其他存款

第三节　有关货币供求的理论

一、货币需求理论的发展

（一）马克思的货币需求理论

根据马克思的货币需要量的论述，流通中的货币量为实现货币流通中待售商品的价格总额所需的货币量。在商品流通中，货币是交易的媒介，因此待售商品的价格总额决定了所需要的货币数量。但单位货币可以多次充当商品交易媒介，因而由商品价格总额决定的货币量应当是货币流量而非存量。因此货币需要量的公式可以表示为

流通中需要的货币需要量=商品价格总额/单位货币的流通速度

$$M=P\cdot Q/V$$

式中，M 表示货币需要量；Q 表示待售商品的数量；P 表示商品的平均价格；V 表示货币流通速度。

马克思的货币需要量公式具有重要的理论意义，它反映了商品流通决定货币流通这个基本原理。货币是适应商品交换的需求而产生的，因商品交换进入流通，并因交换的需求改变数量。这种分析对我们了解日渐发达的货币信用关系及商品流通与货币流通的内在联系均具有重要的指导意义。

货币需要量理论强调待交换的商品价值决定其价格，货币数量不影响价格水平。这个结论适用于金属货币流通时期。由于金本位制度下铸币可以自由地进入或退出流通，因此，流通中的金属货币量可以在价值规律的作用下，自发地调节商品流通中的货币量。当流通中的货币量大于需要量时，就会有相应数量的货币退出流通；当流通中的货币量小于需要量时，又有相应数量的货币进入流通。因此，商品价格不会由于货币量的短缺或过剩而出现大幅度的波动。但是，当金属货币的流通被纸币流通及不兑现信用货币流通取代时，就必须考虑货币供应对货币需求的反作用。

（二）古典学派的货币需求理论

1. 费雪方程式

美国经济学家欧文·费雪（Irving Fisher）在 1911 年出版的代表作《货币的购买力》一书中提出了交易方程式（equation of exchange）

$$MV=PT$$

式中，M 表示一定时期内流通中货币的平均数量；V 表示货币流通速度；P 表示各类商品价格的加权平均数；T 表示各类商品的交易数量。

在这个方程中，M 是可以由模型之外因素决定的外生变量；V 是由制度因素决定的，在短期内不变，可以视为常数；T 是由生产决定，可视为大体稳定。因此只有 P 和 M 的关系最

为密切。或者说货币数量的变化会主要影响价格的变化。

因此，费雪交易方程式又可表示为

$$M=PT/V$$

从形式上而言，费雪交易方程式与马克思的货币需要量公式没有太大的区别，但是二者的含义却迥然不同。前者强调货币数量变化对商品价格的影响，后者强调商品生产过程对商品价格的决定作用。

2. 剑桥方程式

费雪方程式没有考虑微观经济主体动机对货币需求的影响，这是一个很大的缺陷。以马歇尔和庇古等为代表的剑桥学派对货币需求的研究更注重微观经济主体的行为。

剑桥学派认为，经济社会中个人对货币需求，实质上是选择以怎样的方式保持自己的资产。因此个人的财富水平、利率变动以及持有的货币可能拥有的便利等很多因素均会对个人的持币需求产生影响。

剑桥方程式可以表示为

$$M_d=kPY$$

式中，Y 表示总收入，P 表示价格水平，k 表示以货币形式保有的财富占名义总收入的比例。

3. 费雪方程式与剑桥方程式的比较

如果令 $k=1/V$，剑桥方程式与费雪方程式的形式基本一致，但是实际上这两种理论却有着很大的区别：

（1）费雪方程式强调货币的交易手段功能，而剑桥方程式则强调货币作为资产的功能。

（2）费雪方程式侧重货币总流量与总产出和价格水平的关系，而剑桥方程式则侧重货币存量占收入的比例。

（3）费雪方程式从宏观的角度分析货币需求，完全不考虑利率的因素对微观经济主体持币动机的影响；而剑桥方程式则从微观角度分析货币需求，尽管利率因素并没有在方程式中明确表述出来，但已隐含在对 k 的分析中。

（三）凯恩斯学派的货币需求理论

凯恩斯早期是剑桥学派的重要人物。在1936年出版的《就业、利息和货币通论》一书中，凯恩斯提出了他的货币需求理论。凯恩斯的货币需求理论强调人们普遍偏好流动性的心理是产生货币需求的根本原因，因此他的理论被称为流动性偏好理论。

所谓流动性偏好是指人们宁愿持有流动性高但不能产生利息的现金和活期存款，而不愿意持有股票和债券等虽然能产生利息但不易变现的资产。凯恩斯认为，人们之所以需要持有货币是因为存在着流动性偏好这种普遍的心理倾向，而人们偏好货币的流动性是出于三种动机：交易动机、预防动机和投资动机。

1. 交易动机

凯恩斯认为，交易媒介是货币最基本的职能，因此人们为了应付日常的商品交易而必然需要持有一定数量的货币，由此产生了持币的交易动机。基于交易动机而产生的货币需求，凯恩斯称为交易需求。

2. 预防动机

凯恩斯认为，生活中经常会出现一些预料之外的、不确定的支出或购物机会，人们无法准确预测自己未来一定时期内所需要的货币数量，因此，人们需要保持一定量的货币在手以备不时之需。人们为了应付不测之需而持有货币的这种动机即为预防动机。这类货币需求可称为货币的预防需求。

凯恩斯认为，预防动机引起的需求仍然主要作为交易的准备金，最终也要用于交易，所以从实质上来看，预防动机与交易动机可以归入同一交易性货币需求的范畴。由于这两种动机的货币需求与收入水平存在着稳定的关系，因此货币的交易需求可以表示为收入的函数：

$$M_1=L_1(Y)$$

式中，M_1 表示满足交易动机和预防动机所需要的货币量；Y 表示收入水平。

3. 投资动机

投机动机是凯恩斯货币需求理论中最具特色的部分。凯恩斯认为，人们持有货币除了满足交易需求和应付意外支出外，还有一个重要动机，即储存价值或财富。凯恩斯把用于储存财富的资产分为货币和债券两类。人们持有货币财产的收益为零。持有债券资产，则有两种可能：如果利率上升，债券价格就要下跌；如果利率下降，债券价格就要上升。如果后一种情况发生，持有者会获得收益；而前一种情况发生时，假如债券价格下跌幅度很大，使人们在债券价格方面的损失超出了他们从债券获得的利息收入，则收入为负。如果持有债券的收益为负，此时持有货币就会优于持有债券，人们就会增大对货币的需求；反之，人们就会减少货币需求。显然，人们对现存利率水平的估价就称为人们在货币和债券两种资产间进行选择的关键。如果人们确信现行利率水平高于正常值，一般会预期利率水平将下降，从而债券价格将会上升，人们就会多持有债券；反之，则会多持有货币。根据上述分析，货币的资产需求可以表示为利率的函数

$$M_2=L_2(i)$$

式中，M_2 表示投机性货币需求量；i 表示利率。

由于投机性货币需求与人们对未来的预期紧密相关，受心理预期等主观因素的影响较大，而心理的无理性则使得投机性货币需求经常变化莫测，甚至会走向极端，流动性陷阱就是这种极端现象的表现。所谓流动性陷阱是指这样一种现象：当一定时期的利率水平降低到不能再低时，人们就会产生利率上升而债券价格下跌的预期，货币需求弹性变得无限大，即无论增加多少货币供给，都会被人们以货币的形式储存起来。

由于货币总需求等于交易性货币需求、预防需求和投资需求之和，所以货币总需求的函数可以表示为

$$M=M_1+M_2=L_1(Y)+L_2(i)=L(Y, i)$$

凯恩斯学派形成以后，许多学者认为凯恩斯的货币需求理论存在缺陷，需要进一步修正和补充，这种修正主要表现在两个方面：第一，交易性货币需求和预防性货币需求同样也是利率的函数；第二，人们多样化的资产选择对投机性货币需求的影响。凯恩斯的货币需求理论有了较大的发展。综合这两个方面，他们修正的货币需求模型为

$$M=KY^{1/2}r^{-1/2}$$

这个模型被称为“平方根法则”，其基本含义是：交易性货币需求是收入的函数，随着

用于交易的收入数量的增加，货币需求量也随之增加。但是Y的指数是1/2又说明其增加的幅度较小，这种“低于比例增长的原则”说明了以货币形式持有的交易余额具有“规模报酬收益”，同时又说明货币需求是利率r的函数。而r的指数为-1/2说明，交易性货币需求与利率变动呈现反方向变化，其变动速度比利率变动速度要小。

（四）弗里德曼的货币需求理论

1956年，弗里德曼发表了《货币数量论的重新表述》一文，奠定了现代货币数量说的基础。弗里德曼基本上继承了传统货币数量论的观点，即非常看重货币数量与物价水平之间的因果关系。同时接受了剑桥学派和凯恩斯学派以微观经济主体行为作为分析起点和把货币看作是受到利率影响的一种资产的观点。

弗里德曼的货币需求函数表示为

$$M_d/P=f(y,\ w,\ r_m,\ r_b,\ r_e,\ l/p\cdot \mathrm{d}p/\mathrm{d}t,\ u)$$

式中，M_d/P为实际货币需求；y为实际恒久性收入；w为非人力财富占个人总财富的比率；r_m为货币预期收益率；r_b为固定收益的债券收益率；r_e为非固定收益的证券收益率；$1/p\cdot \mathrm{d}p/\mathrm{d}t$为预期物价变动率；$u$为反映主观偏好、风尚及客观技术与制度等因素的综合变量。

恒久性收入，是弗里德曼分析货币需求时提出的一个概念，可以理解为预期的长期平均收入，或预期未来收入的折现值。它与货币需求呈正相关关系，且比较稳定，从长期而言可视为常数。

弗里德曼把财富分为人力财富和非人力财富两类。他认为，对大多数财富持有者来说，它的主要资源是其人力财富。在个人总财富中，人力财富所占比重越大，货币需求就越多；而非人力财富所占比例越大，货币需求则相对较少。所以，非人力财富占个人总财富的比例与货币需求呈负相关关系。

r_m，r_b，r_e和$1/p\cdot \mathrm{d}p/\mathrm{d}t$，在弗里德曼货币需求函数中统称为机会成本变量，即能够从这几个变量的相互关系中，衡量持有货币的潜在收益或潜在损失。

预期的物价变动率，同时也是保存实物的名义报酬率。若其他条件不变，物价变动率越高，货币需求量就越小。因为在物价变动率上升的条件下，人们会放弃货币购买商品，从而减少对货币的需求量。

u是代表多种因素的综合变数，而且各因素对货币需求的影响方向并不一定相同，因此，他们可能从不同的方向对货币需求产生不同的影响。

二、货币供给理论的发展

（一）萌芽期

货币供给理论的萌芽期最早可以追溯到20世纪20年代。菲利普斯1921年出版的《银行信用》一书中最先使用原始存款和派生存款这一对概念。他认为，原始存款是现金通货或其他银行的支票和汇票等容易兑换现金的等价物存入银行而形成的存款；而派生存款则是接受银行放款和票据贴现的顾客，将其资金转入自己的存折上，或是转入新成立的银行的存款。他注意到了原始存款和派生存款的区别，也就把握了货币供给理论的核心所在。

（二）成长期

货币供给理论在 20 世纪 60 年代有了长足的发展，弗里德曼、施瓦兹、卡甘、乔顿、布伦纳、梅尔泽、泰坚和史密斯等人在货币供给理论方面都有很深的造诣。

早期影响最大的是米德和丁百根两人，他们的主要贡献在于对整个银行制度与货币供给量做了系统的研究，他们将实证研究方法引进货币供给理论。米德在《货币数量与银行制度》一文中阐述了在各种银行制度下货币数量如何决定的问题。他将银行制度划分为三种不同类型：一是中央银行发行纸币，金币不流通；二是中央银行的纸币发行及存款负债的黄金准备比率相等；三是中央银行的纸币发行量等于黄金存量加上信用发行量，并且使其对会员银行的存款负债维持一定的比例。

丁百根通过研究得出决定货币供给量的主要因素是：中央银行的存款准备率、黄金存量及政府债券持有量，商业银行对中央银行的净负债及库存现金，一般公众愿意持有的通货量。

弗里德曼和施瓦兹在《1867—1960 年的美国货币史》一书中关于货币决定因素的分析中得出决定货币供给的因素主要有三个：基础货币、商业银行存款与其准备金之比、商业银行存款与非银行公众所持有通货之比。这三个决定因素涉及公众、银行和货币当局三个经济主体，即这三个经济主体的行为决定了货币存量。首先，在信用制度下，基础货币量取决于政府行为；其次，银行存款准备金的比率取决于银行体系；最后，存款与通货比率既取决于公众行为，同时还受银行存款服务水平和利率的影响。

同时，卡甘也系统地研究了美国 1875—1960 年货币存量变动的决定因素，得出了以下结论：长期的和周期性的货币存量变动取决于基础货币、通货比率和准备金比率三个因素。基础货币的增长是货币存量长期增长的主要原因，而货币存量的周期性波动则主要取决于通货比率的变动。在金本位下高能货币的增长，主要源于黄金储备的增长，而现在则同时取决于黄金储备的增长和联邦储备体系的操作。通货比率长期下降的趋势主要归因于收入和财富的增长与城市化。至于准备金比率的变动，则主要归因于法定准备率的变化。

除此之外，乔顿、布伦纳、梅尔泽、史密斯等其他学者均提出了各自的货币供给理论，相互之间虽有不同，但有一点却是一致的，即货币供给量由基础货币和货币乘数两个因素共同作用而成。由此形成了大家普遍接受的货币供给模型

$$M_s=mB$$

式中，M_s 为货币供给量；m 为货币乘数；B 为基础货币。

本章小结

1. 凡是以通货和活期存款形式保有资产的行为，被称为对货币的需求。决定和影响货币需求量的因素包括：收入状况、信用状况、消费倾向、货币流通速度、社会商品可供量、市场物价水平、市场利率水平、心理预期和偏好。

2. 货币流通规律就是一定时期流通中货币必要量的规律。由于货币流通是由商品流通决定的，因此货币流通规律是研究商品流通与货币流通关系的规律。决定货币必要量的因素包括商品数量、商品价格和货币流通速度。

3. 货币供给是指一国经济中货币投入、创造和扩张（收缩）的全过程，它是一个动态概念。货币

供给量是指在某一个时点上，一国经济中用于各种交易的货币总量，包括现金、存款、商业票据、可流通转让的金融债券、政府债券等。货币供给机制主要由中央银行创造信用机制和商业银行扩张信用机制共同发挥作用完成的。货币供给主要由中央银行、商业银行和非银行公众三者共同决定的。

4. 货币供给量按照不同的标准可划分为若干不同的层次。目前我国货币划分为三个层次：M0：流通中现金；M1：M0+可开支票的活期存款；M2：M1+企业单位定期存款+城乡居民储蓄存款+证券公司的客户保证金存款+其他存款。

5. 货币需求理论主要有：马克思的货币需求理论、古典学派的货币需求理论（费雪方程式和剑桥方程式）、凯恩斯学派的货币需求理论、弗里德曼的货币需求理论。

课后练习

一、填空题

1. 基础货币由____________和____________两者构成。

2. 费雪方程式强调的是货币的____________功能，而剑桥方程式则重视货币作为一种____________的功能。

3. 凯恩斯对货币需求理论的突出贡献是关于货币____________的分析。

4. 各国划分货币供给口径都是依____________大小作为基本依据。

5. 弗里德曼的货币需求函数中，Y代表____________收入。

6. 凯恩斯分析货币需求时，把用于储存财富的资产分为两类，即____________和____________。

7. 货币数量论最重要的特点是认为____________取决于货币数量。

8. 凯恩斯认为，投机性货币需求与____________负相关。

9. 各国中央银行都以____________作为划分货币供给层次的标准。

10. 在发达的市场经济条件下，货币供给的控制机制由两个环节构成：____________和____________。

二、不定项选择题

1. 商业银行创造派生存款能力的大小取决于（　　）。

A. 法定存款准备金率　B. 超额准备金率　C. 现金漏损率

D. 存款利率　E. 贷款利率

2. 凯恩斯认为，人们的货币需求行为是由以下动机决定的（　　）。

A. 交易动机　B. 预防动机　C. 投机动机

D. 收益动机　E. 减灾动机

3. 凯恩斯的货币需求分析中，交易性货币需求同收入存在着（　　）相关的关系。

A. 正　B. 负　C. 不

D. 以上都对　E. 以上都不对

4. 弗里德曼的货币需求函数中，属机会成本变量的因素有（　　）。

A. r_m　B. r_b　C. r_e

D. $1/p \cdot dp/dt$　E. 以上都不对

5. 从微观角度对货币需求进行分析的是（　　）。

A. 费雪方程式　　B. 凯恩斯的货币需求理论

C. 弗里德曼的货币需求函数　　D. 剑桥方程式

E. 马克思的货币需求理论

6. 剑桥方程式重视的是货币的（　　）。

A. 交易功能　　B. 资产功能　　C. 避险功能

D. 价格发现功能　　E. 不确定

7. 马克思认为在一定时期内执行流通手段的货币必要量主要取决于商品价格总额和货币流通速度两类因素，它的变化规律体现在（　　）。

A. 与商品价格总额成正比　　B. 与商品价格总额成反比

C. 与货币流通速度成正比　　D. 与货币流通速度成反比

E. 与货币流通速度和商品价格总额同比例

8. 影响我国货币需求的因素主要有（　　）。

A. 价格　　B. 收入　　C. 利率

D. 货币流通速度　　E. 金融资产收益率

9. 根据"平方根法则"，交易性货币需求（　　）。

A. 与利率反方向变化　　B. 与利率同方向变化

C. 与收入同方向变化　　D. 与收入反方向变化

E. 与手续费同方向变化

10. 提现率与存款扩张倍数的变化是（　　）。

A. 同方向　　B. 反方向　　C. 不相关

D. 同比例　　E. 以上都不对

11. 以货币供应量为分子、以基础货币为分母的比值是（　　）。

A. 投资乘数　　B. 货币乘数　　C. 政府支出乘数

D. 贷款扩张倍数　　E. 存款扩张倍数

12. 下列（　　）属于基础货币的投放渠道。

A. 央行购买办公大楼　　B. 央行购买黄金、外汇

C. 央行购买政府债券　　D. 央行购买金融债券

E. 央行向商业银行提供再贷款和再贴现

三、判断分析题

1. 如果商业银行减少了超额准备的保有数量，货币乘数会变小，货币供应量也相应减少。（　　）

2. 费雪方程式与剑桥方程式是两个意义大体相同的模型，没有什么差异。（　　）

3. 弗里德曼的货币需求函数中 W，是人力财富占个人总财富的比率，与货币需求是正相关关系。（　　）

4. 通货存款比率与货币供给量是负相关关系。（　　）

5. 当货币当局提高法定准备率时，商业银行的放款能力降低，货币乘数变小，货币供应就会相应收缩。（　　）

6. 一定时期，货币流通速度与货币总需求是正向变动的关系。（　　）

四、名词解释

货币需求　　货币供给　　基础货币　　货币乘数　　流动性陷阱

五、简答题

1. 什么是货币需求？影响货币需求的因素有哪些？
2. 货币供给机制是如何形成的？
3. 影响货币供给的因素有哪些？
4. 简述我国货币供给的统计口径。
5. 比较费雪方程式和剑桥方程式的区别。
6. 简述凯恩斯货币需求理论。
7. 简述弗里德曼的货币需求理论。
8. 比较凯恩斯的货币需求理论与弗里德曼的货币需求理论的差异。

六、计算题

我国2000年的M2为137 543.6亿元，名义GDP为89 404亿元，根据费雪方程式计算货币流通速度。

第十二章　货币均衡与失衡

【学习目标】

1. 理解货币均衡与社会总供求均衡的关系
2. 掌握通货膨胀、成因及其治理
3. 熟悉通货紧缩的成因
4. 了解货币失衡、通货紧缩的分类

货币供求其实质是总供求均衡的一种反映。总供给决定货币需求，总需求决定货币的总供给。货币供给的变化在保持国民经济持续稳定发展和总供给与总需求的均衡中起重要作用。如果货币供给过多，就会造成通货膨胀；反之可能导致通货紧缩。通过总供求均衡分析，来探讨货币对以价格水平和国民收入为代表的实际经济变量的影响，影响较大的是凯恩斯主义和货币主义等学派的观点，不同学派的分析视角有很大不同。在开放经济的环境下，任何外部的不平衡，都会反映到国内平衡上。通过本章学习，可以更好地理解货币供求的关系和货币均衡的原理，可更好地理解货币供求的关系和货币供求的原理。

第一节　货币均衡

一、货币均衡与失衡

货币均衡是指一国在一定时期内，货币供给与货币需求基本相适应的货币流通状态。反之，则为失衡。如果以 M_s 表示货币供给量，M_d 表示货币需求量，则货币均衡可表示为

$$M_s = M_d$$

必须指出，这里的货币均衡的实际意义是货币供给量与货币需求量大体相适应，即只要货币供给与货币需求在客观上存在一定弹性区间内变动均属于均衡。

货币失衡的表现形式主要有两种类型：①$M_s > M_d$，如果这种状态持续发展，往往会出现通货膨胀；②$M_s < M_d$，如果这种状态持续发展，往往会出现通货紧缩。

在实际生活中，绝对的货币均衡是很难实现的，因为一国经济状况甚至国际经济环境时时都处于变动之中，影响货币需求和货币供给的因素千变万化，经济情况稍有变动，就会打破原有的均衡，导致货币失衡。这时就需要中央银行综合运用各种机制和手段进行调节，重新实现货币均衡。因此，货币均衡总是一个由均衡到失衡，再调整恢复到均衡的动态过程。同时它也是一种在经常发生的货币失衡中暂时达到的均衡状态，因而货币均衡又是相对的。

二、货币均衡与社会总供求均衡

社会总供求均衡是指社会总供给与总需求的相适应，它是宏观经济的最终目标，而实现这一目标，就必须实现商品市场和货币市场的同时均衡，货币的供求平衡又是商品市场供求均衡的前提。

货币均衡与社会总供求均衡，以及两者之间的关系，源于货币供给、货币需求与社会总供给、社会总需求之间的内在联系。在商品货币经济条件下，所有的供给与货币对应相等，也就是说，总供给决定着货币需求；货币需求又引出货币的供给，并制约着货币供给的数量；而货币供给则是社会总需求实现的手段和载体，总需求的规模受制于货币供给的规模；总供给与总需求之间，在通常情况下是总需求制约着总供给，它们之间的关系可用图 12.1 表示。

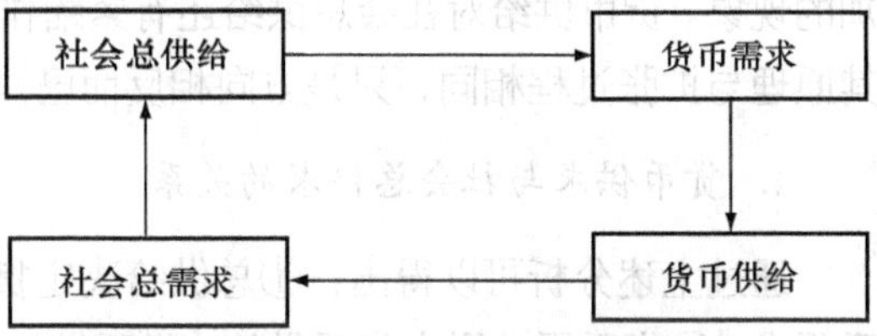

图 12.1　货币供求与社会总供求的关系

货币供给与社会总供求的关系说明，社会总供给决定着货币需求，货币需求决定着货币供给；货币供给产生了社会总需求。

从形式上看，货币均衡只是货币领域内因货币供给与货币需求相互平衡而导致的一种货币流通状态，但实质上是社会总供求均衡的一种反映。在商品经济条件下，社会总供给和总需求的矛盾是客观存在的。如果总需求大于总供给，会引起物价上涨和社会不稳定；如果总需求小于总供给，则会出现经济增长速度下降、失业增加的现象。不管发生哪种矛盾，人们好像都喜欢从货币供求上寻找解决矛盾的突破口，增加或减少货币供给量似乎是一个捷径，这说明货币供求和社会总供求之间存在着紧密的联系。

1. 货币供给与社会总需求

货币供给是社会总需求的载体。社会总需求是人们在一定收入水平约束下，对商品的总需求，而货币供给又决定了人们的收入水平。所以货币供给和社会总需求的关系是，货币供给决定社会总需求。货币供给增加时，名义国民收入增加，各部门的名义收入也增加，社会总需求增加。

2. 社会总供给与货币需求

从宏观角度看，货币需求是流通中的商品和劳务需要的货币量。显然，流通中的商品和劳务的数量越多，需要的货币就越多；反之，则越少。而流通中的商品和劳务就是社会总供给。所以社会总供给和货币需求之间的关系应该是社会总供给决定货币需求。

3. 货币供给与社会总供给

货币供给的变动能否引起社会总供给的变动，这是一个颇有争议的问题。对这一问题，现在人们的广泛认同是联系潜在未利用资源或可利用资源的状况进行分析。这种分析把货币供给对总供给的作用分为三个阶段：首先，当经济体系中存在着现实可用于扩大再生产的资源且数量又很充分时，在一定时期内增加货币供给，会把这些未利用的资源利用起来。由于新增货币供给被这些潜在资源所吸收，所以只有实际产出水平的提高而不会引起价格水平的上涨。其次，当潜在未利用资源被逐渐利用而不断减少时，货币供给却在继续增加，由于货币供给的增加已经超过了潜在可利用资源所需的数量，经济中可能出现实际产出水平同价格水平都提高的现象。最后，当潜在未利用资源已被充分利用，货币供给仍然继续增加时，由于已经没有新的实际资源被投入生产过程中，会出现只有物价上涨，而不会有实际产出的增加的现象。货币供给对社会总供给还有紧缩作用，当货币供给减少时，社会总供给也会减少。其原理与扩张过程相同，只是方向相反而已。

4. 货币供求与社会总供求的关系

通过上述分析可以得出：①总供给决定货币需求，但同等的总供给可有偏大或偏小的货币需求。②货币需求引出货币供给，货币供给量应与货币需求量相适应，但也绝非是等量的，货币供求的非均衡是常态。③货币供给成为总需求的载体，同等的货币供给可有偏大或偏小的总需求。④总需求的偏大或偏小，对总供给产生巨大的影响。总需求不足，总供给不能充分实现。总需求过多，虽然在一定条件下有可能推动总供给的增加，但不可能由此消除差额。⑤总需求的偏大或偏小，也可以通过紧缩或扩张货币供给的政策来调节，但单纯控制总需求难以真正实现均衡目标。

三、货币均衡的实现机制

在市场经济条件下，利率不仅是货币供求均衡与否的重要信号，而且对货币供求具有明显的调节功能。货币均衡可以通过利率机制的作用而实现，因此均衡的利率是货币均衡的实现条件。所谓均衡的利率水平是指在货币供给既定的条件下，货币需求正好等于货币供给时的利率。

就货币供给而言，当市场利率升高时，一方面，社会公众因持币成本增加而减少现金提取，这样就使现金比率缩小，货币乘数增大，货币供给增加；另一方面，银行因贷款收益增加而减少超额准备金来扩大贷款规模，这样就使超额准备金率下降，货币乘数变大，货币供给增加。所以利率与货币供给量之间存在着同方向变动关系。

就货币需求而言，当市场利率升高时，人们的持币成本会加大，必然导致人们对金融生息资产需求的增加和对货币需求的减少。所以利率同货币需求之间存在着反方向变动关系。

当货币市场上出现均衡利率水平时，货币供给与货币需求相等，货币均衡状态便得以实现。当市场均衡利率变化时，货币供给与货币需求也会随之变化，因此均衡利率水平的形成是由货币供求的条件决定的。货币供不应求，利率上升；货币供过于求，利率下降。同样，适当调节利率水平就可以有效调节货币供求，使其处于均衡状态。

均衡的价格水平也是判断货币供求均衡的重要因素。在市场经济中，可以同时将价格信号作为考察货币供求均衡的指标。作为反应信号，价格波动在短期内是供求关系变化的灵敏指示器。从长期考察，价格变化趋势则反映了经济从失衡走向均衡的自发取向。如果价格水平提高，则名义收入增加，名义货币需求增加；价格水平下降，名义收入减少，名义货币需求减少。如果名义货币供应不能随之调整，必然带来货币供求的非均衡。

第二节　通货膨胀

通货膨胀是指在纸币流通情况下，货币供应量超过了流通中所必要的货币量，每单位纸币所代表的价值减少，引起货币贬值和物价持续上涨的经济现象。理解这一定义，要把握好以下几个要点：①通货膨胀是纸币流通条件下独有的经济现象。在金属货币制度下，不会出现通货膨胀。②货币供应量超过了流通中所必要的货币量是导致通货膨胀的直接原因。③通货膨胀必然表现为物价普遍、持续地上涨。季节性、暂时性或偶然性的价格上涨，不能视为通货膨胀，对通货膨胀的测度一般以消费价格指数或销售价格指数来衡量。

一、通货膨胀的度量

度量通货膨胀程度的指标是通货膨胀率。通货膨胀率是指从一个时期到另一个时期一般价格水平变动的百分比。通货膨胀率的计算公式为

当期通货膨胀率 = [（当期价格水平 − 上一期价格水平）/上一期价格水平] × 100%

价格水平的高低则是通过各种价格指数来衡量的。目前世界各国普遍采用的衡量通货膨胀程度的物价指数主要有消费价格指数、批发价格指数、国民生产总值平减指数。

1. 消费价格指数

消费价格指数是综合反映一定时期居民购买的生活消费品和服务价格水平的变动程度或趋势的价格指数，通常作为观察通货膨胀水平的重要指标。消费物价指数一般由一国政府根据本国若干种主要日用消费品的零售价格以及水、电、住房、交通、医疗、文娱等费用编制计算出来的，用以衡量一定时期生活费用上升或下降的程度。其优点是消费品的价格变动能及时反映消费品供给与需求的对比关系，直接与公众的日常生活相联系，在检验通货膨胀效应方面有其他指标不可比拟的优势。但消费品毕竟只是社会最终产品的一部分，不能说明问题的全部，这也是该指数的缺点。

表 12.1　1980—2013 年中国年度 CPI 涨跌幅一览　（%）

年份	1980	1981	1982	1983	1984	1985	1986	1987	1988	1989
涨跌幅	6.0	2.4	1.9	1.5	2.8	9.3	6.5	7.3	18.8	18.0
年份	1990	1991	1992	1993	1994	1995	1996	1997	1998	1999
涨跌幅	3.1	3.4	6.4	14.7	24.1	17.1	8.3	2.8	−0.8	−1.4
年份	2000	2001	2002	2003	2004	2005	2006	2007	2008	2009
涨跌幅	0.4	0.7	−0.8	1.2	3.9	1.8	1.5	4.8	5.9	−0.7
年份	2010	1011	2012	2013						
涨跌幅	3.3	5.4	2.6	2.6						

注：表中数据正值表示较上年上涨，负值表示较上年下跌。

资料来源：中国经济网 http://intl.ce.cn/specials/z×××/201402/14/t20140214_2305355.shtml。

2. 批发价格指数

批发价格指数也称为生产者价格指数。该指数反映包括原材料、中间品和最终产品在内的各种商品的批发价格变化情况的物价指数。其优点是能够较灵敏地反映生产者和生产成本的变化情况，缺点是没有将各种劳务包括在内。

3. 国民生产总值平减指数

国民生产总值平减指数是按照当年价格计算的国民生产总值与按不变价格计算的国民生产总值的比率计算出来的指数。

国民生产总值平减指数＝按当年价格计算的国民生产总值/按不变价格计算的国民生产总值

该指数的优点是覆盖范围广，既包括消费资料又包括生产资料；既包括商品又包括劳务，较能准确地反映物价总水平的变化。其缺点是资料较难收集，多数国家每年只能统计一次，所以不能迅速地反映通货膨胀的程度和动向。并且国民生产总值包括与居民并无直接联系的生产资料和出口商品，不能准确地反映通货膨胀对人们生活的影响。

知识链接

我国居民消费价格指数的编制方法

国家统计局统一组织，分别编制全国、省市县级居民消费价格指数。采用国际通行的链式拉氏公式，编制定基居民消费价格指数序列。对比基期5年调整一次，现行对比基期为2010年。基本方法为：固定一揽子居民消费商品及服务项目以及各个项目在篮子中的权数，通过对比报告期与基期的权数金额（即购买该篮子的金额）反映价格变动情况。基本流程包括：

确定一揽子居民消费商品及服务项目

中国居民消费价格调查对象包括食品、烟酒及用品、衣着、家庭设备用品及维修服务、医疗保健和个人用品、交通和通信、娱乐教育文化用品及服务、居住等8个大类的商品（服务），每个大类下分别依次划分中类、小类、基本分类，每个基本分类下设一定数量的代表规格品作为经常性调查项目。代表规格品按消费量大、价格变动趋势和变动程度代表性强的原则进行选择。目前共有262个基本分类，各调查市县选择至少600种代表规格品作为经常性调查项目。

确定篮子中各类商品及服务的权数

主要依据全国13.3万户城乡居民家庭收支抽样调查资料，并辅之以典型调查数据作补充。一般每5年更换一次，5年期内各年度适当调整。

确定调查市、县和调查网点

按照大中小兼顾以及地区分布合理原则，采用划类选择法，抽选500个市、县作为全国CPI调查市、县。按照等距抽样方法，兼顾规模、分布、注册登记类型等因素，抽选各调查市、县的调查网点。目前，全国CPI调查网点（包括食杂店、百货店、超市、便利店、专业市场、专卖店、购物中心、农贸市场、服务消费单位等）共计6.3万个。

编制各类CPI

每月编制一次。基本步骤包括：一是计算市县级各基本分类月度环比指数，根据所属代表规格品价格变动相对数，采用几何平均法计算得出。二是计算市县级各基本分类当月权数金额，由上月基本分类权数金额乘以本月基本分类月度环比指数。三是计算市县级各类（小类、中类、大类）当月权数金额，为下属所有基本分类当月权数金额之和。四是计算市县级各类（小类、中类、大类）月度环比指数，为下属所有基本分类当月权数金额之和与下属所有基本分类上月权数金额之和的比值。五是计算省级和全国月度环比指数。省级各类（含基本分类、小类、中类、大类）的月度环比指数等于下属所有市县该类当月权数金额之和与下属所有市县该类上月权数金额之和的比值。全国各类（含基本分类、小类、中类、大类）的月环比价格指数等于31个省（区、市）该类当月权数金额之和与31个省（区、市）该类上月权数金额之和的比值。六是由月度环比指数再分别计算各类定基、同比指数。

资料来源：中国主要统计指标简介，中国统计信息网[①]，2011年3月1日

① 编者注：本文最初在中国统计信息网下载，但2014年7月16日已不能查到，在其他网站有转载，如益阳信息网 http://www.iytj.gov.cn/admin/News_View.asp?NewsID=4474。

二、通货膨胀的分类

1. 根据通货膨胀的程度分类

根据通货膨胀的程度不同，通货膨胀可划分为以下几种。

（1）爬行式通货膨胀，一般是指物价上涨年率在 2%左右的通货膨胀。人们基本感觉不到通货膨胀带来的影响。一些学者甚至不认为其为通货膨胀。

（2）温和的通货膨胀，一般是指物价上涨年率在 4%～6%之间的通货膨胀。温和的通货膨胀不会引起社会太大的动乱。人们对货币比较信任，乐于在手中持有货币，人们会很愿意签订以货币形式表示的长期合同，因为他们有把握肯定自己买卖的商品价格不会超出现行价格水平太多。

（3）快步的通货膨胀，一般是指物价上涨年率在 6%以上，并可能在短期内达到两位数的通货膨胀。这是一种快速发展的通货膨胀，人们对货币的信心开始发生动摇。

（4）奔腾型的通货膨胀，一般是指物价水平急剧上升，物价上涨年率保持在两位数，甚至接近或达到三位数的通货膨胀。这种通货膨胀局面一旦出现并稳固下来，便会出现严重的经济扭曲。大多数经济合同都会用某种价格指数或某种外币加以指数化。人们仅在手中保留最低限度的货币以应付日常交易所需，人们囤积商品、购置房产，且绝不会按照很低的名义利率出借货币。

（5）恶性通货膨胀，一般是指物价连续暴涨，平均每月物价上涨率超过 50%，年物价上涨率超过 600%，甚至达到天文数字的通货膨胀。恶性通货膨胀一旦发生，其会完全失去控制，结果导致社会物价持续飞速上涨，物价持续飞速上涨，人们对货币彻底失去信心。这时整个社会金融体系处于一片混乱之中，正常的社会经济关系遭到破坏，最后容易导致社会崩溃、政府垮台。这种通货膨胀在经济发展史上十分少见，通常发生在战争或者社会大动乱之后。目前公认的恶性通货膨胀在世界范围内只出现过 4 次。第一次发生在 1923 年的德国，当时第一次世界大战刚结束，德国的物价在一个月内上涨了 2500%，1 马克的价值下降到第一次世界大战前价值的一万亿分之一。第二次发生在 1946 年的匈牙利，第二次世界大战结束后，匈牙利的 1 便士价值只相当于第二次世界大战前的 827×1027 分之一。第三次发生在中国，从 1937 年 6 月到 1949 年 5 月，伪法币的发行量增加了 1445 亿倍，同期物价指数上涨了 36807 亿倍。第四次是于 2009 年的爆发的津巴布韦通货膨胀，通货膨胀率高达 231 000 000%。

知识链接

津巴布韦的恶性通货膨胀

津巴布韦是非洲南部的内陆国家，由于政治原因，以英美为首的西方国家对其实行净价封锁，要求其尽快偿还外债，从而造成该国外汇、燃油和电力的严重短缺。另外，津巴布韦连续 4 年遭遇旱灾，粮食歉收，从而食品价格快速上涨，蔬菜的售价往往一夜之间就会翻一番，有时候傍晚的售价就会暴涨到当天清晨的 3 倍。2008 年 7 月，津巴布韦的通货膨胀率已达到 231 000 000%，发行千亿津元面额钞票。2009 年 1 月 9 日，1 美元可兑换 250 亿津元，津巴布韦已陷入严重的恶性通货膨胀境地。当前该国已经改用美元和南非兰特作为交易结算货币，停止本币的流通和使用。

2. 根据通货膨胀的表现形式分类

根据通货膨胀的表现形式不同，可划分为以下两种。

（1）公开型通货膨胀，也称为开放型通货膨胀，是指政府对物价水平不加管制，价格随市场供求变化而自由涨落，只要出现通货膨胀，就表现为价格水平的明显上涨。

（2）隐蔽型通货膨胀，也称为压抑型通货膨胀，是指政府通过价格控制、定量配给以及其他的一些措施来抑制物价的上涨。表面上工资没有下降，物价总水平也没有上升，但居民实际消费水平却在下降。市场上商品供应紧张，黑市活跃，这类通货膨胀不能通过物价上涨表现出来，而只能以排队抢购、凭票购买、有价无货以及产品质量下降等形式表现出来。

3. 根据通货膨胀预期分类

根据通货膨胀预期不同，可划分为以下两种。

（1）预期通货膨胀，指通货膨胀过程被经济主体预期到了，以及由于这种预期而采取各种补偿性行动引发的物价上升运动。人们可以根据自己的经验正确预期通货膨胀率，从而使债权人计算借款利息时会将通货膨胀率考虑在内，而工人签订工资合同时会加上通货膨胀率，人们会采取各种措施避免受到损失。

（2）非预期通货膨胀，由其他因素引起的通货膨胀。人们不能正确预期通货膨胀率或者预期的通货膨胀率小于实际的通货膨胀率，常常会导致社会财富的重新分配。

三、通货膨胀的成因

造成通货膨胀的最直接原因就是货币供应量过多。货币供应量与货币需求量相适应，是货币流通规律的要求。一旦违背了这一经济规律，过多发行货币，就会导致货币贬值，物价水平持续上涨，通货膨胀。

通货膨胀的深层原因则主要有需求拉上、成本推动、供求混合推动和结构性因素等。

1. 需求拉上

需求拉上是指经济运行中社会消费支出和投资支出激增，总需求过度增加，超过了既定价格水平下商品和劳务等方面的供给，从而引起货币贬值、物价总水平上涨，形成通货膨胀，通俗的说法就是“过多的货币追求太少的商品”。需求拉上通货膨胀的分析可从图 12.2 中得到说明。

图 12.2 中，横坐标代表总产出，纵坐标代表物价。*AS* 代表社会总供给，*D* 代表总需求。*AB* 线段的总供给曲线呈水平状态，意味供给弹性无限大，因为社会上存在大量的资源闲置和失业人群，尽管总需求由 D_1 移至 D_2，物价并不上涨；*BC* 线段总供给曲线表示社会逐渐接近充分就业，意味闲置资源很少，总供给的增加能力较小，当总需求由 D_2 移至 D_3、D_4 时，物价开始上涨；*CS* 线段总供给曲线表示社会资源充分利用、充分就业的状态，总供给曲线是无弹性的曲线，当总需求由 D_4 增加至 D_5 时，只会导致物价急剧上涨。

2. 成本推动

成本推动是指由于生产成本上升引起的物价持续上涨的现象。这是从总供给角度来分析通货膨胀的成因。成本提高的原因主要是工会力量要求提高工资和垄断行业或大公司为追求垄断利润而制定的垄断价格。所以又把成本推动的通货膨胀分为工资推进型通货膨胀和利润推进性通货膨胀。成本增加意味着只有在高于从前的价格水平时，才能达到与以前一样的产量水平，即总供给曲线向上移动使国民收入减少，价格水平上升。成本推动通货膨胀的分析可从图 12.3 中得到说明。

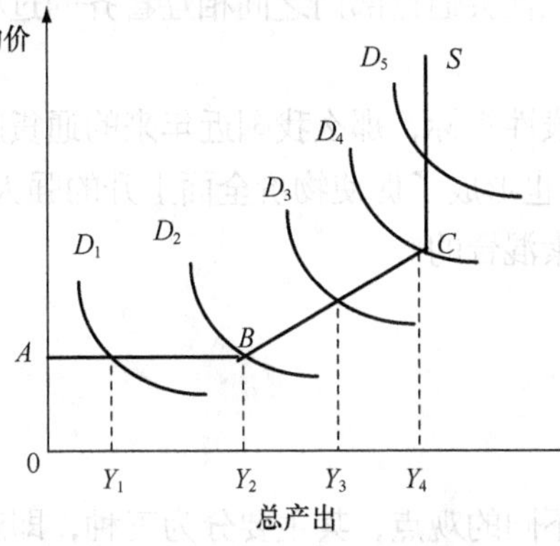

图 12.2　需求拉上通货膨胀

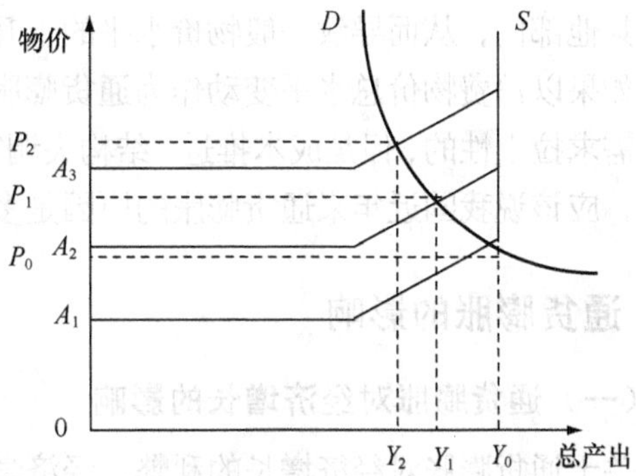

图 12.3　成本推动通货膨胀

图 12.3 中，横坐标代表总产出，纵坐标代表物价。*AS* 代表社会总供给，*D* 代表总需求。初始的社会总供给曲线为 A_1S。在总需求不变的情况下，由于生产要素价格提高，生产成本上升，使总供给曲线从 A_1S 上移至 A_2S 和 A_3S。由于生产成本提高，导致失业增加、实际产出缩减，总产出由 Y_0 下降至 Y_1 和 Y_2，而物价水平却由 P_0 上升到 P_1 和 P_2。

1973 年 10 月第四次中东战争爆发，为打击以色列及其支持者，石油输出国组织的阿拉伯成员国于当年 12 月宣布收回石油标价权，并将其原有价格从每桶 3.011 美元提高到 10.651 美元，使油价猛然上涨了两倍多。1978 年年底，世界第二大石油出口国伊朗的政局发生剧烈变化，引发第二次石油危机。此时又爆发了两伊战争，全球石油产量受到影响，从每天 580 万桶骤降到 100 万桶以下。随着产量的剧减，油价在 1979 年开始暴涨，从每桶 13 美元猛增至 1980 年的 34 美元。由于石油是一种原材料，石油价格上升，造成各国的生产停滞，产品价格上升。

3. 供求混合推动

在现实经济中，纯粹的需求拉动通货膨胀和成本推动通货膨胀是不常见的，长期的通货膨胀大多是两种类型混合起作用的。由需求、供给等因素共同起作用所引起的物价总水平持续上涨称为供求混合通货膨胀。供求混合推动通货膨胀的分析可从图 12.4 中得到说明。

图 12.4 中，横坐标代表总产出，纵坐标代表物价。*AS* 代表社会总供给，*D* 代表总需求。由于需求拉上（即需求曲线从 D_1 上升至 D_2 和 D_3）和成本推进（即供给曲线从 A_1S 上升至 A_2S 和 A_3S）共同作用，物价则沿 *CEFGI* 螺旋式上升。

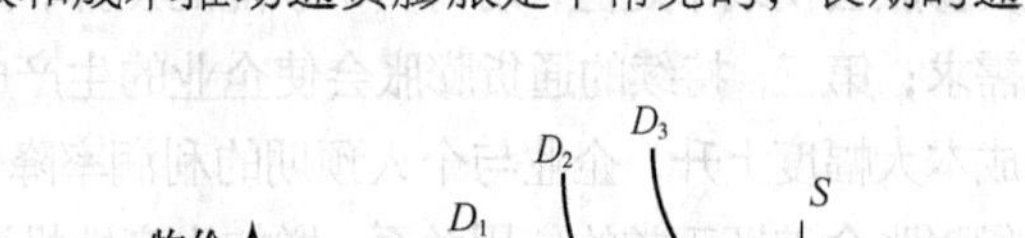

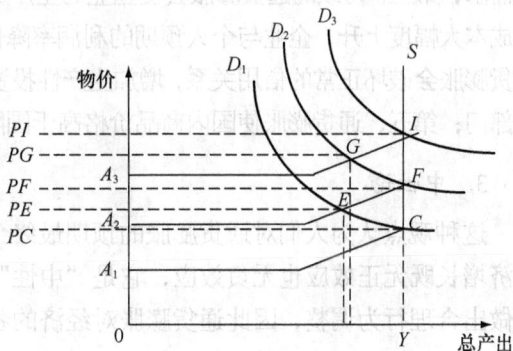

图 12.4　供求混合推动通货膨胀

4. 结构性因素

除了总量因素之外，即便总需求和总供给处于平衡状态时，由于经济结构方面的问题，也会使物价水平持续上涨，导致通货膨胀。由于不同国家的经济部门结构的某些特点，当一些产业和部门在需求方面或成本方面发生变动时，往往会通过部门之间相互看齐的过程而影响到其他部门，从而导致一般物价水平的上升。

如果以消费物价总水平变动作为通货膨胀的代表性指标，那么我国近年来的通货膨胀主要是需求拉上性的，但是成本推进、结构失调等因素也形成了促使物价全面上升的强大合力，所以，应该说我国近年来通货膨胀的原因是多种因素混合的。

四、通货膨胀的影响

（一）通货膨胀对经济增长的影响

关于通货膨胀对经济增长的利弊，经济学家有不同的观点，其主要分为三种，即对经济增长有促进论、促退论和中性论。

1. 促进论

促进论认为通货膨胀对经济增长具有积极的影响作用，其主要理由是：第一，经济长期处于有效需求不足、生产要素尚未充分有效地使用、劳动者没有充分就业，实际经济增长率低于潜在的经济增长率。因此，政府可以选择通货膨胀政策，实行财政赤字预算，扩大货币发行，增加政府的投资性支出，以扩大总需求，促使劳动总供给增加，从而刺激经济增长。第二，通货膨胀有利于社会收入再分配向富裕阶层倾斜，而富裕阶层的边际储蓄倾向比较高，因此会提高储蓄率从而促进经济增长。第三，通货膨胀出现后，公众预期的调整有一个时滞过程，在此期间，物价水平上涨而名义工资未发生变化，企业的利润率会相应提高，从而刺激私人投资的积极性，增加总供给，推动经济增长。

2. 促退论

这种理论认为，通货膨胀与经济增长负相关，不仅不会促进经济增长，而且会损害经济的发展。在有效需求不足的情况下，通货膨胀对经济增长的刺激作用是十分短暂的。其理由是：第一，通货膨胀会使纸币贬值，妨碍货币职能的发挥；第二，通货膨胀会降低借款成本，诱发过度的资金需求；第三，持续的通货膨胀会使企业的生产成本包括原材料价格、工资、奖金、利息乃至租税成本大幅度上升，企业与个人预期的利润率降低，不利于调动生产和投资者的积极性；第四，通货膨胀会破坏正常的信用关系，增加生产性投资的风险和经营成本，使资金更多地流向非生产性部门；第五，通货膨胀使国内商品价格高于国际市场价格，从而阻碍本国产品的出口。

3. 中性论

这种观点认为人们对通货膨胀的预期最终会综合它对经济的各种效应，因此通货膨胀对经济增长既无正效应也无负效应，它是“中性”的。公众通过预期，在一段时间内对物价上涨做出合理行为调整，因此通货膨胀对经济的各种效应会相互抵销。

（二）通货膨胀的财富分配效应

通货膨胀的财富分配效应主要指的是未预期到的通货膨胀或者是预期的通货膨胀率小于

实际的通货膨胀率。在有通货膨胀的情况下，必将对社会经济生活产生影响。如果社会的通货膨胀率是稳定的，人们可以完全预期，那么通货膨胀率对社会经济生活的影响很小。但是，在通货膨胀率不能完全预期的情况下，通货膨胀将会影响社会收入分配及经济活动。因为这时人们无法准确地根据通货膨胀率来调整各种名义变量，以及他们应采取的经济行为。

（1）在雇主与工人之间，通货膨胀将有利于雇主而不利于工人。这是因为，在不可预期的通货膨胀之下，工资增长率不能迅速地根据通货膨胀率来调整，即使在名义工资不变或略有增长的情况下，实际工资也会下降。实际工资下降会使利润增加，从而刺激投资，这正是一些经济学家主张以温和的通货膨胀来刺激经济发展的理由。

（2）在债务人与债权人之间，通货膨胀将有利于债务人而不利于债权人。在通常情况下，借贷的债务契约都是根据签约时的通货膨胀率来确定名义利息率，所以当发生了未预期的通货膨胀之后，债务契约无法更改，从而就使实际利息率下降，债务人受益，而债权人受损。其结果是对贷款，特别是长期贷款带来不利的影响，使债权人不愿意发放贷款。贷款的减少会影响投资，最后使投资减少。

（3）在政府与公众之间，通货膨胀将有利于政府而不利于公众。由于在不可预期的通货膨胀之下，名义工资总会有所增加（尽管并不一定能保持原有的实际工资水平），随着名义工资的提高，达到纳税起征点的人增加了，有许多人进入了更高的纳税等级，这样就使得政府的税收增加。但公众纳税数额增加，实际收入却减少了。一些学者认为，这实际上是政府对公众的掠夺，既不利于储蓄的增加，也影响了私人和企业投资的积极性。

（三）通货膨胀对生产、流通和消费的影响

1. 通货膨胀对生产的影响

通货膨胀对生产的影响主要表现在三个方面。首先，通货膨胀造成资源配置失误。市场经济条件下，价格是资源配置的指标，当通货膨胀扭曲了相对价格时，消费者与生产者的决策也被扭曲了，市场不能把资源配置到其最好的用途上。如20世纪80年代我国对家电的抢购潮从而造成家电价格大幅度上升，价格不能反映真实的资源配置，导致很多地方盲目上马家电生产线。当时彩电品牌有金星、凯耿、飞跃、福日、黄山、牡丹、长风、长飞、春兰、春风、海燕等近百种，从而造成资源的大量浪费。其次，通货膨胀妨碍货币职能的正常发挥。由于币值不稳和易变，货币不能真实表现价值，市场价格信号紊乱，不利于再生产的进行。最后，通货膨胀使生产性投资减少，不利于生产的长期稳定发展。预期的物价上涨会促使社会消费增加、社会储蓄减少，从而缩减了社会投资、制约生产的发展。

2. 通货膨胀对流通的影响

通货膨胀打破了流通领域原有的平衡，使正常的流通受阻。通货膨胀会鼓励企业大量囤积商品，人为加剧市场的供求矛盾。而且由于币值的降低，潜在的货币购买力就会转化为实际的货币购买力，加快货币流通速度，也进一步加剧通货膨胀。

3. 通货膨胀对消费的影响

通货膨胀使居民的实际收入减少，这意味着居民消费水平的下降，物价上涨的不平衡性和市场上囤积居奇和投机活动的盛行使一般消费者受到的损失更大。

（四）通货膨胀的社会成本——“皮鞋成本”和“菜单成本”

通货膨胀时，货币的购买力在下降，为了减少损失，人们会倾向于持有更少的现金而将更多的钱存入银行。如此当要使用现金时，就需要去银行取款，持有现金少了就意味着需要增加跑银行的次数，这种多去几次银行所花费的时间和精力被经济学家称为“皮鞋成本”——多磨点鞋底。与之相关的是“菜单成本”，“菜单成本”是指厂商改变加工，需要重新印刷它的产品价格表，向客户通报改变价格的信息和理由。所有这一切都会引起一笔开支和费用，包括印刷新清单和目录的成本，把这些新价格表和目录送给中间商和顾客的成本，为新价格做广告的成本，决定新价格的成本，甚至还包括处理顾客对价格变动怨言的成本。虽然“菜单成本”的数值并不大，但如果菜单价目表变动的次数很多，也会给厂商带来一些不利之处，如使顾客感觉不快和麻烦等。

五、通货膨胀的治理

由于通货膨胀对于经济的正常发展有相当的不利影响，所以许多国家都十分重视平抑通货膨胀。治理通货膨胀可采用以下几种措施。

（一）降低总需求的政策

1. 紧缩性货币政策

紧缩性货币政策主要影响投资和社会总需求，主要政策有：①提高法定存款准备金率；②提高贴现率和再贴现率；③出售政府债券。其主要目的是缩减货币供应量以稳定物价。

2. 紧缩性财政政策

紧缩性财政政策是减少消费和政府支出，主要政策有：①提高税率，增加税收。政府可以提高所得税、流转税、增值税等税率，减少企业和个人的税后可支配收入，从而抑制消费和投资需求。②减少政府预算，限制公共事业投资。其主要目的是减少政府购买的需求。

3. 紧缩性收入政策

紧缩性收入政策是以工资管制为主要内容，防止发生工资一物价呈螺旋上升的通货膨胀，主要政策有：①工资一物价指导线。政府设定一定年份内工资增加的一个目标线，不允许企业超过目标线为工人涨工资。②工资管制，以控制全社会的工资总额增长幅度。③以税收为基础的收入政策。政府以税收作为奖励手段限制工资增长。如果工资增长幅度在政府规定的范围内，则减少公司与个人的所得税，反之则增加税收。

（二）增加供给的政策

增加供给的政策被用来治理由成本推动引发的通货膨胀。

1. 降低边际税率

一般情况下，税率越高，政府的税收就越多，但美国供给学派经济学家拉弗认为当税率的提高超过一定限度时，企业的经营成本提高，投资减少，收入减少，即税基减小，反而导致政府的税收减少。描绘这种税收与税率关系的曲线叫做拉弗曲线。所以降低税率可以增加人们和企业的积极性，从而增加需求和产品供给。

2. **鼓励企业采用新技术、新设备**

企业采取新技术和新设备可以提高生产率，提供更多的产品，另外在政策上给企业更多自由，以便企业更好地增加产品供给。

另外治理通货膨胀的措施还有工资指数化政策、改变人们预期等，但需要注意的是，在不同的时期、国家、社会制度下，通货膨胀产生的原因是不同的，所以治理通货膨胀的方法也是不固定的，往往需要社会各个方面、各种方案相互配合才能达到效果。

阅读材料

20 世纪 90 年代的通货膨胀与“软着陆”

1993 年和 1994 年的中国经济就如同吃了兴奋剂，“亢奋”异常。房地产火得发烫，开发区热得冒烟，股票在疯涨，期货被热炒，资金涌动，泡沫泛起。许多人按捺不住暴富的诱惑，“下海”经商成了一时潮流。社会上流通的货币多了起来，物价也涨了起来，连平常吃的大米白面、菜肉蛋奶的价格也一个劲儿地往上窜。日常花销增加许多，工资却没涨多少，人们感觉钞票又不值钱了，不少人又在抢购囤积值钱的东西。

又一次通货膨胀！1988 年的抢购风潮还没完全从人们的记忆中褪去，“硬着陆”的后遗症还没有彻底消散。不能再来一次“急刹车”了，如同从火炉一下子跌进冰窖，再强健的经济恐怕也经不住这般伤筋动骨的折腾。吸取教训，理想的办法当然是让经济徐徐降温、缓缓退烧。政府也是这么做的，出台了一系列政策。限于篇幅，我们为您着重介绍货币政策是怎么“诊治”的。

货币政策总体上打出了适度紧缩的信号，开出的“药方”大致如下：一是控制基础货币供应。1994 年，汇率并轨后，买入外汇成了中国人民银行投放基础货币的主要渠道，中国人民银行同时收回对商业银行的再贷款（再贷款是指中央银行对商业银行的贷款），从而对冲抵消过多的货币，实现基础货币的稳定供给。二是强化信贷控制。商业银行的政策性业务和商业性业务开始“分家”，中国人民银行强化了对固定资产投资贷款的监控，同时整顿金融秩序，制止违规拆借资金，整肃金融机构。资金流动受到有效约束，犹如釜底抽薪，固定资产投资自然迅速降温。三是提高存贷款利率，保护储户利益，鼓励储蓄。

从 1993—1996 年，各项政策逐渐发挥作用，通货膨胀率成功地降了下来，经济增长率回落到一个合适的水平，国家经济避免了大起大落的震荡，因此人们形象地称其为“软着陆”。

第三节　通货紧缩

通货紧缩是与通货膨胀相对立的一个概念，通常意义上是指一般物价水平的持续下跌。在西方经济学教科书中，通货紧缩被定义为一段时期内“价格总水平的下降”或“价格总水平的持续下降”。巴塞尔国际清算银行提出的标准是：一国消费品的价格连续两年下降可被视为通货紧缩。

一、通货紧缩的度量

在实际生活中，对于某个时期是否发生了通货紧缩的判断以及通货紧缩程度的衡量，多数经济学家认为，主要应看物价总水平是否下降即通货膨胀率是否转变为负数，以及物价水平下降的幅度和时间长度。部分商品和劳务价格的下降，可能是由于这些商品和劳务的供大于求，或者是由于技术进步、市场开放或生产效率提高从而降低了成本所引起，显然这不是通货紧缩；即使是商品和劳务价格暂时或偶然的普遍下跌，也许是受到诸如消费心理变化、季节性因素等某些非实质因素影响而致，与货币流通和实质经济没有必然的联系，所以也不是通货紧缩。只有物价水平持续下降超过了一定的时限，才可断定是通货紧缩。这一时限有的国家定为1年，有的国家定为半年。我国的通货膨胀潜在压力较大，可以以1年为界。

在以物价总水平持续下降作为判断通货紧缩主要标准的同时，也可以用货币供应量和经济增长率作为衡量通货紧缩严重程度的辅助指标。因为按照货币流通量的计算公式，有

$$\text{通货存量}=\frac{\text{商品价格总额}}{\text{货币流通速度}}=\frac{\text{商品数量}\times\text{商品价格}}{\text{货币流通速度}}$$

或

$$\text{商品价格}=\frac{\text{通货存量}\times\text{货币流通速度}}{\text{商品数量}}$$

从上述公式来看，物价总水平下降必然表现为上述三个因素的相对变化：一是由于货币供应绝对或相对减少使流通中的货币存量减少（相对于商品数量）；二是其他因素如商品供求关系、居民的消费与储蓄结构及货币供应和流通渠道的变化等使货币流通速度放慢；三是经济增长使商品数量绝对或相对增加（相对于通货存量）。由此可见，在商品数量和货币流通速度不变的条件下，物价水平的下降的确可由货币供应的减少而引起，因此可用通货存量作为参考指标；但在商品数量和货币流通速度发生变化的情况下，物价水平的下跌也有可能与货币供应的适度增长并存。同样，在通货存量和流通速度不变的条件下，物价水平下降与商品数量增加密切相关，因此经济增长率可作为参考；但在通货存量和流通速度发生变化的情况下，物价水平的下跌也可能与商品数量的减少并存。

二、通货紧缩的分类

对于通货紧缩通常可以按照其持续时间、严重程度和形成的原因等进行以下分类。

1. 按持续时间长短分类

按持续时间长短通货紧缩可分为长期性、中长期和短期性通货紧缩。在历史上，一些国家曾经发生历时达几十年的长期性通货紧缩（尽管其中包含个别年份价格水平的上升）。如英美两国1814—1849年长达35年的通货紧缩、美国1866—1896年长达30年的通货紧缩、英国1873—1896年长达23年的通货紧缩等，都属于长期性通货紧缩。一般将10年以上的通货紧缩划分为长期性通货紧缩，5～10年为中长期通货紧缩，5年以下为短期性通货紧缩。20世纪90年代初经济泡沫破灭后不久，在日本经济运行与发展中就开始出现出一系列通货紧缩性征象。在1997—1998年和2001年的萧条期，经济均为负增长。与泡沫经济刚刚崩溃时的萧条期相比，后面的两次萧条期问题更加严重，这种负增长严重损伤了日本经济的活力。泡沫经济崩溃后，土地价格和股票价格急剧下滑，结束了资产价格的通胀。

2. 按通货紧缩严重程度分类

按通货紧缩严重程度，通货紧缩可分为轻度、中度和严重通货紧缩。如果通货膨胀率持续下降并转为物价指数负增长的时间不超过两年即出现转机，可视为轻度通货紧缩；如果通货紧缩超过两年仍未见好转，但物价指数降幅在两位数以内，则可视为中度通货紧缩；如果

通货紧缩超过两年并继续发展，且物价降幅超过两位数，或者伴随着比较严重的经济衰退，则应视为严重的通货紧缩。例如，美国在第一次世界大战后经济衰退时期的物价下降幅度达15%以上，在20世纪30年代的大萧条时期物价降幅更是达30%以上。

3. 按通货紧缩与经济增长状况分类

按通货紧缩与经济增长状况通货紧缩可分为增长型与衰退型通货紧缩。如果与通货紧缩相伴随的是经济的持续增长，如英国1814—1849年、1873—1896年的通货紧缩，以及美国1814—1849年、1866—1896年的通货紧缩，则属于增长型通货紧缩；如果与通货紧缩伴随的是经济的衰退，如美国在1920—1933年的通货紧缩，则属于衰退型通货紧缩。

4. 按通货紧缩的成因分类

按通货紧缩的成因通货紧缩可分为政策紧缩型、产业周期型、需求拉下型、成本压低型、体制转轨型、外部冲击型和混合型。

三、通货紧缩的成因

尽管不同国家不同时期的通货紧缩有着不同的原因，但从国内外经济学家们关于通货紧缩的理论分析，仍可概括出引致通货紧缩发生的一般原因。

（1）紧缩性的货币财政政策。一国当局采取紧缩性的货币政策或财政政策，大量减少货币发行或削减政府开支以减少赤字，会直接导致货币供应不足，或加剧商品和劳务市场的供求失衡，使“太多的商品追逐太少的货币”，从而引起物价下跌，出现政策紧缩型的通货紧缩。

（2）经济周期的变化。经济周期达到繁荣的高峰阶段，生产能力大量过剩，供大于求，可引起物价下跌，出现经济周期型通货紧缩。

（3）生产力水平的提高和生产成本的降低。技术进步提高了生产力水平，放松管制和改进管理降低了生产成本，因而会导致产品价格下降，出现成本压低型的通货紧缩。

（4）投资和消费的有效需求不足。当预期实际利率进一步降低和经济走势不佳时，消费和投资会出现有效需求不足，导致物价下跌，形成需求拉下型通货紧缩。金融体系的效率降低或信贷扩张过快导致出现大量不良资产和坏账时，金融机构“惜贷”或“慎贷”引起信用紧缩，也会减少社会总需求，导致通货紧缩。

（5）本币汇率高估和其他外部因素的冲击。一国实行钉住强币的汇率制度时，本币汇率高估，会减少出口，扩大进口，加剧国内企业经营困难，促使消费需求趋减，导致物价持续下跌，出现外部冲击型的通货紧缩。国际市场的动荡也会引起国际收支逆差或资本外流，形成外部冲击性的通货紧缩压力。

（6）体制和制度因素。体制和制度方面的因素也会加重通货紧缩，如企业制度由国有制向市场机制转轨时，精简下来的大量工人现期和预期收入减少，导致有效需求下降；住房、养老、医疗、保险、教育等方面的制度变迁和转型，都可能会影响到个人和家庭的收支和消费行为，引起有效需求不足，导致物价下降，形成体制转轨型的通货紧缩。

（7）供给结构不合理。由于前期经济中的盲目扩张和投资，造成了不合理的供给结构和过多的无效供给，当积累到一定程度时必然会加剧供求之间的矛盾。一方面许多商品无法实现其价值，迫使价格下跌；另一方面大量货币收入不能转变为消费和投资，减少了有效需求，就会导致结构型通货紧缩。

四、通货紧缩的影响

通货紧缩对经济的破坏力与通货膨胀是一样的，甚至有过之而无不及。

（1）通货紧缩会加速经济的衰退。由于物价的持续下跌，必然导致人们对经济前景的悲观预期，持币观望，使消费或投资进一步萎缩。

（2）物价的下跌还会提高实际利率，加重债务人的负担，即使名义利率下降，资金成本仍然会比较高，致使企业不敢贷款投资，或难以偿债。银行则出现大量坏账，并难以找到赢利的项目提供贷款，经营效益不断滑坡，甚至因“金融恐慌”和存款人挤兑而被迫破产，使金融系统濒临崩溃。个人因担心银行倒闭更倾向于持有现金，从而导致“流动性陷阱”的产生，并因而造成经济持续衰退，失业率进一步提高，工人工资收入下降，陷入痛苦的困境。

（3）通货紧缩还会由于需求的持续下降使进口萎缩而输出到国外，引起全球性的通货紧缩，反过来又会影响本国的出口，造成国际收支逆差扩大和资本外流，使国家外汇储备减少，偿债能力削弱，甚至发生债务危机。

可见，通货紧缩对经济的危害同样也是极大的。因此要保证经济的健康运行，不仅要抑制通货膨胀，也要治理通货紧缩。由于通货紧缩形成的原因比较复杂，往往并非由某一方面的原因所引起，而是由多方面的原因共同作用所致，并伴随着经济的衰退，因此治理的难度比通货膨胀甚至更大。

五、通货紧缩的治理

治理通货紧缩必须根据不同国家、不同时期的具体情况进行细致的分析，才能采取有针对性的措施加以治理。一般而言，通货紧缩的治理措施主要包括以下几个方面：

（1）通过积极的财政政策和稳健的货币政策，扩大国内投资和消费需求。积极的财政政策包括：既可增加基础设施的投资和加强技术改造投资，以扩大投资需求，又可通过增发国家机关和企事业单位职工及退休人员的工资提高居民特别是中低收入者的现期收入，以扩大消费需求；既要适度扩大财政支出的总量，又要注重优化财政支出的结构；既要增加中央政府投资，又要鼓励和带动地方和民间投资；既要坚持立足内需为主，又千方百计开拓国际市场，积极扩大外需；既要解决需求不足的问题，又要解决供给刚性和产业结构问题。

（2）改进汇率机制，真正实行以市场供求为基础的管理浮动汇率制度。我国现行有管理浮动汇率制度存在着明显的缺陷，由于实际上钉住美元，使汇率机制不灵活，人民币汇率受制于美元的走势，在美元走强的形势下有效汇率趋于上升。汇率僵硬和不合理不仅增大了外汇风险，而且不利于出口和扩大外需，也不利于引进外资和促进经济增长，因此应该扩大人民币汇率的浮动范围，改进汇率的形成机制，减轻外部冲击对通货紧缩的压力。

（3）加强金融机构的监管，建立金融机构内部管理制度，完善金融风险防范措施。目前我国金融机构资产质量严重下降，金融风险有增无减，尤其是中小金融机构的存款下降严重，出现了向四大国有商业银行集中的现象，一旦出现金融恐慌，后果不堪设想。因此，建立金融机构存款保险制度，谨慎处理有问题的金融机构的破产倒闭，提高人们对金融机构的信心，是维持金融机构流动性和正常运转，扩大信贷和投资的重要保障。

（4）调整信贷结构，扩大信贷范围，解决这一问题的主要办法有两点：一是要确定新的消费热点，引导居民扩大消费需求；二是要确定正确的投资方向和投资重点，加大信贷支持力度。从目前来看，既要有重点地支持国家基础设施项目的建设和高新技术产业的发展，又要根据新的消费热点扩大消费信贷；既要继续增加对国有企业的贷款投入，以支持国有企业改革转制，又要加大对非国有经济的贷款扶持。

（5）定期和及时地向社会披露财政货币政策信息，公布规范的金融统计数据，提高政策透明度，主动引导和影响公众对经济走势的预期。

本章小结

1. 货币均衡是指一国在一定时期内，货币供给与货币需求基本相适应的货币流通状态；反之，则为失衡。

2. 社会总供求均衡是指社会总供给与总需求的相适应，它是宏观经济的最终目标，而实现这一目标，就必须实现商品市场和货币市场的同时均衡，货币的供求平衡又是商品市场供求均衡的前提。总供给决定着货币需求；货币需求又引出货币的供给，并制约着货币供给的数量；而货币供给则是社会总需求实现的手段和载体，总需求的规模受制于货币供给的规模；总供给与总需求之间，在通常情况下是总需求制约着总供给。

3. 通货膨胀是指在纸币流通情况下，货币供应量超过了流通中所必要的货币量，每单位纸币所代表的价值减少，引起货币贬值和物价持续上涨的经济现象。目前世界各国普遍采用的衡量通货膨胀程度的物价指数主要有消费价格指数、批发物价指数、国民生产总值平减指数。通货膨胀按其程度不同，可分为：爬行式通货膨胀、温和的通货膨胀、快步的通货膨胀、奔腾型的通货膨胀、恶性通货膨胀。通货膨胀的成因有：需求拉上、成本推动、结构性因素。通货膨胀对于经济的正常发展有相当的不利影响，主要的治理措施有：控制货币供应量；调节和控制社会总需求；增加商品有效供给，调整经济结构；限价、减税、指数化等其他政策。

4. 通货紧缩是指一段时期内“价格总水平的下降”或“价格总水平的持续下降”。通货紧缩会造成严重危害。首先，通货紧缩会加速经济的衰退；其次，物价的下跌还会提高实际利率，加重债务人的负担。所以必须采取措施加以治理，其措施主要包括：通过积极的财政政策和稳健的货币政策，扩大国内投资和消费需求；改进汇率机制，真正实行以市场供求为基础的管理浮动汇率制度；加强金融机构的监管，建立金融机构内部管理制度，完善金融风险防范措施；调整信贷结构，扩大信贷范围；定期和及时地向社会披露财政货币政策信息，公布规范的金融统计数据，提高政策透明度，主动引导和影响公众对经济走势的预期。

课后练习

一、填空题

1. 在市场经济条件下，货币均衡和非均衡的实现过程离不开__________的作用。
2. 总需求的实现手段和载体是__________。
3. 一般来说，通货膨胀有利于信用关系中的__________人。
4. “过多的货币追逐过少的商品”通常是用来描述__________型通货膨胀的。
5. 度量通货膨胀程度所采用的指数主要有__________、__________和__________。

6. ________指数直接与公众的日常生活相联系，在检验通货膨胀效应方面有其他指标难以比拟的优势。

二、不定项选择题

1. 下列有关货币均衡描述正确的是（　　）。

A. 货币均衡具有相对性　　B. 货币均衡时动态性概念

C. 货币均衡的实现主要靠利率机制　　D. 货币均衡时社会总供求均衡的反映

E. 以上都不对

2. 通常认为，总供给与货币需求量之间呈（　　）的关系。

A. 正相关　　B. 负相关　　C. 正负相关

D. 不相关　　E. 以上都不对

3. 反映不同时期普通消费者日常生活所需要的消费品价格动态指数，称之为（　　）。

A. 生活费用指数　　B. 生产物价指数　　C. 消费价格指数

D. 批发物价指数　　E. 平减指数

4. 有关通货膨胀描述正确的是（　　）。

A. 在纸币流通条件下的经济现象　　B. 货币流通量超过货币必要量

C. 物价普遍上涨　　D. 货币贬值

E. 物价季节性上涨

5. 通货膨胀从本质上讲，是一种（　　）。

A. 经济现象　　B. 自然现象　　C. 货币现象

D. 社会现象　　E. 价格现象

6. 经济学家对发达工业国家通货膨胀上涨速度所作的属性界说，大都认为物价上涨年率不超过2%～3%的状态为（　　）。

A. 预期通货膨胀　　B. 爬行通货膨胀　　C. 抑制型通货膨胀

D. 公开通货膨胀　　E. 隐蔽通货膨胀

7. 对需求拉上型通货膨胀，调节和控制（　　）是关键。

A. 社会总需求　　B. 收入分配　　C. 财政收支

D. 经济结构　　E. 失业

8. 根据通货膨胀的原因来划分，可以有以下类型：（　　）。

A. 成本推动型　　B. 需求拉上型　　C. 结构型

D. 技术型　　E. 隐蔽型

9. 在通货膨胀中，最大的受益者是（　　）。

A. 从企业利润中取得收益者　　B. 国家机关工作人员

C. 科技工作者　　D. 政府

E. 个体户

10. 根据通货膨胀在不同经济体制下不同的表现形式，可以划分为（　　）。

A. 爬行式通货膨胀　　B. 温和式通货膨胀

C. 奔腾式通货膨胀　　D. 公开型通货膨胀

E. 隐蔽型通货膨胀

11. 以存在强大的工会力量，从而存在不完全竞争的劳动力市场为假设前提的通货膨胀是（　　）型通货膨胀。

A. 需求拉动　　B. 工资推动　　C. 利润推动

D. 混合推动　　E. 需求推动

12. 紧缩的货币政策实施的手段主要包括（　　）。

A. 提高法定存款准备金率　　B. 降低存贷款利率

C. 提高再贴现率　　D. 央行出售政府债券

E. 增加公开市场的货币投放

13. 通货紧缩的促进论者认为，适度的通货紧缩有利于经济增长。其理由是（　　）。

A. 将促使长期利率下降

B. 经济扩张的时间延长、维持经济稳定

C. 价格水平的下降与技术进步、经济增长可相互促进

D. 可提高人们的购买力

E. 低物价可吸引国外投资者

三、判断分析题

1. 批发价格指数是一个能综合反映物价水准变动情况的指标。（　　）

2. 一般来说，小额存款人和债券持有人最易受通货膨胀的打击。（　　）

3. 对于结构型的通货膨胀最有效的治理措施是增加货币有效供给。（　　）

4. 在市场经济条件下，如果货币供给增长过快，在商品市场上，是引起物价上涨；在货币资金市场上，利率上升也是必然的。（　　）

5. 任何货币工资的上升所引起的成本增加都会引起工资推进型通货膨胀。（　　）

6. 在通货膨胀时期，物价上涨，实际货币数量减少，债务人受损，债权人受益，采用固定利率可在一定程度上逃避通货膨胀对债权债务的影响。（　　）

7. 如果人们能对通货膨胀率进行正确的预期，则可用相应减低利率的方式来规避债权人的损失。（　　）

8. 通货紧缩从本质上讲是一种货币现象。（　　）

四、名词解释

货币均衡　　货币失衡　　社会总供求平衡　　通货膨胀　　通货紧缩

五、简答题

1. 什么是货币均衡？它与社会总供求均衡之间有什么关系？

2. 什么是通货膨胀？它有何影响？

3. 治理通货膨胀的对策有哪些？

4. 简述通货膨胀的成因。

5. 什么是通货紧缩？如何治理通货紧缩？

六、综合分析题

1. 增加货币供给就能够降低利率，因此，对于通货紧缩最好的治理办法就是加大货币投放。此说法是否正确？为什么？

2. 尽管政府将反对通货膨胀作为首要任务，但政府却又是通货膨胀的受益者，为什么？

第十三章　货币政策

【学习目标】

1. 理解货币政策最终目标及其之间的相互关系
2. 掌握货币政策中介指标和货币政策工具
3. 熟悉货币政策传导机制
4. 了解货币政策效果

货币政策，是指一国中央银行为实现特定的经济目标而采用的各种控制和调节货币、信用及利率等变量的方针、措施的总称。一个完整的货币政策体系包括货币政策目标体系、货币政策工具体系和货币政策操作程序三大部分。而货币政策目标是指中央银行采取调节货币和信用的措施所要达到的目的。按照中央银行对货币政策目标的影响力、影响速度及施加影响的方式，货币政策目标可以划分为三个层次，即最终目标、中间目标和操作目标。

第一节　货币政策的最终目标

货币政策的最终目标是指货币政策在一段较长时间内所要达到的目标。作为货币政策的最终目标具有三个特点，即相对固定，与宏观经济目标基本一致，属于长期目标。

一、货币政策四项具体目标

概括地讲，各国货币当局货币政策所追求的最终目标主要有四个：稳定物价、充分就业、经济增长和国际收支平衡。

1. 稳定物价

所谓稳定物价就是设法使一般物价水平在短期内不发生显著或急剧的波动，实际上是使物价在短期内保持一种相对稳定状态。这里所指的物价是指一般物价水平，即物价总水平，而不是指某种商品的价格。

稳定物价并不意味着冻结物价。价格波动是商品经济的基本特征之一。如果让物价静止不变反倒是不正常的经济现象。因此，稳定物价是指把一般物价水平控制在一定范围内，即控制在既不危害经济增长，社会大众心理又能承受的范围之内。从物价在经济发展中所发挥的作用来看，物价既不能过高（即防止出现通货膨胀），也不能持续过低（即防止出现通货紧缩），应保持在一个合理的水平上，中央银行在控制稳定物价目标时要注意把握物价变动的度。

2. 充分就业

所谓充分就业，通常是指凡是需要就业者均可有一个适当的工作，或者说，凡是有能力并自愿参加工作者，都能在合理的条件下随时找到适当的工作。

传统的西方经济学理论认为，资本主义本身可以达到充分就业。但是，他们所说的充分就业，并不是社会劳动力的 100%的就业，而是扣除了两种通常存在的失业。一是摩擦性失业，即由于生产环节上技术性的原因造成短期内劳动力的供求失调及难以避免的摩擦而造成的失业。二是自愿失业，即工人不愿接受现行的工资水平而造成的失业。

衡量充分就业或资源利用程度的指标通常是失业率。所谓失业率就是失业人数与愿意就业的劳动力总数之比。失业率的大小，代表了社会的充分就业程度。那么，失业率低到什么程度就算充分就业了呢？确定一个标准很难，因为各国经济发展的情况不同，对适当的失业率的看法也不相同。有的经济学家认为 3%是合理的，有的则认为失业率在 4%～5%以内比较好。美国多数学者认为失业率在 5%以内就算充分就业。

3. 经济增长

经济增长主要是指国家经济实力长期持续地增长。各国政府都把经济增长作为货币政策的重要目标，因为经济增长是提高社会生活水平的物质保障，是保护国家安全的必要条件。经济增长还代表着一个国家的经济实力，决定其在国际社会和政治、军事竞争中的地位。因此，任何一个国家都非常注重经济增长。

经济增长通常以国民生产总值或人均国民生产总值作为衡量指标，但是这两个指标也并非总能准确衡量出实际经济的变化情况。原因在于：一是经济增长率与国民生产总值增长率这两个概念并不完全等同，价格上涨也会引起国民生产总值（名义国民生产总值）的增加，但并不意味着经济的增长，只有剔除价格上涨因素所计算出的国民生产总值（实际国民生产总值）才能在一定程度上反映经济增长的程度。二是以国民生产总值表示的经济增长只是一个数量指标，没有考虑到产值增长的背后可能隐藏着资源的浪费和环境污染等质量问题。但是,由于经济增长这一目标主要关心的是一个时期的经济增长是否比另一个时期相对好一些，整体经济是否处于稳定的增长状态中，所以，在没有更好的指标的情况下，各国中央银行还是把国民生产总值增长作为衡量指标。

4. 国际收支平衡

国际收支平衡是指一国对其他国家的全部货币收入和货币支出相抵基本平衡、略有顺差或略有逆差的现象。在一个开放型经济中，保持国际收支平衡是保证国民经济持续稳定增长和经济安全甚至政治稳定的重要条件。如果一国的国际收支出现失衡，无论是顺差还是逆差，都会影响到国内货币供给量的宽松或紧张，给该国经济带来不利影响，20 世纪 90 年代的墨西哥金融危机和亚洲金融危机就是很好的例证。因此国家有必要对其国际收支失衡进行调节。

一般来说，国际收支的顺差意味着该国的外汇收入超过外汇支出，外汇收入增加。增加的外汇收入不能直接在本国市场上购买商品，而是由中央银行购进这些外汇形成储备资产，这样中央银行必然要投放基础货币，形成本国银行的准备金，从而使得国内货币供应量增加。这必然会改变原有国内市场的供求平衡关系。

国际收支逆差首先是意味着国外的商品流入大于国内的商品流出，国内市场商品供应增多，货币供应相对减少。在国内市场供应过剩的情况下，则加剧国内市场商品的供求矛盾，使国内市场的货币供应量显得更加不足。其次是意味着可利用的国外资源增加，在国内资源未得到充分利用，乃至存在严重失业的情况下，必然会造成国内资源的浪费，阻碍民族经济的发展。最后是意味着国家外汇储备水平的降低，降低本国的国际清偿能力。当然，在国内市场上货币供应偏多、物价上涨、商品供应不足的情况下，增加一些进口，出现一定数量的逆差，有利于吸收部分国内市场上偏多的货币，增加市场商品供应，缓解市场货币供应过多的矛盾。

货币政策在调节国际收支方面具有重要作用。中央银行可以通过实行扩张或紧缩性货币政策，灵活运用利率、汇率等杠杆，对内外均衡政策进行合理选择，调节资本的流进和流出，鼓励或抑制商品的进出口，从而调节国际收支状况。

二、货币政策四项具体目标之间的关系

货币政策的四个目标都是国家宏观经济的目标，国家在干预经济时，理想化的效果是同时实现这四个目标。实际上，这些目标之间有些是统一的，如充分就业与经济增长两者之间成正相关关系，即经济增长，就业增加，而经济下滑，失业增加；有些目标在一定条件下是可以相容的，如在总需求大于充分就业条件下的总供给时，物价上涨，国际收支赤字，这时紧缩总需求，就可以控制通货膨胀，还可以增加出口减少进口，保持国际收支平衡。

但是，这些目标之间更多的是相互矛盾。

（1）物价稳定与充分就业之间存在着矛盾。一般来说，要减少失业就要增加货币供应量或降低利率，以刺激社会总需求，但这很可能引起物价上涨；反之降低通货膨胀率就要紧缩货币供应量或提高利率，这会使失业率提高。

（2）经济增长与物价稳定之间存在着矛盾。二者之间的本质上应该是一致的，经济增长可以使商品供应丰富，可以提高劳动生产率以降低生产成本，这都有利于稳定物价；同时，物价稳定是经济长期持续增长的必要条件。但许多国家的实践表明，经济增长往往伴随着通货膨胀，而治理通货膨胀，又可能造成经济衰退。原因在于，现代经济是一个复杂的系统，追求某一经济指标的增长速度，常常会带来相当高的社会成本。因此，一国在一定时期内的经济增长速度应保持适度。一些国家经济脱离实际追求高速增长，导致需求拉上或结构失调型通货膨胀；而一旦紧缩需求，又会造成经济增长率下降。

（3）国际收支与经济增长、稳定物价之间的矛盾。经济增长通常会增加对进口商品的需求，甚至于因为支付增加而提出对一部分用于出口的商品的需求，两方面作用的结果是进口增长快于出口增长，导致贸易收支的不平衡，此时有可能由于外资流入的增加，使资本项目出现顺差加以弥补，但不能确保经济增长与国际收支平衡能协调一致，而且还要取决于外资的实际利用效果；国际收支与物价稳定的主要矛盾主要发生在国内通货膨胀处于较高水平的情况下，为抑制通货膨胀，物价稳定，需要提高利率，但如果此时国际收支处于顺差时，提高利率会导致资本流入使顺差加大，国际收支失衡更趋严重。

第二节　货币政策的中介指标

最终目标、中间目标、操作目标共同构成了中央银行货币政策的目标体系，它们是货币

政策操作的基本依据。中央银行正是以货币政策工具直接作用于操作目标，进而通过中介目标的变化实现其最终目标。

一、货币政策中介指标的选择标准

货币政策中介目标是一种具有传导性的金融变量。中央银行本身并不能直接控制和实现最终目标，需要在政策工具和最终目标之间设立中介目标能直接加以控制，又与最终目标紧密相关，影响最终目标指标变量的具有传导性的金融变量。这样，一方面可以用它及时连续地反馈信息，以了解货币政策的传导过程和效果；另一方面可以尽量消除政策传导过程中可能出现的偏差，提高政策施行的准确性。因此中介目标就成为货币政策作用过程中十分重要的中间环节，能否正确地进行选择关系到能否实现货币政策的最终目标。中介目标的选择要符合以下几个标准。

（1）可测性，有两个方面的含义：①中介目标应有比较明确的含义，如M0、M1、长期利率、短期利率等；②有关中介目标的准确数据应能为中央银行及时获取，因为只有中介目标在货币政策偏离轨道时能比最终目标更快地发出信号,中央银行才有可能修正其政策行为。

（2）可控性，即中央银行通过运用各种货币政策工具，能够及时准确地对中介目标变量进行控制和调节，以有效地贯彻其货币政策意图。

（3）相关性，指中央银行选定的中介目标与最终目标之间必须存在密切、稳定的相关性。

根据以上标准及中介目标与最终目标和政策工具的关系，可以将中介目标分为两类。一类是近期中介目标，即中央银行货币政策工具对它的控制力较强，但离货币政策最终目标较远，如超额准备金和基础货币，又称为操作指标；另一类是远期中介目标，即中央银行货币政策工具对它的控制力较弱，但离政策目标较近，又称为中间目标。

二、货币政策的近期中介指标——操作指标

货币政策的近期中介指标是中央银行通过货币政策操作和传导后能够以一定的精确度达到的政策变量。通常包括银行准备金和基础货币。

1. 银行准备金

银行准备金是指商业银行和其他存款机构在中央银行的存款余额及其持有的库存现金。准备金的用途主要有：①用于满足客户提款的需要；②用于满足法定存款准备金率的要求；③用于银行之间的资金清算。

准备金作为货币政策的操作指标的原因在于：①很容易满足可测性要求。中央银行比较容易了解商业银行在中央银行的存款准备金情况，同时在一般国家，商业银行要定期报告其库存现金这一部分准备金额。②就可控性和相关性而言，存款准备金也是容易满足要求的。

尽管存款准备金的可控性程度很高，但对存款准备金总额中的超额准备金部分，中央银行则难以准确控制，因为每家银行愿意保有多少超额准备金，不是由中央银行所决定的。在法定存款准备金比率一定的条件下，商业银行愿意保有的超额准备金，正是决定信贷规模和货币供应量的基本要素，从这个意义上说，存款准备金指标的可控性程度是不确定的。

2. 基础货币

基础货币又称为高能货币，由流通中的通货和银行准备金组成。一般认为，基础货币是比较理想的操作指标。①就可测性而言，基础货币直接表现为中央银行的负债，其数额随时反映在中央银行的资产负债表上，很容易为中央银行所掌握。②基础货币中的通货可以由中央银行直接控制，银行准备金中的非借入准备金中央银行可以通过公开市场操作随意对其加以控制，借入准备金虽不能完全控制但可以通过贴现窗口进行目标设定，并进行预测，也有很强的可控性。③根据货币供给理论中的货币乘数理论，货币供应量等于基础货币与货币乘数之积。只要中央银行能够控制基础货币的投放，也就等于间接地控制了货币供应量，从而就能进一步影响利率、价格及国民收入，实现其最终目标。

三、货币政策的远期中介指标——中间指标

1. 市场长期利率

这是凯恩斯学派所推崇的货币政策中间指标。20 世纪 70 年代以前各国中央银行大都将此作为中间目标。利率作为中间指标的优势在于：①可控性强。中央银行可直接控制再贴现率，而通过其他货币政策工具也能调节市场利率的走向。②可测性强。中央银行在任何时候都能观测到市场利率的水平及结构。③相关性强。利率的变化直接影响投资与消费支出，从而调节总供给。

但利率作为中介目标也存在不利之处。这首先是因为利率是内生变量，利率的变动是循环的：经济繁荣时，利率因信贷需求增加而上升；经济调整时，利率随信贷需求减少而下降。然后作为政策变量，利率与总需求也应沿同一方向变动：经济过热，应提高利率；经济疲软，应降低利率。这就是说，利率作为内生变量和作为外生变量往往很难区分。

2. 货币供应量

货币供应量是以弗里德曼为代表的现代货币主义者所推崇的中间指标。20 世纪 70 年代中期以来各国中央银行纷纷将中间指标由利率改为货币供应量。把货币供应量作为中间指标的理由是：①就可测性而言，根据货币的流动性差别及货币性的强弱，M0、M1、M2 等目标都有很明确的定义，分别反映在中央银行、商业银行及其他金融机构的资产负债表内，可以很方便地进行测算和分析，可测性较强。②在可控性方面，按照界定，货币供应量一般由通货和各种存款货币构成。它又等于基础货币与货币乘数之积。通货直接由中央银行发行并进入流通，其可控性最强。③就相关性看，一定时期的货币供应量代表了一定时期的有效需求总量和整个社会的购买力，对最终目标有直接影响，由此其与最终目标直接相关。

然而，货币供应量也要受一些非货币政策因素的影响，如公众持有现金的比例的变化、不同层次间货币量的变化、非银行金融机构的信用活动、财政政策的变化等都会对货币供应量发生影响，从而使中央银行难以准确地控制货币供应量。因此也有一些学者认为，货币供应量不是理想的货币政策中间指标。

进入 20 世纪 90 年代以后，一些发达国家先后放弃以货币供应量作为货币政策的中间指标。目前七国集团中，只有德国中央银行继续以货币供应量作为货币政策的中间指标，其他国家已经转向以利率为中间指标了。主要原因是 20 世纪 80 年代末以来的金融创新、金融放松管制和全球金融市场一体化，使得各层次的货币供应量之间的界限更加不确定，使得基础

货币的扩张系数失去了以往的稳定性，也使得货币供应总量同最终目标的关系更加不确定，最终使中央银行失去了对货币供应总量的强有力的控制。

第三节　货币政策工具体系

中央银行为实现其货币政策目标必须借助一些有效的货币政策工具。货币政策工具就是中央银行为达到货币政策目标而采取的调控手段。主要包括一般性政策工具、选择性政策工具和其他政策工具。

一、一般性货币政策工具

一般性政策工具通常称为三大法宝，即再贴现政策、存款准备金和公开市场业务。一般性政策工具的作用对象是整个经济金融活动，而不是个别部门或企业。

1. 法定存款准备金政策

所谓法定存款准备金政策，是指中央银行在法律所赋予的权力范围内，通过规定或调整商业银行缴存中央银行的存款准备金比率，控制商业银行的通信创造能力，间接地控制货币供应量的措施。

将存款准备金集中于中央银行，最初始于英国。而以法律形式规定商业银行必须向中央银行缴存法定存款准备金，则始于 1913 年美国联邦储备法。起初银行持有存款准备金只是为了保障自身的安全，保持银行的流动性和清偿能力。中央银行法定存款准备金比例，也只是出于稳定金融的考虑。20 世纪 30 年代经济大危机后，人们开始认识到法定存款准备金比率是中央银行调节和控制货币供应量的一个重要工具。调控货币供应量比单纯稳定金融要重要得多，就目前来看，凡是实行中央银行制度的国家，都实行了法定存款准备金制度。

存款准备金政策的核心是通过存款准备金比率的提高或降低来影响商业银行创造存款货币的能力。根据货币乘数公式，法定存款准备金率与货币乘数的基本关系是乘数的大小与法定存款准备金率的高低成反比，提高法定存款准备金率将使货币乘数变小；反之货币乘数变大。因此，一般来说，当中央银行需要减少货币供应量，抽紧银根时，就可提高法定存款准备金率，这样就增加了商业银行上缴中央银行的法定存款准备金，相应减少了超额准备金，迫使商业银行紧缩信贷规模，并使其货币乘数变小，信用规模和货币供应量成倍收缩；反之，当中央银行需要放松银根，增加市场货币供应量时，就降低法定存款准备金率，使商业银行的超额准备金增加，促使商业银行扩大信贷规模并使其货币乘数变大，信用规模和货币供应量成倍扩张。

存款准备金政策是一种强有力的政策工具，具有较强的控制信贷规模和货币供应量的能力，而且中央银行操作这一工具极其简便，但是，存款准备金政策作为货币政策工具也有明显的局限性，主要表现在：第一，由于法定存款准备金率调整对货币供应量的影响较为强烈，不宜作为中央银行经常性货币政策工具，一般只在经济发展阶段转换时才使用，而在一个阶段内要保持稳定。第二，法定存款准备金率的调整会产生心理预期效应，会使得货币金融领域中其他变量产生相应变化，因此，存款准备金率的固定化倾向得到加强。第三，由于不同存款种类的存款有不同的法定存款准备金率，其调整对不同类型的银行和不同种类的存款产生不同的影响，这就使得中央银行难以判断存款准备金率调整之后的实际效果。正由于法定存款准备金率的上述特点，它才成为中央银行手中掌握的一件强有力的，但不经常或不轻易使用的武器。

2. 再贴现政策

所谓再贴现政策，就是中央银行通过制定或调整再贴现率来干预和影响市场利率及货币市场的供应和需求，从而调节市场货币供应量的一种货币政策工具。

一般来说，再贴现政策有两方面的内容：一是再贴现率的规定和调整；二是规定再贴现的资格。前者着眼于短期，即中央银行根据市场的资金状况，调高或调低再贴现率，影响商业银行贴现融资成本，从而调节货币供给量。后者着眼于长期，对再贴现票据的种类和申请贴现机构加以区别规定起到鼓励或抑制作用。

中央银行作为银行的银行，是商业银行的最后贷款人。当中央银行需要紧缩银根，减少市场货币供应量时，就提高贴现率，这样就会提高商业银行在中央银行融通资金的成本，减少商业银行向中央银行的贴现额或借款，这会使商业银行的准备金相应缩减。如果准备金不足，商业银行就只能收缩对客户的贷款和投资规模，从而也就缩减了市场上的货币供应量，使银根抽紧、市场利率上升，社会对货币需求量减少；当中央银行要增加社会货币供应规模时，就降低再贴现率，这样就会降低商业银行向中央银行融通资金的成本，商业银行就会增加向中央银行的贴现额和借款，这会使商业银行的准备金增加，同时也就相应增加了社会的贷款额和投资规模，使得市场货币供应量增加，银根放松，市场利率下降，货币供应量增加。

在实践中，再贴现政策可产生以下四个方面的政策效应：

（1）影响商业银行的资金成本和超额准备，从而影响商业银行的融资决策，使其改变放款和投资活动。

（2）产生告示效果（或告示效应），通常能表明中央银行的政策意向，从而影响到商业银行和社会公众的心理预期。

（3）能决定何种票据具有再贴现资格，从而影响商业银行的资金投向和社会资金运动方向，促进社会资金的高效流动。

（4）能在一定程度上防止危机的恶化和蔓延。在银行发生支付危机时，再贴现是中央银行向银行系统提供准备金的一种特别有效的方法。中央银行作为最后贷款人，通过再贴现渠道，可以立刻将资金送到急需它们的银行手中。

再贴现政策也有一定的局限性。第一，中央银行在运用这一工具时，可能处于被动地位。因为，中央银行在调整再贴现率后，并不能强制商业银行和社会公众贯彻其政策意图，因而影响政策效果实现。第二，再贴现政策只能影响利率总水平，而不能改变利率结构。第三，再贴现率不能经常调整，否则会引起市场利率经常性变动，使银行和企业无所适从。

3. 公开市场业务

所谓公开市场业务是指中央银行为实现货币政策目标通过在公开市场上买进或卖出有价证券来影响商业银行准备金，从而调节货币供应量的一种政策措施。

中央银行在公开市场上买卖的证券主要是政府公债和国库券，在有的国家中央银行也可买卖地方政府债券、政府担保的证券、金融债券、银行承兑汇票等。

公开市场业务的基本操作程序是中央银行根据经济形势的发展，当需要收缩银根时，就卖出证券；反之，则买进证券。如当经济不景气，资金短缺时，中央银行认为有必要放松银根，就在金融市场上购入有价证券，相应地投放基础货币，不论有价证券的出售者是谁（是商业银行还是非银行主体），都会使商业银行的准备金增加，引起信用规模扩大，由此多倍增加货币供应量；反之当货币需求过旺，货币供给过大时，中央银行认为有必要紧缩银根，就卖出有价证券，相应地收回基础货币，使商业银行的准备金减少，引起信用规模收缩，由此多倍减少货币供应量。公开市场业务的作用点在于对商业银行的准备金总额产生影响，从而影响到借贷市场的情况，最终影响到货币供应量的增减。

公开市场业务日益成为许多国家最重要的日常性货币政策工具，这是因为相对于其他政策工具来说，公开市场业务具有以下优点：第一，公开市场业务是中央银行主动采取的，并能对银行准备金产生直接预期的效果，而不像再贴现那样，处于被动地位；第二，公开市场业务可以进行经常性、连续性的操作，可以按任何规模买卖证券，直到满足中央银行的要求为止；第三，中央银行可以通过公开市场业务，对货币供应量进行微调，而不会像法定存款准备金那样产生震动性影响；第四，金融市场情况一旦发生变化，中央银行能迅速改变其操作方向，精确而灵活地调节市场货币供应量；第五，公开市场业务可以迅速执行。

公开市场业务虽然具备许多优点，但并不是所有国家的中央银行都可以采用这一货币政策工具的。开展公开市场业务必须具备以下条件：首先，中央银行必须是强大的，具有调控整个金融市场的力量；其次，金融市场发达，证券种类，特别是债券种类齐全并达到一定的规模；最后，必须有其他政策工具配合。

阅读材料

“9·11事件”与美国的货币政策

2001 年 9 月 11 日国际恐怖分子劫持美国飞机撞毁世贸大楼，全球金融市场为此大幅震荡。“9·11”事件发生几小时，美联储主席格林斯潘迅速从瑞士返回美国，同时华尔街宣布休市一周以制止或减慢国际市场卖空行为；紧接着，美联储发表声明，联邦储备系统继续开门营业，贴现窗口将满足银行的现金需求，并向银行系统注入临时储备金 382.5 亿美元，9 月 16 日又追加 812.5 亿美元。9 月 17 日开市前格林斯潘、布什讲话称美国经济绝不会因此陷入衰退，以期鼓舞民众之心。9 月 17 日、10 月 2 日，美联储分别调低联邦基金利率 0.5%。截至 2001 年 10 月底，联邦基金利率已下调 9 次，从 6.5%降至 2.5%，达到 40 年来的最低水平。美联储同时向对冲基金经理打招呼，希望他们不要落井下石、进一步激化市场危机，同时放宽限制机构入市条件；各大传媒到处散布各种未经证实的利好消息。此外，美国政府还加强与欧佩克组织的协商以稳定国际油价。

二、选择性货币政策工具

选择性政策工具是有选择地对某些特殊领域的信用加以调节和影响的措施。选择性政策工具主要有消费者信用控制、证券市场信用控制、不动产信用控制。

1. 消费者信用控制

消费者信用控制是指中央银行对不动产以外的各种耐用消费品的销售融资进行控制。它包括：规定较高的定金（第一次付款部分）比例；缩短分期付款的期限；限制用消费信贷购买耐用消费品的种类等。在消费信用膨胀和通货膨胀的情况下，控制消费信用可以直到控制消费需求和物价上涨的作用。

2. 证券市场信用控制

证券市场信用控制是中央银行对使用贷款进行证券交易施加控制。它规定了证券交易中缴纳保证金的比例，其目的是要限制用贷款进行证券投机的行为，在不紧缩其他经济部门需求的情况下控制对证券市场的放款。例如，中央银行把保证金要求提高到 100%，以控制投机性的股票市场暴涨。

3. 不动产信用控制

不动产信用控制是中央银行有权对金融机构在房地产放款方面进行管制，以抑制房地产投机。如对金融机构的房地产货款核定最高限额、最长期限以及首次付款和分期付款的最低限额等。

三、其他货币政策工具

1. 直接信用控制

直接信用控制是指中央银行依据有关法令，利用行政手段，对商业银行及其他金融机构的业务活动进行各种直接干预。其中比较重要的有以下几种。

（1）信用分配。它是指中央银行根据金融市场状况和客观经济的需要，对商业银行进行贷款分配，规定在各部门或地区资金分配的数量或比例。这种信用分配方式在资金需求旺季、资金短缺、单纯依靠市场机制不能达到控制效果时最适合采用。

（2）直接干预。它是指中央银行直接对商业银行的信贷业务施以合理的干预，如规定商业银行的业务范围、放款政策等。中央银行直接干预的方式有：直接限制放款的额度，直接干涉商业银行对活期存款的吸收；对业务经营不当的商业银行可以拒绝再贴现，或采取惩罚性利率；明确规定各家银行的放款或投资的范围等。

（3）流动性比率。它是指中央银行为了限制商业银行的扩张信用，规定其流动资产对存款的比重。

（4）利率最高限额。它是指中央银行规定商业银行对定期及储蓄存款所能支付的最高利率，其目的是为了防止银行之间的过度竞争和为谋取高利进行风险投资和放款，从而保证银行的正常经营。

（5）特种存款。它是指中央银行在银行体系中出现过剩超额准备时，要求其按一定比例缴存中央银行，以紧缩放款，从而减少货币供应量。

2. 间接信用指导

间接信用指导是指中央银行通过道义劝告、窗口指导等办法间接影响商业银行的信用创造。

道义劝说或窗口指导，是中央银行利用自己的权威和声望，采取口头通知或书面通知形式，通报金融形势，劝说商业银行采取相应措施，以使金融机制正常运转，保证信贷政策的执行。例如，在通货膨胀时，劝说商业银行或其他金融机构，提高利率，不使情况进一步恶化；在国际收支出现较大逆差时，劝说商业银行减少海外贷款并提高利率；在股票市场和地产买卖投机盛行时，劝说商业银行减少此方面的信贷等。道义劝说没有法律的约束力，但往往是有效的，商业银行等一般乐于和中央银行合作。

知识链接

我国货币政策工具的实践

我国货币政策工具的实践大致经历了以下三个阶段。

第一阶段是1948—1978年，这一阶段主要的货币政策工具为信贷现金计划，辅助货币政策工具为信贷政策、利率政策和行政手段。

第二阶段是1979—1998年，这一阶段主要的货币政策工具为信贷现金计划和中央银行贷款，辅助货币政策工具为信贷政策、利率政策、再贴现政策、公开市场政策和特种存款。

第三阶段是1998年至今，这一阶段主要的货币政策工具为中央银行贷款、利率政策、公开市场政策和存款准备金政策，辅助货币政策工具为指导性信贷计划、再贴现政策、信贷政策和窗口指导。尤其是近年来，存款准备金比率的调整比较频繁，2007—2008年进行了10多次调整，不仅是抑制信贷过快增长、防范通货膨胀，而且还部分承担汇率方面问题的责任，主要表现为部分商业银行被要求以外汇交存人民币存款准备金。存款准备金比率的频繁调整在西方国家是比较少见的。2008年7月后，随着金融危机的加剧，中国经济前景的不确定性增强。2008年12月8日，国务院发布了《关于当前金融稳定促进经济发展的若干意见》指出，要保持银行体系的流动性充足，促进货币信贷稳定增长。我国货币政策开始转向“适度宽松”。2010年12月12日中央工作会议研究决定实施稳健的货币政策，即按照总体稳健、调节有度、结构优化的要求，把好流动性这个总闸门，把信贷资金更多投向实体经济，特别是“三农”和中小企业。2014年4月25日和6月16日，央行两次定向降低法定存款准备金，将释放的资金投向“三农”和小微企业等国民经济重点领域和薄弱环节，促进信贷结构优化。

第四节　货币政策传导机制◆

货币政策传导机制是指中央银行运用货币政策工具影响中介指标，进而最终实现既定政策目标的传导途径与作用机理。货币政策传导机制是从运用货币政策到实现货币政策目标的过程，货币传导机制是否完善，直接影响货币政策的实施效果以及对经济的贡献。

一、货币政策传导过程

在西方国家，货币政策的传导过程一般由三个基本环节构成。

（1）从中央银行至各金融机构和金融市场，即中央银行通过法定存款准备金、再贴现和公开市场业务等各种货币政策工具，调节各金融机构的超额准备金量和金融市场融资条件（包括利率），以控制各金融市场的资金融通。

（2）从各金融机构和金融市场至企业和个人的投资与消费，即中央银行通过货币政策的实施，如提高或降低利息率，扩张或紧缩货币供应量，使各金融机构和企业、个人调整自己的投资和消费，从而使社会的投资和消费总量发生变化。

（3）企业、个人的投资、消费导致产量、物价和就业的变动。个人投资消费行为的变化，必然会引起产量、物价和就业的变动，最终影响经济发展、物价稳定、充分就业、国际收支平衡等目标的实现。

在西方国家，金融市场在货币政策的传导过程中起着十分重要的作用：首先，中央银行主要通过市场实施其货币政策手段，特别是公开市场业务、再贴现业务以及利率的变动。这些变动直接使金融机构感受到或接受中央银行的货币政策调控意图。其次，企业和个人则通过利率变化，接受金融机构对货币资金供应的调节，进而改变投资和消费行为。另外，国民经济各经济变量的变化，也通过市场信息的反馈来影响中央银行、各金融机构的行为，从而引起货币供给的变化。

二、货币政策传导机制相关理论

至于采用哪种政策更有利于实现货币政策最终目标，其过程和机制的有效性如何，在西方有不同的理论立场，其主要有凯恩斯学派和货币学派的传导机制理论。

凯恩斯学派主张传导过程中的主要机制或主要环节是利率，认为货币供应量的变动或调整必须首先影响利率的升降，然后才能使投资及总支出发生变化，进而影响总收入的变化。用符号可以表示为

$$M \to r \to I \to E \to Y$$

式中，M表示总支出，Y表示总收入。其中，特别强调利率的变化通过资本边际效率的影响使投资I以乘数方式增减，最后影响社会总收支的变化。

货币学派则认为利率在货币机制中并不起重要的作用，而强调货币供应量在整个传导机制上具有的效果。

这种主张认为，增加货币供应量在开始时会降低利率，但不久会因货币收入增加和物价上涨而使名义利率上升，而实际利率则有可能会回到并稳定在原来的水平上。他们认为，货币政策的传导机制主要不是通过利率间接地影响投资和收入，而是通过货币实际余额的变动直接影响支出和收入，用符号表示

$$M \to E \to Y$$

可见用哪种政策工具作为传导机制，理论界存在疑义，在实际运用中各个国家也不尽相同。

第五节　货币政策效果◆

货币政策效果是指货币政策当局推行一定的货币政策后，社会经济运行所做出的现实反应。它是货币政策的实施对社会经济生活产生的影响，是货币政策传导于经济过程之后的必然结果。

一、影响货币政策效果的因素

货币政策的实施过程受多种因素的影响，主要表现在以下几个方面。

1. 货币政策时滞

货币政策从制定到获得主要或全部的效果，必须经过一段时间，这段时间称为时滞。它

由内部时滞和外部时滞两部分构成。

（1）内部时滞是指从政策制定到货币当局采取行动的这段时间。它分为认识时滞和行动时滞两个阶段。认识时滞是指从形势需要货币当局实行某种政策到货币当局认识到存在这种需要所耗费的时间；行动时滞是指从货币当局认识到需要行动到实际采取行动所需要的时间。

内部时滞的长短取决于货币政策当局对各种信息资料的占有程度和对经济、金融形势的分析判断能力、预见能力及行动的决心，体现着货币当局决策水平的高低和对金融调控能力的强弱。

（2）外部时滞是指从货币当局采取行动开始到对政策目标产生影响的这段时间。它分为操作时滞和市场时滞两个阶段。操作时滞是指从调整货币政策工具到其对中介指标发生作用所需要的时间；市场时滞是指从中介指标发生反应到其对最终目标产生影响所需要的时间。

外部时滞较为客观，不像内部时滞那样可由中央银行掌握。外部时滞的长短主要取决于政策的操作力度和金融部门、企业部门对政策工具的反应的大小，它是由多种因素决定的复杂变量。因此，中央银行对此很难实行实质性的控制。货币政策时滞之间的相互关系如图 13.1 所示。

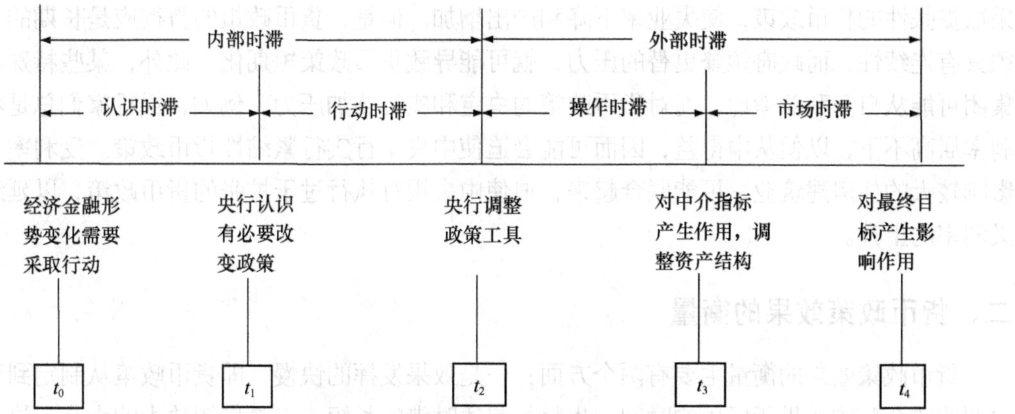

图 13.1　货币政策时滞之间的相互关系

2. 货币流通速度

影响货币政策效果的另一重要因素是货币流通速度。对于货币流通速度一个相当小的变动，如果政策制定者未能预料到或在估算这个变动时出现小的误差，都可能使货币政策的效果受到严重的影响，甚至可能使政策走向反面。但是，在现实经济中，影响货币流通速度的因素很多，因此很难准确估算货币流通速度，这无疑限制了货币政策效果的提高。

3. 微观经济主体的预期

微观经济主体的预期也是影响货币政策效果的重要因素。当一项货币政策提出时，微观经济主体，会立即根据可能获得的各种信息预测政策的后果，从而很快地做出对策，从而抵消货币政策的作用。例如，政府采取长期的扩张政策，人们通过各种信息预期社会总需求会增加，物价会上涨。在这种情况下，工人们会通过工会与雇主谈判，要求提高工资，企业预期工资成本的增加而不愿扩大经营，最后的结果是只有物价的上涨而没有产出的增长。鉴于微观经济主体的预期，似乎只有在货币政策的取向和力度没有或没有完全被公众知晓的情况下才能达到预期的政策效果。但是货币当局不可能长期不让社会知晓它所采取的政策，即使采取非常规的货币政策，不久之后也会落在人们的预期之内。如果货币当局长期采取非常规的货币政策，则使微观经济主体做出错误的判断，并会使经济陷入混乱之中。但是，从现实的情况来看，由于存在信息不对称，且经济主体并不具备完全的预测能力，他们的预期经常是不准确的，即使预期是非常准确的，实施对策的步伐也很快，但其效果的发挥也要有一个过程，因此货币政策仍可奏效，只是货币政策的效果会大打折扣。

4. 政治因素

政治因素对货币政策效果的干扰也很大，它可能使中央银行偏离正确的政策，甚至使货币政策部分失效。任何一项货币政策，给不同的阶层、集团、部门或地方带来的利益是不同的。为了使各自获得利益最多或受损失最少，这些主体往往形成一定的政治压力，迫使货币政策向有利于自己的方向调整。

官僚机构为了自身的利益，可能会置社会公众利益于不顾，由此产生政治性经济周期，从而影响货币政策的效果。在西方许多国家，政治过程是短期化，政府几年需换届一次。由于低失业和高生产会给执政党带来不少选票，因此，在大选前政府都力图刺激经济，倾向于采取扩张性的货币政策，使失业率下降和产出增加。但是，货币政策的贯彻应是长期的，必须具有连续性，而政府频繁更替的压力，就可能导致货币政策短期化。此外，某些特殊利益集团可能从自身利益考虑，而对货币政策的决定和实行施加压力。例如，银行家们总是希望利率居高不下，以便从中得益，因而可能会迫使中央银行实行紧缩性货币政策。受利率上升影响较大的住房建筑业，可能联合起来，迫使中央银行执行过于扩张的货币政策，以延缓名义利率的上升。

二、货币政策效果的衡量

货币政策效果的衡量主要有两个方面：一是效果发挥的快慢，即货币政策从制定到获得主要的或全部的效果所经历的时间，也就是前述时滞的长短；二是发挥效力的大小，这是在政策效果衡量的主要方面。

以评估紧缩性货币政策为例，如果通货膨胀是由社会总需求大于社会总供给造成的，而货币政策正是以纠正供求失衡为目标，那么这项紧缩性货币政策是否有效，可以从以下几个方面进行考察：①如果通过货币政策的实施，紧缩了货币供给，从而平抑了价格水平的上涨，或者是价格水平有所回落，同时又不影响产出或供给的增长率，那么可以说这项紧缩性货币政策有效性最大；②如果通过货币供给量的紧缩，平抑价格水平上涨或促进价格水平回落的同时，也抑制了产出的增长，那么货币政策有效性的大小则要视价格水平变动与产出的对比而定；③如果货币政策紧缩无力平抑价格水平的上涨或促使价格水平回落，却抑制了产出的增长，甚至使产出呈现负增长，则可判定这项紧缩性货币政策无效。

2008 年美国次贷危机爆发，引发全球金融危机，全球金融形势持续恶化。与此同时，国内通胀大幅度回落，经济增长进一步放缓。工业增加值增速由 2008 年 6 月的 16%迅速下降到 2008 年 12 月的 5.7%，工业品出厂价格指数由 2008 年 6 月的 8.8%迅速下降到 2008 年 12 月的-1.1%，当月出口额同比增速由 2008 年 6 月的 17.2%下降到 2008 年 12 月的-2.8%，国内生产总值 GDP 增速也由 2008 年第二季度末的 10.4%下降到第四季度末的 9%。面对经济急速下滑的严峻形势，央行于2008年9—12月四次下调存款准备金率。由此，央行货币政策目标由控制通货膨胀转至促进经济增长。2008年固定资产投资增速25.5%，较2007年高出0.8%。至2009年年末，广义货币供应量（M2）余额为60.6万亿元，比上年末增长27.7%；狭义货币供应量（M1）余额为22.0万亿元，增长32.4%；流通中现金（M0）余额为3.8万亿元，增长11.8%。

2008年央行四次下调存款准备金率，有效地保证了货币信贷扩张的趋势；取消对商业银行信贷规模限制，合理扩大信贷规模，确保金融体系流动性充足。同时与巨量的财政支出计划相配合，使中国经济迅速回升，2008年、2009年两年GDP增长率分别为9%和8.7%。从2009年第三季度起，消费者价格指数有了一定的回升。

表13.1　我国法定存款准备金率历次调整情况

次数	时间	调整前（%）	调整后（%）	调整幅度（%）
45	2012年5月18日	（大型金融机构）20.50	20.00	-0.50
		（中小型金融机构）17.00	16.50	-0.50
44	2012年2月24日	（大型金融机构）21.00	20.50	-0.50
		（中小型金融机构）17.50	17.00	-0.50
43	2011年12月5日	（大型金融机构）21.50	21.00	-0.50
		（中小型金融机构）18	17.50	-0.50
42	2011年6月20日	（大型金融机构）21	21.50	0.50
		（中小型金融机构）17.50	18.00	0.50
41	2011年5月18日	（大型金融机构）20.50	21.00	0.50
		（中小型金融机构）17.00	17.50	0.50
40	2011年4月21日	（大型金融机构）20.00	20.50	0.50
		（中小型金融机构）16.50	17.00	0.50
39	2011年3月25日	（大型金融机构）19.50	20.00	0.50
		（中小型金融机构）16.00	16.50	0.50
38	2011年2月24日	（大型金融机构）19.00	19.50	0.50
		（中小型金融机构）15.50	16.00	0.50
37	2011年1月20日	（大型金融机构）18.50	19.00	0.50
		（中小型金融机构）15.00	15.50	0.50
36	2010年12月20日	（大型金融机构）18.00	18.50	0.50
		（中小型金融机构）14.50	15.00	0.50
35	2010年11月29日	（大型金融机构）17.50	18.00	0.50
		（中小型金融机构）14.00	14.50	0.50
34	2010年11月16日	（大型金融机构）17.00	17.50	0.50
		（中小型金融机构）13.50	14.00	0.50
33	2010年5月10日	（大型金融机构）16.50	17.00	0.50
		（中小型金融机构）13.50	13.50	—
32	2010年2月25日	（大型金融机构）16.00	16.50	0.50
		（中小型金融机构）13.50	不调整	—
31	2010年1月12日	（大型金融机构）15.50	16.00	0.50
		（中小型金融机构）13.50	不调整	—
30	2008年12月25日	（大型金融机构）16.00	15.50	-0.50
		（中小型金融机构）14.00	13.50	-0.50

续表

次数	时间	调整前（%）	调整后（%）	调整幅度（%）
29	2008年12月5日	（大型金融机构）17.00	16.00	−1
		（中小型金融机构）16.00	14.00	−2
28	2008年10月15日	（大型金融机构）17.50	17.00	−0.50
		（中小型金融机构）16.50	16.00	−0.50
27	2008年9月25日	（大型金融机构）17.50	不调整	—
		（中小型金融机构）17.50	16.50	−1
26	2008年6月7日	16.50	17.50	1
25	2008年5月20日	16.00	16.50	0.50
24	2008年4月25日	15.50	16.00	0.50
23	2008年3月18日	15.00	15.50	0.50
22	2008年1月25日	14.50	15.00	0.50
21	2007年12月25日	13.50	14.50	1
20	2007年11月26日	13.00	13.50	0.50
19	2007年10月25日	12.50	13.00	0.50
18	2007年9月25日	12.00	12.50	0.50
17	2007年8月15日	11.50	12.00	0.50
16	2007年6月5日	11.00	11.50	0.50
15	2007年5月15日	10.50	11.00	0.50
14	2007年4月16日	10.00	10.50	0.50
13	2007年2月25日	9.50	10.00	0.50
12	2007年1月15日	9.00	9.50	0.50
11	2006年11月15日	8.50	9.00	0.50
10	2006年8月5日	8.00	8.50	0.50
9	2006年7月5日	7.50	8.00	0.50
8	2004年4月25日	7.00	7.50	0.50
7	2003年9月21日	6.00	7.00	1
6	1999年11月21日	8.00	6.00	−2
5	1998年3月21日	13.00	8.00	−5
4	1988年9月	12.00	13.00	1
3	1987年	10.00	12.00	2
2	1985年	央行将法定存款准备金率统一调整为10%	—	—
1	1984年	央行按存款种类规定法定存款准备金率，企业存款20%，农村存款25%，储蓄存款40%	—	—

资料来源：根据中国人民银行网站数据整理，www.pbc.gov.cn

本章小结

1. 货币政策是中央银行为了实现其特定的经济目标而采用的各种控制和调节货币信用量的方针和措施的总称。货币政策包含货币政策最终目标、货币政策工具、货币政策的传导机制、货币政策的中介指标等方面的内容。

2. 货币政策的目标是一国货币当局采取调节货币和信用的措施所要达到的目的，主要包括稳定物价、充分就业、经济增长和国际收支平衡。我国中央银行的货币政策目标是保持货币币值的稳定，以此促进经济的增长。

3. 货币政策中间目标是中央银行能直接加以控制、又与最终目标紧密相关，影响最终目标指标变量的具有传导性的金融变量。中间目标又可分为中介指标和操作目标两类，中介指标主要有长期利率和货币供应量，操作指标主要有存款准备金和基础货币。

4. 货币政策工具是中央银行为达到货币政策目标而采取的调控手段，主要包括一般性政策工具、选择性政策工具和其他政策工具。

5. 货币政策传导机制是指中央银行运用货币政策工具影响中介指标，进而最终实现既定政策目标的传导途径与作用机理。一般由三个基本环节构成：从中央银行至各金融机构和金融市场；从各金融机构和金融市场至企业和个人的投资与消费；从企业、个人的投资、消费至产量、物价和就业的变动。

6. 货币政策效果是指货币政策当局推行一定的货币政策后，社会经济运行所做出的现实反应。它是货币政策的实施对社会经济生活产生的影响，是货币政策传导于经济过程之后的必然结果。货币政策的实施过程受多种因素的影响，主要包括：货币政策时滞、货币流通速度、微观经济主体的预期和政治因素。货币政策效果的衡量主要有两个方面：一是效果发挥的快慢，即货币政策从制定到获得主要的或全部的效果所经历的时间，也就是前述时滞的长短；二是发挥效力的大小，这是在政策效果衡量的主要方面。

课后练习

一、填空题

1. 各国货币当局货币政策所追求的最终目标是____________、____________、____________、____________。

2. 与凯恩斯学派不同，货币学派更强调__________在整个传导机制中的直接效果。

3. 存款准备金率、公开市场业务和再贴现率等货币政策工具等，都是通过影响__________的水平而发挥作用的。

4. 一项货币政策工具实施后，时滞越__________，效应发挥得越好。

5. 当资本市场上资产价格下滑时，应采取__________利率、紧缩信用等措施，以阻止下滑。

二、不定项选择题

1. 在货币政策最终目标中，呈正相关关系的是（　　）。

A. 经济增长　　B. 充分就业　　C. 物价稳定

D. 国际收支平衡　　E. 国际储备增加

2.（　　）一般是中央银行货币政策的首要目标。

A. 经济增长　　B. 充分就业　　C. 物价稳定

D. 国际收支平衡　　E. 国际储备增加

3. 下列货币政策中可以实现货币供给量扩张的有（　　）。

A. 提高法定存款准备率　　B. 提高再贴现率

C. 降低法定存款准备率　　D. 降低再贴现率

E. 以上都不对

4. 在凯恩斯学派货币政策传导机制一般均衡分析中，假定货币供给增加，那么在最终逼近的均衡点上（ ）。

A. 利率较原来的均衡水平高　　B. 产出量较原来的均衡水平高

C. 利率较原来的均衡水平低　　D. 产出量较原来的均衡水平低

E. 以上都不对

5. 货币政策作用于总需求，一般由（ ）方式进行。

A. 中央银行调控金融　　B. 中央银行调控货币存量

C. 中央银行调控政策支出　　D. 中央银行调节货币流量

E. 中央银行调控货币结构

6. 凯恩斯货币政策传导机制的主要环节是（ ）。

A. 货币供给　　B. 利率　　C. 投资

D. 总支出　　E. 总收入

7. $M—r—I—E—Y$ 所表达的货币政策传导机制理论是（ ）。

A. 凯恩斯学派　　B. 货币学派　　C. 财富传导机制

D. 信贷传导机制　　E. 古典学派

8. 在投资需求对利率敏感程度很高而货币需求对利率敏感程度很低时，货币政策通常（ ）。

A. 很有效　　B. 较为有效　　C. 可能有效

D. 无效　　E. 绝对有效

9. 在货币政策诸目标之间，更多表现为矛盾与冲突的有（ ）。

A. 充分就业与经济增长　　B. 充分就业与物价稳定

C. 物价稳定与经济增长　　D. 经济增长与国际收支平衡

E. 物价稳定与国际收支平衡

10. 货币政策中介指标的选择标准有（ ）。

A. 稳定性　　B. 可测性　　C. 相关性

D. 安全性　　E. 可控性

11. 一般来说，中央银行提高再贴现率时，会使商业银行（ ）。

A. 提高贷款利率　　B. 贷款利率升降不确定

C. 降低贷款利率　　D. 贷款利率不受影响

E. 放松贷款限制

12. 公开市场业务的优点是（ ）。

A. 被动性强　　B. 主动性强　　C. 灵活性高

D. 调控效果猛烈　　E. 影响范围广

13. 货币政策时滞中的内部时滞可以分为（ ）。

A. 决策时滞　　B. 认识时滞　　C. 行动时滞

D. 控制时滞　　E. 领会时滞

14. 不是通过直接影响基础货币和货币乘数实现宏观调控的货币政策工具是（ ）。

A. 公开市场业务　　B. 法定存款准备金政策

C. 再贴现政策　　D. 间接信用指导

E. 提高货币流通速度

15. 下列属于选择性政策工具的是（　　）。

A. 消费信用控制　　B. 证券市场信用控制

C. 窗口指导　　D. 道义劝告

E. 优惠利率

三、判断分析题

1. 在通货膨胀时期，中央银行可以采取提高法定存款准备金率的政策。（　　）

2. 货币政策诸目标呈一致关系的是经济增长与物价稳定。（　　）

3. 凯恩斯学派的货币政策传导机制认为，货币供给的变化不一定引起利率的变化。（　　）

4. 再贴现率的变动，在一定程度上反映了中央银行的意向，有一种告示效应。（　　）

5. 货币政策的效果取决于中央银行货币政策的运用，企业和个人的行为不会对政策效果产生影响。（　　）

6. 充分就业是指失业率降到极低的水平，仅可能存在结构性失业，非自愿性失业、摩擦失业等都不存在了。（　　）

7. 我国货币政策目标是"保持货币的币值稳定，并以此促进经济增长"，其中经济增长是主要的，放在首位。（　　）

8. 中央银行在公开市场上买进证券，只是等额的投放基础货币，而非等额地投放货币供应量。（　　）

9. 选择性货币政策工具通常可在不影响货币供应总量的条件下，影响银行体系的资金投向和不同贷款的利率。（　　）

四、名词解释

货币政策　　货币政策目标　　公开市场政策　　消费者信用控制

货币政策转到机制　　货币政策时滞

五、简答题

1. 简述货币政策最终目标及其相互关系。

2. 货币政策中介指标的选择标准是什么？

3. 一般性货币政策工具有哪些？其作用机制是什么？

4. 货币政策的传导渠道有哪些？

5. 货币政策时滞如何影响货币政策效果？

六、综合分析题

1. 是否必须把资本市场的稳定发展纳入货币政策目标考虑的范围之内，是近些年的热点问题，存在着肯定与否定的两极见解。货币当局一般持否定意见，但货币政策的操作实际，又好像并未全然无视资本市场的状况。你对这一问题是怎样分析的？

2. 我国公开市场业务的宏观调控作用相对有限，其面临的主要障碍有哪些？

第五篇

国际金融篇

第十四章　外汇与汇率

【学习目标】

1. 掌握外汇的含义，理解其特征和分类
2. 掌握汇率的标价方法和各种分类
3. 理解不同货币制度下汇率的决定基础
4. 掌握汇率变动的影响因素
5. 理解汇率变动对经济的各种影响

当经济活动突破单一主权国家的边界时，人们在经济交往中就需要使用不同的货币，外汇随之产生。为了便于本国货币与外汇的交换，就需要为国与国之间的货币确定一个比价，也就产生了汇率。汇率的变动对一国经济有重要影响。

第一节　外汇概述

一、外汇的含义和特征

（一）外汇的含义

外汇（foreign exchange）具有动态和静态两种含义。外汇的最初含义和动态含义是国际汇兑，即把一个国家的货币兑换成另外一个国家的货币，借以清偿国际间债权、债务关系的一种专门性的金融活动。静态的外汇是从动态的国际汇兑行为衍生而来，是外汇的物质存在形态。广义的静态外汇泛指以外国货币表示的所有资产，如外国货币，外币有价证券、外币支付凭证等。国际货币基金组织（IMF）和各国外汇管理政策对外汇的界定一般均属于广义的静态外汇。国际货币基金组织曾对“外汇”做过明确的说明：“外汇是货币行政当局（中央银行、货币管理机构、外汇平准基金组织及财政部）以银行存款、国库券、长短期政府债券等形式所保有的在国际收支逆差时可以使用的债权。”狭义的静态外汇是指以外币表示的用于国际结算的支付手段，亦即通常使用的外汇概念。据此定义，以外币表示的有价证券及外币现钞，由于不能直接用于国际支付而不属于外汇，只有可凭之索取在国外银行的存款的外币票据和凭证（汇票、本票和支票）才是外汇。

我国在 2008 年 8 月 1 日修正的《中华人民共和国外汇管理条例》规定外汇的具体范围包括：①外币现钞，包括钞票、铸币等；②外币支付凭证或者支付工具，包括票据、银行存款凭证、银行卡等；③外币有价证券，包括债券、股票等；④特别提款权；⑤其他外汇资产。

（二）外汇的特征

外汇必须具备以下三个基本特征：

（1）外汇是以外币计值或表示对外支付的金融资产。外汇可以表现为外币现金、外币支付凭证或外币有价证券。但是，任何以外币计值的实物资产和无形资产并不都构成外汇。此外，外汇还必须能够用作对外支付，即它所代表的资金在转移时不受到限制或阻碍。

（2）外汇必须具有充分的可兑换性。外汇的可兑换性，即能够自由兑换成其他国家的货币或购买其他信用工具以进行多边支付的性能。

（3）外汇必须具有可靠的物质偿付保证。一个国家的货币能普遍地被其他国家接受为外汇，这实际上反映了该国具有相当规模的生产能力和出口能力，或者该国丰富的自然资源正是其他国家所缺乏的，其货币的物质偿付便会因此而得到充分保证。

知识链接

世界主要货币名称及符号

1973 年国际标准化组织（International Organization for Standardization， ISO）第 68 届技术委员会在其他国际组织的通力合作下，制定了一项适用于贸易、商业和银行使用的货币和资金代码，即国际标准 ISO-4217 三字符货币代码，前两个字符代表货币所属国家或地区，第三个字符代表货币单位。世界主要货币名称及符号如表 14.1 所示。

表 14.1　世界主要货币名称及符号

国家或地区名称	货币名称	货币符号	国家或地区名称	货币名称	货币符号
中国	人民币	CNY	新加坡	新加坡元	SGD
美国	美元	USD	日本	日元	JPY
英国	英镑	GBP	韩国	韩国元	KRW
欧洲货币联盟	欧元	EUR	马来西亚	马来西亚林吉特	MYR
加拿大	加拿大元	CAD	瑞典	瑞典克朗	SEK
瑞士	瑞士法郎	CHF	丹麦	丹麦克朗	DKK
澳大利亚	澳大利亚元	AUD	中国香港地区	港币	HKD
新西兰	新西兰元	NZD	中国澳门地区	澳门元	MOP

二、外汇的种类

1. 自由外汇与记账外汇

按照外汇的可兑换性划分，外汇可分为自由外汇与记账外汇。

（1）自由外汇通常必须是以外币表示的、不同形式的，可以在市场上流通、自由兑换的有价凭证。此外，各种支付凭证还必须能在国际市场上流通，具有价值，能够转让和自由兑换，这样才能称为自由外汇。自由外汇无需经国家外汇管理机关批准，在国际金融市场可以自由转换为其他国家的外汇，同时在国际交往中能作为支付手段广泛地使用和流通，如美元、英镑、日元、欧元等一些主要西方国家的货币都是自由外汇。当今，在世界上能作为自由外汇使用的外国货币有 50 多种。

（2）记账外汇，或称双边外汇，即不经货币发行国批准，不能自由兑换成其他货币，或对第三国进行支付的外汇。

2. 贸易外汇与非贸易外汇

按照外汇的来源与用途划分，外汇可分为贸易外汇和非贸易外汇。

贸易外汇，是指来源于或使用于一国进出口贸易中的外汇，即由于国际间的商品流通所形成的一种国际支付手段。

非贸易外汇，即一切非来源于或使用于一国进出口贸易的外汇，包括科学技术、文化交流、侨民汇款、交通运输、服务等方面的收入和支出的外汇。

3. 即期外汇与远期外汇

按照外汇买卖的交割期限划分，外汇可分为即期外汇和远期外汇。

即期外汇，也称现汇，是指外汇交易达成后，买卖双方必须在两个营业日内完成资金收付的外汇。

远期外汇，也称期汇，是指买卖外汇的双方先按商定的汇价签订合同，约定到一定期限才能实际办理资金收付的外汇。

三、外汇的作用

外汇在各国交往中有重要的作用，主体体现在以下几方面：

（1）便利国际结算。由于外汇具有支付手段职能，国际间的债权债务清算，需要一定的支付能力，一般情况下本币是无法完成的，只有将本币兑换成外汇，才能进行国际结算。

（2）促进国际贸易的发展。在国际间使用外汇票据进行国际结算，安全、便利、迅速，加速了国际贸易的发展。

（3）促进国际资本流动。外汇不仅可用于国际贸易而且大大方便国际投资，20 世纪 80 年代以来国际资本流动的增长速度，远远高于国际贸易增长的速度。

（4）大幅度增加国际储备。20 世纪 70 年代以后，外汇取代黄金成为国际储备资产的主要组成部分，随着外汇储备的增加，使得国际储备的数量大幅度增加了。

第二节 汇率

汇率（foreign exchange rate）是两国货币进行兑换的比率，或者说是以一种货币所表示的另一种货币的价格。由于国际经济交易会涉及两种货币，因此汇率便将一国的商品、服务价格与外国的商品、服务价格联系起来。国际交易所产生的债权债务关系均需按期或到期结算，而国际结算又是通过货币的兑换即外汇买卖来完成的。由于外汇买卖是以汇率为基础的，所以汇率又称为汇价或外汇行市。

一、汇率的标价方法

折算两个国家货币比价，首先就要确定用哪一国货币作为标准。由于确定的标准不同，于是便产生了几种不同的汇率标价方法。

1. 直接标价法

直接标价法（direct quotation）是以一定单位（1 个或 100 个单位）的外国货币作为标准，折算成一定数量的本国货币，直接标价法又称为应付标价法。在直接标价法下，外国货币为标准货币，数额保持固定不变，本国货币的数额随着外国货币或本国货币币值的变化而变动。一定的单位外币折算成的本国货币比原来增多，说明外汇汇率上涨或本币汇率下降，即外国货币币值上升或本国货币币值下降。反之，说明外汇汇率下降或本币汇率上升，即外国货币贬值或本国货币升值。目前我国和世界上绝大多数国家都采用直接标价法。例如，2014 年 4 月 4 日人民币对美元的汇率为 USD1=CNY6.203 9～6.228 7。

2. 间接标价法

间接标价法（indirect quotation）是以一定单位（1 个或 100 个单位）的本国货币作为标准，折算成一定数量的外国货币，间接标价法又被称为应收标价法。在间接标价法下，本国货币为基准货币，数额保持固定不变，外国货币的数额随着本国货币或外国货币币值的变化而变动。一定单位的本国货币折算成的外币数额比原来增多，说明本币汇率上涨或外汇汇率下降，即本币升值或外币贬值。反之，说明本币汇率下降或外币汇率上升，即本币贬值或外币升值。目前，只有英、美等几个少数国家采用间接标价法。由于英镑是最早的国际结算货币，英国长期以来一直采用间接标价法。美国在 1978 年前采用直接标价法，但由于美元逐渐成为国际结算和国际储备的主要货币，为便于计价结算，美国自 1978 年起采用间接标价法，但美元对英镑的汇率仍然依循传统惯例沿用直接标价法。例如，2014 年 4 月 4 日英镑对美元的汇率为 GBP1=USD1.657 2～1.660 2。

3. 美元标价法

美元标价法是用其他货币表示美元的价格，或一定单位的美元折合成若干单位其他国家或地区货币的汇率标价法。在美元标价法下，各国均以一定单位的美元为标准来计算应该汇兑多少单位的他国货币，而非美元外汇买卖时，则是根据各自对美元的比率套算出买卖双方货币的汇价。这里注意，除英镑、欧元、澳元和新西兰元外，美元标价法基本已在国际外汇市场上通行。

三种汇率标价方法对比见表 14.2。

表 14.2　三种汇率标价方法对比

标价方法	标准货币	标价货币	用途
直接标价法	一定单位的外国货币	相当数量的本国货币	表示外汇汇率
间接标价法	一定单位的本国货币	相当数量的外国货币	表示外汇汇率
美元标价法	一定单位的美元	相当数量的非本国货币	表示美元汇率

二、汇率的种类

1. 基本汇率和套算汇率

按制定汇率的方法，汇率可划分为基本汇率和套算汇率。

基本汇率（basic rate）是本国货币与关键货币对比制定出来的汇率。所谓关键货币（key currency）是指在国际贸易或国际收支中使用最多，在各国外汇储备中所占比重最大，自由兑换性最强，汇率行情最为稳定，事实上普遍为各国所接受的货币。目前，各国一般都把美元当作制定汇率的关键货币，因此，本币与美元的汇率被视为基本汇率。

套算汇率（cross rate）是根据基本汇率套算出来的本币与其他国家货币的汇率，或者说，两国间的汇率是通过各自与第三货币的汇率间接计算出来的。套算汇率也称作交叉汇率，即已知三种货币中两种货币的汇率，从中得出第三种货币的汇率。例如，2014 年 4 月 4 日，人民币、新加坡元的基本汇率（中间价）分别为 USD1=CNY6.216 3、USD1=SGD1.263 7，则由此所得 SGD1=CNY4.919 1，即为人民币对新加坡元的套算汇率。

2. 官方汇率和市场汇率

按外汇管制程度，汇率可划分为官方汇率和市场汇率。

官方汇率（official rate）又称法定汇率，是外汇管制较严格的国家授权其外汇管理当局制定并公布的本国货币与其他各种货币之间的外汇牌价。它通常是指由国家的货币金融机构（如中央银行、外汇管理局、财政部）公布的汇率，规定了凡进行外汇交易都要以官方公布的汇率为准。官方汇率一经制定往往不能频繁地变动，这虽然保证了汇率的稳定，但是汇率较缺乏弹性。

市场汇率（marker rate）是在外汇市场自由买卖外汇所形成或采用的汇率，它由市场供求关系决定，并围绕某一均衡汇率上下波动。货币能自由兑换或者外汇管制较松，是市场汇率存在的前提。外汇管制严格的国家通常不允许市场汇率的存在，市场汇率以黑市价的形式表现。

3. 固定汇率和浮动汇率

按国际汇率制度，汇率可划分为固定汇率和浮动汇率。

固定汇率（fixed rate）是指两国货币的汇率只能在规定的幅度内波动。当实际汇率波动超出规定的幅度，中央银行有义务进行干预，使汇率波幅维持在规定的上下限内。由于在这种制度下汇率一般不轻易变动，具有相对稳定性，故称为固定汇率。19 世纪中后期到第二次世界大战前的国际金本位制下的汇率制度，以及第二次世界大战后到 1973 年布雷顿森林体系下的汇率制度，都属于固定汇率制度。

浮动汇率（floating rate）指一国货币对另一国货币的比率，任其根据外汇市场供求关系而变动。实行浮动汇率制，中央银行不规定汇率波动幅度的上下限，原则上也没有义务维持汇率的稳定，任凭汇率根据市场的变化而自由波动。目前世界上大多数国家都实行浮动汇率制，只不过多数都是有管理的浮动。

知识链接

现行人民币汇率制度

人民币是我国的法定货币。它自 1948 年 12 月 1 日由中国人民银行发行以来，从未规定过含金量。人民币汇率一直都是我国经济体制改革中的重要问题。尤其是改革开放以来，随着我国社会主义市场经济体制的逐步建立和对外经济交往的日益频繁，人民币汇率问题成为经济快速、持续、健康发展的重要课题。

为了建立和完善我国社会主义市场经济体制，充分发挥市场在资源配置中的基础性作用，建立健全以市场供求为基础的、有管理的浮动汇率制度，经国务院批准，中国人民银行于 2005 年 7 月 21 日发布《关于完善人民币汇率形成机制改革的公告》，对人民币汇率形成机制进行改革和完善。

2005 年 7 月 21 日起，我国开始实行以市场供求为基础、参考一揽子货币进行调节、有管理的浮动汇率制度。

首先，人民币汇率更具弹性。人民币不再盯住任何一种单一货币，而是以市场供求为基础，参考一揽子汇率进行调节。国际市场主要货币汇率的相互变动，客观上减少了人民币汇率的波动性，并使人民币汇率更富弹性。

其次，汇率形成机制不断完善。加快发展作为人民币汇率生成基础的银行间外汇市场，允许符合条件的非银行金融机构和非金融企业参与银行间即期外汇市场交易；增加银行间市场交易模式，正式引入做市商制度和询价交易方式（2006 年 1 月 4 日），改进人民币汇率中间价的形成方式；丰富市场交易品种，增设人民币对外币的远期、掉期交易。

最后，汇率浮动区间逐步扩大。银行间外汇市场美元对人民币交易汇率的浮动幅度为 3‰（后扩大至 1%），非美元对人民币交易汇率的浮动幅度为 1.5‰（后扩大至 3%）。自 2014 年 3 月 17 日起，银行间即期外汇市场人民币兑美元交易价浮动幅度由 1%扩大至 2%，即每日银行间即期外汇市场人民币对美元的交易价可在中国外汇交易中心对外公布的当日人民币兑美元中间价上下 2%的幅度内浮动。外汇指定银行为客户提供当日美元最高现汇卖出价与最低现汇买入价之差不得超过当日汇率中间价的幅度由 2%扩大至 3%。

人民币汇率制度改革的总体目标是，建立健全以市场供求为基础的、有管理的浮动汇率体制，保持人民币汇率在合理、均衡水平上的基本稳定。这一总体目标符合我国的长远利益和根本利益，有利于贯彻落实科学发展观，对于促进经济社会全面、协调和可持续发展具有重要意义。

4. 买入汇率、卖出汇率、中间汇率和现钞汇率

按银行买卖外汇的价格，汇率可划分为买入汇率、卖出汇率、中间汇率和现钞汇率。

买入汇率（buying rate），又称买入价，指银行向同业或客户买入外汇时所使用的汇率。在直接标价法下，外币折合本币数额较少的那个汇率是买入汇率；在间接标价法下，本币折合外币数额较多的那个汇率是买入汇率。

卖出汇率（selling rate），又称卖出价，指银行向同业或客户卖出外汇时所使用的汇率。在直接标价法下，外币折合本币数额较多的那个汇率是卖出汇率；在间接标价法下，本币折合外币数额较少的那个汇率是卖出汇率。

买入卖出都是从银行的角度来看的，二者之间的差价是银行买卖外汇的收益。

中间汇率（middle rate）是银行外汇买入价和卖出价的平均数，即买价与卖价之和除以 2。中间汇率一般不挂牌公布，报刊上关于汇率消息的报导常用中间汇率。

现钞汇率（bank notes rate）是银行收兑外币现钞时所使用的汇率。一般国家都规定，不允许外国货币在本国流通。银行收兑进来的外国现钞，除少量部分用来满足外国人回国或本国人出国的兑换需要外，余下部分必须运送到各外币现钞发行国去或存入其发行国银行及有关外国银行才能使用或获取利息。这样就产生了外币现钞的保管、运送、保险等费用，这部分费用银行要在购买价格中予以扣除，所以，银行买入外币现钞的汇率要低于外汇买入汇率。但是，现钞卖出汇率与现汇卖出汇率相同。2014 年 4 月 4 日中国银行的外汇交易牌价如表 14.3 所示。

表 14.3 中国银行人民币汇率牌价（外币以 100 为单位）

（2014 年 4 月 4 日 12 时 06 分 08 秒）

货币名称	现汇买入价	现钞买入价	卖出价	货币名称	现汇买入价	现钞买入价	卖出价
美元	620.11	615.14	622.59	澳大利亚元	572.06	554.41	576.08
欧元	848.65	822.45	855.47	新西兰元	529.89	513.54	533.61
英镑	1026.58	994.88	1034.82	加拿大元	560.98	543.66	565.48
瑞士法郎	693.71	672.30	699.29	新加坡元	489.76	474.64	493.70

续表

货币名称	现汇买入价	现钞买入价	卖出价	货币名称	现汇买入价	现钞买入价	卖出价
日元	5.958 8	5.774 9	6.000 6	卢布	17.38	16.89	17.52
瑞典克朗	94.57	91.65	95.33	港币	79.94	79.30	80.24
丹麦克朗	113.68	110.17	114.60	澳门元	77.64	75.03	77.93
挪威克朗	103.00	99.82	103.82				

资料来源：中国银行外汇牌价，http://www.boc.cn/sourcedb/whpj/

5. 即期汇率和远期汇率

按外汇交易的交割期限，汇率可以划分为即期汇率和远期汇率。

（1）即期汇率（spot rate）又称现汇汇率，是指外汇买卖成交后，在两个营业日内办理交割时所使用的汇率。交割是指买卖双方履行交易契约，结清各自款项的行为。交割完毕，一笔外汇交易即告结束。

（2）远期汇率（forward rate），又称期汇汇率，指买卖双方事先约定的在未来某一时间进行外汇交割时所使用的汇率。远期汇率有两种报价方法：一是直接报价法，即直接标出远期外汇的实际汇率。日本和瑞士采用这种报价法。二是点数报价法，即以升水、贴水、平价标出远期汇率与即期汇率的差额，再计算远期汇率的方法。远期汇率与即期汇率的差额即为远期差价，其大小用基本点表示，1 个基本点等于 0.000 1；升水、贴水、平价分别表示远期汇率高于、低于、等于即期汇率。英、法、美、德等国采用这种远期汇率报价方法。

不同汇率标价法下的远期汇率计算方法不同。在直接标价法下，升水时的远期汇率等于即期汇率加上升水数字，贴水时的远期汇率等于即期汇率减去贴水数字；在间接标价法下，计算方法则相反，升水时的远期汇率等于即期汇率减去升水数字，贴水时的远期汇率等于即期汇率加上贴水数字；平价则不加不减。此外，由于即期汇率的排列顺序都是前小后大，而远期差价的排列可分为前小后大和前大后小两种情形，因此，无论采用何种汇率标价方法，上述远期汇率的计算方法可简记为：（远期差价）前小后大用加法，前大后小用减法。

6. 名义汇率和实际汇率

按汇率是否经由价格水平调整，汇率可以划分为名义汇率和实际汇率。

名义汇率（nominal exchange rate）指由官方公布或各种媒体发布的，没有剔除物价变动因素的汇率。人们通常观察到的汇率都是名义汇率。

实际汇率（real exchange rate）是用两国价格水平对名义汇率进行调整之后的汇率，即实际汇率=名义汇率×两国价格水平之比（国外价格指数/本国价格指数）。它反映了用同种货币表示的两国商品的相对价格水平，从而可用来衡量两国商品在国际市场上的相对竞争力。

第三节　汇率的决定及其影响

一、汇率的决定基础

在不同的货币制度下，货币所具有或代表的价值量的测定不同，或者说价值量的具体表现形式不同，因此，决定汇率的基础也有所不同。

1. 金本位制度下汇率决定的基础

在第一次世界大战前后，西方许多国家普遍实行金本位货币制度。以贵金属黄金作为货币材料，金币可以自由铸造、自由流通，银行券可以自由兑换黄金，黄金可以自由输出入国境，是这一货币制度的典型特征。

在金本位制度下，各国所规定的每一单位金币所含有的黄金重量和成色称为含金量，两种货币的含金量对比称为铸币平价（mint par）。铸币平价或两种货币含金量之比是决定两种货币兑换率的物质基础和标准。

当然，由铸币平价决定出来的汇率只是基本汇率或法定汇率或名义汇率，还不是实际汇率。由于受外汇供求关系的影响，实际汇率有时要高于或低于铸币平价，实际汇率总是与基本汇率略有差异。但是，实际汇率一定不会偏离铸币平价太远，或者说，金本位下的汇率或由铸币平价决定的汇率是比较稳定的。这是因为，在金本位制下，进行国际支付或结算有两种手段——外汇和黄金可供选择，加之黄金的价值是相对比较稳定的，因此，受供求关系影响的实际汇率就不会偏离铸币平价太远，总是在一定的界限或范围之内围绕铸币平价上下波动。而这个界限或范围是由黄金输送点决定或左右的。如果由于汇率变动而使以外币结算方式进行交易的某一方不利时，交易的这方就可以采用直接运送黄金的办法来结算，这样也就约束了汇率的波动幅度。可见，黄金输送点限制了汇率的波动幅度，在金本位货币制度下汇率是比较稳定的。

2. 纸币制度下汇率决定的基础

纸币制度下汇率决定的基础是纸币实际代表或具有的价值量。纸币是价值符号，最初是金属货币的代表，代表金属货币执行流通手段的职能。在目前世界各国普遍实行的纸币本位货币制度下，纸币已经与贵金属或黄金脱钩，不再代表或代替金币流通。

纸币是国家发行强制通用的货币。那么，在纸币本位下，决定汇率的基础是什么呢？任何纸币，只有在它现实的作为价值的代表，发挥交易媒介功能，实现自己的购买力时，它的货币作用才能得以充分体现。正是不同货币都具有的这种现实的购买力，才奠定了不同货币之间可以比较、可以兑换的基础。在纸币流通条件下，汇率实质上是两国货币以各自代表的价值量为基础而形成的交换比例。而纸币价值量的具体表现就是在既定的世界市场价格水平上购买商品的能力，即纸币的购买力。因此，在纸币制度下或纸币本位下，纸币所代表的价值量或纸币的购买力是决定汇率的基础。

二、影响汇率波动的主要因素

外汇供求关系的变化是引起汇率波动最直接的原因，汇率的波动还有其更深层次的影响因素。

（一）影响汇率波动的主要经济因素

综合分析影响一国汇率波动的经济因素，集中到一点，就是一国的经济实力或综合国力。如果一国经济形势较好，实力较强，其货币汇率必然坚挺。相反，如果一国的经济实力较弱，其货币汇率必然疲软。具体来说，影响汇率波动的经济因素主要包含以下几个。

1. 国际收支

一国的国际收支状况会使一国的汇率发生变化。一国国际收支持续顺差，外汇收入相应增多，国际储备随之增长，就会引起外国对该国货币需求增长和外国货币供给的增加；在其他条件不变时，该国货币币值就会上升，外汇汇率就会下降。反之，一国国际收支持续逆差，以致对外债务增加，或国际储备随之减少，就会导致该国对外汇需求的增加，使本国货币币值下跌，外汇汇率上升。

2. 通货膨胀

在纸币流通条件下，两国货币的兑换比率是根据各自所代表的实际价值量决定的。因此，一国货币价值的总水平是影响汇率变动的重要因素。在一国发生通货膨胀时，该国国内物价总水平趋于上涨，货币所代表的价值量减少，实际购买力降低，直接影响一国商品及劳务在世界市场上的竞争能力，从而引起出口的减少和进口的增加，使外汇供求关系发生变化导致汇率变动，使本国货币汇率下跌和外汇汇率上涨。同时，在分析汇率的变动因素时，还应考察其他国家通货膨胀率。

3. 资本流动

资本在不同国家间大量流动会使汇率发生重大变动。资本的大量流入，会增加对流入国货币的需求，使流入国的外汇供应增加，外汇供应的相对充足和对流入国本币需求的增长，会使本币币值上升，外汇汇率下降；相反，一国资本大量流出，就会出现外汇短缺，对本币需求下降的情况，使本币币值下降、外汇汇率上升。

（二）影响汇率波动的主要政策因素

影响汇率波动的政策因素，是指一国政府为稳定本国经济及汇率而采取的一些经济政策，包括利率政策、汇率政策等。

1. 利率政策

利率政策是指一国采取的变动本国银行利率水平来对本国经济加以调整的经济政策。如果利率提高，会引起国际资本的流入，使外汇供给增加，外汇汇率下降；反之，降低利率，资本外流，使外汇汇率上升。短期内，利率政策在汇率变动中的作用是很明显的。

2. 汇率政策

汇率政策是指一国政府通过公然宣布本国货币贬值或升值的办法，即通过明文规定来宣布提高或降低本国货币对外国货币的兑换比率来使汇率发生变动。本币升值是一国调整基本汇率使其货币的对外价值提高；本币贬值是一国使其货币的对外价值降低。

汇率波动除了受上述经济与政策方面的基本因素影响外，还会受到许多其他偶然因素的影响。如政治因素、心理因素、投机因素等都会在短期内对汇率的波动产生巨大的影响。

上述各种影响汇率波动的因素作用及其相互关系是错综复杂的。有时是多种因素同时起作用，有时是某种因素起主导作用，有时某些因素的作用会相互抵消，有时一种因素的主要作用会被另一种因素迅速取代等。人们在对汇率实际波动进行分析的时候，必须注意对有关因素进行综合分析和具体考察，以期获得较为切实的结论。

三、汇率变动的影响

汇率的变动对一国的经济、政策甚至整个世界经济都会产生重大影响。

（一）汇率变动对一国物价的影响

汇率的变动首先会在短期内引起进出口商品的国内价格发生变化，继而波及整个国内物价发生变化，从而影响整个经济结构发生变化，导致汇率变动对经济发生长期影响。

1. 汇率变动对进口商品国内价格的影响

本国货币汇率上升，会使进口商品的国内价格降低，本国进口的消费资料和原材料的国内价格就随之降低；本国货币汇率下降，会使进口商品的国内价格提高，本国进口的消费品和原材料因本币汇率下跌而不得不提高售价以减少亏损。

2. 汇率变动对出口商品国内价格的影响

外国货币汇率上升，会使出口商品的国内价格提高。因为以本币所表示的外汇汇率上涨，即外币购买力提高，外国进口商会增加对本国出口商品的需求，若出口商品的供应数量不能相应增长，则出口商品的国内价格必然会有较大幅度的增长。反之，外国货币汇率下降，会使出口商品的国内价格下降。

此外，汇率变动不仅影响进出口商品的国内价格，也影响着国内其他商品的价格。外币汇率的上升即本币汇率下降，导致进口商品和出口商品在国内的售价提高，必然要导致国内其他商品价格的提高，从而会推动整个物价的上涨。外币汇率下降或本币汇率上升，导致进口商品和出口商品在国内的价格降低，必然会促进国内整个物价水平下降。如本币汇率上升进口商品国内价格降低，以进口原料生产的本国商品价格由于生产成本的降低而下降。

（二）汇率变动对一国对外经济的影响

汇率变动对一国的对外经济影响很大，集中表现在以下几个方面。

1. 汇率变动对一国对外贸易的影响

如果本币贬值，外汇汇率上升，而国内物价尚未变动或变动不大，则外币对本国商品、劳务的购买力增强，一般会增加对本国商品的需求，从而可以扩大本国商品的出口规模。所以，一般来说，本币对外贬值具有扩大本国商品出口的作用，同时，本币汇率下降，以本币表示的进口商品的价格将会提高，就会影响进口商品在本国的销售，从而起到抑制进口的作用。相反，本币汇率上涨，会起到抑制出口，刺激进口的作用。

2. 汇率变动对一国资本流动的影响

当外汇汇率上涨时，则意味着本币价值或本币汇率的下跌，本国资本为防止货币贬值的损失，常常调往国外，同时汇率下跌有利于吸引外国资本流入。相反，如果外汇汇率下降，本币币值上升，则会对资本流动产生与上述情况不同的影响，即会引起在国外的本国资本回流和不利于外国资本流入。

3. 汇率变动对一国国际收支的影响

国际收支状况是影响汇率变动的重要因素；反过来，汇率变动对国际收支也有重要影响。如上所述，本币汇率下跌，有利于增加出口、吸引外国资本流入，可以抑制进口和外国资本流出，从而有利于国际收支逆差的缩小；本币汇率上涨，有利于刺激进口和外国资本流出，不利于出口和外国资本流入，从而有助于国际收支顺差的减少。不仅如此，汇率变动会引起物价变动，物价变动会影响整个国内经济发生变化及贸易项目的外汇收支，从而影响整个国际收支。

（三）汇率变动对外汇储备的影响

外汇储备是一国国际储备的重要组成部分，它对平衡一国国际收支、稳定汇率有重要的作用。汇率变动，不论是储备货币本身价值的变化，还是本国货币汇率的变化，都会对一国的外汇储备产生影响。如果一国储备货币对本国货币贬值，则储备货币折算成的本国货币减少，外汇储备实际价值受损；反之，如果一国储备货币对本国货币升值，则外汇储备实际价值增加。从长期看，储备货币汇率的变动可以改变外汇储备资产的结构。汇率不断上升的外汇在储备资产中的比重不断上升，汇率逐步下降的外汇在外汇储备中的比重不断下降。而本国货币汇率的变动则直接影响该国外汇储备的数量。在一般情况下，一国政府实行压低本国货币汇率的政策，有助于国际收支出现顺差和外汇储备增加；反之则会造成国际收支出现逆差、外汇储备减少。

本章小结

1. 动态的外汇是国际汇兑的简称，广义静态含义的外汇泛指一切以外币表示的资产，而狭义静态含义的外汇则指以外币表示用于国际结算的支付手段。

2. 汇率是以一种货币表示的另一种货币的价格，是两种货币进行兑换的比价。汇率的标价方法包括直接标价法、间接标价法和美元标价法。

3. 汇率可以按照多种方式进行分类，包含基本汇率和套算汇率、官方汇率和市场汇率、固定汇率和浮动汇率、买入汇率和卖出汇率、即期汇率和远期汇率、名义汇率和实际汇率等。

4. 金本位制下，铸币平价是两国货币汇率决定的基础；纸币制度下，纸币所代表的购买力是汇率决定的基础。

5. 影响汇率波动的因素很复杂，既包含国际收支、通货膨胀等经济因素，也包含利率政策等政策因素。

6. 汇率的变动对一国经济有重要影响，主要体现在物价水平、对外经济以及国际储备等方面。

课后练习

一、填空题

1. 以外币表示的可直接用于国际结算的支付手段是指______________。

2. 直接标价法是以一定单位的外国货币为标准，计算应付多少单位本国货币的方法，也称______________，我国和绝大多数国家都采用______________。

3. 在直接标价法下，汇率越高，单位外币所能兑换的本国货币越多，表示外币____________而本币______________。

4. 金本位制下决定两种货币之间汇率的基础是______________。

二、不定项选择题

1. 一项外币资产成为外汇应具备的条件是（　　）。

A. 自由兑换性　B. 高价值性　C. 普遍接受性

D. 可偿性　E. 稳定性

2. 动态外汇是指（　　）。

A. 外汇的产生　B. 外汇的转移　C. 国际清算活动和行为

D. 外汇储备　E. 国际资本流动

3. 我国规定外汇包括（　　）。

A. 外国钞票　B. 外国铸币　C. 外币有价证券

D. 外币支付凭证　E. 特别提款权

4. 按照来源与用途，外汇可分为（　　）。

A. 贸易外汇　B. 非贸易外汇　C. 即期外汇

D. 远期外汇　E. 自由外汇

5. 记账外汇实际就是协定外汇或双边外汇。这种外汇未经货币发行国批准（　　）。

A. 不能自由兑换成其他货币　B. 不能充当国际支付手段

C. 能充当国际支付手段　D. 不能转给第三国使用

E. 可以自由兑换

6. 在金本位制下，汇率波动的界限是（　　）。

A. 黄金输出点　B. 黄金输入点　C. 铸币平价

D. 黄金输送点　E. 以上都不对

7. 一国货币对外币的汇率是（　　）。

A. 两种货币的兑换比率　B. 两种货币之间的交换比率

C. 国内物价水平的体现　D. 本币内在价值的外在表现

E. 固定不变的

8. 直接标价法和间接标价法的区别主要有（　　）。

A. 使用的标准货币不同　B. 汇率波动所表现的货币不同

C. 实行的国家不同　D. 汇率高低不同

E. 买入卖出汇率标示的位置不同

9. 中间汇率是指（　　）。

A. 开盘汇率与收盘汇率的平均数　B. 即期汇率和远期汇率的平均数

C. 官方汇率和市场汇率的平均数　D. 买入汇率和卖出汇率的平均数

E. 名义汇率和实际汇率的平均数

10. 远期汇率高于即期汇率称为（　　）。

A. 贴水　B. 升水　C. 平价

D. 溢价　E. 折价

11. 在直接标价法下，本币数额增加表示（　　）。

A. 外币币值不变　B. 本币升值　C. 外汇汇率下降

D. 本币汇率下降　E. 外汇汇率上涨

12. 在外汇市场上，汇率是经常变动的。影响汇率变动的主要因素有（　　）。

A. 利率差异和经济增长差异　　B. 国际收支和市场预期

C. 各国国内物价上涨率的差异　　D. 各国的宏观经济政策

E. 经营主体不同

13. 通常情况下，一国国际收支发生逆差时，本币汇率会（　　）。

A. 上升　　B. 下降　　C. 不变

D. 不确定　　E. 以上都不对

14. 若其他条件不变，一国货币贬值的影响是（　　）。

A. 有利于增加进口　　B. 有利于增加出口

C. 有利于抑制进口　　D. 有利于抑制出口

E. 有利于降低国内物价水平

15. 外汇投机活动会（　　）。

A. 使汇率上升　　B. 使汇率下降　　C. 使汇率稳定

D. 不确定　　E. 加剧汇率波动

三、判断分析题

1. 间接标价法指以一定单位的外国货币为基准来计算应付多少单位的本国货币。（　　）

2. 直接标价法下，银行买入汇率大于卖出汇率；间接标价法下，银行卖出汇率大于买入汇率。（　　）

3. 升水是远期汇率低于即期汇率，贴水是远期汇率高于即期汇率。（　　）

4. 在金本位制下，汇率水平波动的幅度受到黄金输出入点的限制。（　　）

5. 一般来说，一国货币贬值，会使出口商品的外币价格上涨，导致进口商品的价格下跌。（　　）

四、名词解释

外汇　　汇率　　浮动汇率　　实际汇率　　直接标价法

五、简答题

1. 外汇具有哪些基本特征？

2. 简述汇率的标价方法及其特点。

3. 简述影响汇率变动的主要因素。

4. 分析汇率变动对经济的主要影响。

第十五章　国际收支

【学习目标】

1. 理解国际收支的含义
2. 掌握国际收支平衡表的含义、结构和记账原则
3. 理解国际收支平衡与失衡的判断标准
4. 掌握国际收支失衡的原因和影响
5. 理解国际收支失衡的自发调节机制和政策调节手段

随着各国经济的对外开放和世界经济一体化的发展，国与国之间的经济交往日渐频繁，交往的形式也日益多样化。在这种国际交往中，必然会形成一定的国际债权债务关系以及国际货币收支关系，进而产生了国际收支问题。

第一节　国际收支及其平衡表

一、国际收支的含义

国际货币基金组织（IMF）将国际收支（balance of payments）定义为："在一定时期内，一国居民对其他国家居民所进行的全部经济交易的系统纪录。"这个概念的特点是以全部对外经济交易为基础，所以它更适合当前国际经济交易的多样性和灵活性的现状。国际货币基金组织的国际收支的定义内涵十分丰富，我们应该从以下三个方面来把握：

第一，国际收支是一个流量概念。它是对一段时期内的交易的总计，而不是时期末的余额。当人们提及国际收支时，总是需要指明是属于哪一特定时期，即报告期。报告期可以是1年，也可以是1个月或1个季度等，完全根据分析对象的需要和资料来源的可能来确定。各国通常以1年为报告期。国际收支不同于作为存量概念的"国际投资头寸"（international investment position），是指一定时点上一国居民对外资产和对外负债的汇总。流量的变化都可能导致存量的变化，而存量的变化则可能归结为流量的变化。

第二，国际收支所反映的内容是经济交易。所谓经济交易，是指经济价值从一个经济单位向另一个经济单位的转移。根据转移的内容和方向，经济交易可划分为五类：①金融资产与商品和劳务之间的交换，即商品和劳务的买卖；②商品和商品与商品和劳务之间的交换，即易货贸易；③金融资产与金融资产之间的交换；④无偿的、单向的商品和劳务转移；⑤无偿的、单向的金融资产转移。前三者为经济价值的等值交换；而后两者为单方面的无偿转移。这一特点说明国际收支的概念与国际收支这一名词的字面含义不同，它不是以收支为基础的，而是以交易为基础，有些交易可能不涉及货币支付，但这些未涉及货币收支的交易须折算成

货币加以记录。

第三，国际收支记录的是一国居民与非居民之间的交易。判断一项交易是否应包括在国际收支的范围内，所依据的不是交易双方的国籍，而是依据交易双方是否有一方是该国居民。只有居民与非居民的交易才是国际经济交易。居民是指一个国家的经济领土内具有经济利益的经济单位。所谓一国的经济领土，一般包括一个政府所管辖的地理领土，还包括该国天空、水域和邻近水域下的大陆架，以及该国在世界其他地方的飞地。依照这一标准，一国的驻外机构（包括代表政府的个人，如使领馆工作人员、驻外军队的军人等）是所在国的非居民，而国际组织是任何国家的非居民。根据国际货币基金组织的规定，逗留时间在 1 年以上的工作者、留学生和旅游者均属于其工作、学习或旅游国家的居民。在一国注册的企业无论股东具有哪国国籍，都属于注册国的居民。非营利机构的划分同企业一样。

一个国家的国际收支情况，集中反映在这个国家的国际收支平衡表（balance of payment statement）上。国际收支平衡表是一个国家或地区在一定时间（1 年、半年、1 季或 1 月）内以货币形式表示的国际经济交往的系统记录，并对各笔交易进行分类汇总的一种统计报表。

二、国际收支平衡表的内容

国际收支平衡表所涉及的内容十分宽泛，由于世界各国的编制要求不同，往往都根据其不同的需要和具体情况来自行编制，因此，各国国际收支平衡表的内容有很大差异，详简不一，但其主要结构还是基本一致的。国际收支平衡表通常分为经常项目、资本和金融项目、储备资产和错误与遗漏四大项目。

（一）经常项目

经常项目（current account）是指本国与外国交往中经常发生的国际经济交易，反映一国与外国之间实际资源的转移情况，因此是一国国际收支平衡表中最基本、最重要的项目，对其他国际收支项目往往会起到影响与制约的作用。经常项目之下可以分为三个子项目：货物和服务、收入和经常转移。

1. 货物与服务

货物又称作商品贸易或有形贸易，一般包括以下几项内容：①一般商品。指居民向非居民出口或从非居民处进口的大多数可移动货物，除个别情况外，可移动货物的所有权发生了变更。②用于加工的货物。包括跨越边境运到国外加工的货物的出口以及随后的再进口。③货物修理。包括向非居民提供的或从非居民那里得到的船舶和飞机等运输工具上的货物修理活动。④非货币黄金。非货币黄金包括不作为货币当局储备资产（货币黄金）的所有黄金的进口与出口，非货币黄金等同于其他商品。

国际货币基金组织建议，所有货物的进出口一律按离岸价格（FOB）计算。在实际中，很多国家为了统计方便，对出口商品按离岸价格计算，对进口商品却按到岸价格（CIF）计算，这样会影响到国际收支平衡表的精确性，甚至还会引起国家之间的贸易争端。

服务又称作劳务贸易或无形贸易，主要包括以下内容：①运输。包括一国或地区的居民向另一国或地区的居民所提供的客运、货运、备有机组人员的运输工具的租金和其他辅助性服务。②旅游。旅游不仅仅是一项具体的服务，而是旅游者消费的一整套服务，包括非居民旅游或因公、因私在另一国或地区停留不足 1 年的时间里从该国或地区所获得的货物和服务。学生和求医人员不论在外多长时间都被视为旅游者。③其他各类服务。其包括运输和旅游项下没有包括的国际服务交易，如通信服务、保险服务、金融服务、专利使用费和特许经营权使用费等。

2. 收入

收入又称为“收益”，反映生产要素流动引起的生产要素报酬的收支。国际间流动的生产要素有劳动与资本两项，因此，收入下设职工报酬与投资收入两项内容。

（1）职工报酬。职工报酬指以现金或实物形式支付给非居民工人（季节工人、边境工人、短期工作工人，使馆工作的当地工作人员）的工资、薪金和其他福利。

（2）投资收入。投资收入包括居民因拥有国外金融资产而得到的收入，包括直接投资，间接投资和其他投资收入三部分。投资收入强调投资报酬的收支，而非投资本金的收支，有其特殊性，例如，在一笔债务还本付息时，本金的流动记入金融账户，而利息记入经常账户的投资收入。

3. 经常转移

经常转移包括所有非资产转移项目的转移，是商品、劳务或金融资产在居民与非居民之间转移后，并未得到补偿与回报，因而又称为“无偿转移”或“单方面转移”。

根据实施转移的主体不同，经常转移可分为政府转移（如无偿援助、战争赔款、政府向国际组织定期缴纳的费用等）与私人转移（如侨汇、捐赠、继承、赡养费、资助性汇款、退休金等）。

（二）资本与金融项目

资本和金融项目（capital and financial account）由资本项目与金融项目两部分构成。

1. 资本项目

资本项目反映了资产在居民与非居民之间的转移。资产从居民向非居民转移，会增加居民对非居民的债权，或减少居民对非居民的债务；资产从非居民向居民转移，则会增加居民对非居民的债务，或减少居民对非居民的债权。因此，这个项目表明本国在一定时期内资产与负债的增减变化。主要包括以下两个方面内容：

（1）资本转移。固定资产所有权的转移，同固定资产的收买或放弃相联系的或以其为条件的资金转移，债权人不索取任何回报而取消的债务。

（2）非生产、非金融资产的收买或放弃。主要包括不是由生产创造出来的有形资产（如土地和地下资产）与无形资产（专利、版权、商标、经销权等）的收买或放弃。对于无形资产，所涵盖交易其实也涉及了经常项目与资本项目两项。经常项目的服务项下记录的是无形资产的运用所引起的收支，资本账户的资本转移项下记录的则是无形资产所有权的买卖所引起的收支。

2. 金融项目

金融项目反映的是居民与非居民之间投资与借贷的增减变化。目前金融项目的划分主要分为直接投资、证券投资、其他投资三种。

（1）直接投资。直接投资反映某一经济体的居民单位（直接投资者）对与另一经济体的居民单位（直接投资企业）的永久性权益，它包括直接投资者和直接投资企业之间的所有交易。直接投资者对在国外投资的企业拥有 10%（含 10%）以上的普通股或投票权，就拥有对该企业的管理权。直接投资项下包括股本资本、用于再投资的收益和其他资本。

（2）证券投资。证券投资包括股本证券和债务证券的交易。股本证券是股票的投资，债务证券是各种债券的投资。

（3）其他投资。其他投资是指所有直接投资和证券投资未包括的金融交易，包括贸易信贷、贷款、预付款、金融租赁项下的货物、货币和存款等。

（三）储备资产

储备资产（official reserve assets）包括某一经济体的货币当局认为可以用来满足国际收支和在某些情况下满足其他目的的各类资产的交易。涉及的项目包括货币化黄金、在国际货币基金组织的储备头寸、特别提款权、外汇资产以及其他债权。

（四）错误与遗漏项目

国际收支平衡表由于其编制原则采用复式记账法，其借方总额与贷方总额相抵之后的总净值应该为零。但实际上，一国国际收支平衡表会不可避免地出现数字金额借贷方不平衡的现象，一般认为这种金额差异是由于统计资料有误差和遗漏而形成的。出现错误与遗漏（errors and omissions）的原因主要有以下几个。

（1）编制国际收支平衡表的原始统计资料来自各个方面，在原始资料的形成过程中，不可避免地会出现某些当事人故意改变、伪造某些项目数字的做法，造成了原始资料的失实或不完全。例如走私、资本外逃等。

（2）统计数字的重复计算和漏算，原始统计资料来自于四面八方：有的来自海关统计，有的来自银行报表，还有的来自官方主管机构的统计报表，这就难免发生统计口径不一致而造成重复计算与漏算。

（3）有的统计数字本身就是估算的。

因此，为了使国际收支平衡表的借贷双方实现平衡，便人为地设立了“错误与遗漏”项目。

2013 年中国国际收支平衡表如表 15.1 所示。

三、国际收支平衡表的编制原则

国际收支平衡表是按照现代会计学的复式簿记原理编制的，即以借、贷作为记账符号，以“有借必有贷，借贷必相等”来记录每笔国际经济交易。借方（debit）记录资产的增加和负债的减少，贷方（credit）记录资产的减少和负债的增加。每笔交易的账户都分为借方和贷方。每笔交易都会产生一定金额的一项借方记录和一项贷方记录。其记账法则是：①凡引起本国外汇收入的项目，均属于贷方项目，亦称正号项目，其增加记“贷方”，减少记“借方”；②凡引起本国外汇支出的项目，均属于借方科目，亦称负号项目，其增加记“借方”，减少记“贷方”。当收入大于支出而有盈余时，称为顺差；反之，则称为逆差。通常在逆差数字前冠以“-”号。也有人称逆差为赤字，而称顺差为黑字。

表 15.1　中国国际收支平衡表（2013 年）　（单位：亿美元）

项目	行次	差额	贷方	借方	项目	行次	差额	贷方	借方
一、经常项目	1	1828	26 637	24 809	2.2 负债	36	659	784	125
A．货物和服务	2	2354	24 250	21 896	2.2.1 股本证券	37	326	407	81
a．货物	3	3599	22 190	18 591	2.2.2 债务证券	38	333	377	44
b．服务	4	−1245	2060	3305	2.2.2.1（中）长期债券	39	160	204	44
1．运输	5	−567	376	943	2.2.2.2 货币市场工具	40	173	173	0
2．旅游	6	−769	517	1286	3．其他投资	41	776	12 707	11 930
3．通信服务	7	0	17	16	3.1 资产	42	−1365	1439	2804
4．建筑服务	8	68	107	39	3.1.1 贸易信贷	43	−603	65	667
5．保险服务	9	−181	40	221	长期	44	−12	1	13
6．金融服务	10	−5	32	37	短期	45	−591	64	654
7．计算机和信息服务	11	94	154	60	3.1.2 贷款	46	−319	374	693
8．专有权利使用费和特许费	12	−201	9	210	长期	47	−422	100	522
9．咨询	13	169	405	236	短期	48	102	274	172
10．广告、宣传	14	18	49	31	3.1.3 货币和存款	49	−20	890	910
11．电影、音像	15	−6	1	8	3.1.4 其他资产	50	−423	110	533
12．其他商业服务	16	135	341	206	长期	51	100	100	0
13．别处未提及的政府服务	17	0	12	12	短期	52	−523	10	533
B．收益	18	−438	1855	2293	3.2 负债	53	2142	11268	9126
1．职工报酬	19	161	178	17	3.2.1 贸易信贷	54	449	449	0
2．投资收益	20	−599	1677	2276	长期	55	8	8	0
C．经常转移	21	−87	532	619	短期	56	442	442	0
1．各级政府	22	−31	11	42	3.2.2 贷款	57	934	9493	8558
2．其他部门	23	−56	520	577	长期	58	194	569	375
二、资本和金融项目	24	3262	17 271	14 009	短期	59	740	8923	8183
A．资本项目	25	31	45	14	3.2.3 货币和存款	60	758	1208	450
B．金融项目	26	3232	17 226	13 995	3.2.4 其他负债	61	0	118	118
1．直接投资	27	1850	3478	1629	长期	62	8	21	13
1.1 我国在外直接投资	28	−732	364	1096	短期	63	−8	97	104
1.2 外国在华直接投资	29	2582	3114	532	三、储备资产	64	−4314	13	4327
2．证券投资	30	605	1041	436	3.1 货币黄金	65	0	0	0
2.1 资产	31	−54	258	311	3.2 特别提款权	66	2	2	0
2.1.1 股本证券	32	−25	136	161	3.3 在基金组织的储备头寸	67	11	11	0
2.1.2 债务证券	33	−28	122	150	3.4 外汇	68	−4327	0	4327
2.1.2.1（中）长期债券	34	−28	122	150	3.5 其他债权	69	0	0	0
2.1.2.2 货币市场工具	35	0	0	0	四、净误差与遗漏	70	−776	0	776

注：1．本表计数采用四舍五入原则；

2．本表由 2013 年 4 个季度数据累加而成。

资料来源：国家外汇管理局网站统计数据-统计数据列表-中国国际收支平衡表栏目，http://www.safe.gov.cn/。

一项国际经济交易可能有若干个日期，如签约日期，商品、劳务和金融资产所有权变更的日期、支付日期等。按照国际货币基金组织的规定，登录国际收支平衡表时，应以商品、劳务和金融资产所有权变更的日期为准。一笔国际经济交易如在报告期已实现外汇收支，自然应登录在国际收支平衡表中；如在报告期已发生所有权的转移，而并未实现外汇收支，也应登录在国际收支平衡表中。

为了便于全球性的报表汇总和数据分析，国际货币基金组织要求各国建立标准的记账单位。这一记账单位应当是稳定的，使用该单位表示的国际交易的价值不应由于参加交易的其他货币发生变化而受到较大的影响，并且要为多数国际收支统计数据编制人员较为熟悉的货币。因此，记账单位通常用美元或特别提款权表示。

第二节　国际收支的平衡与失衡

一、国际收支平衡的判断标准

国际收支的平衡从概念上可以分为静态平衡与动态平衡两种。静态平衡指一国在某一时点上国际收支既不存在逆差也不存在顺差。其特点是基本以年度为周期，平衡是收支数额的对比平衡，是国际收支交易的总平衡。动态的国际收支平衡是指以经济实际运行可能实现的计划期为平衡周期，保持期内国际收支平衡，使一国一定时期的国际收支在数量及结构方面均能促进该国经济与社会正常和健康的发展；促进该国货币均衡汇率水平的实现和稳定；使该国储备接近、达到或维持充足与最佳水平。动态平衡的特点为以经济波动和经济增长的需要为基础，确定若干年为平衡期，不仅以国际收支总额平衡为目标，而且也考虑国际收支的结构。

国际收支平衡的重要性在于揭示了国际收支对于经济与社会发展的积极意义。国际收支的平衡与经济发展、汇率变动、国际储备的多寡有着密不可分的联系，越来越成为影响一国经济不可或缺的要素。

国际收支平衡表是按照复式记账原理编制的，从理论上说，其贷方总额与借方总额必然相等，从编制方法上说，由于设置了误差与遗漏项目，即使贷方总额与借方总额不相等，也会人为地将其差额补平。因此可以认为，国际收支平衡表永远是平衡的。然而，这种平衡仅仅是形式上的平衡，一国国际收支平衡表的平衡并不意味着该国国际收支的平衡，而且在大多数情况下，一国的国际收支往往是不平衡的。

要讨论一国国际收支的失衡，首先要区分两种不同性质的交易。

（1）自主性交易（autonomous transactions）。自主性交易是指经济主体或居民个人如金融机构、进出口商、国际投资者等出于某种自主性目的如追求利润、减少风险、资产保值、逃税避税、逃避管制或投机等而进行的交易活动。例如，商品、劳务、技术交流、收益转移、无偿转让、各种形式的对外直接投资、证券投资等。商品劳务的交易是因为国际间商品价格、成本不同和劳务技术的差异而发生的；单方面转移是私人基于个人关系或政府基于政治、军事等方面的考虑而进行的；资本流动是因为国内外投资预期收益率不同而发生的等。从动机上看，这些交易完全没有考虑到一国国际收支是否会因此发生失衡，因此称为自主性交易。

自主性交易体现的是经济主体或居民个人意志，不代表哪一个国家或政府的意志，因而具有事前性、自发性和分散性的特点。

（2）补偿性交易（compensatory transactions）。补偿性交易又称调节性交易（accommodating transactions），是指中央银行或货币当局出于调节国际收支差额、维护国际收支平衡、维持货币汇率稳定的目的而进行的各种交易。其包括国际资金融通、资本吸收引进、国际储备变动等。补偿性交易是在自主性交易出现差额时，为了弥补或调节这种差额，由政府出面进行的交易活动，体现了一国政府的意志，具有事后性、集中性和被动性等特点。

一国的国际收支是否平衡，关键是看自主性交易所产生的借贷金额是否相等。在国际收支平衡表下观察自主性交易项下的借贷双方，不难发现不是借方大于贷方就是贷方大于借方，二者相等的情况很少见。为弥补自主性交易的差额政府或货币当局进行了补偿性交易，如果补偿性交易项下出现借方余额，意味着自主性交易存在贷方余额，就可以说国际收支处于盈余；如果补偿性交易项下出现贷方余额，意味着自主性交易存在借方余额，就可认为国际收支出现赤字，而无论盈余还是赤字，都是国际收支失衡的表现。

二、国际收支失衡的原因

1. 季节性和偶然性因素

（1）季节性因素就是指一年四季的自然更替。某些部门受季节因素影响较大，如农业、旅游业等。若一国出口以农产品或以农产品为原材料的产品为主，其出口必然因季节变化而有淡季、旺季之分，其国际收支也就会产生相应的逆差和顺差的变化。

（2）偶然性因素是指一些突发性的、事先无法准确预期的因素，如地震、洪水、火山爆发等自然灾害以及社会骚乱等，也会对一国的正常生产和进出口带来不利影响，从而影响其国际收支。但这些因素的影响往往不会持续很长时间，属于暂时性冲击。因此由这些因素造成的国际收支失衡，称为暂时性失衡。

2. 周期性因素

在市场经济条件下，由于受商业周期的影响，一国经济会周而复始地处于繁荣、衰退、萧条、复苏四个阶段的波动之中，经济周期的不同阶段对国际收支会产生不同的影响。一般来说，在经济衰退阶段，国民收入减少，总需求下降，物价下跌，会促使出口增长，进口减少，从而出现顺差；而在经济繁荣阶段，国民收入增加，总需求上升，物价上涨，则使进口增加，出口减少，从而出现逆差。由于当今各国经济关系日益密切，主要工业国家的经济周期往往会很快传播到其他国家，因此，周期性的国际收支不平衡通常表现为全球性的不平衡。由这一因素造成的国际收支失衡，称为周期性失衡。

3. 结构性因素

结构性因素是指由于国际经济结构的变化引起一国国际收支的失衡。国际经济结构指世界各国由于经济条件不同，如地理环境、自然资源、劳动力数量质量、技术水平等，各自生产出口相对有利的商品与劳务而形成自己特有的经济结构。通过国际贸易，进而形成一定的国际经济结构。从理论上讲，如果国际分工和国际贸易不发生剧烈的变化，资本流动和单方面转移相对稳定，一国进出口贸易总值应趋于平衡。但是，对商品和劳务的国际需求与国际供给不可能总是保持不变，当某一个国家的出口商品和劳务的国际需求，或该国进口商品和劳务的国际供给发生较大的变化，则原来相对平衡的经济结构就会遭受冲击。如果该国不能迅速调整本国经济结构以适应这些变化，则其国际收支的不平衡就不可避免。此类失衡又被称为结构性失衡。

4. 收入性因素

一国国民收入的变化，会使该国进出口贸易发生变动，从而影响该国的国际收支状况。除了在经济周期的不同阶段，国民收入的变化影响国际收支外，各国经济增长率的高低也会影响国民收入，造成国际收支逆差或顺差。当经济增长率较高时，国民收入增加，总需求上升，物价上涨，进口增加，出口减少，资本流出增加，从而造成国际收支逆差；反之，当经济增长率较低时，国民收入减少，总需求下降，物价下跌，出口增加，进口减少，资本流出减少，国际收支出现顺差。

5. 货币性因素

货币性因素又称物价因素。在汇率不变的前提下，当一国货币价值和物价水平相对于其他国家发生变动时，会导致国际收支失衡。例如，当一国通货膨胀、物价全面上涨时，其商品的价格水平相对高于其他国家，必然抑制该国的出口，刺激进口，从而国际收支出现逆差；相反，当通货紧缩时，其商品成本和物价水平相对低于其他国家，则能鼓励出口，抑制进口，从而国际收支出现顺差。此类失衡又被称为货币性失衡。

6. 投机性因素

这主要是指投机性的短期资本流动对一国国际收支造成的失衡。当前在国际金融市场上存在着巨额的游资，一旦一国汇率发生剧烈波动，或是该国国内经济出现不稳定迹象，或是金融监管存在漏洞，都可能给投机资本以可乘之机。这些巨额资金在国际金融市场上四处游荡，往往会造成一国国际收支失衡。亚洲一些国家外汇政策制定不当，其为了吸引外资，一方面维持固定汇率制，一方面在金融监管不健全的情况下实行金融自由化和开放资本账户，给国际游资冲击提供了可乘之机。而由国际游资冲击直接触发的东南亚金融危机导致当时东南亚国家出现了大量的资本外逃现象，进而使国际收支失衡。当时印尼、马来西亚、韩国、泰国和菲律宾私人资本净流入由1996年的938亿美元转为1998年的净流出246亿美元。

三、国际收支失衡的影响

一国国际收支的失衡表现为收支顺差与收支逆差两种情况。一般来讲，国际收支失衡，不仅直接影响到一国外汇汇率的上下波动，而且经过一定时期后，会逐渐影响到国内的经济增长、通货膨胀甚至就业问题。

1. 国际收支逆差对于经济的影响

如果一国长期存在着严重的国际收支逆差，会对该国经济发展产生以下影响：①会引起该国货币贬值，如果属于严重逆差，会引起该国货币的急剧贬值，对经济发展形成强烈冲击；②如果一国实行固定汇率制，或该国政府不愿接受本币剧烈贬值以及由此带来的贸易条件恶化，就必然在国际收支逆差时动用外汇储备干预外汇市场，从而使得该国的储备资产减少；

③储备资产的减少同国内货币供应量存在着密切联系，外汇储备的减少会导致国内银根紧缩和利率上升，从而对收入和就业产生负面影响。

2. 国际收支顺差对于经济的影响

一国出现的国际收支顺差的消极作用往往不像国际收支逆差那样明显，甚至有的时候国际收支顺差会成为政府追逐的经济目标之一。但是，如果国际收支顺差长期存在且数额巨大，也同样会给一国经济带来消极影响：①国际收支顺差会给本币造成升值压力，一旦本币升值，在一国对外贸易中就易产生由汇率引起的鼓励进口和抑制出口的局面，从长远来看会加重国内的失业问题；②持续的顺差会导致该国外汇储备的增加，但同时也会在国内货币市场上造成本国货币供应增长的局面，会加剧该国的通货膨胀；③从开放经济的角度来看，一国的国际收支顺差意味着他国的国际收支逆差，因此长期的顺差将极有可能导致国际间的经济摩擦；④国际收支顺差的原因如果主要是由于贸易收支顺差，则意味着国内可供使用的资源的减少，不利于本国经济的发展。

第三节　国际收支的调节

一、国际收支失衡的自动调节机制

国际收支失衡的自动调节是指由国际收支失衡引起的国内经济变量变动对国际收支产生反作用，从而使国际收支达到平衡的过程。当然，国际收支的自动调节机制有其自身严格的作用背景，即只有在纯粹的自由经济中才能产生自动调节的效果，才能使国际收支自动地由失衡走向平衡。政府的某些宏观经济政策往往会干扰自动调节过程，使其作用减弱，甚至根本不能发生作用。

1. 价格机制

英国经济学家大卫·休谟揭示了金本位下国际收支失衡自动调节的价格机制。当一国国际收支出现顺差时，黄金流入造成其货币供给量增加，物价上涨，而国内物价水平的上涨则抑制了出口同时扩大了进口，最终逐渐使得国际收支的顺差消失。相反地，当一国国际收支出现逆差时，黄金流出使其国内货币供给量减少，物价下降，从而有利于提高出口产品的竞争力同时降低进口产品的竞争力，最终使国际收支逆差逐渐减少直至恢复平衡。

2. 利率机制

国际收支自动调节的利率机制是以纸币本位制下的固定汇率制度为背景的。当一国国际收支出现逆差时，在固定汇率体系下为保持本国货币汇率的稳定，一国政府必须动用外汇储备来干预外汇市场汇价的变化，从而导致在外汇储备减少的同时本币供给量下降。市场利率水平将伴随货币供给量的下降而提高，利率水平的上升又会引起资本流入的增加，使一国资本与金融账户出现盈余，从而自动调节了国际收支的失衡。相反地，当一国国际收支出现顺差时，为防止本币汇率的上升，一国货币当局只有通过不断增加货币供给量来使其储备持有量不断增加。伴随货币供给量的不断增加，利率水平将出现下降趋势，从而导致本国资本流出的增加和外国资本流入的减少，资本项目与金融项目的逆差将使得国际收支的盈余逐渐消失直至恢复均衡。

3. 收入机制

在固定汇率制下，一国国际收支出现逆差，导致其国际储备的减少和相应的货币供给的下降。伴随货币供给的持续减少，公众将减少其消费支出，其中包括对进口商品需求的下降，这将有助于国际收支的改善。反之同理。

4. 汇率机制

浮动汇率制下，一国货币当局轻易不动用外汇储备干预外汇市场，而是任由汇率的变化来自动调节国际收支的失衡。当一国出现国际收支逆差时，其货币的汇率下降，这将有利于本国商品的出口，同时抑制国外商品的进口。相反地，当一国国际收支顺差时，其货币的汇率上升，这将扩大该国对外国商品的进口，同时降低本国出口商品在国际市场上的竞争力，逐步使国际收支由失衡走向平衡。

二、国际收支失衡的政策调节

一国对于国际收支失衡的经济政策调节主要分为财政政策调节、货币政策调节、信用政策调节、外贸政策调节等方面。

1. 财政政策

财政政策的调节手段主要有支出政策与税收政策两种。当一国发生国际收支逆差时，政府可以采取紧缩性的财政政策，具体表现为政府减少公共开支，提高税收，使得投资与消费减少，减少社会总需求，从而改善了贸易收支与国际收支。当一国发生国际收支顺差时，政府可以采取扩张性的财政政策，具体表现为政府增加公共开支，减少税收，来刺激消费与投资的增加，增加社会总需求，以改善贸易收支与国际收支。

2. 货币政策

货币政策的调节手段主要有以下几种。

（1）贴现政策。一国中央银行通过提高或降低贴现率的办法，扩大或缩小货币投放与信贷规模，进而吸引或排斥国际短期资本的流出入，从而达到调节国际收支的目的。

（2）存款准备金比率变化的政策。通过提高或降低准备金比率，缩小或扩大商业银行贷放资金的规模大小，从而影响国内总需求和国际收支。

（3）建立外汇平准基金。外汇平准基金是指由中央银行拨出一定数额的外汇储备作为基金，并由中央银行掌握运用，在外汇市场上进行干预活动。当国际收支发生短期性失衡时，中央银行可以运用平准基金在外汇市场买卖外汇以调节外汇供求，影响汇率变化，达到促进出口、增加外汇收入的作用，从而改善国际收支的不平衡现象。

（4）汇率政策。汇率政策是通过提高或降低本国对外国货币的汇率来消除国际收支的不平衡。当一国发生国际收支逆差时，可以使本国货币贬值，来增加本国商品在国际市场上的价格竞争能力，扩大出口，同时进口减少，国际收支逐步趋向平衡。当发生国际收支顺差时，可采用相反的调节方法。

3. 信用政策

当一国国际收支出现顺差或逆差时，利用国际信贷方式加以调节也是各国常常采用的一项措施。例如，当逆差发生时，一国政府可以向国际金融市场借款，虽然利率较高，但由于这种方式限制较少，使用方便，目前已成为逆差国家弥补逆差的常用措施。如果发生顺差现象，则可以向国际金融市场贷放资金，以缩减顺差额，使国际收支得到调节。

4. 外贸政策

为改善国际收支状况，许多国家都采用一些保护性的外贸政策，例如“进口许可证制”“进口配额制”来限制进口；为出口商提供直接补贴或间接补贴，来鼓励出口。

本章小结

1. 国际收支是在一定时期内，一国居民对其他国家居民所进行的全部经济交易的系统记录。国际收支是一个流量概念，是以交易为基础的而不是以货币的收支为基础。

2. 国际收支平衡表是一个国家或地区在一定时间内以货币形式表示的国际经济交往的系统记录，并对各笔交易进行分类汇总的一种统计报表。它是按照复式簿记原理，以某一特定货币为单位，运用简明的格式总括地反映某一经济体在特定时期内与世界其他经济体间发生的全部交易。它包括经常项目、资本和金融项目、储备资产、净误差与遗漏。

3. 由于净误差与遗漏项目的存在，国际收支平衡表在形式上永远是平衡的。在判断国际收支实质上是否失衡时，必须区分自主性交易和调节型交易。

4. 导致国际收支失衡的原因是多方面的，主要有季节性和偶然性因素、周期性因素、结构性因素、收入因素、货币性因素等多方面因素，无论是国际收支的顺差还是逆差都会对经济产生不良影响。

5. 国际收支失衡的调节包括自动调节机制和政策调节两个方面。自动调节机制主要包括：价格机制、利率机制、汇率机制和收入机制；政策调节的手段则包括财政政策、货币政策、信用政策和外贸政策。

课后练习

一、填空题

1. 国际收支反映一段时期内的交易总计，而不是时期末的余额，因而它是__________概念。
2. 国际收支平衡表主要由__________、__________、__________和错误与遗漏构成。
3. 金融项目主要包括__________、__________和其他投资三项。
4. 判断一国国际收支实质是平衡还是失衡要区分__________交易和__________交易。

二、不定项选择题

1. 下列属于我国居民的有（　　）。

A. 美国使馆的外交人员　　B. 某一日资的外商独资企业的中国雇员

C. 在法国使馆工作的中国雇员　　D. 国家希望工程基金会

E. 在北京大学留学三年的英国留学生

2. 为使国际收支的借贷数额相等而人为设立的抵销账户是（　　）。

A. 经常账户　　B. 错误和遗漏账户

C. 官方储备账户　　D. 投资和金融账户

E. 以上答案都不对

3. 经常账户的内容包括（　　）。

A. 经常转移　　B. 货物　　C. 服务

D. 收入　　E. 其他投资

4. 下列各项中（　　）应该记入国际收支平衡表经常转移项目。

A. 外国政府的无偿援助　　B. 私人的侨汇

C. 支付给外国的工资　　D. 战争赔款

E. 对国际组织的认缴款

5. 按照国际收支平衡表的编制原理，凡引起资产增加的项目应记入（　　）。

A. 借方　　B. 借贷双方　　C. 贷方

D. 附录　　E. 以上答案都不对

6. 下列各项中（　　）应该记入国际收支平衡表的贷方。

A. 货物的进口　　B. 支付给外国的工资

C. 服务输出　　D. 接收的外国政府无偿援助

E. 私人汇出的侨汇

7. 下列各项中（　　）应该记入国际收支平衡表经常转移项目中。

A. 外国政府的无偿援助　　B. 支付给外国工人的工资

C. 对国际组织的认缴款　　D. 战争赔款

E. 私人汇出的侨汇

8. 通常判断一国国际收支是否平衡，主要看其（　　）是否平衡。

A. 经常项目　　B. 资本和金融项目

C. 自主性交易　　D. 调节性交易

E. 储备资产项目

9. 固定汇率制下的国际收支失衡的自动调节机制有（　　）。

A. 价格机制　　B. 利率机制　　C. 收入机制

D. 汇率机制　　E. 支出机制

10. 国际收支出现顺差时应采取的调节政策有（　　）。

A. 扩张性的财政政策　　B. 紧缩性的货币政策

C. 鼓励出口的信用政策　　D. 降低关税

E. 增加非关税壁垒

三、判断分析题

1. 对于居民与非居民的界定是判断交易是否应纳入国际收支统计的关键。（　　）

2. 国际收支平衡表的记账货币是本国货币。（　　）

3. 经常项目反映的是实际资源在国际间的流动，记录的是当时和远期发生的交易。（　　）

4. 国际货币基金组织规定通过购买国外企业一定比例以上的股票来实现直接投资的最低比例要求是 20%。（　　）

5. 当一国国际收支出现持续性的大量顺差也会对其经济产生不良影响。(　　)

6. 关于投资的收支都应记入国际收支平衡表的资本和金融项目中。(　　)

7. 国际收支平衡表的经常项目、资本和金融项目都是按总额记录的。(　　)

8. 若国际收支总差额为逆差，则该国国际储备一定要发生变化。(　　)

四、名词解释

国际收支　　国际收支平衡表　　自主性交易　　补偿性交易

五、简答题

1. 如何理解国际收支的含义？
2. 简述国际收支失衡的原因。
3. 简述国际收支失衡的影响。
4. 简述国际收支失衡的政策调节措施。

第十六章　国际储备

【学习目标】

1. 掌握国际储备的含义和构成
2. 理解国际储备的作用
3. 理解国际储备的规模管理和结构管理
4. 了解我国国际储备的构成情况及其管理

国际储备是一国综合国力、尤其是金融实力的重要表现之一，它直接影响着一国经济发展的总体水平，对一个国家的国际收支状况、汇率稳定以及国际贸易的顺利进行都有着深刻的影响力。

第一节　国际储备概述

国际储备对于调节国际收支、稳定汇率和货币流通，保证国家的对外支付能力与资信水平有着重要的作用，因此受到各国政府的普遍重视。

一、国际储备的含义和特点

世界银行对国际储备下的定义为："国家货币当局占有的那些在国际收支出现逆差时可以直接或通过有保障的机制兑换成其他资产以稳定该国汇率的资产。"这里将国际储备的含义概括为：国际储备（international reserves）是一国货币当局为弥补国际收支逆差、维持本国货币汇率的稳定以及应付各种紧急支付而持有的、为世界各国所普遍接受的资产。

一个国家用于国际储备的资产，通常被称作国际储备资产。一般来说，国际储备资产应具备以下五个特征。

（1）普遍可接受性。国际储备资产应该是能为世界各国在事实上普遍承认和接受的资产。如果该资产不能为世界各国普遍承认和接受，就不能充当国际储备资产。

（2）可随时获得性。国际储备资产必须具有充分的流动性，能在其各种形式之间自由兑换，而且，各国政府或货币当局能随时无条件地获得并在必要的时候动用这些资产。

（3）官方持有性。国际储备资产必须是一国货币当局持有的并且可以自由支配使用的资产，非官方金融机构、企业和私人持有的黄金和外汇，尽管也属于国际流动资产，但在一般情况下不能在国际收支出现逆差时被政府动用以弥补逆差，因此，不能算作国际储备资产。

（4）稳定性。国际储备资产的内在价值在相对长的一段时间内能够保持相对稳定，抗外界干扰能力强。

（5）适应性。国际储备资产的性质和数量必须能适应国际经济活动和国际贸易发展的要求。

二、国际储备与国际清偿能力

与国际储备相关的另一个概念是国际清偿能力。一个国家的国际清偿能力是指该国无须采取任何影响本国经济正常运行的特别调节措施即能平衡国际收支逆差和维持其汇率的总体能力，是一国官方所能动用的一切外汇资源的总和。它与国际储备之间是既相互联系又相互区别的关系。

（1）从内容上看，国际清偿能力除了包括该国货币当局直接掌握的国际储备资产外，还包括国际金融机构向该国提供的国际信贷以及该国商业银行和个人所持有的外汇和借款能力。因此，国际清偿能力中包括了国际储备的内容，但它又不完全限于国际储备，还包括国际储备之外的内容。

（2）从性质上看，作为由一个国家货币当局直接掌握持有的国际储备，其使用是直接的和无条件的，而对于国际储备以外的，并非由货币当局直接持有的国际清偿能力的构成部分的使用，通常都是有条件的。因此，从总体来讲，可以认为一个国家国际清偿能力的使用是有条件的。

（3）从数量上看，一国的国际清偿能力是该国政府在国际经济活动中所能动用的一切外汇资源的总和，而国际储备只是其中的一个部分。

三、国际储备的构成

国际储备的构成，是指用于充当国际储备资产的资产种类。在不同的历史时期，充当国际储备资产的资产种类有所不同。发展到今天，其主要有四种形式。对于任何一个国家来说，其国际储备中至少包括两项资产，即黄金储备和外汇储备。如果该国是国际货币基金组织的成员国，则其国际储备中还包括在基金组织的储备头寸。如果该国还参与特别提款权的分配，则其国际储备中还包括特别提款权。

1. 黄金储备

黄金储备（gold reserves）是一国政府持有的货币性黄金数量的总和。由于在国际支付与清算中，黄金一直以来都被看作是最后的支付手段。尽管自20世纪30年代起，各国都陆续放弃了金本位制，但黄金的贵金属特性以及遍布全球的发达的黄金交易市场，都使得各国政府依然将黄金列为其重要的储备资产之一。黄金储备在国际储备中的比重主要受三个因素的制约：黄金存量、非货币性黄金状况以及金价。例如，当黄金存量一定时，如果非货币性黄金量有所增加，则一国的黄金储备会有所减少。如果国际金融市场上的金价普遍下跌，则储备性黄金量会有所上升。值得注意的是，目前全球绝大部分的黄金为发达国家所有，但由于金价随市场供求变化而起伏波动，黄金作为世界货币的职能较之以前已大大降低了。2014年3月世界官方黄金储备前十大经济体如表16.1所示。

表 16.1　2014 年 3 月世界官方黄金储备列表（部分）

序号	经济体名称	黄金储备量/t	占总储备比例（%）	序号	经济体名称	黄金储备量/t	占总储备比例（%）
1	美国	8133.5	71.0	6	中国	1054.1	1.1
2	德国	3387.1	67.1	7	瑞士	1040.1	7.8
3	IMF	2814.0	—	8	俄罗斯	1034.7	8.3
4	意大利	2451.8	65.9	9	日本	765.2	2.4
5	法国	2435.4	64.3	10	荷兰	612.5	52.6

注：2014 年 3 月全球官方黄金储备共计 31 876.8t，其中欧元区（包括欧洲央行）共计 10 787.1 公吨，占总储备 56.2%。

资料来源：World Official Gold Holdings，International Financial Statistics, March 2014。

2. 外汇储备

外汇储备（foreign exchange reserves）是一国政府持有的可自由兑换的外汇资产，是一国国际储备的主体。作为储备货币至少应具备以下几个条件：普遍可接受性、可随时获得性、币值相对稳定性。历史上，储备货币经历了从单一走向多元化的过程。英镑、美元都曾占据主导货币的地位。20 世纪 70 年代以来，储备货币呈现出分散化、多样性的特点。目前，主要的储备币种有美元、日元、英镑、欧元等，其中美元仍为最主要的储备货币。当前主要国家外汇储备数量及排名情况如表 16.2 所示，国际货币基金组织对特别提款权货币权重的多次调整如表 16.3 所示。

表 16.2　主要国家外汇储备数量及排名情况

排名	国家（含地区）	外汇储备数量/百万美元	统计时间	排名	国家（含地区）	外汇储备数量/百万美元	统计时间
1	中国	3 948 097.00	2014 年 3 月	11	新加坡	273 996.00	2014 年 2 月
2	日本	1 288 206.00	2014 年 2 月	12	德国	210 554.32	2014 年 2 月
3	沙特阿拉伯	725 685.00	2014 年 2 月	13	阿尔及利亚	192 500.00	2013 年 12 月
4	瑞士	543 757.86	2014 年 2 月	14	墨西哥	183 004.13	2014 年 1 月
5	俄罗斯	493 325.90	2014 年 2 月	15	泰国	167 232.53	2013 年 12 月
6	中国台湾	423 059.00	2014 年 2 月	16	法国	152 675.33	2014 年 1 月
7	巴西	362 690.85	2014 年 2 月	17	意大利	149 685.44	2014 年 1 月
8	韩国	351 792.00	2014 年 2 月	18	美国	145 963.15	2014 年 3 月
9	中国香港	315 919.00	2014 年 2 月	19	英国	134 966.00	2014 年 1 月
10	印度	294 360.04	2014 年 2 月	20	马来西亚	130 604.01	2014 年 2 月

资料来源：根据 IMF 官网和各国央行网站数据整理。

3. 各成员国在国际货币基金组织的储备头寸

各成员国在国际货币基金组织的储备头寸（reserve position in the fund），又称为普通提款权（general drawing rights），即为国际货币基金组织的成员国在国际货币基金组织当中拥有的储备头寸，是国际货币基金组织向其会员国提供的用于弥补会员国国际收支逆差的借款权利。主要包括两部分：一为储备部分，是会员国向国际货币基金组织缴纳的黄金和外汇储备份额，约占成员国认缴总份额的25%，需要时，可由会员国无条件提用；二为信贷部分，是会员国向国际货币基金组织的贷款，由于会员国向国际货币基金组织缴纳的份额当中有75%是以本国货币缴纳的，需要提用时，实际上是以本国货币作抵押换回所需要的外汇以弥补国际收支逆差。

4. 特别提款权

特别提款权（Special Drawing Rights，SDRs）是国际货币基金组织于1969年创设的，向其成员国提供的一种除普通提款权以外的用于弥补成员国国际收支逆差的提款权利，按成员国认缴的份额进行分配。特别提款权具有以下几个特点：

（1）特别提款权是一种以黄金保值的记账单位，不能直接用于国际贸易支付和结算，也不能直接兑换成黄金。

（2）特别提款权属于国有资产，只能由成员国货币当局持有，并且只能在成员国货币当局和国际货币基金组织（IMF）、国际清算银行（BIS）之间使用。非官方金融机构不得持有和使用。

（3）特别提款权是无附带条件的流动资金，是国际货币基金组织根据各成员国在其分得的配额比例进行分配，各成员国可无条件享受其分配额，无需偿还。

（4）特别提款权使用一揽子货币定值，价值稳定。国际货币基金组织决定自1974年1月1日起，特别提款权定值与黄金脱钩，改用一揽子16种货币作为定值标准。但由于这种定值方法在技术上比较复杂。国际货币基金组织决定，从1980年9月18日起改用5种货币定值，即美元、德国马克（1991年以前为西德马克）、日元、法国法郎和英镑，它们的计算权数每五年进行一次调整；由于欧元的实施，马克与法郎不复存在，因此特别提款权现由4种货币构成，即美元、欧元、英镑和日元。到目前为止，基金组织已对几种货币在特别提款权中所占的权数进行了6次调整，历次调整后的主要货币权重如表16.3所示。

表16.3　国际货币基金组织对特别提款权货币权重的多次调整

货币名称	1980年的权数	第一次调整	第二次调整	第三次调整	第四次调整	第五次调整	第六次调整
		1986年1月1日生效	1991年1月1日生效	1996年1月1日生效	2001年1月1日生效	2006年1月1日生效	2011年1月1日生效
美元	42%	42%	40%	39%	45%	44%	41.9%
德国马克	19%	19%	21%	21%	—	—	—
日元	13%	15%	17%	18%	15%	11%	9.4%
法国法郎	13%	12%	11%	11%	—	—	—
英镑	13%	12%	11%	11%	11%	11%	11.3%
欧元	—	—	—	—	29%	34%	37.4%

截至2014年3月31日，国际货币基金组织为各成员国配给的特别提款权为204090679885 SDRs。

四、国际储备的作用

国际储备是体现一个国家经济实力的重要标志之一。各国保持国际储备的目的不尽相同，但国际储备的主要作用都是相同的，主要包含以下几个方面。

1. 维持国际支付能力，调节临时性的国际收支不平衡

当一国国际收支发生困难时，国际储备可以起到一种缓冲作用，使其国内经济在一定程度上免受国际收支变化的冲击，同时，它还可以使该国政府赢得一定的时间，有步骤地进行国际收支的调整。如当一国由于国际价格变化导致出口锐减或因季节性因素及突发事件而造成其临时性国际收支逆差时，可动用国际储备来弥补其逆差而无须采取压缩进口等影响国内经济正常运行的限制性措施。又如，当一个国家的国际收支发生结构性失衡而需要进行紧急的或长期的调整时，国际储备可以缓和调整过程的冲击，从而降低各种调整措施对国内供求均衡所带来的负效应，维持其国内经济的正常运营和稳定发展，或者减轻因采取紧急行动而对经济带来的不利影响。

2. 干预外汇市场，维持本国货币汇率

对于实行货币自由兑换的国家来说，它所拥有的外汇储备可以表明其干预外汇市场和维持汇价的能力，各国货币当局可以利用外汇储备通过在外汇市场上抛售其他国家的货币或收购本币影响外汇的供求，从而达到调节市场、稳定汇率的目的。例如，当一国货币的汇率发生剧烈波动从而影响到其经济目标时，该国货币当局就可以动用外汇储备支持本国货币的汇率。再如，一国可以通过调节其国际储备资产的构成来避免国际游资对本国货币的冲击。但是，国际储备要发挥干预市场的作用，必须以本国货币的自由兑换和外汇市场的充分发达为前提条件，并且只能短期内对汇率产生有限的影响。

3. 维持并增强他国对本国货币的信心

对于实行货币自由兑换的国家，尤其是对于那些其货币在国际储备体系中占一席之地的发达国家而言，掌握雄厚的国际储备能在心理上和客观上稳定本国货币在国际上的信誉。

4. 国际储备是一国偿债能力的保证

储备资产雄厚是吸引外资流入的一个重要条件，一国拥有的国际储备资产状况是国际金融机构和国际银团提供贷款时评估其国家风险的指标之一。当一国对外贸易状况恶化而又储备不足时，其外部筹资就要受到影响。同时，一国的国际储备状况还可以表明一国的还本付息能力，国际储备是债务国到期还本付息的最可靠的保证。如果一国要争取外国政府贷款、国际金融机构信贷或在国际资本市场上进行融资，其良好的债信和稳定的偿债能力是十分重要的前提条件，而一国能支配的储备资产的数量便是其保证之一。

五、我国国际储备的构成

从 1987 年起，我国开始对外公布国际储备状况。我国的国际储备由以下 4 个组成部分：黄金储备、外汇储备、在国际货币基金组织的储备头寸以及特别提款权。其中，自 2009 年 4 月起我国的黄金储备始终保持在 3389 万盎司[①]（约 1054t）的水平，较为稳定；我国在国际货币基金组织的储备头寸以及特别提款权虽然有所增加，但增加的幅度并不大；而我国的外汇储备规模不断上升，截至 2014 年 3 月，我国外汇储备已达 39 480.97 亿美元，

① 1 金衡盎司=31.103 5 克

其增减是影响储备资产总额变动的重要因素。因此，我国国际储备管理的重点应放在外汇储备上。

第二节 国际储备管理

国际储备管理的政策目标，首先，应符合本国经济发展战略的需要，即国际储备的规模、结构以及营运策略、措施，应有利于各种生产要素的合理、优化配置，以保持经济适度、稳定增长。其次，要符合“安全性、流动性、赢利性”三者合理配置原则。所谓“安全性”，是指尽可能地降低风险和损失；所谓流动性，是指容易变现及完成国际支付；所谓赢利性，是指能带来一定的收益。对于储备持有国来说，这三者不可或缺，但在实际运作中，则往往难以同时兼得。若将储备资产大部分存放于短期存款，可保证充分的流动性，也有较好的安全性，但收益率必然较低；若将储备资产作长期投资，收益率可能较高，但是流动性较差，风险也可能较大。因此，各国货币当局应使本国国际储备资产存放取得安全性、流动性和赢利性的最佳组合，在保证安全性的前提下，争取以最低的成本，获得尽可能高的效益。

国际储备资产管理的内容可以概括为国际储备资产的规模管理和结构管理两个方面。

一、国际储备的规模管理

倘若一国的国际储备不足，容易产生支付危机，影响其国内经济增长，甚至会影响世界经济的正常发展；倘若一国的国际储备过多，又会牺牲该国的消费和投资利益，并制约其经济的发展。因此，各国国际储备资产管理的首要内容，便是确定最适度的国际储备量。

（一）国际储备的供给和需求

1. 国际储备的供给

从一个国家的角度来讲，国际储备的供给，主要来自以下途径。

（1）国际收支顺差。一国的国际收支出现盈余，意味着该国国际储备存量的增加。假定误差和遗漏项目为零，则有：国际储备的变动额=经常项目差额+资本项目差额。其中经常项目差额是较为实际和可靠的来源。

（2）国际信贷。一国从国际上取得政府贷款或国际金融机构贷款，以及中央银行之间的互惠信贷等均可充当外汇储备。因而，国际信贷可以通过国际收支发生额引起国际储备的变动，反映在借款国的国际收支平衡表上，是国际储备的增加；反映在贷款国的国际收支平衡表上，则是国际储备的减少。

（3）干预外汇市场所得外汇。这一项主要是针对西方工业国而言，因其货币可以自由兑换且构成国际储备货币体系的组成部分，因此，当一国的货币汇率升势过猛，给国内经济及对外贸易带来不利影响时，该国货币当局就会进入外汇市场抛售本币收购其他储备货币，由此所得外币一般列入国际储备。

（4）黄金存量。黄金是一国货币当局拥有的货币黄金，黄金储备的增加一般通过两条途径：一是在国内收购黄金并由中央银行贮藏；二是进入国际黄金市场购买。

（5）特别提款权的分配。特别提款权是国际货币基金组织分配给成员国的一种国际流通手段，是成员国国际储备的一个构成部分。特别提款权每5年分配一次，由于它是由四种主要货币制定的，因而其内在价值一直比较稳定，但其分配数量有限。

（6）在国际货币基金组织的储备头寸。储备头寸是一国国际储备的来源之一，但其数额的大小取决于各国的配额，而且其使用还受各种条件的限制。

2. 国际储备的需求

对国际储备的需求主要来自以下几个方面。

（1）弥补国际收支逆差。当一国的国际收支发生逆差时，必须动用国际储备平衡逆差，从而导致该国国际储备存量减少。

（2）干预外汇市场，支持本币汇率。当一国货币汇率下跌幅度太大以致影响其货币的国际信誉或对国内经济产生不利的影响时，该国有可能动用其外汇储备购进本币，支持本国货币的汇率，从而导致其外汇储备减少。

（3）突发事件引起的紧急国际支付。它属于对国际储备的临时需要。

（4）国际信贷的保证。即以国际储备充当对外借贷和进行国际融资的信誉保证。

（二）影响国际储备适度规模的因素

一般来说，最适度的国际储备量是一国政府为实现国内经济目标而持有的用于平衡国际收支和维持汇率稳定所必要的黄金和外汇的储备量。但是，由于决定国际储备必要量的因素极其复杂，各国也不可能有一个统一的标准，各国须根据本国的具体情况决定适度储备量。从实际需要考虑，一国国际储备量通常可分为经常储备量与保险储备量。经常储备量，是指保证该国正常经济增长所必需的进口不致因储备不足而受影响的储备量，这是一国国际储备量的下限。保险储备量，是指在一国经济发展最快时，可能出现的外贸量与其他金融支付所需要的国际储备量，这是一国国际储备量的上限。在此上、下限之间，便构成了一国适度国际储备量的区间。

概括来说，要确定国际储备适度规模应考虑以下几方面因素。

1. 经济活动规模的大小

一国经济活动规模的大小是影响国际储备量的最基本因素之一。如果在一定时期内，一国的经济规模较大，对资金、先进设备和技术的国外引进需求增加，就需要较多的国际储备；反之，则较少。二者之间呈正比例关系变化。

2. 经济开放与对外依赖程度

对外开放程度较大和外贸依存度较高的国家，需要的国际储备规模自然也较大。而外贸依存度越大，使得国内收入扩张引起的对进口需求的相对增长也越快，从另一方面刺激了国际储备需求。

3. 进出口贸易差额的波动幅度

如果一国的国际进出口贸易差额能达到基本平衡或有出超，则会出现国际收支的平衡或顺差，此时，对国际储备的依赖程度会大大减轻，可相对减少国际储备量；反之，出现入超，发生国际收支逆差，这一时期则应增大国际储备量以调节逆差。

4. 国际收支调节机制的效率

国际收支自动调节机制通常要受到现金结余、价格水平和实际收入等变量的影响。如果这一机制能高效、顺利运行，国际收支失衡程度越轻，则所需国际储备量越少；反之，就需要持有较多的国际储备。

5. 外汇管制的宽严程度

在严格的外汇管制条件下，汇率、进口用汇和资本流动将受到管制，也能在一定程度上控制和利用居民的私有外汇，因而较少的国际储备就能满足需求；反之，则需要较多的国际储备量。

6. 外汇政策

一个国家所采取的外汇政策可分为两种类型：一是稳定汇率政策，目的在于本国货币币值稳定和树立良好的经济发展形象；二是变动汇率政策，即通过改变汇率来调整进出口贸易等。如果一国采取稳定的对外汇率政策，发生国际收支逆差时，就需要有较多的国际储备干预外汇市场，以保持汇率的稳定，从而强化了对国际储备的需求；反之则可相对减少。如果采用汇率贬值政策，就要视其政策效果而定。当该国在受到各种因素的影响下，汇率贬值政策也不能有效地解决国际收支失衡和促进经济的增长时，该国只能主要依靠国际融资，为保证信誉，对国际储备的需求相应扩大。

7. 获得信贷的国际信誉

如果一国能确保随时从国外融资，则可在一定程度上依靠对外借款来弥补国际收支差额，减轻国际储备的压力，那么国际储备则可少些；反之则要多些。

8. 各国的协调与合作

如果一国能与其他国家正常开展广泛的经济合作和进行国际间的政策协调，其国际贸易活动互惠互利，资本的国际流动顺畅，显然可以改善国际收支情况，减少对国际储备的需求；反之对国际储备的需求就会增加。

（三）确定国际储备适度规模的数量指标

确定国际储备规模是由多种因素决定的，仅靠单一指标是很难衡量国际储备是否适度的。目前较为流行的确定适度储备量的通用指标有以下三个。

1. 国际储备量与进口额的比例

一国的国际储备应与它的贸易进口额保持一定的比例关系，这种比例一般以40%为上限，以20%为下限，一般认为，国际储备至少应该能够满足3个月的进口需要，这个数额按国际储备存量与全年进口额的比率计算，约为25%，这个水平是国际公认的一般标准。

2. 国际储备量与外债余额的比例

这是反映一国对外清偿能力和资信的指标之一。一般来说，一国的国际储备越充足，其借用外债的能力就越强；同时，一国的外债越多，需要的国际储备也就越多。一般认为，一国的国际储备应不少于其外债余额30%。

3. 国际储备与国内生产总值的比例

在开放经济条件下，各国之间的联系更加密切。一般来说，一国经济规模越大，发展速度越快，对外依赖程度越大，因此需要更多的国际储备以满足其发展需要。一般认为，国际储备与国内生产总值的比率，应掌握在4%～12%。

二、国际储备的结构管理

从整个世界看，国际储备四个组成部分各自所占的比重是很不均衡的。到目前为止，与基金组织有关的两项储备资产，即储备头寸和特别提款权所占的比重较低。而如果按市场价格计算，黄金储备的比重则一直在30%以上，再加上外汇储备，两者合计所占比重至少在90%以上。可见，在全部国际储备中，占支配地位的只能是黄金储备和外汇储备。这两者之间的比例大小，从根本上决定了整个外汇储备的流动性、安全性和赢利性。而且，只有黄金储备和外汇储备是一国的货币当局能够完全彻底地掌握和自由支配的，储备头寸和特别提款权的数量都是由基金组织分配决定，一个国家自已很难将其改变。所以国际储备的结构管理便主要集中在黄金和外汇两项储备资产上。

（一）黄金储备管理

黄金储备的管理可以分为三个方面:对黄金储备数额及其在储备总额中所占比重的控制，对黄金买卖的决策，进行黄金买卖的时机选择。三者之中以数额和比重控制最为重要，后两者都是为它服务的。黄金储备的数量和比重主要取决于黄金的性质。

1. 黄金的安全性

黄金由于其内在价值相对稳定而且具有相对独立性，因而具有较高的安全性。黄金储备的这种安全性体现在以下两个方面：

（1）以黄金作为储备资产可以避免因国际关系发生变化而带来的政治风险。

（2）在纸币本位条件下，以黄金作为储备资产可以避免因通货膨胀而遭受贬值的危险。因为黄金价格会随着通货膨胀而相应上升，从而保持原有的实际价值。黄金的这种安全性也是相对的，它是与其他金融资产相比较而言的。世界局势越是动荡不安，通货膨胀越是严重，金融资产的安全性就越得不到保障，黄金的安全性也就越重要；反之，如果世界局势较为稳定，通货膨胀并不十分严重，而金融资产的安全性就不会受到严峻挑战，黄金安全性的重要程度也就相对下降。

2. 黄金的流动性

自20世纪70年代起，黄金日渐成为一种缺乏流动性的储备资产，不能直接用于国际支付和进入流通，兑现能力较弱，因而其流动性较差。

3. 黄金的赢利性

与外汇相比，黄金天然缺乏赢利能力，因为它自身不能增值，其价值的增长取决于金价是否上涨以及上涨幅度与其储藏费用的比较。

可见，黄金具有较好的安全性但缺乏流动性与赢利性。鉴于黄金所具有的安全性特点，在国际储备中保持适量的黄金储备是完全有必要的。但是，由于黄金的流动性较差，即使在金价上升幅度超过储藏费用的条件下，增加黄金储备虽然有助于增加国际储备总体上的安全性，也必定会降低其流动性。加之黄金价格由于受到多种因素的作用，其变化令人捉摸不定，因此，黄金储备的数量一般不宜做过多的调整，以保持稳定为宜。

（二）外汇储备管理

在浮动汇率制下，由于储备货币汇率和利率的不断波动，因此，与黄金储备相比，外汇储备的安全性要略差一筹。但是，外汇储备使用灵活、方便。外汇作为一种交易货币，可以直接用于各种国际支付，并可根据本国的需要进行区域调拨和币种转换，在必要时还可以直接用于外汇市场干预。而且，作为金融资产的外汇储备，还可以通过利息收入使自己得到增值，加上外汇的保存费用远远低于黄金，因此外汇储备具有无与伦比的流动性和天然的赢利性。由于外汇储备在流动性、赢利性方面所具有的优势以及由此导致的在国际储备中的高比例，使得外汇储备管理成为国际储备结构管理乃至整个国际储备管理中最重要的内容。

1. 外汇储备的数量和比例控制

一般来说，在正常情况下，大多数国家选择将其外汇储备数额维持在 3 个月的进口量左右。至于黄金储备与外汇储备的比例，由于前者在安全性上具有优势，后者则具有较强的流动性和赢利性，因此，其比例的确定取决于各国不同的国情需要。增大外汇储备的比例可以增加国际储备整体的流动性和赢利性，但会降低其安全性。

统计数字表明，如果按市价计算，在发达国家，黄金储备所占的比重和外汇储备所占的比重基本相仿；但在发展中国家，黄金储备的比重却远远低于外汇储备的比重。这种现象的产生取决于两种不同的管理策略。

（1）在发达国家，中央银行通常处于比较超脱的地位，其职责是通过有效的货币政策来实现各项宏观经济目标，这就决定了中央银行是一个管理机构而不是赢利机构。而且，发达国家的国民收入通常都较高，储备资产所带来的区区收益并不为其看重。所以，发达国家的中央银行借助储备资产的结构管理来获取收益的动机并不强烈，却对储备资产的安全性较为重视，因而采取的是一种稳健型的管理策略。

（2）在发展中国家，由于国民收入较低，就必须尽可能充分利用一切赢利机会。持有外汇储备不仅能够生息，而且这种利息收入也是宝贵的外汇来源。同时，发展中国家的低收入又使其无力保持较高的国际储备水平，因此，其国际储备经常发生短缺，由此导致对国际储备流动性的更高的要求。持有外汇虽然风险较大，但却具有较好的流动性和赢利性，因此，发展中国家往往采取进取型的管理策略。

2. 外汇储备的结构安排

外汇储备的结构安排包括储备货币币种的选择及其在储备中所占比重的确定。选择何种货币作为储备货币主要取决于下列因素。①一国对外贸易和其他金融性支付所使用的币种；②一国外债的币种构成；③国际货币体系中各主要储备货币的地位，其市场的深度、广度和弹性；④对各种储备货币汇率走势的预测情况；⑤储备货币汇率与利率的比较，汇率与收益率的比较，以及有关国家的货币政策；⑥一国的经济发展目标和经济政策的要求。

至于各种储备货币在总储备中所占的比重，一般来说，世界上大多数国家都是以美元作为其外汇储备构成的主体。20 世纪 70 年代后期以来，虽然美元的地位有所削弱而德国马克和日元的地位不断提高，但由于历史的原因，在国际贸易和国际借贷中仍以美元的使用量为最大，而且美国的货币市场和证券市场居世界之首，又是活跃的国际投资中心，因此美元仍是多数国家最主要的储备货币。其他的储备货币有日元、英镑、瑞士法郎等。

3. 储备资产的投资决策

外汇储备属于金融资产的一种形式，目前大多数国家采取的是储备货币多元化的策略。这一策略的理论依据是"现代资产组合理论"。现代资产组合理论的核心是：在相同的收益率下，通过把资本投向多种不同的资产的组合投资，可以降低乃至消除投资的非系统性风险，从而降低投资的总风险。

按变现能力划分，储备资产可以分为以下三类。

（1）一级储备：包括现金和准现金，如活期存款、短期国库券、商业票据等。这类储备的流动性最高但收益最低，风险基本上等于零。

（2）二级储备：主要指中期债券。这类储备的收益高于一级储备，但流动性比一级储备资产差，风险也较大。

（3）三级储备：指各种长期投资工具。这种投资的收益率最高，但流动性最差，风险也最大。中央银行一般在确定一级储备和二级储备的规模后，才考虑将余下部分作长期性投资。

4. 对外借款的管理

对用于归还对外借款的储备资产，一般是根据借款期限的长短，把储备资产分别安排在适当期限的投资工具上，从而保证到期贷款的归还，即为每一笔借款安排一笔存款准备，以减少或避免由于储备不足而进行临时性融资抵补所可能带来的利率上升的风险。另外，还可以考虑利用储备资产的期限结构来抵补利率变化的风险，同时根据利率波动情况估计借款和资产的价值，通过调节收益变化保证其净值不变。

三、我国国际储备的规模和结构管理

（一）中国国际储备管理原则及适度规模

与世界上大多数国家一样，我国的国际储备管理也遵循安全性、流动性、保值和增值性原则，只是在不同的经济发展阶段，管理的侧重点有所不同，但储备规模问题始终是我国国际储备管理工作的中心内容。由于一国的国际储备直接体现了一国的经济实力，一些意见认为，储备资产越多越好。尤其是像我们这样的发展中大国，理应保持较多的国际储备；另一些意见认为，储备资产过多，必然影响到国内的经济发展，而且要承担较高的机会成本以及由于汇率变动带来的贬值压力等，所以，储备资产应考虑经济规模。具体到我国的情况，建立国际储备的适度规模应考虑以下制约因素：①一段时期内国家的经济发展目标；②国际收支的总体状况；③对外开放的程度；④对外举债情况；⑤在国际市场上的融资能力等。

目前国际上广泛采用的以年进口贸易总额的 20%～50%来估算一国的国际储备量的做法可以作为参考指标。

思考题

请查找下列数据：2013年年度中国进出口总额为______万亿美元；其中进口总额为_______万亿美元，增长_______%，出口总额为________万亿美元，增长_______%。截至2014年6月中国外汇储备规模为_______万亿美元。

（二）中国的外汇储备结构管理

合理配置我国的外汇储备，达到优化组合，保证外汇储备管理原则的实现和外汇储备作用的最大发挥，是我国外汇储备结构管理的重要问题。

在坚持储备货币的安排与管理遵循安全保值、兑现灵活、获取收益三条原则和处理好三者关系的前提下，合理安排我国的外汇储备结构还要坚持做到以下几点。

（1）坚持储备货币构成与进口付汇和偿付外债的要求相一致。要根据我国进出口贸易对象及我国外债的货币结构，安排好各种储备货币的比重。要尽量做到与外汇资金的借入、使用、偿还货币币种相一致，保持储备构成合理，防范外汇风险。

（2）外汇储备货币的构成要多样化。要根据主要国际储备货币购买力不断变化的情况，及时调整我国储备货币的币别构成及数量比例，合理组合，始终保持优化状态。

（3）外汇储备资产的投向结构要合理。要既能满足国家日常及急需时对外支付，又能满足获取最大的收益。要计算好一定时期内的对外支付需要量，根据对外支付的时间安排好资金投向。根据对外支付的时间和比重，留足周转金存放于实力强、信誉好的国外银行或购买短期的政府国库券，把超过周转数额的资金作为较长期的投资，购买外国政府公债、国库券或可靠、稳定、收益高的有价证券，始终保持外汇储备的合理投向。

（4）外汇储备资产的存放要分散化。储备资产的存放要避免出现过于集中于一两个国家或一两个银行的情况，经常注意观察储备货币发行国、存放银行和国际金融市场的各种变动状况，防止遭受外国政府冻结资金、银行倒闭或发生意外事件的损失。

可见，我国的外汇储备结构管理应在坚持实行储备资产多元化原则基础上，合理配置并不断调整，以达到我国外汇储备结构管理的优化。

本章小结

1. 国际储备是一国货币当局为弥补国际收支逆差、维持本国货币汇率的稳定以及应付各种紧急支付而持有的、为世界各国所普遍接受的资产。各国都准备有一定数量的资产作为国际储备，用于调节国际收支，干预外汇市场，以把国际收支不平衡和汇率波动的幅度限制在某一可接受的范围之内，使其不至于对国家经济的正常运行产生不利的影响。

2. 国际储备的构成主要有四种形式。对于任何一个国家来说，其国际储备中至少包括两项资产，即黄金储备和外汇储备。如果该国是国际货币基金组织的成员国，则其国际储备中还包括在基金组织的储备头寸；如果该国还参与特别提款权的分配，则其国际储备中还包括特别提款权。

3. 国际储备资产管理的内容可以概括为国际储备资产的规模管理和结构管理两个方面。

4. 一般来说，最适度的国际储备量是一国政府为实现国内经济目标而持有的用于平衡国际收支和维持汇率稳定所必要的黄金和外汇的储备量。从实际需要考虑，一国国际储备量通常可分为经常储备量与保险储备量。经常储备量，是指保证该国正常经济增长所必需的进口不致因储备不足而受影响的储备量，这是一国国际储备量的下限；保险储备量，是指在一国经济发展最快时，可能出现的外贸量与其他金融支付所需要的国际储备量，这是一国国际储备量的上限。此上、下限，构成了一国适度国际储备量的区间。

5. 中国的国际储备由黄金储备、外汇储备、在国际货币基金组织的储备头寸和特别提款权四个部分组成。其中黄金储备、储备头寸和特别提款权的数量在一定时期内是比较稳定的。因此，我国对国际储备的管理便主要体现在有关部门对外汇储备的管理上。

课后练习

一、填空题

1. 国际储备是一国货币当局为________、________以及应付各种紧急支付而持有的、为世界各国所普遍接受的资产。

2. 目前，国际货币基金组织会员国的国际储备，一般可以分为四种类型：________、________、________和分配给成员国的尚未动用的特别提款权（SDRs）。

3. 对国际储备的资产结构进行管理时应遵循________、________和________三项基本原则。

二、不定项选择题

1. 目前各国的国际储备构成中主体是（　　）。

A. 黄金储备　　B. 在 IMF 中的储备头寸

C. 外汇储备　　D. 特别提款权

E. 以上都正确

2. 目前各国外汇储备中最主要的储备货币是（　　）。

A. 英镑　　B. 欧元　　C. 美元

D. 瑞士法郎　　E. 日元

3. 与其他储备资产相比，特别提款权的鲜明特征包括（　　）。

A. 它不具有任何内在价值，纯粹是一种账面资产

B. 任何个人和私人企业不得持有和运用

C. 不能直接用于贸易和非贸易结算

D. 只能在基金组织与各成员国之间进行官方结算

E. 来源途径只有两个，或者源于基金组织的分配，或者源于官方的结算

4. 国际储备的来源有（　　）。

A. 国际收支顺差　　B. 国际收支逆差

C. 购买黄金　　D. 干预外汇市场所得

E. 国际基金组织分配

5. 一般而言，进出口规模越大，表明对外贸易在该国国民经济中的地位越高，对外贸易的依存度也就越高，需要的国际储备（　　）。

A. 较多　　B. 较少　　C. 关系不大

D. 无法确定　　E. 以上答案都不对

6. 一个实行浮动汇率制度的国家，其储备的保有量就可相对（　　）。

A. 较多　　B. 较少　　C. 关系不大

D. 无法确定　　E. 以上答案都不对

7. 按照流动性的高低，国际储备资产一般可以分为（　　）。

A. 2 级　　B. 3 级　　C. 4 级

D. 5 级　　E. 6 级

8. 我国国际储备的管理，主要是指对（　　）的管理。

A. 黄金储备　　B. 在国际货币基金组织的储备头寸

C. 外汇储备　　D. SDR

E. 国家外债

三、判断分析题

1. 黄金已不再是一国国际储备的重要组成部分。（　　）

2. 特别提款权不仅能用于贸易和非贸易支付，还能在国际货币基金组织与各国之间进行官方结算。（　　）

3. 我国外汇储备币种构成不合理，其中美元储备量过大。（　　）

四、名词解释

国际储备　　国际清偿能力　　外汇储备　　在 IMF 的储备头寸

五、简答题

1. 国际储备与国际清偿能力有何区别？

2. 如何理解国际储备的作用？

3. 国际储备的供给和需求各有哪些方面？

4. 影响国际储备适度规模的因素有哪些？

5. 中国应采取哪些措施进行外汇储备管理？

第十七章　国际金融体系与国际金融机构

【学习目标】

1. 理解国际货币体系的作用
2. 掌握国际货币体系的内容
3. 熟悉国际货币体系的发展沿革
4. 了解国际货币体系的发展趋势

出国旅游你会携带哪种货币？人民币还是美元？为什么美元充当了世界货币的角色？谁做了这个规定？人民币难道不可以作为世界货币吗？本章内容将解答上述问题。

第一节　国际货币体系概述

国际货币体系（international monetary system）就是各国政府为适应国际贸易与国际支付的需要，对货币在国际范围内发挥世界货币职能所确定的原则、采取的措施和建立的组织形式的总称。本节将简要介绍国际货币体系的内容、作用及今后的发展趋势。

一、国际货币体系的内容及作用

（一）国际货币体系的内容

国际货币体系一般包括以下几个方面的主要内容。

1. 确定关键货币

关键货币是在国际货币体系中充当基础性价值换算工具的货币，它是国际货币体系的基本要素。因为一国对外收支不能使用本国货币，而必须使用各国普遍接受的货币即关键货币。只有确定了关键货币，才能进而确定各国货币之间的兑换率、汇率的调整以及国际储备构成等。因此，确定关键货币，即确定货币由何种材料担当、货币的质量及单位、该货币在货币体系内的地位，构成了国际货币体系的一项重要内容。

2. 确定汇率制度安排

一国货币与其他货币之间的汇率应如何决定和维持，一国货币能否自由兑换成支付货币，在对外支付方面是否加以全部或部分限制，或者完全不加限制，以及该国如何在固定汇率制度、浮动汇率制度或者钉住汇率制度三者中做出选择等。

3. 确定国际储备资产

为保证国际支付的需要，各国必须保持一定数量的、为各国普遍接受的国际储备资产。

确定哪些资产可以充当国际储备，其供应方式和数量规模如何，需要有国际性的规则予以安排，因此，确定国际储备资产及其供应方式是构成国际货币体系的一项主要内容。

4. 确定国际收支的调节机制

世界各国国际收支的平衡发展是国际货币体系正常运转的基础。在有些情况下，一国的国际收支失衡，通过本国采取国内经济政策或外汇政策就可以恢复平衡；在有些情况下就需要根据国际协定，通过国际金融组织、外国政府贷款，或通过各国政府协调政策，干预市场达到国际收支平衡。国际收支平衡的协调是国际货币体系的重要内容。

（二）国际货币体系的作用

国际货币体系的存在与发展，对国际贸易和国际金融活动有着深刻而广泛的影响，对各国及世界经济的稳定与发展有着积极的重要的促进作用。其主要表现在以下几个方面。

1. 为世界贸易支付清算和国际金融活动提供统一规范的运行规则

统一的国际货币体系不仅为世界经济的运行确定必要的国际货币，还对国际货币发行依据与数量、兑换方式与标准等问题做出明确规定，同时还为各国的国民经济核算提供统一的计价标准等，这就为世界各国的经济交往提供了较为规范的标准，促进了世界经济的健康发展。

2. 稳定汇率

国际货币体系的收益任务之一，是促进汇率的稳定。国际货币体系为各国汇率的稳定提供了统一的计价标准，为各国汇率制度安排与有序提供意见与管理措施，维持了世界汇率的稳定。统一的国际货币体系也为世界各国免受国际金融投机活动的冲击，稳定各国货币的对内价值和国内货币流通，发展健康的对外经济，提供了良好的外部条件，同时也为国际间汇率的稳定奠定了坚实的基础。

3. 调节国际收支

确定国际收支调节机制，保证世界经济稳定健康发展，是建立国际货币体系的基本目的和主要作用之一。确定国际收支调节机制要涉及汇率机制、对逆差国的资金融通机制、对储备货币发行国的国际收支的纪律约束机制三方面内容。通过这三种机制作用的发挥及稳定统一的国际货币体系对各国的贸易活动、货币流通、汇率、国际储备等方面产生的影响，必然对各国的国际收支产生重要的影响与调节作用。

4. 监督与协调有关国际货币金融事务

国际货币体系的建立与运作，需要有相应的有权威的协调或组织管理机构。国际货币体系管理机构的重要职责是协调与监督世界各国有关的国际货币与金融事务，确保稳定汇率和调节国际收支作用的实现。在当代各国之间经济联系日益增强，国际金融市场不断迅猛发展的情况下，如何采取有效的国际合作以保证国际货币体系的有效运作，已成为当代国际货币体系的重要课题。

二、国际货币体系的发展沿革

近代之前，国际贸易不发达，国际贸易结算多以金、银进行，英国于 1816 年率先实行金本位制以后，到1914年第一次世界大战以前，主要资本主义国家都实行了金本位制，国际金本位制通行了约100年。

国际货币制度经历了从国际金本位制到布雷顿森林体系再到牙买加体系的演变过程。

（一）国际金本位制

世界上首次出现的国际货币制度是国际金本位制，1880—1914年的35年间是国际金本位制的黄金时代。在这种制度下，黄金充当国际货币，各国货币之间的汇率由它们各自的含金量比例决定，黄金可以在各国间自由输出输入，在“黄金输送点”的作用下，汇率相对平稳，国际收支具有自动调节的机制。由于1914年第一次世界大战爆发，各参战国纷纷禁止黄金输出和纸币停止兑换黄金，国际金本位制受到严重削弱，之后虽改行金块本位制或金汇兑本位制，但因其自身的不稳定性都未能持久。在1929—1933年的经济危机冲击下国际金本位制终于瓦解。随后，国际货币制度一片混乱，直至1944年重建新的国际货币制度——布雷顿森林体系。

（二）布雷顿森林体系

第二次世界大战爆发后，整个资本主义世界各国无一例外地都出现了剧烈的通货膨胀。战后，欧洲各国因受战争破坏，生产设备短缺，物资匮乏，为恢复和发展国内经济，只得从美国进口商品。美国在扩大其商品输出的同时，又乘机限制商品输入，形成大量贸易顺差。因此，美国的黄金储备迅速增长，约占当时资本主义各国黄金储备的四分之三。西欧各国为弥补巨额贸易逆差需要大量美元，出现了“美元荒”。国际收支大额逆差和黄金外汇储备不足，导致多数国家加强了外汇管制。显然，这种情况对美国的对外扩张是个严重障碍。美国力图使西欧各国货币恢复自由兑换，并为此寻求有效措施。

1944年7月，在美国新罕布什尔州的布雷顿森林召开由44国参加的“联合国联盟国家国际货币金融会议”，通过了以“怀特计划”为基础的《国际货币基金协定》和《国际复兴开发银行协定》，总称《布雷顿森林协定》。这个协定建立了以美元为中心的资本主义货币体系，即布雷顿森林体系。

布雷顿森林体系的主要内容是：

（1）以黄金作为基础，以美元作为最主要的国际储备货币，实行“双挂钩”的国际货币体系，即美元与黄金直接挂钩，其他国家的货币与美元挂钩。美元与黄金挂钩是指，美国政府保证以1934年1月规定的35美元等于一盎司的黄金官价兑付其他国家政府或中央银行持有的美元。其他国家货币与美元挂钩是指，根据35美元等于1盎司黄金的价格确立美元的含金量，其他国家也以法律形式规定各自的含金量，而后通过含金量的比例，确定各国货币与美元的兑换比例。

（2）实行固定汇率制。各国货币对美元的汇率一般只能在平价上下1%（1971年12月17～18日后调整为2.25%）的幅度内浮动，各国政府有义务在外汇市场上进行干预，以维持外汇行市的稳定。只有在一国国际收支发生根本性不平衡时，才允许贬值或升值，但必须经过国际货币基金组织批准。实际上，在平价10%以下的变动可自行决定；在10%～20%间须经国际货币基金组织同意，在72小时内做出决定，更大变动则不受时间限制。

（3）国际货币基金组织通过预先安排的资金融通措施，保证向会员国提供辅助性储备供应。会员国份额的25%以黄金或可兑换成黄金的货币缴纳，其余75%以本国货币缴纳。会员国认缴的份额越多，所得贷款越多。贷款只限于为会员国解决国际收支困难。

（4）会员国不得限制经常性项目的支付，不得采取歧视性的货币措施。这个货币体系实际上是美元—黄金本位制，也是一个变相的国际金汇兑本位制。

以美元为中心的布雷顿森林体系，对第二次世界大战后资本主义经济发展起过积极作用。首先，美元作为国际储备货币等同于黄金，起着黄金的补充作用，弥补了国际清偿能力的不足；其次，固定汇率制使汇率保持相对的稳定，为资本主义世界的贸易、投资和信贷的正常发展提供了有利条件；最后，国际货币基金组织作为这一体系正常运转的中心机构，在促进国际货币合作和建立多边关系方面起着积极作用，特别是对会员国提供各种贷款，以暂缓会员国国际收支困难，有助于世界经济的稳定增长。

但是随着时间的推移，布雷顿森林体系的种种缺陷也渐渐地暴露出来。

（1）美国利用美元的特殊地位，扩大对外投资，弥补国际收支逆差，操纵国际金融活动。

（2）各国以美元作为主要储备资产，这本身就具有不稳定性。各国储备的增加主要靠美国，美国国际收支持续出现逆差，必然影响美元信用，引起美元危机。如果美国要保持国际收支平衡，稳定美元，则又会断绝国际储备的来源，引起国际清偿能力的不足，这是一个不可克服的矛盾。

（3）固定汇率有利于美国输出通货膨胀，加剧世界性通货膨胀，而不利于各国利用汇率的变动调节国际收支平衡。因为在这种汇率制度下，各国要么消极地管制对外贸易，要么放弃稳定国内经济的政策。其实，从各国利益出发，这两种做法都不可取。

20世纪60年代以后，美国政治、经济地位逐渐下降，特别是外汇收支逆差大量出现，使黄金储备大量外流，到60年代末出现黄金储备不足抵补短期外债的状况，导致美元危机不断发生。各国在国际金融市场大量抛售美元，抢购黄金，或用美元向美国挤兑黄金。进入70年代，美元危机更加严重，尽管美国政府和国际金融组织为挽救美元采取了许多应急措施，但都未能见效。1971年8月15日美国公开放弃金本位，同年12月美国又宣布美元对黄金贬值7.89%，黄金官价从每盎司35美元提高到38美元。1972年6月到1973年年初，美元又爆发两次危机，同年3月12日美国政府再次将美元贬值10%，每盎司黄金官价提高到42.22美元。在这种情况下，资本主义各国从各自的利益出发，纷纷宣布放弃固定汇率，实行浮动汇率，不再承担维持美元汇率的义务。1974年4月1日起，国际协定上正式排除货币与黄金的固定关系，以美元为中心的布雷顿森林体系彻底瓦解，取而代之的是牙买加体系。

（三）牙买加体系

继布雷顿森林体系崩溃之后，国际货币制度又一次陷于混乱，导致国际金融形势动荡不安。1976年1月，国际货币基金组织"国际货币制度临时委员会"在牙买加举行会议，达成了著名的"牙买加协定"。该协定取消了有关固定汇率制的条文，使浮动汇率制合法化，废除黄金官价并降低黄金在国际货币制度中的作用，提高特别提款权的作用并扩大成员国的份额，建立信托基金，扩大对发展中国家的资金融通。同年4月，国际货币基金组织理事会通过《国际货币基金协定第二次修正案》，并于1978年4月1日正式生效，从而形成了新的国际货币制度——牙买加体系。现行的牙买加体系主要由以下几项内容构成。

1. 国际储备货币多元化

与布雷顿森林体系下以美元作为单一的国际储备货币相比，牙买加体系在国际储备货币的安排方面呈现出多元化的局面。美元虽然仍作为主要的国际货币，但地位明显削弱，而日元、德国马克随着两国经济实力的增长成为重要的国际货币，特别提款权的作用也不断增强，欧元面世以后将成为能与美元抗衡的新的国际货币。国际储备货币的多元化使各国可以根据自身的具体情况和预期，在多种国际货币中进行选择，构建本国多元化的国际储备以减少风险。

2. 汇率安排多样化

牙买加体系在汇率安排方面，出现了以浮动汇率为主，盯住汇率并存的混合体系，亦称“无体制的体制”，各国可自行安排汇率。汇率安排的多样化可以使各国根据自身的经济实力、开放程度、经济结构等情况权衡选择。一般而言，发达国家多数采用浮动汇率制，实行单独浮动或联合汇率；发展中国家多数采用盯住汇率制，盯住某种国际货币或一揽子货币，也有采用联合浮动的，但单独浮动的较少。

3. 多种渠道调节国际收支

在牙买加体系下，各国调节国际收支的渠道更多了，至少有以下五种。

（1）运用国内经济政策。国际收支作为一国宏观经济的有机组成部分，必然要受国内经济因素的影响。运用国内经济政策可以通过改变国内的供求关系和经济状况，消除国际收支的失衡。如当资本和金融项目出现逆差时，可以提高利率，减少货币供应，以此吸引外资流入来弥补缺口。

（2）汇率政策。在浮动汇率制或可调整的盯住汇率制下，汇率是调节国际收支的一项重要工具。例如，当经常项目出现逆差时，运用汇率政策使本币币值下降，有利于增强本国出口商品的国际竞争力，从而减少经常项目的逆差。

（3）通过国际融资平衡国际收支。在牙买加体系下，国际货币基金组织的贷款能力有所提高，更重要的是，各国可以利用20世纪70年代以后迅速发展起来的国际金融市场进行融资，如欧洲货币市场、亚洲货币市场等，还可以向国际性商业银行借款。

（4）通过国际协调来解决国际收支平衡问题。在牙买加体系下，国际货币基金组织在国际协调中发挥了重要的“桥梁”作用，在国际货币基金组织的干预和协调下，各国政府通过磋商，就国际金融问题可以达成新的共识与谅解，有利于解决各国间国际收支严重失衡的问题。此外，西方七国首脑会议也多次合力协调干预，主观上是为了各自的利益，但客观上也有利于国际金融问题的解决。

（5）通过外汇储备的增减来调节。当一国国际收支失衡时，政府可以动用本国的外汇储备来进行调节。但一般外汇储备的增加或减少会影响该国的货币供应量和结构，故需要同时采用中和政策，相应改变其他渠道的货币供应量，以保持内外均衡。

牙买加体系的实行，对于维持国际经济运转和推动世界经济发展发挥了积极的作用。多元化国际储备货币的结构为国际经济提供了多种清偿货币，摆脱了布雷顿森林体系下对一国货币——美元的过分依赖；多样化的汇率安排适应了多样化的、不同发展程度国家的需要，为各国维持经济发展提供了灵活性与独立性；灵活多样的调节机制，使国际收支的调节更为有效和及时。

但是牙买加体系并非是理想的国际货币制度，它目前仍存在着一些缺陷：第一，多元化国际储备货币格局下，储备货币的发行国可以享受到“铸币税”等多种好处，同时在多元化储备货币安排下国际上缺乏统一而稳定的货币标准，很容易造成国际金融的不稳定；第二，以浮动汇率制为主体，汇率经常出现大起大落，变化不定，加大了外汇风险，在一定程度上抑制了国际贸易活动，极易导致国际金融投机的猖獗，对发展中国家而言，这种负面影响更为突出；第三，目前的国际收支调节机制并不健全，各种调节渠道都有各自的局限性，全球性的国际收支失衡问题并没有得到根本的改善。因此，国际货币制度仍有待于进一步改革和完善。

三、国际货币体系的发展趋势

国际货币体系的改革方向主要集中在国际储备资产的确定和汇率制度的选择两个方面，而其中国际储备资产的改革是最基本的。

（一）国际储备货币的演变和前景

只要不是实行完全没有干预的金本位制，或者完全的自由浮动汇率制，一国就必须持有国际储备资产。第二次世界大战后，美元是主要的储备资产，美国的国际收支状况影响着国际储备增长的状况。国际间美元的过多或过少一直是国际金融形势不稳定的主要因素，但是在找不到更好的国际储备资产来取代美元之前，各国就不得不持有美元，不得不依靠美元来从事国际商品贸易和国际金融交易。所以许多有关国际货币改革的方案和建议，都是围绕着以什么资产代替美元来展开。

在当今的国际经济形势下，要回到金本位制或某种形式的金汇兑本位制是不可能的。1973 年以后，美元仍居主导地位。但是随着美国经济实力的相对下降以及日本及西欧国家的崛起，资本主义国家间的发展不平衡和各种矛盾势必加剧，美元越来越不能胜任主导国际货币的地位了，于是形成了国际储备货币的多元化。在多元化的国际储备货币中每一种货币的汇率波动都会影响国际货币体系的稳定。从长远来看，还应发展统一的世界货币。发行统一货币就必须建立统一的世界范围的中央银行或类似的机构，并实行统一的世界货币政策。这个难度相当大。不过从经济发展规律上看，随着世界经济一体化趋势的加强，经济利益的相关性会促进各国的政策协调，共同货币的理想在未来可能会实现。

（二）国际汇率制度的演变和前景

就汇率制度的改革而言，实行理论上的完全固定汇率制或完全自由浮动汇率制的可能性极小。从目前发达国家经常联合干预外汇市场，发展中国家很多实行钉住汇率制来看，稳定汇率、缩小汇率波动幅度是国际社会的普遍愿望。所以，汇率制度改革的核心实际上是允许汇率波动幅度的大小，或以什么形式恢复固定但可调整的平价制的问题。

纵观国际汇率制度的演变过程，100 多年来大部分时间实行的是固定汇率制，浮动汇率制在 20 世纪 30 年代大萧条时期实行过，目前的有管理的浮动汇率制也运行了近 30 年，事实表明其弊端很多。在历史进程中，先是严格的固定汇率制，然后是浮动汇率制，以后又是固定汇率制但汇率可调整（布雷顿森林体系），最后是目前的浮动汇率制度。

从已提出的主要汇率制度改革的方案看，多数是主张建立某种形式的固定汇率制；也有人主张保持目前的各国自由选择汇率安排的混合汇率制，但要求主要国家协调政策、联合行动，以实现汇率稳定。实行固定汇率制需要有一定客观条件，目前是行不通的。在各国通货膨胀率、经济增长率、国际收支状况和货币政策都存在很大差异的条件下，实行固定汇率制没有基础。目前通过各国之间的政策协调和共同干预来稳定汇率，降低波动幅度的方案经过国际间的努力有可能实现。至于国际汇率制度的发展前景，一方面取决于各主要国家之间货币合作的密切度；另一方面还取决于国际储备货币的发展状况。

第二节　国际金融机构

国际金融机构是指从事国际金融管理和国际金融活动的超国家性质的组织机构，能够在重大的国际经济金融事件中协调各国的行动；提供短期资金缓解国际收支逆差稳定汇率；提供长期资金促进各国经济发展。本节将简要介绍国际货币基金组织、世界银行集团和国际清算银行。

一、国际货币基金组织

国际货币基金组织（International Monetary Fund，IMF，官方中文网址 www.imf.org/external/chinese/）是根据 1944 年 7 月在美国布雷顿森林召开的联合国货币金融会议上通过的《国际货币基金协定》于 1945 年 12 月 27 日成立的联合国所属的专门负责国际货币事务的国际性合作机构，总部设在美国华盛顿。到 2007 年 1 月为止，基金组织成员国已达 185 个国家和地区，中国是创始国之一。中国的合法地位是 1980 年 4 月 18 日恢复的。

（一）国际货币基金组织的宗旨与职能

（1）国际货币基金组织的宗旨是通过设立一个就国际货币问题进行磋商和合作的常设机构，促进国际货币合作；促进国际贸易的扩大和均衡发展，以此达到高水平的就业与实际收入，并增强会员国的生产能力；促进汇率的稳定和有秩序的汇率安排，借此避免竞争性的汇率贬值；协助建立会员国之间经济性交易的多边支付体系，取消阻碍国际贸易发展的外汇管制；在临时性的和有保障的条件下，向成员国提供资金融通，使它们在无需采取有损于本国和国际经济繁荣的措施的情况下，纠正国际收支的不平衡；争取缩短和减轻国际收支不平衡的持续时间和程度。

（2）国际货币基金组织的主要职能是：为成员国的汇率政策、与经常项目有关的支付以及货币的兑换性问题确立一项行为准则，并实施监督；为成员国解决国际收支问题融通短期资金，向成员国提供国际货币合作与协商的场所。

（二）国际货币基金组织的结构

国际货币基金组织的管理机构由理事会、执行董事会、总裁和业务机构组成。

1. 理事会

理事会是国际货币基金组织的最高权力机构，由各会员国选派一名理事和一名副理事组成。理事通常是由各国财政部长或中央银行行长担任。理事会的主要任务是：接纳新会员，修改基金份额，分配特别提款权，决定会员国退出基金组织和其他有关国际货币体系等重大问题。

2. 执行董事会

执行董事会是负责处理基金组织日常事务的机构，由 24 名董事组成，其中 8 人分别由美国、英国、德国、法国、日本、俄罗斯、沙特阿拉伯和中国等 8 个会员国单独指派，其余由包括若干个国家和地区的 16 个选区各派 1 名代表进入执行董事会，执行董事不得兼任理事。

3. 总裁

总裁由执行董事会推选，总管基金组织的业务工作，是最高的行政领导人。通常情况下，总裁兼任执行董事会主席，平时无投票权，只有在执行董事会投票表决出现票数相等时，才有决定票权。

4. 业务机构

基金组织有 16 个部门，负责经营管理日常业务。

（三）国际货币基金组织的资金来源

1. 会员国的基金份额

国际货币基金组织实行份额制度，也就是说，资金的主要来源是会员国缴纳的份额，会员国应缴份额的大小，由基金组织与会员国磋商后确定。会员国缴纳份额的办法是，份额的 25%原规定以黄金缴纳，1976 年改为以特别提款权或外汇缴纳；份额的 75%以会员国本国货币缴纳，存放于本国中央银行，在基金组织需要时可以随时动用，成员国的份额应每 5 年左右调整或扩大一次。份额法类似于股份，因此，份额决定会员国的普通提款和特别提款分配额，同时也决定投票权，每一会员国有 250 张基本票，每 10 万特别提款份额增加 1 票，所以会员国的份额越大，表决权也越大。

2. 向会员国借款

国际货币基金组织的另一个资金来源是借款，它不仅可以向各会员国官方机构进行借款，也可以向私人借款，包括向商业银行借款。

3. 出售黄金

基金组织于 1976 年 1 月决定将其所持黄金的 1/6，即 2500 万盎司分四年按市价出售，以获得利润中的一部分，作为建立“信托基金”的资金来源。

（四）基金组织的主要业务

1. 汇率监督协调

为了保持有秩序的汇率安排，国际货币基金组织一方面要求会员国在出现国际收支根本性失衡的情况下，与之协商是否改变会员国的货币平价；另一方面对会员国的宏观经济政策进行检查和协调。其主要内容是：“在会员国总的经济情况和经济政策战略的一种广泛分析结构内”估价会员国的经济政策；促进国际货币合作和国际金融合作；限制成员国家实行贸易管制和其他贸易壁垒，以促进国际贸易的发展。

2. 资金融通

国际货币基金组织对成员国提供形式多样的优惠贷款，帮助成员国克服国际收支平衡和解决贸易中的困难。

3. 向会员提供培训咨询服务

国际货币基金组织对会员国提供有关国际收支、财政、货币、银行、外汇、外贸和统计等方面的咨询和技术援助，帮助会员国组织人员培训、编辑出版各种反映世界经济和国际金融专题的刊物和书籍，而且基金组织作为联合国的专门机构，还积极参加联合国的相关活动。

二、世界银行集团

世界银行集团（World Bank Group，官方中文网址 www.worldbank.org.cn/）目前由世界银行、国际开发协会、国际金融公司、多边投资担保机构和解决投资争端国际中心等 5 个成员机构组成。

（一）世界银行

世界银行（World Bank, WB），又称国际复兴开发银行（International Bank for Reconstruction and Development, IBRD），是 1944 年 7 月布雷顿森林会议后与国际货币基金组织同时产生的另一个国际金融组织。它于 1945 年 12 月正式建立，1946 年 6 月开始营业，总部设在美国华盛顿，并在纽约、日内瓦、巴黎、东京等地设有办事处。它是联合国的专门机构，世界银行与基金组织是紧密联系、相互配合的国际金融组织，每年这两个机构的理事会联合召开年会。

世界银行建立之初，只有 39 个会员国，到 2013 年年底已经有 188 个会员国，中国于 1980 年 5 月恢复了在世界银行的合法席位。按该行规定，凡参加世界银行的国家，首先必须是国际货币基金组织的会员国，但国际货币基金组织的会员国不一定都参加世界银行。

1. 世界银行的宗旨

对用于生产目的的投资提供便利，以协助会员国复兴与开发，并鼓励不发达国家生产和资源的开发；通过保证或参与私人贷款和私人投资的方式，促进私人对外投资；用鼓励国际投资以开发会员国生产资源的方法，促进国际贸易的长期平衡发展，维持国际收支平衡；与其他方面的国际贷款配合提供贷款保证。

2. 世界银行的组织机构

世界银行的组织机构是由理事会和执行董事会组成。

理事会是世界银行的最高权力机关，由会员国选派一名理事和一名副理事组成，一般委派财政部长、央行行长或其他地位相当的高级官员担任，任期均为 5 年，并可连选连任。副理事只有在理事缺席时才有投票权。理事会的主要职权是：负责讨论批准接纳新会员；决定普通增缴或调整缴纳股本；决定停止会员国资格；决定银行净收入的分配以及其他重大问题。

世界银行负责处理日常业务的机构也是执行董事会。执行董事会有 24 人，其中 5 人由美国、英国、德国、法国、日本等 5 个国家各自指派，其余 19 人由其他的会员国按地区联合推选。中国、俄罗斯和沙特阿拉伯各自构成一个单独的选区，单独选派一名执行董事，其他会员国分别联合成多国选区。执行董事会选举1人为行长，行长即执行董事会主席，任期5年，并可连任。行长无投票权，只在执行董事会表决中双方票数相等时，可以投决定性的一票。行长下设有副行长，辅佐行长工作。

3. 世界银行的资金来源

世界银行资金来源主要有会员国缴纳的股金、向国际金融市场借款、出让债权和营业利润收入。

各会员国股金的多少，是根据该国家的经济实力，并参照该国在基金组织所缴份额的大小而定。会员国的投票权与基金组织一样，同认缴股金成正比，由于美国一直是认缴股金最多的国家，所以它的投票权最大。然而，会员国从世界银行获得的贷款与从基金组织获得的贷款有所不同，即并不根据其认缴股金的多少确定，因此也有些发展中国家要求少缴股金。

世界银行的资金也主要来自向国际金融市场借款，特别是在资本市场上发行中长期债券。

世界银行另一个资金来源是将贷出款项的债权出让给私人投资者，主要是商业银行，收回一部分资金，以扩大银行的资金周转能力。这种资金来源，近年来在世界银行资金周转中显得日益重要。

另外，世界银行历年业务活动中的营业利润也是资金来源之一，由于世界银行资信卓著，经营得法，每年利润相当可观。

4. 世界银行的业务

世界银行的主要开展以下几项业务：①供给会员国经济重建或经济开发所需要的长期贷款；②调解投资争端，提供投资担保；③应会员国的要求，派遣调查团协助会员国拟订适当的长期经济开发计划，并于计划实施时，经常派遣专家予以协助指导。

此外，世界银行还从事研究性工作。世界银行的研究内容主要是分析对制定有效的发展政策至关重要的问题，包括了一系列影响减轻贫困、社会福利和经济增长的因素。世界银行在随时获取各国国情、政策信息和数据方面是无可比拟的，其工作人员与确定哪些是当前最重要问题的官员保持着经常性的联系。

（二）国际开发协会

国际开发协会（International Development Association，IDA）是世界银行的一个附属机构，但从法律地位及资金构成来看，它又是一个独立的国际金融机构。它正式成立于1960年9月，同年11月开始营业，总部设在华盛顿。国际开发协会刚建立时有68个会员国，现在已经有160个会员国。只有世界银行的会员国才有资格参加国际开发协会，但世界银行会员国不一定参加该协会。我国在恢复世界银行合法席位的同时，也自然成为国际开发协会的会员国。

1. 宗旨

以比世界银行更为优惠的条件专门向会员国中较贫穷的发展中国家提供长期贷款，促进其经济发展、生产和生活水平的提高，同时作为世界银行的补充，促进世界银行目标的实现。

2. 组织机构

国际开发协会的组织机构与世界银行相同，最高权力机构是理事会，下设执行董事会，负责组织领导日常业务工作。国际开发协会的正副理事、正副执行董事由世界银行的正副理事和正副执行董事分别担任；经理、副经理由世界银行行长兼任；办事机构的各部门负责人也都是由世界银行相应部门的负责人兼任。但国际开发协会的会计账目独立，名义上是独立的机构。

3. 资金来源

国际开发协会的资金来源主要有以下四个方面：①会员国认缴的股本，协会最初法定资本为 10 亿美元，其后又多次增资。国际开发协会章程规定：工业发达国家认缴股金必须以黄金或自由外汇支付，发展中国家 10%以自由外汇支付，90%以本国货币支付。②会员国提供的补充资金，该款项绝大部分由工业发达国家或收入较高的国家提供。③世界银行的拨款。④国际开发协会业务经营的净收入。国际开发协会也同世界银行一样，各会员国投票权的大小与其认缴股本呈正相关关系，每新认购 5000 美元就可在基本票的基础上增加一票。美国任缴股本额最高，其投票权也最大。

4. 主要业务活动

国际开发协会的主要业务活动是向较贫穷的发展中国家提供贷款，贷款只是贷给会员国政府。其特点是贷款条件极其优惠：①贷款期限长达 50 年；②不收利息，对已支付额每年仅收 0.75%的手续费，对未支付贷款每年收 0.5%的承诺费；③头 10 年不必还本，第二个 10 年起，每年还 1%，其余 30 年，每年还本 3%；④贷款可以全部或一部分用本国货币偿还，贷款一般用于发展农业、交通、运输、教育、能源等基本建设。

（三）国际金融公司

国际金融公司（International Finance Company，IFC）也是世界银行的一个附属机构，同时又是一个独立的国际金融机构。它于 1956 年 7 月成立，总部设在华盛顿。只有世界银行的会员国才有资格参加国际金融公司，国际金融公司约有会员国 120 个。我国于 1980 年 5 月恢复了在国际金融公司的合法席位。20 世纪 90 年代以来，我国与国际金融公司的业务联系不断密切，其资金已成为我国引进外资的一条重要渠道。

1. 宗旨

配合世界银行的业务活动，专门对会员国，特别是其中的发展中国家的重点私人企业提供无需政府担保的贷款或投资，鼓励国际私人资本流向发展中国家，以推动这些国家的私人企业成长，促进其经济发展。

2. 组织机构

国际金融公司的组织形式与国际开发协会完全一样，最高权力机构是理事会，下设执行董事会，负责日常事务。国际金融公司的正副理事、正副执行董事及各部门负责人，与世界银行是两块牌子，一套班子，公司总经理由世界银行行长兼任。

3. 资金来源

国际金融公司的资金来源主要是：①会员国认缴的股金，这是公司最主要的资金来源。公司最初的法定资本为 1 亿美元，分为 10 万股，每股 1 000 美元。会员国认缴股金必须以黄金或可兑换货币缴付。每个会员国的基本票为 250 票。此外，每多认缴 1 股，增加 1 票。

②通过发行国际债券，在国际资本市场借款。③世界银行与会员国政府提供的贷款。④国际金融公司业务经营净收入。

4. 国际金融公司的主要业务活动

国际金融公司的主要业务活动有以下两项。

（1）对会员国私人企业提供无需政府担保的贷款。贷款额一般在 10 万～2000 万美元，贷款期限一般 7～15 年，利率一般高于世界银行，还款时须以原借入的货币偿还。

（2）对私人企业投资入股，投资额一般不超过企业注册资本的 25%，最低的只有 2%，以此组织工业国家对发展中国家的私人企业联合投资，帮助发展中国家开发资本市场。

国际金融公司还积极参与发展中国家的国有企业私有化及企业改组的活动，以使这些企业提高经济效益。同时向重债国提供关于债务转换为股本的安排意见，帮助这些国家渡过债务危机。

（四）多边投资担保机构

多边投资担保机构（Multilateral Investment Guarantee Agency，MIGA）是世界银行集团最新的成员，创建于 1988 年。该机构的任务是通过减少非商业投资障碍鼓励股本投资和其他直接投资流入发展中国家。为执行上述使命，多边投资担保机构向投资者提供非商业保险的担保，为设计和执行与外国投资有关的政策、规划以及程序提出建议并就投资问题在国际商业界与有关国家政府之间发起对话。

（五）解决投资争端国际中心

解决投资争端国际中心（International Center for Settlement of Investment Disputes，ICSID）是世界银行下属的非财务机构，于 1966 年建立。我国于 1990 年 2 月在该公约上签字。解决投资争端国际中心的任务是调节和仲裁政府和外国投资者之间的纠纷，从而使国际投资更多地流向发展中国家。为了推动其促进投资目标的实现，它还在外国投资法领域开展一系列的研究和出版工作。

知识链接

世界银行助推中国城市交通绿色发展

2014 年 5 月 15 日，北京：世界银行执行董事会今天批准给中国提供两笔贷款共计 2.5 亿美元，用于焦作绿色交通及交通安全改善项目和云南红河州滇南中心城市交通项目，为两地居民提供更安全、便利和高效的交通服务提供帮助。

河南省焦作市具有丰富的自然和人文景观，市政府采取了以旅游带动经济发展的战略。但是，路网交通运行效率偏低和公共交通服务能力不足，影响了城市的吸引力。快速机动化和私家车保有量不断增加，也导致城市道路交通事故和伤亡率上升。

焦作绿色交通及交通安全改善项目获得世行贷款 1 亿美元，帮助缓解城市交通压力和实现成为生态旅游城市的美好愿景。项目的内容包括为选定的交通走廊制订和实施结合工程、教育和执法三项内容的综合交通改善计划，建立行人和自行车专用绿道，并协助焦作市提升公共交通系统的服务质量等。

云南红河哈尼族彝族自治州有 450 万人口，其中近一半是少数民族。红河州的州府蒙自市和建水县在城市交通基础设施方面存在严重不足，现有城市路网有很多断头路，影响整个地区的交通流动性和可达性。此外，公共交通服务供给不足，交通管理系统欠发达，造成了居民对公交服务的满意度较低、交通安全风险较高的局面。

云南红河州滇南中心城市交通项目获得世行贷款 1.5 亿美元，项目的内容包括在主要道路走廊实行一体化走廊管理模式，建设公交基础设施和购置相关设备改善公交服务质量，在蒙自市和建水县打通现有路网中的一些断头路，并在蒙自市开展学校交通安全示范项目，改善学生的道路交通安全。

这两个项目建成后，预计焦作市 49 万多居民和红河州约 75 万居民将从中受益，道路使用者的出行效率和安全会得到提高，步行和骑车人群的出行环境会更加舒适，公交使用者的出行时间会有所缩短，公交服务会更可靠，居民上班、上学和享受公共服务都会更加便利，空气质量也会得到相应改善。

负责这两个项目的世界银行高级项目官员邓斐说："城市交通影响到居民的日常生活。我们希望通过这两个项目，能够有助于改善项目城市的交通流动性和可达性，使城市更加宜居。"

（选自世界银行集团官网，新闻稿编号 2014/505/EAP
http://www.shihang.org/zh/news/press-release/2014/05/15/world-bank-to-support-green-urban-transport-in-china）

三、国际清算银行

国际清算银行（Bank for International Settlement，BIS，官方网址 www.bis.org/）是根据 1930 年 1 月 20 日在荷兰海牙签订的海牙国际协定，由英国、法国、意大利、德国、比利时和日本等六国中央银行以及代表美国银行业利益的摩根银行、纽约花旗银行和芝加哥花旗银行三家商业银行组成的银行集团，于 1930 年 5 月在瑞士的巴塞尔成立的。它是世界上成立最早的国际性金融组织。

国际清算银行当初创办的目的是为了处理第一次世界大战后德国赔款的支付和解决德国国际清算业务，刚建立时只有 7 个成员国，现已有 45 个国家的中央银行参加。除持股中央银行之外，国际清算银行还与其他国家中央银行和国际机构建立了广泛的联系，到目前为止世界上大约有 120 多家中央银行和国际金融机构在国际清算银行开户。中国人民银行于 1984 年与国际清算银行建立了业务联系，此后每年都派代表团以客户代表身份参加其年会。1996 年 9 月 9 日，国际清算银行董事会通过决议，决定接纳中国人民银行为该行的新成员。

（一）宗旨

国际清算银行不是政府间的金融决策机构，也不是发展援助机构，实际上是各国中央银行的银行。1995 年修改后的《国际清算银行章程》第 3 条中对其宗旨作了明确的说明，即"促进各国中央银行之间的合作并为国际银行业务提供新的便利；根据有关当时各方签订的协定，在金融清算方面充当受托人或代理人。"

国际清算银行作为一家办理中央银行业务的金融机构在国际上一直发挥着独特的作用。长期以来，它一直是西方国家中央银行行长和银行家交换意见、举行重要会议的中心。随着世界经济与国际金融市场一体化的发展，国际清算银行作为商讨国际金融合作问题的论坛，其影响与作用不断增强。

（二）组织机构

国际清算银行的组织机构由股东大会、董事会和办事机构三部分组成。

股东大会是其最高权力机构，每年举行一次会议，通常于 6 月的第二个星期一召开，由认购该行股票的各国中央银行派代表参加。股东大会的权力主要是审查并批准年度报告、经审计师审计后的资产负债表、损益表及改变董事会成员的报酬；决定准备金和特别基金的拨款；并宣布股息及其股息金额等。股东投票权按其持有股份的多少来决定。

董事会是国际清算银行的实际领导机构。董事会由以下人员构成：英国、法国、比利时、意大利、德国的中央银行行长和美国联邦储备委员会主席为当然董事，当然董事可以任命一名副董事，如果当然董事本人不能出席董事会会议，副董事有权参加会议并行使董事的权利；其他董事由董事会 2/3 多数同意从认购股票但未委派当然董事国家的中央银行行长中选出，但人数不能超过 9 人，加拿大、日本、荷兰、瑞典和瑞士的中央银行行长现已当选为董事会的成员。每年举行的董事会会议不得少于 10 次，董事会选举董事会主席，并任命国际清算银行的行长。自 1948 年以来，董事会主席和行长职务一直由同一人担任。

（三）资金来源

国际清算银行的资金主要来源于以下三种渠道。

（1）股本金。国际清算银行的法定股本为 15 亿金法郎[①]，被分成面值相等的 60 万股，每股 2500 金法郎。国际清算银行 4/5 的股份掌握在各成员国中央银行手中，1/5 的股份已经由各成员国的中央银行转让给了私人，由私人持有。

（2）吸收存款。接受各国中央银行的黄金存款和商业银行的存款。

（3）借款。向各成员国中央银行借款，补充该行自有资金的不足。

（四）主要业务

其主要业务是：办理存款、放款、贴现业务；买卖黄金、外汇和债券；与各国政府或中央银行签订特别协议；代办国际清算业务；协助各国中央银行管理货币储备与金融投资等。

国际清算银行储备充足，被认为是最安全的银行之一。该行发表的预测市场情况的信息与数据，对国际市场动向有很大的影响，成为公认的国际银行业的统计报告中心。

阅读材料

全球性的国际金融机构除本节所讲的三大机构外，还包括一些区域性国际金融机构组织，如亚洲开发银行、欧洲投资银行、非洲开发银行、泛美开发银行等，这些机构多数由西方发达国家主导。

据新华网 2014 年 7 月 16 日快讯[②]，金砖国家 15 日发表《福塔莱萨宣言》[③]宣布，金砖国家开发银行初始资本为 1000 亿美元，由 5 个创始成员平均出资，总部设在中国上海。银行的总裁将在五国之间轮值，五年为一个任期，首任总裁将来自印度。

成立金砖国家开发银行将简化金砖国家间的相互结算与贷款业务，从而减少对美元和欧元的

---

① 金法郎是 1865 年法国、瑞士、比利时等国成立拉丁货币联盟时发行的一种金币，单位含金量为 0.29 032 258 克纯金，与 1936 年贬值前的瑞士法郎的含金量相同。金本位制崩溃后，该金币不再流通，但国际清算银行在编制资产负债表时仍以其作为唯一的记账单位，在日常业务中并不使用。凡是以美元计值的资产与负债均按每盎司纯金价值 208 美元的固定比率（1 金法郎=1.94 美元）折算成金法郎计价，以其他货币计价的均按市场上对美元的相对价格折算成金法郎。

② 原快讯网址为 http://news.xinhuanet.com/world/2014-07/16/c_1111631353.htm.

③ 金砖国家指中国、巴西、俄罗斯、印度和南非，本宣言是金砖国家领导人第六次会晤时产生，会晤地点在巴西福塔莱萨。

依赖，解决发展中国家面临基础设施长期发展资金和外国直接投资不足的问题。这对国际金融体系改革、减少过度依赖西方国家主导的金融机构的现状会起积极作用。

金砖国家开发银行和亚洲基础设施投资银行（Asian Infrastructure Investment Bank）、上合组织开发银行等新的国际金融机构的筹备，体现了包括中国在内的发展中国家试图主导国际金融体系改革的努力，凸显了在世界金融秩序中日益增强的地位。

本章小结

1. 国际货币体系一般包括 4 个方面内容：确定关键货币、确定汇率制度安排、确定国际储备资产、确定国际收支的调节机制。

2. 国际货币体系的作用体现在：为世界贸易支付清算和国际金融活动提供统一规范的运行规则、稳定汇率、调节国际收支、监督与协调有关国际货币金融事务。

3. 国际货币制度经历了从国际金本位制到布雷顿森林体系再到牙买加体系的演变过程。

4. 国际金融机构包括全球性的国际金融机构和区域性的国际金融机构。

5. 全球性的国际金融机构包括国际货币基金组织、世界银行集团和国际清算银行等。

课后练习

一、填空题

1. 国际货币基金组织“国际货币制度临时委员会”在牙买加举行会议，达成了著名的“__________协定”。该协定取消了有关__________的条文，使浮动汇率制合法化。

2. 运用国内经济政策可以通过改变国内的__________和__________，消除国际收支的失衡。

3. 国际货币基金组织的管理机构由__________、__________、总裁和业务机构组成。

4. __________，又称国际复兴开发银行，是 1944 年 7 月布雷顿森林会议后与国际货币基金组织同时产生的另一个国际金融组织。

5. 国际清算银行不是政府间的金融决策机构，也不是发展援助机构，而是各国________的银行。

二、不定项选择题

1. 国际货币体系的内容包括（　　）。

A. 确定关键货币　　B. 确定汇率制度安排

C. 确定国际储备资产　　D. 确定国际收支的调节机制

2. 国际货币制度的演变，经历了（　　）的过程。

A. 国际金本位制　　B. 纸币

C. 布雷顿森林体系　　D. 牙买加体系

3. 下列机构中，属于世界银行集团的是（　　）。

A. 国际货币基金组织　　B. 国际复兴与开发银行

C. 国际农业发展基金组织　　D. 非洲开发银行

4. 国际货币基金组织的最高决策机构是（　　）。

A. 监事会　　B. 执行董事会　　C. 理事会　　D. 总裁

5. 世界银行的宗旨是对用于（　　）的投资提供便利。

A. 金融　　B. 贸易　　C. 生产　　D. 弥补国际收支逆差

三、判断分析题

1. 为保证国际支付的需要，各国必须保持一定数量的、为各国普遍接受的国际储备资产。（　　）
2. 世界上首次出现的国际货币制度是布雷顿森林体系。（　　）
3. 实际上，世界银行与国际开发协会是一套机构两块牌子。（　　）
4. 世界银行会员国需一次缴付全部认缴股金。（　　）
5. IMF 对会员国的储备部分贷款，会员国可自动提用，无需经特殊批准。（　　）

四、名词解释

关键货币　　布雷顿森林体系　　国际金本位制　　牙买加体系　　国际清算银行

五、简答题

1. 国际货币体系包括哪几方面内容？
2. 简述国际货币体系的作用。
3. 目前世界上有哪些全球性的国际金融机构？我国是哪些全球性国际金融机构中的成员？
4. 世界银行集团包括哪些国际金融机构？
5. 国际清算银行有哪些主要业务？

六、阅读思考题

20 世纪末 21 世纪初，美元开始难以承担唯一国际储备货币的角色，国际储备货币的多元化已经成为趋势。国内多数学者认为人民币在未来的国际货币体系中可以占有一席之地，也就是说，我们未来出国留学、旅游、经商，可以用人民币直接兑换成当地的货币，甚至还可以直接使用人民币结算。利用互联网搜索引擎以“世界货币体系”和“人民币”为关键词查找相关新闻报道，了解当前形势并讨论未来的趋势。

附录 1 常用系数

复利终值系数①

期数	1%	2%	3%	4%	5%	6%	7%	8%	9%	10%
1	1.010 0	1.020 0	1.030 0	1.040 0	1.050 0	1.060 0	1.070 0	1.080 0	1.090 0	1.100 0
2	1.020 1	1.040 4	1.060 9	1.081 6	1.102 5	1.123 6	1.144 9	1.166 4	1.188 1	1.210 0
3	1.030 3	1.061 2	1.092 7	1.124 9	1.157 6	1.191 0	1.225 0	1.259 7	1.295 0	1.331 0
4	1.040 6	1.082 4	1.125 5	1.169 9	1.215 5	1.262 5	1.310 8	1.360 5	1.411 6	1.464 1
5	1.051 0	1.104 1	1.159 3	1.216 7	1.276 3	1.338 2	1.402 6	1.469 3	1.538 6	1.610 5
6	1.061 5	1.126 2	1.194 1	1.265 3	1.340 1	1.418 5	1.500 7	1.586 9	1.677 1	1.771 6
7	1.072 1	1.148 7	1.229 9	1.315 9	1.407 1	1.503 6	1.605 8	1.713 8	1.828 0	1.948 7
8	1.082 9	1.171 7	1.266 8	1.368 6	1.477 5	1.593 8	1.718 2	1.850 9	1.992 6	2.143 6
9	1.093 7	1.195 1	1.304 8	1.423 3	1.551 3	1.689 5	1.838 5	1.999 0	2.171 9	2.357 9
10	1.104 6	1.219 0	1.343 9	1.480 2	1.628 9	1.790 8	1.967 2	2.158 9	2.367 4	2.593 7
11	1.115 7	1.243 4	1.384 2	1.539 5	1.710 3	1.898 3	2.104 9	2.331 6	2.580 4	2.853 1
12	1.126 8	1.268 2	1.425 8	1.601 0	1.795 9	2.012 2	2.252 2	2.518 2	2.812 7	3.138 4
13	1.138 1	1.293 6	1.468 5	1.665 1	1.885 6	2.132 9	2.409 8	2.719 6	3.065 8	3.452 3
14	1.149 5	1.319 5	1.512 6	1.731 7	1.979 9	2.260 9	2.578 5	2.937 2	3.341 7	3.797 5
15	1.161 0	1.345 9	1.558 0	1.800 9	2.078 9	2.396 6	2.759 0	3.172 2	3.642 5	4.177 2
16	1.172 6	1.372 8	1.604 7	1.873 0	2.182 9	2.540 4	2.952 2	3.425 9	3.970 3	4.595 0
17	1.184 3	1.400 2	1.652 8	1.947 9	2.292 0	2.692 8	3.1588	3.700 0	4.327 6	5.054 5
18	1.196 1	1.428 2	1.702 4	2.025 8	2.406 6	2.854 3	3.379 9	3.996 0	4.717 1	5.559 9
19	1.208 1	1.456 8	1.75 3 5	2.106 8	2.527 0	3.025 6	3.616 5	4.315 7	5.141 7	6.115 9
20	1.220 2	1.485 9	1.806 1	2.1911	2.653 3	3.207 1	3.869 7	4.661 0	5.604 4	6.727 5

复利现值系数

期数	1%	2%	3%	4%	5%	6%	7%	8%	9%	10%
1	0.990 1	0.980 4	0.970 9	0.961 5	0.952 4	0.943 4	0.934 6	0.925 9	0.917 4	0.909 1
2	0.980 3	0.961 2	0.942 6	0.924 6	0.907 0	0.890 0	0.873 4	0.857 3	0.841 7	0.826 4
3	0.970.6	0.942 3	0.915 1	0.889 0	0.863 8	0.839 6	0.816 3	0.793 8	0.772 2	0.751 3
4	0.961 0	0.923 8	0.888 5	0.854 8	0.822 7	0.792 1	0.762 9	0.735 0	0.708 4	0.683 0
5	0.951 5	0.905 7	0.862 6	0.821 9	0.783 5	0.747 3	0.713 0	0.680 6	0.649 9	0.620 9
6	0.942 0	0.888 0	0.837 5	0.790 3	0.746 2	0.705 0	0.666 3	0.630 2	0.596 3	0.564 5
7	0.932 7	0.870 6	0.813 1	0.759 9	0.710 7	0.665 1	0.622 7	0.583 5	0.547 0	0.513 2
8	0.923 5	0.853 5	0.789 4	0.730 7	0.676 8	0.627 4	0.582 0	0.540 3	0.501 9	0.466 5
9	0.914 3	0.836 8	0.766 4	0.702 6	0.644 6	0.591 9	0.543 9	0.500 2	0.460 4	0.424 1
10	0.905 3	0.820 3	0.744 1	0.675 6	0.613 9	0.558 4	0.508 3	0.463 2	0.422 4	0.385 5

① 本附录的常用系数电子表格文档见本书配套学习资料包。

续表

期数	1%	2%	3%	4%	5%	6%	7%	8%	9%	10%
11	0.896 3	0.804 3	0.722 4	0.649 6	0.584 7	0.526 8	0.475 1	0.428 9	0.387 5	0.350 5
12	0.887 4	0.788 5	0.701 4	0.624 6	0.556 8	0.497 0	0.444 0	0.397 1	0.355 5	0.318 6
13	0.878 7	0.773 0	0.681 0	0.600 6	0.530 3	0.468 8	0.415 0	0.367 7	0.326 2	0.289 7
14	0.870 0	0.757 9	0.661 1	0.577 5	0.505 1	0.442 3	0.387 8	0.340 5	0.299 2	0.263 3
15	0.861 3	0.743 0	0.641 9	0.555 3	0.481 0	0.417 3	0.362 4	0.315 2	0.274 5	0.239 4
16	0.852 8	0.728 4	0.623 2	0.533 9	0.458 1	0.393 6	0.338 7	0.291 9	0.251 9	0.217 6
17	0.844 4	0.714 2	0.605 0	0.513 4	0.436 3	0.371 4	0.316 6	0.270 3	0.231 1	0.197 8
18	0.836 0	0.700 2	0.587 4	0.493 6	0.415 5	0.350 3	0.295 9	0.250 2	0.212 0	0.179 9
19	0.827 7	0.686 4	0.570 3	0.474 6	0.395 7	0.330 5	0.276 5	0.231 7	0.194 5	0.163 5
20	0.819 5	0.673 0	0.553 7	0.456 4	0.376 9	0.311 8	0.258 4	0.214 5	0.178 4	0.148 6

年金终值系数

期数	1%	2%	3%	4%	5%	6%	7%	8%	9%	10%
1	1.000 0	1.000 0	1.000 0	1.000 0	1.000 0	1.000 0	1.000 0	1.000 0	1.000 0	1.000 0
2	2.010 0	2.020 0	2.030 0	2.040 0	2.050 0	2.060 0	2.070 0	2.080 0	2.090 0	2.100 0
3	3.030 1	3.060 4	3.090 9	3.121 6	3.152 5	3.183 6	3.214 9	3.246 4	3.278 1	3.310 0
4	4.060 4	4.121 6	4.183 6	4.246 5	4.310 1	4.374 6	4.439 9	4.506 1	4.573 1	4.641 0
5	5.101 0	5.204 0	5.309 1	5.416 3	5.525 6	5.637 1	5.750 7	5.866 6	5.984 7	6.105 1
6	6.152 0	6.308 1	6.468 4	6.633 0	6.801 9	6.975 3	7.153 3	7.335 9	7.523 3	7.715 6
7	7.213 5	7.434 3	7.662 5	7.898 3	8.142 0	8.393 8	8.654 0	8.922 8	9.200 4	9.487 2
8	8.285 7	8.583 0	8.892 3	9.214 2	9.549 1	9.897 5	10.259 8	10.636 6	11.028 5	11.435 9
9	9.368 5	9.754 6	10.159 1	10.582 8	11.026 6	11.491 3	11.978 0	12.487 6	13.021 0	13.579 5
10	10.462 2	10.949 7	11.463 9	12.006 1	12.577 9	13.180 8	13.816 4	14.486 6	15.192 9	15.937 4
11	11.566 8	12.168 7	12.807 8	13.486 4	14.206 8	14.971 6	15.783 6	16.645 5	17.560 3	18.531 2
12	12.682 5	13.412 1	14.192 0	15.025 8	15.917 1	16.869 9	17.888 5	18.977 1	20.140 7	21.384 3
13	13.809 3	14.680 3	15.617 8	16.626 8	17.713 0	18.882 1	20.140 6	21.495 3	22.953 4	24.522 7
14	14.947 4	15.973 9	17.086 3	18.291 9	19.598 6	21.015 1	22.550 5	24.214 9	26.019 2	27.975 0
15	16.096 9	17.293 4	18.598 9	20.023 6	21.578 6	23.276 0	25.129 0	27.152 1	29.360 9	31.772 5
16	17.257 9	18.639 3	20.156 9	21.824 5	23.657 5	25.672 5	27.888 1	30.324 3	33.003 4	35.949 7
17	18.430 4	20.012 1	21.761 6	23.697 5	25.840 4	28.212 9	30.840 2	33.750 2	36.973 7	40.544 7
18	19.614 7	21.412 3	23.414 4	25.645 4	28.132 4	30.905 7	33.999 0	37.450 2	41.301 3	45.599 2
19	20.810 9	22.840 6	25.116 9	27.671 2	30.539 0	33.760 0	37.379 0	41.446 3	46.018 5	51.159 1
20	22.019 0	24.297 4	26.870 4	29.778 1	33.066 0	36.785 6	40.995 5	45.762 0	51.160 1	57.275 0

年金现值系数

期数	1%	2%	3%	4%	5%	6%	7%	8%	9%	10%
1	0.990 1	0.980 4	0.970 9	0.961 5	0.952 4	0.943 4	0.934 6	0.925 9	0.917 4	0.909 1
2	1.970 4	1.941 6	1.913 5	1.886 1	1.859 4	1.833 4	1.808 0	1.783 3	1.759 1	1.735 5
3	2.941 0	2.883 9	2.828 6	2.775 1	2.723 2	2.673 0	2.624 3	2.577 1	2.531 3	2.486 9
4	3.902 0	3.807 7	3.717 1	3.629 9	3.546 0	3.465 1	3.387 2	3.312 1	3.239 7	3.169 9

续表

期数	1%	2%	3%	4%	5%	6%	7%	8%	9%	10%
5	4.853 4	4.713 5	4.579 7	4.451 8	4.329 5	4.212 4	4.100 2	3.992 7	3.889 7	3.790 8
6	5.795 5	5.601 4	5.417 2	5.242 1	5.075 7	4.917 3	4.766 5	4.622 9	4.485 9	4.355 3
7	6.728 2	6.472 0	6.230 3	6.002 1	5.786 4	5.582 4	5.389 3	5.206 4	5.033 0	4.868 4
8	7.651 7	7.325 5	7.019 7	6.732 7	6.463 2	6.209 8	5.971 3	5.746 6	5.534 8	5.334 9
9	8.566 0	8.162 2	7.786 1	7.435 3	7.107 8	6.801 7	6.515 2	6.246 9	5.995 2	5.759 0
10	9.471 3	8.982 6	8.530 2	8.110 9	7.721 7	7.360 1	7.023 6	6.710 1	6.417 7	6.144 6
11	10.367 6	9.786 8	9.252 6	8.760 5	8.306 4	7.886 9	7.498 7	7.139 0	6.805 2	6.495 1
12	11.255 1	10.575 3	9.954 0	9.385 1	8.863 3	8.383 8	7.942 7	7.536 1	7.160 7	6.813 7
13	12.133 7	11.348 4	10.635 0	9.985 6	9.393 6	8.852 7	8.357 7	7.903 8	7.486 9	7.103 4
14	13.003 7	12.106 2	11.296 1	10.563 1	9.898 6	9.295 0	8.745 5	8.244 2	7.786 2	7.366 7
15	13.865 1	12.849 3	11.937 9	11.118 4	10.379 7	9.712 2	9.107 9	8.559 5	8.060 7	7.606 1
16	14.717 9	13.577 7	12.561 1	11.652 3	10.837 8	10.105 9	9.446 6	8.851 4	8.312 6	7.823 7
17	15.562 3	14.291 9	13.166 1	12.165 7	11.274 1	10.477 3	9.763 2	9.121 6	8.543 6	8.021 6
18	16.398 3	14.992 0	13.753 5	12.659 3	11.689 6	10.827 6	10.059 1	9.371 9	8.755 6	8.201 4
19	17.226 0	15.678 5	14.323 8	13.133 9	12.085 3	11.158 1	10.335 6	9.603 6	8.950 1	8.364 9
20	18.045 6	16.351 4	14.877 5	13.590 3	12.462 2	11.469 9	10.594 0	9.818 1	9.128 5	8.513 6

先付年金终值系数

期数	1%	2%	3%	4%	5%	6%	7%	8%	9%	10%
1	1.010 0	1.020 0	1.030 0	1.040 0	1.050 0	1.060 0	1.070 0	1.080 0	1.090 0	1.100 0
2	2.030 1	2.060 4	2.090 9	2.121 6	2.152 5	2.183 6	2.214 9	2.246 4	2.278 1	2.310 0
3	3.060 4	3.121 6	3.183 6	3.246 5	3.310 1	3.374 6	3.439 9	3.506 1	3.573 1	3.641 0
4	4.101 0	4.204 0	4.309 1	4.416 3	4.525 6	4.637 1	4.750 7	4.866 6	4.984 7	5.105 1
5	5.152 0	5.308 1	5.468 4	5.633 0	5.801 9	5.975 3	6.153 3	6.335 9	6.523 3	6.715 6
6	6.213 5	6.434 3	6.662 5	6.898 3	7.142 0	7.393 8	7.654 0	7.922 8	8.200 4	8.487 2
7	7.285 7	7.583 0	7.892 3	8.214 2	8.549 1	8.897 5	9.259 8	9.636 6	10.028 5	10.435 9
8	8.368 5	8.754 6	9.159 1	9.582 8	10.026 6	10.491 3	10.978 0	11.487 6	12.021 0	12.579 5
9	9.462 2	9.949 7	10.463 9	11.006 1	11.577 9	12.180 8	12.816 4	13.486 6	14.192 9	14.937 4
10	10.566 8	11.168 7	11.807 8	12.486 4	13.206 8	13.971 6	14.783 6	15.645 5	16.560 3	17.531 2
11	11.682 5	12.412 1	13.192 0	14.025 8	14.917 1	15.869 9	16.888 5	17.977 1	19.140 7	20.384 3
12	12.809 3	13.680 3	14.617 8	15.626 8	16.713 0	17.882 1	19.140 6	20.495 3	21.953 4	23.522 7
13	13.947 4	14.973 9	16.086 3	17.291 9	18.598 6	20.015 1	21.550 5	23.214 9	25.019 2	26.975 0
14	15.096 9	16.293 4	17.598 9	19.023 6	20.578 6	22.276 0	24.129 0	26.152 1	28.360 9	30.772 5
15	16.257 9	17.639 3	19.156 9	20.824 5	22.657 5	24.672 5	26.888 1	29.324 3	32.003 4	34.949 7
16	17.430 4	19.012 1	20.761 6	22.697 5	24.840 4	27.212 9	29.840 2	32.750 2	35.973 7	39.544 7
17	18.614 7	20.412 3	22.414 4	24.645 4	27.132 4	29.905 7	32.999 0	36.450 2	40.301 3	44.599 2
18	19.810 9	21.840 6	24.116 9	26.671 2	29.539 0	32.760 0	36.379 0	40.446 3	45.018 5	50.159 1
19	21.019 0	23.297 4	25.870 4	28.778 1	32.066 0	35.785 6	39.995 5	44.762 0	50.160 1	56.275 0
20	22.239 2	24.783 3	27.676 5	30.969 2	34.719 3	38.992 7	43.865 2	49.422 9	55.764 5	63.002 5

先付年金现值系数

期数	1%	2%	3%	4%	5%	6%	7%	8%	9%	10%
1	1.000 0	1.000 0	1.000 0	1.000 0	1.000 0	1.000 0	1.000 0	1.000 0	1.000 0	1.000 0
2	1.990 1	1.980 4	1.970 9	1.961 5	1.952 4	1.943 4	1.934 6	1.925 9	1.917 4	1.909 1
3	2.970 4	2.941 6	2.913 5	2.886 1	2.859 4	2.833 4	2.808 0	2.783 3	2.759 1	2.735 5
4	3.941 0	3.883 9	3.828 6	3.775 1	3.723 2	3.673 0	3.624 3	3.577 1	3.531 3	3.486 9
5	4.902 0	4.807 7	4.717 1	4.629 9	4.546 0	4.465 1	4.387 2	4.312 1	4.239 7	4.169 9
6	5.853 4	5.713 5	5.579 7	5.451 8	5.329 5	5.212 4	5.100 2	4.992 7	4.889 7	4.790 8
7	6.795 5	6.601 4	6.417 2	6.242 1	6.075 7	5.917 3	5.766 5	5.622 9	5.485 9	5.355 3
8	7.728 2	7.472 0	7.230 3	7.002 1	6.786 4	6.582 4	6.389 3	6.206 4	6.033 0	5.868 4
9	8.651 7	8.325 5	8.019 7	7.732 7	7.463 2	7.209 8	6.971 3	6.746 6	6.534 8	6.334 9
10	9.566 0	9.162 2	8.786 1	8.435 3	8.107 8	7.801 7	7.515 2	7.246 9	6.995 2	6.759 0
11	10.471 3	9.982 6	9.530 2	9.110 9	8.721 7	8.360 1	8.023 6	7.710 1	7.417 7	7.144 6
12	11.367 6	10.786 8	10.252 6	9.760 5	9.306 4	8.886 9	8.498 7	8.139 0	7.805 2	7.495 1
13	12.255 1	11.575 3	10.954 0	10.385 1	9.863 3	9.383 8	8.942 7	8.536 1	8.160 7	7.813 7
14	13.133 7	12.348 4	11.635 0	10.985 6	10.393 6	9.852 7	9.357 7	8.903 8	8.486 9	8.103 4
15	14.003 7	13.106 2	12.296 1	11.563 1	10.898 6	10.295 0	9.745 5	9.244 2	8.786 2	8.366 7
16	14.865 1	13.849 3	12.937 9	12.118 4	11.379 7	10.712 2	10.107 9	9.559 5	9.060 7	8.606 1
17	15.717 9	14.577 7	13.561 1	12.652 3	11.837 8	11.105 9	10.446 6	9.851 4	9.312 6	8.823 7
18	16.562 3	15.291 9	14.166 1	13.165 7	12.274 1	11.477 3	10.763 2	10.121 6	9.543 6	9.021 6
19	17.398 3	15.992 0	14.753 5	13.659 3	12.689 6	11.827 6	11.059 1	10.371 9	9.755 6	9.201 4
20	18.226 0	16.678 5	15.323 8	14.133 9	13.085 3	12.158 1	11.335 6	10.603 6	9.950 1	9.364 9

附录 2　金融从业人员应具备的道德素养

金融是建立以信用为基础的风险行业，当今世界整个金融领域都面临着信用危机的考验，尤以金融从业人员的职业道德风险更为引人注目。无论什么行业都需要良好的职业道德素质和服务意识，近年来许多金融机构所发生的大案、要案反映出职业道德问题是当前我国金融业风险防范中的“重灾区”。

所谓金融职业道德是指从事金融职业的人员，在金融活动中处理与社会有关部门、服务对象的关系，处理行业内部人际之间、部门之间的关系，处理个人同集体、国家之间关系所应遵循的行为准则。具体应包括以下几个方面的素养。

一、循规守法

所谓循规守法，就是在日常生活中，每个金融从业人员应自觉遵守国家的有关法律、法规，特别是金融法规，循规守法是每个金融从业人员应尽的义务，要求每个金融从业人员必须做到：学好法律，知法懂法；学习制度，明确职责；结合岗位，对照检查；加强监督，从严管理。

二、爱岗敬业

爱岗敬业是每位金融从业人员做好本职工作的基础和条件，是其应具备的基本道德素养。爱岗敬业要求每位金融从业人员热爱自己的本职工作，树立良好的职业责任感和荣誉感，忠实地履行自己的职责，刻苦钻研业务，不断提高业务技能。要勇于开拓创新，将“干一行、爱一行、专一行”的职业思想贯穿于自己的职业生涯。

三、正直诚信

诚信是市场经济的基石，是金融从业人员和金融行业的安身立命之本。诚信是金融从业人员的必要美德，它对金融业发展来说，是一种形象，一种品牌，一种信誉。金融工作要广泛接触群众，以诚信为本，一诺千金，不得涉及有欺诈行为的活动。诚信是金融业发展壮大的基础。将诚实信用融入到职业道德的各个领域和各个方面，使从业人员都能在各自的岗位中培养诚实守信的观念，忠诚于自己从事的职业，信守自己的承诺。

四、勤勉谨慎

金融从业人员在工作中应恪尽职守，勤勉谨慎，全心全意为客户提供专业化服务。勤勉谨慎要求金融从业人员始终保持严谨审慎、注意细节的态度，在合法的前提下最大限度地维护客户的利益。勤勉谨慎行事是金融从业人员应有的品质，始终养成小心谨慎的工作习惯，是金融安全的保障。

五、严守秘密

金融从业人员必须恪守严守秘密的职业道德准则，严守秘密主要体现在三个方面：①严守国家秘密：金融从业人员应严守国家秘密，这关系到国家安全和利益。依照法定程序确定在一定的时间范围的人员知悉而不得超此范围传扬的事项，其密级分为“绝密”“机密”“秘密”三级。②严守银行秘密：金融从业人员应严守有关金融机构发展规划、计划、预算、信息技术、经营管理方式、业务决策、安全保卫措施等方面的信息。③严守客户秘密：金融从业人员要对客户提供的一切信息资料予以保密，以维护客户的合法权益，但在协助司法机关进行司法调查时除外。

六、团队合作

所谓团队，就是由具有互补技能组成的，为达成共同的目标，愿意在认同的程序下工作的团体。金融从业人员必须要具有团队合作精神，愿意与他人合作，并在合作中认识自身的不足，学习他人的长处，这样才能提高自身的专业素养和专业能力，增强自身的团队荣誉感，使命感，从而达到既定的目标。

金融作为现代经济的核心，处于国民经济的枢纽地位，这就要求其从业人员必须具备适应该行业发展的职业道德素养，只有具备了职业道德基本素养，才能减少金融失范现象的产生，保证金融业健康有序的发展和运行，降低金融风险发生的几率。

主要参考文献

[1] 曹龙骐．2013．金融学．4版．北京：高等教育出版社．

[2] 陈伟鸿，黄关华，李玲．2012．金融学．北京：机械工业出版社．

[3] 董金玲．2011．金融学．北京：机械工业出版社．

[4] 黄达．2013．货币银行学．5版．北京：中国人民大学出版社．

[5] 孔祥毅．2003．金融理论教程．北京：中国金融出版社．

[6] 李健．2011．金融学．北京：高等教育出版社．

[7] 李军伟，柏满迎．2007．由巴林银行倒闭谈商业银行操作风险管理．金融经济．

[8] 列宁．1958．列宁全集．北京：人民出版社．

[9] 凌江怀．2010．金融学概论．2版．北京：高等教育出版社．

[10] 刘金章，刘凤林．1984．货币．哈尔滨：黑龙江人民出版社．

[11] 刘金章，孙可娜．2006．现代金融理论与实务．北京：清华大学出版社．

[12] 刘金章，王晓炜．2000．现代投资银行综论．北京：中国金融出版社．

[13] 刘金章，王晓炜．2004．现代保险辞典．北京：中国金融出版社．

[14] 刘金章，赵洪林．1995．现代商业银行通论．北京：中国金融出版社．

[15] 刘金章．1998．金融风险管理综论．北京：中国金融出版社．

[16] 刘金章．2003．保险学教程．2版．北京：中国金融出版社．

[17] 刘金章．2009．现代保险理论与实务．北京：清华大学出版社．

[18] 刘立平．2012．现代货币金融学．合肥：中国科学技术大学出版社．

[19] 马得志．1953．1953年安阳大司空村发掘报告．考古学报．

[20] 马克思，恩格斯．1972．马克思恩格斯选集．北京：人民出版社．

[21] 马克思．1975．资本论．北京：人民出版社．

[22] 孟昊．2010．国际金融理论与实务．北京：人民邮电出版社．

[23] 米什金．2011．货币金融学．9版．郑艳文，荆国勇译．北京：中国人民大学出版社．

[24] 彭信威．1965．中国货币史．上海：上海人民出版社．

[25] 钱水土．2013．货币银行学．北京：机械工业出版社．

[26] 苏宗祥．2010．国际结算．5版．北京：中国金融出版社．

[27] 谈佳隆．2011．我国银信合作达1.53万亿“影子银行”广受关注．中国经济周刊．

[28] 王爱俭，张湧泉，马亚明．2012．中国金融教育质量战略研究．北京：中国金融出版社．

[29] 王爱俭．2005．国际金融概论．2版．北京：中国金融出版社．

[30] 王常柏，骆志芳．2012．金融学概论．北京：中国人民大学出版社．

[31] 王广谦．2011．中央银行学．3版．北京：高等教育出版社．

[32] 王仁祥，胡国晖．2009，国际金融学．北京：科学出版社．

[33] 王曙光．2011．金融伦理学．北京：北京大学出版社．

[34] 王兆星，吴国祥，张颖．2006．金融市场学．2版．北京：中国金融出版社．

[35] 魏文静，牛淑珍．2010．金融学概论．上海：上海财经大学出版社．

[36] 亚当·斯密. 1981. 国富论. 郭大力，王亚男译. 北京：商务印书馆.
[37] 张强，乔海曙. 2007. 货币金融学. 北京：中国金融出版社.
[38] 张亦春，郑振龙，林海. 2013. 金融市场学. 4版. 北京：高等教育出版社.
[39] 张元萍. 2007. 投资学. 北京：中国金融出版社.
[40] 中国就业培训技术指导中心. 2013. 理财规划师基础知识. 5版. 北京：中国财政经济出版社.
[41] 中国证券业协会. 2008. 证券经纪业务营销基础知识与实务. 北京：中国财政经济出版社.
[42] 中国证券业协会. 2010. 证券投资基金. 北京：中国财政经济出版社.
[43] 朱新荣. 2010. 货币金融学. 北京：中国金融出版社.

配套资料索取说明

购买本书的读者可在 www.ptpedu.com.cn 注册后下载配套学习资料。

采用本书授课的教师，可发邮件至 13051901888@163.com 或 education_book@163.com 索取配套教学资料。

姓　　名：__________ 性　　别：_____ 职　　称：________ 职　　务：__________

办公电话：__________ 手　　机：__________ 电子邮箱：__________

学　　校：____________________ 院　　系：__________

通信地址：____________________ 邮　　编：__________

本课程开设于____学年____学期，原采用________出版社出版________主编的《________》为本课程教材，________专业____个班共________人使用该教材。

证 明 人：________ 办公电话：________ 手机：________ 电子邮箱：__________

21 世纪高等院校经济管理类规划教材 已出版教材

书　名	主　编	书　号	编 辑 推 荐
管理学——原理与实务（第 2 版）	李海峰	978-7-115-35395-5	2013 年陕西普通高校优秀教材二等奖；提供课件、教案、实训说明、教学体会、案例分析集、习题集及参考答案、补充阅读，作者开通有教学博客
企业战略管理	舒　辉	978-7-115-24542-7	江西省第五届全省普通高等学校优秀教材二等奖；理论、案例和实践相结合，实用性强；提供课件、教案、习题库及答案、案例库及案例分析
人力资源管理	乔　瑞	978-7-115-23955-6	注重案例分析，强调实训与实践对读者能力的培养；提供课件、教案、实训资料、习题答案、案例分析
政治经济学原理	张　莹 李海峰	978-7-115-24306-5	形式活泼、简明扼要，题型丰富题量充足；提供课件、教学大纲、习题集及参考答案
西方经济学	陈喜强	978-7-115-23789-7	形式活泼、简明易懂，案例丰富；提供课件、教案、习题答案
微观经济学	胡金荣	978-7-115-23443-8	简明易懂，关注热点问题，吸收前沿理论；提供课件、教案、习题答案、案例分析
劳动经济学	杨爱元	978-7-115-33309-4	80%以上案例取自中国 2010 年至 2013 年社会现实事件；提供教案、课件、参考答案、补充教学素材、模拟试卷
会计学	胡华夏	978-7-115-28927-8	从培养会计信息使用者的角度出发，不追求会计核算方法和技术细节介绍；提供课件、教案、习题答案和模拟试卷
财务管理	王积田	978-7-115-28482-2	吸收相关学科的最新成果，与企业财务管理实践接轨；提供课件、习题答案、试卷
中级财务会计（第 2 版）	吴学斌	978-7-115-33887-7	四川省“十二五”普通高等教育本科规划教材；涉及营改增等最新知识点；章后设置大量习题并提供电子版习题集；提供课件、教案、案例库、试卷等资料
中级财务会计教程	裴永浩	978-7-115-35981-0	提供课件、答案、试卷，《财务会计实训教程》为本书配套实训教材

续表

书　　名	主　编	书　号	编辑推荐
财务会计实训教程（上、下册）	裴永浩	978-7-115-32580-8	上册包括实训常用知识和实训要求，下册提供实训用账簿、凭证、报表等；提供答案、部分电子稿、课件、教案
审计理论与实务	崔　飚	978-7-115-31064-4	紧扣资格考试大纲，注重案例解读；提供课件、教学大纲、习题集及参考答案、模拟试卷
应用统计学	潘　鸿	978-7-115-24982-1	精品课程配套教材，突出统计方法和技术的应用；有教学支持网站，提供课件、实训资料、上机操作用数据、习题答案、电子教案、常用数表、补充阅读资料
国际贸易理论与实务	朱金生	978-7-115-25875-5	包括蓝色贸易壁垒、《2010 通则》等新内容；提供课件、教案、实训资料、习题答案、试卷、案例分析、视频资料
国际贸易理论与政策	毛在丽	978-7-115-37138-6	包括新新贸易理论等新内容，将非关税措施分为技术性和非技术性两类，提供课件、教案、答案、试卷和教学案例等
国际贸易实务	吕　杜	978-7-115-37235-2	提供课件、答案、单证样本、习题集、模拟试卷、模拟操作训练材料和常用规则文本等
报关实务	朱占峰	978-7-115-28352-8	提供上百个课件用视频和课件、教案、习题答案、模拟试卷等资料；内容紧跟《报关员资格考试大纲》，侧重实务
电子商务概论（第 2 版）	白东蕊	978-7-115-32117-6	2013 年度山西省省级资源共享课程配套教材；强调实践与实训；提供课件、教案、实训资料、习题库、案例集（含视频案例）
商品学	陈文汉	978-7-115-35374-0	将服务商品纳入研究范围；大量采用 2013 年的现实案例；提供电子课件、教学大纲、习题答案、模拟试卷
金融法	李良雄 王琳雯	978-7-115-30980-8	吸收截至 2012 年 12 月的最新法律法规，高度融合职业资格考试要求，提供课件、教案、习题答案、补充练习题
现代金融学	刘　伟	978-7-115-36897-3	提供教学大纲、课件、答案、习题库和试卷等
保险学	刘永刚	978-7-115-31048-4	以大量案例解读相关内容，提供课件、教案、习题答案、教学补充案例和模拟试卷
证券投资学（第 2 版）	杨兆廷 刘　颖	978-7-115-34302-4	河北省省级精品课程配套教材；根据 2013 年证券业变化调整相应内容，集合证券业从业资格考试重点，提供多媒体课件、电子教案、习题答案等
证券投资学	陈文汉	978-7-115-28271-2	针对非金融类读者，内容紧跟时代；提供课件、教案、案例分析、习题答案、模拟试卷
外汇交易原理与实务	刘金波	978-7-115-26077-2	新颖实用，实践内容丰富；提供课件、教案、答案、试卷、习题册、实训指导；2015 年 1 月出版第 2 版
国际金融理论与实务（第 2 版）	孟　昊	978-7-115-34697-1	新增国际资本流动管理等内容；素材根据 2014 年 2 月前信息全面更新；提供课件、大纲、教案、习题库、试卷库、案例库
投资银行学	郭　红	978-7-115-26112-0	知识与技能并重，注重能力培养；提供课件、习题库及答案、试卷、案例库及案例分析
财政学	谭建立	978-7-115-23630-2	山西省省级精品课程配套教材；提供课件、教案、习题答案、案例分析
财政学	唐祥来	978-7-115-31521-2	以丰富的案例提升学习兴趣，提供课件、教案、习题答案、补充教学案例和模拟试卷
商务礼仪	王玉苓	978-7-115-36091-5	图文并茂，追求学以致胜；提供教案、课件、答案、补充教学案例、课外阅读资料等
现代社交礼仪	闫秀荣	978-7-115-23572-5	图文并茂；提供课件、小短片影视资料、教案（包括实训资料）、习题集（包括案例分析）、试卷及参考答案
商务沟通与谈判	张守刚	978-7-115-23786-6	能实现学生课堂教学与课外学习的统一，提供配套教学网站、教案、课件
组织行为学	丁　敏	978-7-115-27265-2	精品课程配套教材，注重实用性；提供课件、教案、模拟试卷
生产运作管理	程国平	978-7-115-28840-0	内容全面、注重实务、案例丰富；提供课件、教案、习题答案、模拟试卷和教学案例集
公司文化管理	吴柏林	978-7-115-37650-3	专题学习网站同步展示授课视频、电子课件和教学大纲；提供课件、大纲、教学方案、答案、教学视频案例、试卷等